47都道府県・公園/庭園百科

西田　正憲　編著

飛田　範夫
黒田　乃生　著
井原　縁

丸善出版

はじめに

わが国の公園は、主に自然公園と都市公園に大別される。この自然公園、都市公園に加え庭園は、緑と水の織りなす美的空間であり、快適空間であり、自然的・人工的な創設という違いはあるものの、自然とのふれあいの場である。もちろん、緑や水のない高山地帯、舗装広場、石庭なども含まれる。また、都市公園の一部は画一的な施設となっている側面もあるが、一般的には地形、植生、湖沼、河川、池水などの自然を素材にし、土地のおもむきである「風土性」や土地のアイデンティティである「地域らしさ」を表しているものが多い。イサム・ノグチがデザインした北海道のモエレ沼公園や鹿児島の島津光久が別邸に築いた仙巌園（磯庭園）は、その土地にこそ誕生したことがよくわかり、それを享受できることはわれわれにとって大きな喜びである。

歴史を紐解けば、庭園はプライベートな空間として古代から世界の都市文明の地に存在した。そして、都市公園は市民が自由に利用できるパブリックな庭園として近代にヨーロッパで生まれ、自然公園は大自然における公園としてその後アメリカで生まれた。庭園が都市公園に展開し、都市公園が自然公園の発想につながったのである。そもそも庭園は自然や世界を象徴的に凝縮していた。

自然公園は貴重な自然風景の保護と野外レクリエーションの推進、都市公園は野外レクリエーションの推進に加え都市環境の保全、防災空間の確保、庭園は鑑賞、回遊、饗宴などの機能をもつ。これらの大きな魅力の一つは、地域固有の風景に感動や安らぎをおぼえ、それに付随する歴史や文化の物語にふれることであろう。本書もそのような魅力を語ることを主眼とした。

自然公園は、国立公園の知床、富士箱根伊豆、尾瀬、屋久島のように世界に誇る自然の風景地であり、国定公園の大沼、蔵王、琵琶湖、耶馬日田英彦山などの地方のお国自慢の風景地である。数多くの都道府県立自然公園も地域の人々に親しまれている。

都市公園は、国営公園のひたち海浜、吉野ヶ里歴史、沖縄記念、讃岐まんのうのように地域的特色を生かした場所や、都道府県営公園の札幌大通、弘前、日比谷、奈良、広島平和記念などの各種公園がみられ、都市の顔となり、多くの人々を魅了している。

さらに、公園には、旧皇室苑地である国民公園、農業に関わる体験型テーマパークの農業公園などもあり、多彩である。

庭園は、寺院庭園の毛越寺、金閣寺、竜安寺、西芳寺、宮廷庭園の修学院離宮、桂離宮、仙洞御所、識名園、大名庭園の偕楽園、兼六園、岡山後楽園、栗林公園などは広く知られている。これらは、芸術的でさえあるが、神仙境や浄土、深山幽谷や海岸を表している。

本書の第Ⅱ部においては、次の方針に留意して、47都道府県を代表するものに絞って事例を厳選した。

①自然公園法・都市公園法に基づく公園、文化財保護法に基づく国指定史跡・名勝で一般利用できる庭園、そのほか特筆すべき国民公園、宮廷庭園など。

②自然・歴史・文化・景観など、地域の特色を表す場所や地域のイメージを形成している場所、または、地域を代表する知名度の高い場所。

③世界遺産、国指定史跡名勝天然記念物、都市公園100選、歴史公園100選など、公的に選定されている場所（これらは各事例に付帯情報として示した。区域内の文化財などの重要な要素も同様に示した）。

④公園史・庭園史において特に重要な場所。

本書は、4名の専門家が分担して執筆した。本書が、公園・庭園を通して「地域らしさ」を浮き彫りにし、その物語にふれて訪れてみたいという案内書になれば幸甚である。

2017年6月

西田正憲

目　　次

第Ⅰ部　公園・庭園の基礎知識

第Ⅱ部　都道府県別 公園・庭園とその特色

巻末付録

〈執筆分担〉

第Ⅰ部　西田正憲・飛田範夫
第Ⅱ部　地域の特色・自然公園…西田正憲
都市公園…黒田乃生・井原 縁
庭園…飛田範夫

第Ⅰ部

公園・庭園の基礎知識

1. 公園・庭園の定義と種類

公園と庭園

わが国の「公園」は1873（明治6）年1月15日に府県に発した太政官布告第16号によって誕生する。明治新政府は江戸時代の封建社会を脱して近代国家を築くため、欧米の制度を導入し、欧化を急ぐ。その一つが公園の設置であった。太政官とは当時の政府の最高の職位であり、この太政官布告とは、政府が国の出先機関であった府県に対して公園の適地を探し、公園の設置を命じる通達であった。しかし、この公園は現在の公園のイメージとはかけ離れたものであった。

太政官公園

上記の布告には、昔からの名所旧跡として「群衆遊観ノ場所」つまり行楽地であり、しかも、社寺境内地などで税金を払っていない土地つまり官有地（国有地）を選べと示されている。その例示として、東京の浅草寺、寛永寺、京都の八坂神社、清水寺、嵐山などの境内地をあげる。これに基づき、東京府はその年のうちに浅草寺、増上寺、寛永寺、富岡八幡宮、飛鳥山を公園とした。これらは太政官公園と呼ばれ、いわば江戸時代の遺産である庶民が楽しんだ場所に「公園」の名を冠しただけであった。

こうして日本的な社寺境内地、花見の名所、城郭跡、大名庭園、名所旧跡などの公園が誕生する。これらの多くは都市地域における都市公園的なものであったが、松島、厳島のように自然地域における自然公園的なものもあった。もっとも、この太政官公園の真の狙いは同年の地租改正施行のための土地所有の明確化と公園経営のための借地料徴収にあったとも指摘されている。1888（明治21）年、市町村制発足により、公園設置は太政官布告によらなくても可能となった。

江戸時代末、欧米列強に開国を余儀なくされた江戸幕府は、開港した横浜、神戸、長崎に外国人居留地をつくる。不自由で窮屈な生活を強いられた外国人は日本政府に公園、遊歩道、乗馬場のレクリエーション施設

を要求する。そこで、1870（明治3）年、横浜に外国人設計のわが国初の洋風公園の山手公園が整備される。日本人は西欧人が休息や散策を行う公園をいかに重視しているかを徐々に感じとったことであろう。

公園の誕生

イギリスでは、古くは17世紀以降、王室庭園ハイドパークが市民に断続的に公開され、公園の誕生の一つと見なされている。今もロンドンの中心部に広大な緑地を形成している。ヨーロッパでは、18世紀以降、都市を囲んでいた城壁の跡地を遊歩道にしたり、王侯貴族の庭園や狩猟林を市民の利用に開放したりしていた。産業革命以後の19世紀初めには、都市環境の悪化から緑と水の空間である公園の設置が環境改善策として評価され、都市に不可欠の基幹施設と見なされるようになっていた。公共のオープンスペースである公園を生みだした源流には、アゴラ、フォーラムなどの広場や、コモンなどの共有地を成り立たせてきた市民の公共精神の伝統があったことも関係していたといえる。やがて、王室庭園を市民のための公園に設計する人物が現れる。ロンドンのリージェントパークは建築家ジョン・ナッシュが設計し、1838年に公開された。

また、アメリカで世界に最も影響を与えた公園が誕生する。現在ではニューヨークの摩天楼に囲まれた広大なセントラルパークが造園家フレデリック・オルムステッドによって建設され、1862年に一応の完成をみた。明治初年の岩倉具視の『特命全権大使米欧回覧実記』（久米邦武編、1878年刊行）にも詳しく報告されている。

個人の庭園から公共の公園へ

庭園は、洋の東西を問わず人類が古くから求めた空間であった。わが国と西洋も目的はともに理想の世界や自然の再現であった。わが国では神仙境・浄土や海洋・深山幽谷、西洋ではパラダイスという楽園や花園・田園という理想の風景を具現していた。また、わが国は自然との融和をめざす自然風仕立てを基調に、自然石を多用し、自然な水の流れを好んだ。西洋は自然の支配をめざす整形式仕立てを確立し、幾何学的な花壇や階段式の流れや噴水などダイナミックな水の動きを楽しんだ。

わが国には古くから「にわ」「その」「しま」「林泉」などと呼ばれた庭園的空間が存在し、寝殿造庭園、浄土庭園、枯山水、借景庭園、茶庭、回遊式庭園など独特の日本庭園を生みだしてきた。「庭園」の語は明治30年代に生まれた造語である。西洋では階段テラス式のイタリアルネサンス庭園、幾何学式のフランスバロック庭園、自然風のイギリス風景式庭園が世界的に知られている。庭園は基本的に建物に付随する個人が楽しむプライベートな空間であった。しかし、この庭園がやがて公共的なパブリックな空間に拡大し、緑陰、芝生広場、小川、池などからなる近代的な都市公園につながったのである。

「公園」の語は明治初年に「public garden」の翻訳語として生まれ、やがて欧米において「park」が公園として普及していくことから、わが国においても公園はパークとして広まっていく。パブリックガーデンはイギリスの王室庭園の市民への開放に由来しており、パークは貴族の狩猟林の市民への開放に由来している。公園は19世紀ヨーロッパの近代市民社会の産物である。公園とは市民に開かれた「公共の庭園」であり、誰もが自然とふれあい、休息や散策などができる緑と水のオープンスペースである。これらは現在の「都市公園」に相当するが、1872年にはヨーロッパでは考えもつかなかった広大な大自然を賛美する公園「national park」がアメリカのロッキー山脈に誕生した。アメリカ特有の風土と文化の産物であったが、20世紀になって世界に波及し、わが国も「国立公園」と翻訳し、都市公園とはまったく異なる制度で、「自然公園」へと発展させていく。

公園の種類

わが国の公園は、主として自然公園法（1957）に基づく自然公園と、都市公園法（1956）に基づく都市公園からなる。自然公園法はその前身に国立公園法（1931）があった。太政官公園は1873～87（明治6～20）年に全国82カ所、1,815haが誕生した。国立公園法に基づく国立公園は1934～36（昭和9～11）年に12カ所、862,191ha（海域の算定は除く）が誕生し、国立公園を含む自然公園は2016（平成28）年度末で401カ所、5,566,854haとなっている。都市公園は2014（平成26）年度末で105,744カ所、122,839haとなっている。

自然公園

自然公園は傑出（けっしゅつ）した自然風景地を保護するとともに利用するもので、わが国の風景を代表する国立公園、国立公園に準じる風景の国定公園、地方の優れた風景である都道府県立自然公園からなる。国または都道府県が指定し、管理する。自然風景を守り、生物多様

表1　公園の立地・規模による分類

<table>
<tr><th colspan="3">公園の分類</th><th>立地</th><th>規模</th></tr>
<tr><td rowspan="3">自然公園</td><td colspan="2">国立公園</td><td rowspan="9">自然地域
↑
↓
都市地域</td><td rowspan="9">大面積
↑
↓
小面積</td></tr>
<tr><td colspan="2">国定公園</td></tr>
<tr><td colspan="2">都道府県立自然公園</td></tr>
<tr><td rowspan="6">都市公園</td><td colspan="2">国営公園</td></tr>
<tr><td>大規模公園</td><td>レクリエーション都市
広域公園</td></tr>
<tr><td>都市基幹公園</td><td>運動公園
総合公園</td></tr>
<tr><td rowspan="3">住区基幹公園</td><td>地区公園</td></tr>
<tr><td>近隣公園</td></tr>
<tr><td>街区公園</td></tr>
</table>

（注）都市公園は主なもののみ記載。

性を確保しながら、人々の保健、休養、教化に資するものであるが、観光レクリエーションの場でもある。一般に、自然公園は都市公園に比べるとはるかに広い面積を有している。国立公園は雄大な原生的自然が多く、大面積で、都市から離れた自然地域となっている。

都市公園　都市公園は都市住民が休息、散策、観賞、遊戯、運動などのレクリエーションを行う場であるとともに、都市化・工業化の進展に伴い、都市景観の形成、都市環境の改善、都市防災の役割、生物多様性の確保など多様な機能をもつようになっている。都市公園は大きくは住区基幹(じゅうくきかん)公園、都市基幹公園、大規模公園、国営公園、緩衝緑地(かんしょうりょくち)などに類別される。都市公園は原則として都市計画区域内に、国または地方公共団体が設置し、管理する。

生活圏、レクリエーション圏に配慮し、身近にいる人々が利用する公園と、広域圏にいる人々が利用する公園に分け、それに応じて標準規模や誘致距離を定めている。住区基幹公園は生活に密着した公園であり、かつては児童公園と呼ばれた街区公園は住宅地の中にある。公園を立地と規模の軸で分類するなら**表1**のとおりである。

地域制公園・営造物公園

自然公園と都市公園は、その目的、位置、面積などにおいて大きく異なるが、より本質的な相違は公園のために土地または管理権を所有しているかどうかである。自然公園は土地所有にかかわらず指定でき、多目的な土地利用を許容する「地域制公園」ともいわれ、都市公園は国有地・公有地または借地などとして、公園として専用する「営造物公園」ともいわれる。この相違は管理の在り方とも直結している。

土地所有

地域制とは、国有地、公有地のみならず私有地も指定できる仕組みである。営造物とは行政が公共の使用のために設置する学校、図書館、道路、公園などの施設をさし、すべての管理責任は設置者にある。自然公園は広大な面積を要し、狭い国土を多目的に利用しなければならないわが国固有の事情によるものであり、アメリカやカナダの国立公園は広大な自然地域であるが、営造物公園である。

地域制公園は、公園利用に必要な施設は積極的に整備するものの、農林漁業、電力産業、別荘地などとの共存が迫られ、これらの開発行為を一定限度まで許容しながら規制をかける仕組みをとっている。地域制公園の創設は「指定」といい、営造物公園の創設は「設置」という。地域制公園は一元的な管理が行えず、国有林、海岸、河川、砂防、道路などはそれぞれの設置管理者が、そして、私有地はその所有者が独自に管理し、公園側は開発の規制に苦慮することとなる。都市公園は公園目的のみに専用できるが、何を公園施設とするかは長年の課題であった。また、公園設置に多額の用地取得費を要するという問題もあった。

公園の指定・設置と管理

国立公園や国営公園の指定・設置と管理は国が行う。これは、国立公園や国営公園が世界に誇るべきものであり、あるいは国民が広く利用するものであるから、一地方公共団体の問題ではなく、国の責務であるという考えに基づいている。これに対して、都道府県立自然公園や、国営公園を除く都市公園は、むしろ地域の人々のためにあり、その指定・設置と管理は地方公共団体の責務であると考えられている。特に都市公園の住区基幹公園、都市基幹公園などは地域の人々の生活に密着した施設であり、明らかに地方の行政に属するものである。

表2　公園の土地所有などによる分類

土地所有		公　園	指定・設置	管　理
地域制公園	国・公・私有地	国立公園	国	同左
		国定公園	国	都道府県
		都道府県立自然公園	都道府県	同左
営造物公園	国有地	国営公園	国	同左
	公有地	その他の都市公園	地方公共団体	同左
	国有地	国民公園	国	同左

この中で、国定公園は国が指定し都道府県が管理するというねじれを起こしている。準国立公園であることから国が広い見地から指定するものの、地域に密着した側面ももつことから、管理を地方公共団体に任せているのである。国においては、自然公園は環境省が所管し、都市公園は国土交通省が所管している。土地所有、指定・設置者、管理者の観点から整理すると**表2**のとおりである。なお、国民公園は、都市公園法や自然公園法の法律で定められた公園ではなく、1947（昭和22）年に閣議決定により定められた公園である。

2. 自然公園

自然公園の歴史

1911（明治44）年、第27回帝国議会に富士山を中心とした「国設大公園設置ニ関スル建議案」が提出され、翌12（明治45）年の第28回帝国議会では「日光ヲ帝国公園トナスノ請願」が提出されともに採択された。その後少し時を経るが、21（大正10）年の第44回帝国議会で富士山の「明治記念日本大公園国立ノ請願」が採択され、機運が高まった。19（大正8）年、史蹟名勝天然紀念物保存法が制定され、当時、内務省の大臣官房地理課の史蹟名勝天然紀念物と衛生局保健課の国立公園の概念が渾然一体（こんぜんいったい）となっていたが、本格的な国立公園候補地の調査が保健課によって、内務省嘱託の林学博士田村剛を中心に21（大正10）年から行われ、初期の段階ですでに候補地16カ所が選ばれ、これが国立公園誕生の基本になった。

国立公園の構想

田村は1923（大正12）年欧米の国立公園の調査に出向き、アメリカの大自然保護と野外レクリエーション利用を理想とし、土地所有はイタリアの地域制を考え、内務省の方針ともなった。政府も経済不況をうけて国際観光の推進を急務と考え、地方も観光振興のための国立公園設定を望み、多数の請願・建議が提出されていた。27（昭和2）年の東京日日新聞・大阪毎日新聞による新しい「日本八景」選定の全国的熱狂も自然風景への関心を高め、お国自慢の風景を生みだしていた。30（昭和5）年、内務省衛生局は国立公園調査会の設置、翌31（昭和6）年、国立公園法および同施行令の制定にいたる。

同年、国立公園の選定標準である「国立公園ノ選定ニ関スル方針」を決定し、国立公園を「我ガ国ノ風景ヲ代表スルニ足ル自然ノ大風景地」と規定し、風景の傑出性・広大性・雄大性・変化性などを必要条件とする。また、登山・探勝などの保健的利用の推進、神社仏閣・史跡などの人文景観の包含、私有地など土地所有関係上の理解、交通の便利さ・全国的分布の利用性の配慮、電力・林業などとの産業との共存、国立公園園事業執行上の便益を副次条件として示していた。

国立公園の誕生

その後、国立公園の選定と区域決定が本格的に始動し、1934（昭和9）年3月に瀬戸内海、雲仙、霧島、同年12月に阿寒、大雪山、日光、中部山岳、阿蘇、36（昭和11）年2月に十和田、富士箱根、吉野熊野、大山の12カ所の国立公園が誕生する。誕生期の国立公園は自然保護空間というより自然観光空間であった。田村の理想は尾瀬、上高地、十和田湖のアルプスやロッキーのようなロマン主義的な新鮮な大自然であったが、現実には、富士、大山、雲仙、阿蘇、霧島のような古くから名山として親しまれてきた火山や温泉が中心であった。国立公園の指定は**表3**のとおりである。

1946（昭和21）年、連合国軍総司令部（GHQ）の指導により戦後いち早く伊勢志摩国立公園が誕生する。48（昭和23）年、アメリカ内務省国立公園局のチャールズ・リッチーを招聘、3カ月余りの全国調査を終え、「国立公園に対するC.A.リッチー覚書」が報告され、その後、支笏洞爺、上信越高原、秩父多摩、磐梯朝日の国立公園の新規指定が進み、飛地で一

表3　国立公園の指定

年　代		指定年月	国立公園
昭和戦前	1930	1934. 3	瀬戸内海・雲仙（天草）・霧島（錦江湾）
		〃 .12	阿寒・大雪山・日光・中部山岳・阿蘇（くじゅう）
		1936. 2	富士箱根（伊豆）・十和田（八幡平）・吉野熊野・大山（隠岐）
昭和戦後	1940	1946.11	伊勢志摩
		1949. 5	支笏洞爺
		〃 . 9	上信越高原
	1950	1950. 7	秩父多摩（甲斐）
		〃 . 9	磐梯朝日
		1955. 3	西海
		〃 . 5	三陸復興〔陸中海岸〕
	1960	1962.11	白山
		1963. 7	山陰海岸
		1964. 6	知床・南アルプス
	1970	1972. 5	西表（石垣）
		〃 .10	小笠原
		〃 .11	足摺宇和海
		1974. 9	利尻礼文サロベツ
	1980	1987. 7	釧路湿原
平成	2000	2007. 8	尾瀬〔日光〕
	2010	2012. 3	屋久島〔霧島屋久〕
		2014. 3	慶良間諸島
		2015. 3	妙高戸隠連山〔上信越高原〕
		2016. 9	やんばる
		2017. 3	奄美群島

（注）（　）は後に追加された名称。〔　〕は当初の名称。

つと見なす国立公園が生みだされる。55（昭和30）年以降、西海、陸中海岸、山陰海岸という従来軽視されてきた海岸の国立公園が生みだされる。1957（昭和32）年、国立公園法に替わり、自然公園法が制定され、国立公園、国定公園、都道府県立自然公園の新たな自然公園体系が構築される。

公園と高度経済成長

1960年代の高度経済成長期には、モータリゼーションが猛威をふるい、国立・国定公園内の亜高山帯や急峻な山岳地帯にも観光道路の建設をもたらし、自然破壊を引き起こした。また各地でホテル・旅館の新築・巨大化が起こり、スキー場・分譲別荘地・ゴルフ場・マリーナなどが建設された。自然破壊が社会問題となり、自然保護の世論が高まっていく。一方、1964（昭和39）年のアメリカの原始地域法の影響もあり、国立公園の指定は、知床、南アルプスの新規指定、屋久島の霧島国立公園への編入のように、生態学的観点から生態系を重視した自然保護へとシフトした。現在、世界自然遺産となっている知床、屋久島はそれまで国立公園ではなかった。もはや到達性や観光利用は課題ではなくなり、自然風景地の評価は原生的自然に収れんする。国立公園の指定は自然保護空間へと大きく転回した。

1970年代は、電源開発や大規模工業開発などの問題も起こり、当時大きな社会問題となった公害問題とともに、自然保護の運動が全国各地で展開する。1971（昭和46）年に環境庁が発足し、尾瀬の自動車道建設中止が決まったことは、この時代を象徴している。翌72（昭和47）年には自然環境保全法が制定され、新たな自然保護地域の体系が創設される。自然環境保全の基本法的側面を有するこの法律により自然公園法は自然環境の保全を目的とする法律であることが明確にされ、自然公園の目的の一つである利用の増進に行政のうえでも消極的になっていく。72（昭和47）年に尾瀬ごみ持ち帰り運動、75（昭和50）年に上高地マイカー規制、79（昭和54）年に富士山クリーン作戦が始まり、このような取り組みが全国に波及する。

自然公園体系

1934（昭和9）年から36（昭和11）年にかけて12カ所の国立公園が誕生したが、この国立公園の選定と区域決定は現在の審議会に相当する国立公園委員会が議論していた。この議論の中で、国立公園以外にも、優れた自然風景地が多くあるので、国立公園法ではなく、公園をより多様に指定できる包括的な一般法を制定すべきという意見が出ていた。後の自然公園法につながる考え方である。

自然公園と戦争

すでに自然公園的な府県立公園も、1880（明治13）年の養老、奈良をはじめとして、厳島、吉野、松島、雲仙、屋島、大沼、天橋立などが誕生していた。これらは営造物公園で面積は狭小であったが、国立公園の地域制公園の制度を知り、1933（昭和8）年、千葉県が全国初の地域制自然公園の条例を制定し、35（昭和10）年、6カ所の県立自然公園を指定した。その後、島根県、広島県、徳島県へと波及し、戦後も進展する。土地取得を必要としない地域制公園は道府県立自然公園を飛躍的に拡大した。

一方、1931（昭和6）年の満州事変、37（昭和12）年の日中戦争、41（昭和16）年の太平洋戦争と緊迫する戦時下において、国民の精神涵養（せいしんかんよう）、愛郷心・愛国心の醸成、体力向上の観点から国立公園の選定条件が見直され、国土計画として自然風景地の適正配置が構想された。戦前の12国立公園は偏在し、国民の平等な利用に適していなかった。戦時下のこの構想は戦後の自然公園体系の発展に大きく影響していく。

戦後の展開と自然公園体系の確立

戦後、地域振興、観光振興の観点から各地で国立公園指定運動が起きる。しかし、戦後、国立公園行政を所管した厚生省は国立公園のむやみな粗製濫造（そせいらんぞう）は避けたかった。また、リッチー覚書による「国家的休養地計画」の指摘もあった。そこで、1949（昭和24）年、国立公園法が改正され、「国立公園に準ずる公園」の制度が創設された。同年「国立公園に準ずる区域の選定標準」が決定され、自然要素に特異性があって文化要素が豊富な地域のうち、国立公園に準ずる傑出した自然風景地であるか、または、利用効果大なる自然風景地のいずれかから選ぶとされた。この準国立公園をどのような名称にするかは議論があったが、結局「国定公園」と呼ぶこととなった。

1950（昭和25）年、琵琶湖、佐渡弥彦米山（さどやひこよねやま）、耶馬日田英彦山（やばひたひこさん）の国定公園が誕生し、その後56（昭和31）年までにさらに12カ所の国定公園が指定される。一方、独自に進展していた都道府県立自然公園も増大し、それらの条例を裏付ける根拠法の必要性に迫られていた。戦後のGHQもリッチー覚書もその旨を指摘していた。56（昭和31）年には都市公園法が制定され、自然公園全体の一般法制定の機運が熟していた。57（昭和32）年、自然公園法が制定され、国定公園が明文化されるとともに、都道府県立自然公園に関する規定が設けられ、国立公園、国定公園、都道府県立自然公園からなる自然公園体系が確立された。

この時期、あらゆる階層の人々が旅行を楽しむべきだというソーシャル・ツーリズムの考えが叫ばれ、自然公園も1950（昭和25）年「自然に親しむ運動」を開始し、59（昭和34）年には第1回「国立公園大会」（後に自然公園大会、自然公園ふれあい全国大会と改称）を開催する。公的な宿泊施設、レクリエーション地域も運輸省所管のユースホステル、厚生省所管の国民宿舎・国民休暇村、文部省所管の国立青年の家、林野庁所管の自然休養林などが国立・国定公園に生まれ、厚生省の国立公園当局も休養施設に力を入れる。公的な休養施設はその後も多様に発展していく。

レジャーブームと自然保護

1960年代になると、高度経済成長により、国民の所得は著しく増え、余暇時間も増大して、いわゆるレジャーブームが到来する。自然公園の利用者も急激に増加し、全国から国立・国定公園指定の要望がさらに続出することとなる。この結果、一部の国定公園を国立公園に昇格したり、編入したりした。また、多くの新しい国定公園の指定が行われ、南房総、三河湾、金剛生駒紀泉などのように、大都市圏住民の観光レクリエーションの場としての役割を果たす国定公園が多く生まれた。選定基準が曖昧な国定公園は都市近郊に準国立公園を生みだし、国立公園の偏在を補完した。当初は、観光レクリエーションのニーズから誕生した自然観光空間であったが、結果的に都市近郊に広域の自然保護空間を確保したといえよう。

しかし、国立公園が自然観光空間から自然保護空間へと転回していったように、国定公園も自然保護空間へと転回していく。1971（昭和46）～82（昭和57）年には、12カ所の国定公園が指定されるが、日高山脈襟裳、越後三山只見、早池峰のように、遠隔地にあって自然性が高く、利用よりも保護を重視した国定公園を多く含んでいた。国定公園は約3分の2が都道府県立自然公園を基に生みだされていた。

自然公園の現在

近年は沖縄や奄美群島の亜熱帯照葉樹林や海域が重視され、指定が行われている。また、丹後天橋立大江山と京都丹波高原のように棚田や里地里山の文化的景観を評価した国定公園が誕生している。2016（平成28）年度末には、自然公園は**表4**のとおり国立公園34カ所、国定公園56カ所、都道府県立自然公園311カ所、合計401カ所に達している。自然公園全体で、面積約557万haで国土の14.7％を占めているが、自然公園全体の土地所有は**表5**のとおり国有地43.8％、公有地12.5％、私有地37.4％となっており、私有地が約3分の1を占めている。国立公園の国有地は60.2％と多いが、大部分は国立公園行政を担う環境省所管の土地ではなく林野庁所管の国有林である。環境省所管

表4　自然公園面積総括表

種　別	公園数	公園面積(ha)	国土面積に対する比率(%)	内　訳					
				特別地域				普通地域	
				特別保護地区					
				面積(ha)	比率(%)	面積(ha)	比率(%)	面積(ha)	比率(%)
国立公園	34	2,189,804	5.794	287,938	13.1	1,599,812	73.1	589,992	26.9
国定公園	56	1,409,727	3.730	65,021	4.6	1,307,601	92.8	102,126	7.2
都道府県立自然公園	311	1,967,323	5.205	−	0.0	713,756	36.3	1,253,567	63.7
合　計	401	5,566,854	14.728	352,959	6.3	3,621,169	65.0	1,945,685	35.0

（注）国土面積は、37,797,101 ha［平成27年全国都道府県市区町村別面積調（国土地理院）］による。
（出典）環境省資料（2017.3.31閲覧）

表5　自然公園土地所有別面積総括表

種　別	土地所有区分別面積（調査分のみ）								調査未了	合計
	国有地		公有地		私有地		所有区分不明			
		(%)		(%)		(%)		(%)		
国立公園	1,318,518	60.2	281,430	12.9	569,317	26.0	6,637	0.3	13,902	2,189,804
国定公園	619,568	43.9	195,443	13.9	593,861	42.1	855	0.1	−	1,409,727
小　計	1,938,086	53.8	476,873	13.2	1,163,178	31.2	7,492	0.2	−	3,599,531
都道府県立自然公園	501,983	25.5	217,106	11.0	917,742	46.6	65,297	3.3	265,196	1,967,323
合　計	2,440,069	43.8	693,979	12.5	2,080,920	37.4	72,789	1.3	279,098	5,566,854

（注）再検討の終了していない公園などでは土地所有別面積と公園面積合計が一致しない場合がある。
（出典）環境省資料（2017.3.31閲覧）

地は国立公園全体の0.2％にすぎない。都道府県立自然公園は平均で1都道府県当たり7カ所以上あり、1カ所当たりは小面積ながら、国土に占める総体は大きく、今後の保護と利用が課題となっている。

自然公園の風景

国立公園はアメリカが19世紀に生んだ偉大な制度の一つであった。その後、国家が大自然を国民の宝として原始的な姿そのままで後世に残すという国立公園制度が各国に普及していく。国立公園は近代国家にとって不可欠の制度となり、イエローストーンチルドレンと呼ばれる国立公園や同等の自然保護区が世界中に生まれていく。

アメリカの国立公園

驚異の大自然は天与の恵みであり、国民が等しく享受すべき国家の宝であって、永久に国民の公園として、国家によって保護されなければならない。このような理念のもとに、1872年、ロッキー山脈の標高約2,500 m、面積約90万 haの大峡谷や地熱地帯をみせる広大なイエローストーン国立公園を、公園専用の国有地からなる営造物公園として誕生させる。

アメリカにおいて、国立公園の誕生にはさまざまな要因が働いていた。西部開拓による自然破壊の加速、鉄道建設のための観光資源の必要性、多民族国家をまとめナショナリズムを鼓舞するシンボルの必要性など、さまざまな要因があった。その中でも重要なのは、アメリカ特有の原生自然「ウィルダネス」賛美の文化であった。国立公園は、ヨーロッパ社会ではなく、アメリカにおいてこそ生まれた制度であった。国立公園とは、ある特定の自然風景地を切りとり、国家がオーソライズする自然空間であるが、これをアメリカのウィルダネス賛美の思想が強力に推進していた。

ウィルダネスの源流はヨーロッパの「崇高」（サブライム）や「ピクチャレスク」の自然美の理論にさかのぼれる。これらの理論は雄大な山岳や原始的な湖沼などの大自然がなぜ美しいのかを解き明かしていた。ヨーロッパでは18世紀にアルプスが醜（みにく）い暗黒の山から美しい栄光の山へと表象を反転していた。この背景には科学的評価と審美的評価の融合があった。現代では風景評価は地形地質、動植物、自然現象などの科学的評価に基づくことが当然となっているが、その淵源（えんげん）はこの時代にさかのぼれる。

ウィルダネス賛美

18世紀の崇高（すうこう）とピクチャレスクの自然美の理論はやがて19世紀初頭のロマン主義とつながり、山岳、海洋、湖沼、森林、瀑布、氷河などの自然風景を賛美していった。さらに、アメリカで自然賛美はいっそう進展し、19世紀中頃にはウィルダネスという新大陸ならではの原生の自然を見いだしていった。

エマソン、ソローらの超越主義の思想、ホイットマン、ミューアらのネイチャーライティングの文学、ビアシュタット、モランらのロッキー山脈派の風景画、オサリヴァン、ジャクソンらの西部を撮影した写真などがウィルダネスの賛美を強め、その延長線上に国立公園が誕生し、さらには1世紀後の世界自然遺産へとつながっていく。世界最初の国立公園イエローストーンは1975年世界最初の世界自然遺産の栄誉にも輝く。世界自然遺産はウィルダネスの追求を極限まで押し進めていた。

日本の国立公園

わが国の国立公園は地域制公園であり、アメリカの営造物公園とは大きく異なるものであった。この戦前の12カ所の国立公園は、阿寒、大雪山、十和田、中部山岳などの原始的な自然の風景地の保護を重点としたものと、日光、富士箱根、瀬戸内海、雲仙などのように既存の観光地もとり込んだものの、2種類のタイプがあった。また、自然景観だけでなく、史跡、神社仏閣、歴史的建造物、農山漁村集落、農耕地などの人文景観をも対象としてこれをとり込んだものもあった。国立公園内では農林漁業が当然行われていた。それがかえって、国立公園のなかで親しみのある風景をつくりだしていた面もあった。地域制公園は、神社仏閣や採草地、農耕地、二次林など多様な景観をとり込む制度であった。

現在、わが国の国立公園の半数近くは世界水準の「国立公園」には達していない。国際自然保護連合（IUCN）は、自然地域の保護地域管理カテゴリーとして、厳正自然保護地・原生地域、国立公園、自然記念物、生息地・種管理地域、陸域・海域景観保護地域、管理資源保護地域の6分類をあげている。わが国の国立公園の大半はこの「国立公園」に該当するものの、半数近くは「陸域・海域景観保護地域」なのである。「国立公園」は生態系を保護しつつ、レクリエーション利用にも寄与するものであるが、わが国の国立公園は、生態系保護よりも、レクリエーション利用に関係する可視(かし)領域の景観保護のみを重視している側面がある。

保全の仕組みと持続的な利用

わが国の自然公園は、次頁**図1**のとおり、公園をどのように保護し、どのように利用するかを決める規制計画と利用計画からなる「公園計画」が定められている。

この中で、地域制公園としての特徴を端的に表すのが、規制計画のうち、保護する地域の区分を行い、さまざまな自然の改変行為を規制する保護規制計画である。保護規制計画は、自然景観の評価、公園利用上の重要性な

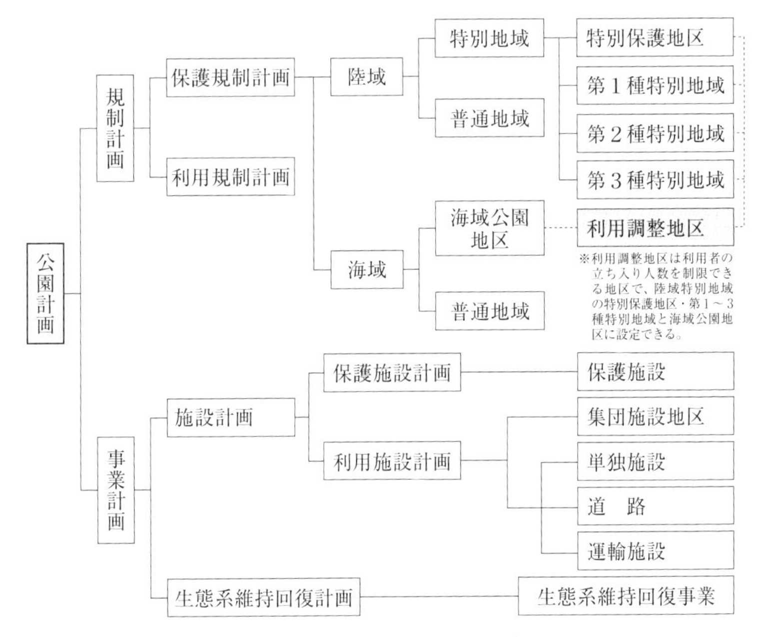

図1　自然公園の公園計画の体系図

（出典）環境省資料より作成。

どに応じて地域を区分したものであり、陸域では、最も規制の厳しい特別保護地区から、これに続く第1種特別地域、第2種特別地域、第3種特別地域、そして最も規制のゆるい普通地域に分けられ、海域では規制の厳しい海域公園地区とその他の普通地域に分けられる。陸域のこれらの区分を地種(ちしゅ)区分とも称する。特別保護地区こそが自然公園の核心的な風景を表す場所である。この特別保護地区を含む特別地域が、国立公園では約73％を占め、国定公園では90％を超えている（**表4**）。

わが国の自然公園は、地域制公園であるが故に、保護と開発という共存しがたい矛盾を背負い込む反面、生物多様性のみならず、景観多様性をもとり込むこととなった。自然公園は、自然性から評価される自然史の風景の多様性のみならず、歴史性・文化性から評価される人類史の風景の多様性をも包含している。特に第2種・第3種特別地域は、従来は、人間と自然がせめぎ合う場所として、自然保護の立場からは悲観的に語られてきたが、むしろ、持続的な利用がなされ、里地里山や農林漁業景観のように、生物多様性や文化的景観が維持されてきたところであり、人類史の風景が保全されてきたところであった。今、再評価してよい。わが国の自然公園は自然史の風景から人類史の風景まで自然風景地を体系的に保全してきたといえる。

3. 都市公園

都市公園の歴史

わが国の近代的な公園整備の発想は1884（明治17）年に発案され、88（明治21）年に東京市区（しく）改正条例として成立した都市計画構想の中で生まれる。江戸時代以来の大火や不衛生を防止し、首都にふさわしい都市とするために、道路、上下水道、用途別土地利用とともに公園も計画される。

都市公園の誕生と整備の進展

市区改正では西欧の諸都市と比べて人口に見合った公園面積が割りだされ、45カ所の「大遊園」「小遊園」の適正配置が構想される。この客観的な面積と配置の考え方は、以後も都市公園計画の基本となる。市区改正では現実にはやはり江戸時代の行楽地を公園にすることが多かったが、文明開化を推進する明治新政府は、江戸文化を否定する新たな洋風公園を欲していた。

1903（明治36）年、東京市区改正事業によって、日本人の設計によるわが国最初の近代的な都市公園が誕生する。ドイツ留学を果たしていた東京帝国大学教授・林学博士本多静六（ほんだせいろく）による日比谷（ひびや）公園である。1889（明治22）年に陸軍練兵場跡地に公園設置が決まってから東京市への土地の移管に4年、その後設計案の決定に混迷をきわめる。著名な作庭家・教育者の小沢圭次郎（おざわけいじろう）が分担していた日本庭園部分は不採用となってしまう。いかに洋風にこだわっていたかがよくわかる。日比谷公園は、官庁街に接し、近くには帝国ホテルもあり、園内には洋食店の松本楼も開店し、華々しい最先端の都市文化の舞台として夏目漱石『野分』(1907) や正宗白鳥『何処へ』(1908) などの小説にも早速描かれる。

関東大震災と戦争

市区改正と呼ばれた都市計画は1918（大正7）年に東京以外の大都市でも施行される。しかし、都市の人口集中、環境悪化、用途規制などの都市問題に市区改正は有効に対処できず、新しく19（大正8）年に都市計画法が制定され、体系的な整備が進むことになる。そして、23（大正12）年、関東大震災が起き、防火帯、避難場所としての公園がいっそう重視され、同年制定の特別都市計画法の復興事業による公園用地の買収、土地区画整理事業による公園用地の捻出によって公園整備が進んだ。

しかし、1931（昭和6）年の満州事変から45（昭和20）年の第二次世界大戦終結までは防空緑地などの整備に力点がおかれ、戦後は、既存の公園自体の戦災被害、仮埋葬地化、不法な宅地化や農地化、進駐軍の接収などで公園受難の時代を迎え、また、戦災復興の名のもとに、庁舎や学校の公共建築物、住宅などの建設、競馬場や競輪場の建設などが相次ぎ、公園解除に追い込まれるところもあった。一方、軍用跡地を公園や緑地にするという明るい動きもあった。

都市公園法の制定と公園の拡大

1956（昭和31）年、都市公園法が制定される。都市公園は太政官布告第16号以降80年以上の歴史を経ていたが、都市計画法や土地区画整理法によって生みだされ、明確な根拠法をもたず、それ故に建築物などが無原則に侵入する事態を招いていた。都市公園法の第1条の目的には「この法律は、都市公園の設置及び管理に関する基準等を定めて、都市公園の健全な発達を図り、もつて公共の福祉の増進に資することを目的とする」とのみしか記していないが、健全な発達を図るという理念は、都市公園とは「本来、屋外における休息、レクリエーション活動を行う場」であり「原則として建築物によって建ぺいされない公共オープンスペース」であるというところにあり、建ぺい率は原則2%以下と規定された。

都市公園法第2条第1項で、「都市公園」とは国または地方公共団体が設置する「公園又は緑地」と定めており、「緑地」も含んでいる。公園施設も修景・休養・遊戯・運動・教養・便益・管理などの施設の内訳を明確に規定した。こうして、都市公園法は都市公園の定義、整備水準、配置水準、管理基準などを定め、公園施設と占用物件も限定的に規定した。

都市公園法は、その後1976（昭和51）年に国営公園を創設する。都市公園はそれまで地方公共団体の設置に委ねられていたが、国（建設省・現国土交通省）もみずから設置することとなった。また、80（昭和55）年にはカントリーパークと呼ぶ特定地区公園を創設し、「都市公園」が都市計画区域外の農山漁村地域に進出することとなった。近年では、93（平成5）年に、都市林、広場公園を創設し、従来のぶらんこ、砂場、すべり台の三種の神器を備えていた児童公園を街区公園に改称し、主な機能を児童から住民に拡大した。2004（平成16）年には立体都市公園制度を創設し、屋上公園を都市公園にすることや、都市公園に地下駐車場を設けることを可能にした。都市のヒートアイランド対策や土地の高度利用をめざしたものといえる。

都市公園の目標

都市公園は長年にわたって整備標準と称される住民1人当たりの公園面積が大きな問題とされてきた。都市公園法制定の1956（昭和31）年、パリ、ロンドン、ニューヨークなどは1人当たり10～30㎡であるのに対し、わが国は国民1人当たりでさえ2.1㎡にすぎず、現実的な目標値として国民1人当たり6.0㎡（市街地は3.0㎡）が設定された。この定量的基準には、里山や河川からなる山河や神社仏閣の多いわが国には実質的にそぐわない考え方との批判もあった。

しかし、1990（平成2）年度末には6.0㎡を達成し、93（平成5）年、都市公園法施行令において、住民1人当たりの都市公園の面積の標準として、市町村の全区域においては10㎡以上、市街地においては5㎡以上と改正された。これも、実現可能性を踏まえた目標値であり、必ずしも豊かさや潤いを実感できる観点ではない。整備標準は**図2**（次頁）のとおりこの半世紀でかなり改善されたが、問題は大都市と地方の格差である。全国の国民1人当たりは2014（平成26）年度で10.2㎡に達したものの、例えば、東京特別区は3.0㎡、横浜市4.9㎡、大阪市3.5㎡、京都市4.4㎡などとなっている。

都市公園体系

都市公園は多様な機能を有している。都市住民の休息・観賞・散歩・遊

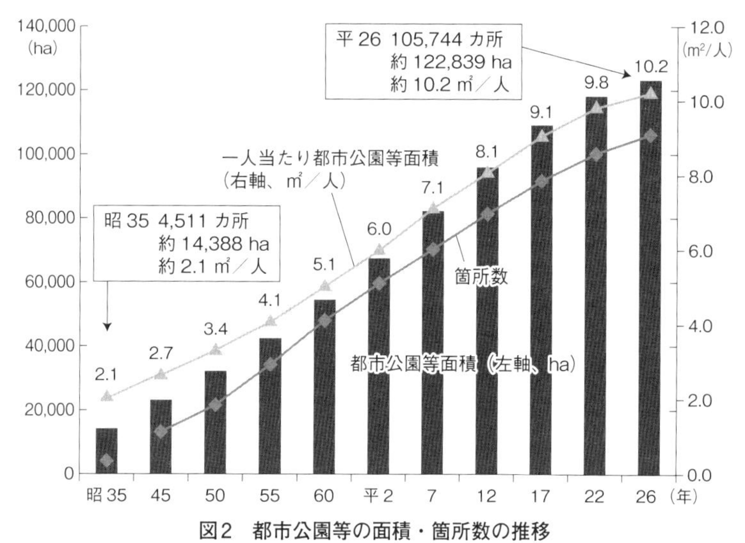

図2　都市公園等の面積・箇所数の推移

（注）特定地区公園を含む。
（出典）国土交通省資料（2015.3.31閲覧）

戯・運動などのレクリエーションの場の提供、緑と水の織りなす良好な都市景観の形成、大気の浄化や気温の緩和などの都市環境の改善、防火帯や避難場所となる都市防災の役割、多彩な木々や草花と昆虫や鳥類などの生物多様性の確保、イベントや交流を催す豊かな地域づくりの拠点など多様な機能を有する都市の基幹施設である。グリーンインフラストラクチャーともいわれる。また、同時に、地域の自然、歴史、文化の地域らしさを象徴的に表す空間でもある。

都市公園の規模

都市公園は**表6**のとおり分類され、**表7**（次々頁）のとおり標準となる規模や誘致距離が定められてきた。規模・誘致距離を決めるという適正配置の考え方は、アメリカの社会学者クラレンス・ペリーが1924年に考えだした近隣住区（neighborhood unit）の理論によっている。急速に進むモータリゼーションの中で安全で快適なコミュニティを維持するために、日常生活が徒歩圏内で完結するように、小学校を中心に医院、店舗、公園などを配置する近隣住区を単位と

表6　都市公園の分類

種　類	種　別	内　　容
住区基幹公園	街区公園	もっぱら街区に居住する者が利用する公園
	近隣公園	主として近隣に居住する者が利用する公園
	地区公園（含特定地区公園）	主として徒歩圏内に居住する者が利用する公園（町村の都市計画区域外に配置するカントリーパーク）
都市基幹公園	総合公園	都市住民が休息、運動等総合的な利用を行う公園
	運動公園	都市住民が主として運動を行う公園
大規模公園	広域公園	市町村の区域を超える広域のレクリエーションに対応する公園
	レクリエーション都市	大都市その他の都市圏の広域のレクリエーションに対応する公園
国営公園		イ．都道府県の区域を超える広域的な利用に対応する大規模公園 ロ．国家的な記念事業等として設置する公園
緩衝緑地等	特殊公園	風致公園、動植物公園、歴史公園、墓園等特殊な公園
	緩衝緑地	大気汚染、騒音等の公害の防止と緩和、コンビナート地帯等の災害の防止を図る緑地
	都市緑地	都市の自然環境の保全と改善、都市の景観の向上を図る緑地
	都市林	主として動植物の生息地、生育地である樹林地等
	広場公園	市街地の中心部における休息、観賞のための公園
	緑道	災害時における避難路の確保、都市生活の安全性や快適性の確保等を図る植樹帯、歩行者路、自転車路を主体とする緑地

した都市計画である。この理論は、アメリカ、イギリス、日本のニュータウン（大都市近郊に計画的に整備された大規模住宅地）建設などで普及する。

わが国では現在小学校区となる1近隣住区約1万人、面積約100haとしているが、そこに1近隣公園と4街区公園を配置すべきと考えられた。この理論は理想論であって、現実には都市の公園用地取得が困難であったり、小学校区で日常生活がおさまらなかったり、そもそも地域コミュニティが崩壊していたり、都市の空洞化が生じていたりするが、規模・誘致距離は今も目安となっている。現実には住区基幹公園の設置は難しく、この誘致距離は2003（平成15）年に都市公園法施行令からは廃止されたが、目安

表7　規模・誘致距離・箇所数・面積

種　類	種　別	標準規模	誘致距離	箇所数		面積（ha）	
住区基幹公園	街区公園	0.25 ha	250 m	84,699	92,088	13,777	33,611 27.4%
	近隣公園	2.0 ha	500 m	5,623		10,077	
	地区公園（特定地区公園）	4.0 ha （4.0 ha 以上）	1 km	1,766 （180）		9,757 （1,390）	
都市基幹公園	総合公園	10 ～ 50 ha		1,399	2,146	25,270	37,785
	運動公園	15 ～ 75 ha		807		12,515	30.7%
大規模公園	広域公園	50 ha 以上		209	215	14,572	15,133 12.3%
	レクリエーション都市	全体規模 1,000 ha 以上		6		561	
国営公園		イ 概ね 300 ha ロ 適宜	200 km	17	17	3,889	3,899 3.2%
緩衝緑地等	特殊公園			1,377	11,278	13,780	32,420 26.4%
	緩衝緑地			223		1,739	
	都市緑地	0.1 ha 特例 0.05 ha		8,336		15,303	
	都市林			137		516	
	広場公園			306		155	
	緑道	幅員 10～20 m		939		922	
合　計					105,744		122,839 100.0%

（注）国土交通省ホームページより作成。2016年3月31日閲覧。中には法令では廃止された数値もあるが、参考までに掲載。（　）の数値は内数。

としては資料で参考までに示されている。

都市公園の種類

一般論としていえば、住区基幹公園の街区公園、近隣公園、地区公園は都市住民の生活に最も密着した公園であり、規模・誘致距離は小さく、市町村が設置する。都市基幹公園の総合公園、運動公園は都市の代表的な公園で、規模・誘致距離は大きく、機能も複合的で、都道府県・政令指定都市・中核市などが設置する。大規模公園の広域公園とレクリエーション都市と特殊公園も広域の利用に対応したものであり、やはり規模・誘致距離は大きく、都道府県などが設置する。

国営公園は、首都圏・近畿圏などの広域な利用に対応した大規模な公園と、国家的な記念事業などとして設置する2種類からなり、国が設置する。住区基幹公園、都市基幹公園は類型的な計画や設計となり、地域らしさが出しにくいのに対し、大規模公園、国営公園、特殊公園は地域の特性を生かし、地域の個性を表出したものが多い。

近年、特に環境問題に関連して、地球温暖化の防止、ヒートアイランド現象の緩和、生物多様性の保全の機能が注目され、同様に防災問題に関連して、震災時の避難地・避難路、延焼防止、復旧・復興の拠点となる防災公園の機能が注目されている。環境都市、安全都市への寄与である。

都市公園の風景

緑と水の風景は潤いと安らぎを与え、心を豊かにしてくれる。生垣、街路樹、樹林などがあふれ、まわりに山並みが眺められ、河川が流れる都市は美しい。もともとわが国は豊葦原の国であり、山河の大地であり、山紫水明の地であった。高層ビルが並ぶ大都市も活力があって、都市文化を育み決して悪くはないが、そこに小さくても緑と水の空間があるとほっとする。都市公園の最大の魅力は、本来の都市住民のレクリエーションの場であることと、都市の良好な景観形成の場であることである。

画一化した都市公園

特に住区基幹公園は、近年、さまざまな新しい遊具が整備されているものの、配慮が行きとどかず、施設の老朽化、植栽の放置などが進み、どこか寂れて、児童のにぎわいもなく、また、老人がベンチに座っているわけでもない。つまり、公園が陰鬱な気分につつまれ、人の気配のない、薄暗い雰囲気をもつ、犯罪さえ起こりそうな場所となっている。本来、コミュニティの核になるべき場所が、レクリエーションと景観の両面でネガティブな都市空間となっている。これは、社会の多様な構造的問題とも関係し、単に公園の問題ではない。しかし、公園の魅力づくりが乏しいことは一因であろう。もっとも、第Ⅱ部で後述するように、魅力に満ちた都市公園は数多く存在している。

1960年代の都市化・工業化の高度経済成長のひずみが1970年代にピークに達する。大気汚染、水質汚濁をはじめとする典型7公害と呼ばれた環境問題、都市の緑の減少や河川の暗渠化、海岸・河川の人工化、山岳道路・

スキー場による奥山破壊や住宅建設・ゴルフ場による里山破壊などが深刻化する。このような背景をうけて、1972（昭和47）年、都市公園は公共事業として都市公園等整備緊急措置法を制定し、飛躍的に予算額を伸ばし、以後、6次30年間におよぶ5カ年計画の積み重ねによって着実に公園整備を進展させる（2003〈平成5〉年からは社会資本整備重点計画に変更）。公園整備は用地費も施設費も国から地方公共団体への国庫補助に基づき、中央集権行政が中心となり、その面でも、1人当たりの整備標準や標準となる規模・誘致距離の定量的側面が重視されるとともに、全国横並びの公園施設とする都市公園の画一化が進んだといえる。

魅力ある市民の都市公園

アメリカのニューヨークを舞台にした映画をみていると、よくセントラルパークが出てくる。水辺のランニング、ベンチでの語らいやくつろぎ、リスや野鳥のたわむれ、立体交差の歩道と乗馬道など、市民に親しまれていることがよくわかる。2005年には、布を使う現代アーティストの夫妻クリスト＆ジャンヌ＝クロードが多くの市民を動員して、セントラルパークの約37kmの遊歩道に、サフラン色のカーテンをつるしたゲート約7,500基を張り巡らす「ザ・ゲート」というアートプロジェクトを実施した。わが国の公園は太政官公園以来、官制の公園であり、基準や規制で縛られ、真に市民の公園とならなかった。市民も欧米のように緑と水のオープンスペースを心から欲したものではなかった。近年、この反動もあって、市民参加をはじめ、あらゆる主体の参画・協働による公園づくりが始まっている。

都市公園の魅力とは、憩いの場であるとともに、活動の場であることであり、地域らしい良好な景観を形成し、もって、豊かな地域づくりと地域の活性化に寄与することである。幼児から老人までの幅広い年齢層の自然とのふれあい、レクリエーション活動、健康運動、文化活動など多様な活動の拠点となると同時に、公園の整備・管理、ユニバーサルデザイン推進、植樹・緑化活動、農作業体験、伝統工芸体験、自然体験活動など、市民参加による公園づくりをいっそう進めることによって、コミュニティの再生、世代間交流、生き甲斐（がい）の醸成、生涯学習、環境学習などの一助となることが期待される。また、にぎわいの場となる公園づくり、地域の歴史的・文化的資源を活用した観光拠点の形成、交流拠点の形成などは快適で個性豊かな地域づくりと地域の活性化に結びつくものである。

4. 庭　園

庭園の歴史

古代の庭園

古代には日本庭園の源流と考えられる遺跡も発見されているが、朝鮮・中国の影響をうけた庭園もつくられている。しかし、次第に日本化して寝殿造庭園と呼ばれる形態に発展していく。

日本庭園の起源を、神が鎮座する場所として岩盤を祀った磐座とする見方がある。しかし、発掘調査が進んだことから、古墳時代（3世紀末～7世紀）については庭園形態に近い遺構が見つかっている。4世紀後半の三重県伊賀市の城之越遺跡では、湧水に続く河川の護岸に小石を張り、石をいくつも立てている。これは庭園そのものではないのだが、庭園に近いものを古代にもつくることが可能だったことがうかがえる。

飛鳥時代（6世紀末～709）の遺跡としては、飛鳥の岡の酒船石や須弥山石像がよく知られているが、近年、酒船石の北側で、小判形と亀形の石造の水槽を組み合わせた庭園的な遺構が発見されている。また、飛鳥浄御原宮伝承地の北側で発掘された飛鳥京跡苑池では、中島をもつ本格的な園池が見つかっていて、『日本書紀』に出ている「白錦御苑」ではないかとされている。飛鳥京跡苑池には韓国の新羅時代の雁鴨池との類似点がみられるので、朝鮮の影響が強かったように感じられる。

奈良時代（710～793）の庭園も、発掘によって実際の姿を知ることができるようになった。平城京左京三条二坊六坪で発見された庭園は、小石を敷き詰めた流れのような形の園池で、要所に石組が置かれていて、平城宮東院跡の上層の園池には築山があり、園池の岸は砂利を敷き詰めた洲浜になっていた。

平安時代（794～1191）の初頭に造営された神泉苑は、建物は中国式の瓦葺きで、正殿の左右の楼閣の先には園池に臨んで釣台が設けられていた。神泉苑の古図を見ると、大規模な円形の園池の中に中島が一つだけ築かれているという単調なものだが、唐（618～907）の大明宮の園池と形状が類似しているので、この時期には、様式的には中国化しているといえる。しかし、源融の河原院では、奥州塩釜の光景を模した庭園がつくられ、大中臣輔親の六条院では、天橋立の情景をこしらえるというように国風化していく。

平安中期（9世紀後半～1085）には、建築様式として寝殿造が確立しているが、庭園も建築にあわせて、寝殿の前面などに園池を設ける寝殿造庭園が流行するようになる。こうした邸宅の庭園は寺院に影響をおよぼして、宇治の平等院にみられるような極楽浄土の光景を表現した、浄土式庭園が誕生している。

平安後期（1086～1191）の院政期には、退位した上皇・法皇によって郊外の別荘が建てられ、大規模な庭園が造営されている。鳥羽殿では南殿・北殿などと呼ばれていた建築群が、それぞれ寺院をもつことが特徴だった。京都以外では、岩手県の平泉に奥州藤原氏が建立した毛越寺・観自在王院・無量光院などに、広大な浄土式庭園がつくられている。

中世の庭園

武士が政権を握った鎌倉・室町時代には、当初は平安時代の貴族趣味的な庭園がつくられていたが、次第に武士らしい豪胆な庭園を造営するようになっていく。水を使わずに海洋や河川を表現した枯山水が、この時期に誕生している。

鎌倉時代（1192～1333）の京都の庭園は、『法然上人絵伝』にみられる九条兼実の月輪殿の場合のように、平安時代と同様の形態だった。鎌倉では源頼朝が、平泉中尊寺の二階大堂を模倣して永福寺を建立している。永福寺が浄土式庭園だったことを示しているように、鎌倉時代はまだ平安時代の京都文化の影響が強かった。

室町時代（1334～1572）になると、足利尊氏が創建した天龍寺では開山だった夢窓疎石が、平安時代的な園池に力強い滝組を加えている。夢窓は鎌倉では瑞泉寺、岐阜では永保寺、京都では西芳寺などの庭園をつくっているが、禅宗の教えに基づいて周囲の自然環境までとり入れたことが、彼の作庭の特徴だった。

3代将軍足利義満は北山殿（金閣寺の前身）を造営して、園池の岸に金閣を建造している。金箔を貼りめぐらせた金閣は、派手好みな武家らしさを示しているといえる。8代将軍足利義政は、義満にならって東山山荘（銀閣寺の前身）を建てているが、西芳寺を模倣したもので禅宗の影響が強い。

室町後期の戦国時代には、各地の武将たちが庭園を造営するようになっている。福井県の一乗谷朝倉氏館や三重県の北畠氏館の庭園、滋賀県の朽木氏館だった旧秀隣寺庭園などが、これまでよく知られていた。ところが、各地で発掘調査が行われるようになった結果、岐阜県の江馬氏下館跡や山口県の大内氏遺跡、大分県の大友氏遺跡などで、園池をもつ本格的な庭園が発見されている。

その一方、京都の寺院や武家屋敷では、禅宗の影響をうけた枯山水が造営されるようになっていった。室町時代の「洛中洛外図屏風」に将軍邸や細川邸の枯山水が描かれているが、残っている代表的な枯山水としては、大徳寺の大仙院書院庭園や龍安寺方丈庭園などがある。

近世の庭園

安土桃山時代（1573～1602）には、茶道が盛んになったことから露地が誕生しているが、華やかで豪快な石組をもつ庭園もつくられている。織田信長は岐阜城の麓の館内に、崖の岩盤を利用して滝をつくって園池に流し落とし、かたわらの谷川には大石を組んだ滝を築いていることが、近年の発掘調査で判明した。京都に聚楽第を造営した豊臣秀吉は、醍醐の花見後に三宝院の作庭を開始して、住職だった義演准后がそれを完成させている。秀吉の伏見城の遺構を移したという京都の旧円徳院庭園は、多くの石を使った華麗な庭園で、この時代の雰囲気をよく伝えている。

江戸時代（1603～1867）になると、将軍や大名・貴族が豊富な財力をもとに広大な土地を利用して、園池や茶屋を巡って楽しむ回遊式庭園を造営している。江戸の将軍の別荘の庭園だった浜御殿（旧浜離宮庭園）では、海水を利用した「潮入りの庭」がつくられている。代表的な大名屋敷の庭園としては、水戸家の小石川後楽園や柳沢吉保の六義園などが東京に残る。また、京都では天皇や貴族の別荘として、修学院離宮や桂山荘（桂離宮）が造営されている。

城郭内に築かれた庭園としては、名古屋城二之丸庭園や京都の二条城二之丸庭園、和歌山城西之丸庭園（紅葉渓庭園）などがあるが、平和な時期になってくると大名たちは、城外に別荘を建てて大規模な庭園を各地で設けるようになった。そうした事例としては、会津若松の松平氏庭園（御薬園）、金沢の兼六園、福井の養浩館（旧御泉水屋敷）庭園、彦根の玄宮楽々園、岡山後楽園、高松の栗林公園、熊本の水前寺成趣園、鹿児島の仙巌園、琉球王家の別邸だった那覇の識名園などがある。

近代の庭園　江戸時代には各村落を代表する大庄屋などを務めた人物が、本格的な庭園を造営しているが、明治、大正、昭和前期（1868～1945）にかけては、新しい為政者や財界人によって、邸宅や別荘に大規模な庭園が創出されている。欧米の影響をうけて洋館にあわせた庭園が出現しているが、和風の建物に調和するような伝統様式の庭園もつくられている。

青森県平川市では地主で経済界でも活躍した清藤氏の盛美園、東京では古河財閥の古河虎之助の邸宅、神奈川県横浜市では実業家の原富太郎の三溪園などがある。京都市では軍人で政治家だった山縣有朋が無鄰菴を、呉服商だった市田弥一郎が對龍山荘を建造するなどしている。京都のこれらの作庭は小川治兵衛が担当している。奈良市では実業家関藤次郎の依水園（後園部分）、和歌山県海南市では帯革製造業者だった新田長次郎の琴ノ浦温山荘、福岡県飯塚市では筑豊炭鉱の経営者だった伊藤伝右衛門の邸宅などが造営されている。

庭園の様式

それぞれの時代にかなり異なった形態の庭園がつくられているので、庭園様式の説明をしておきたい。

海洋風景式庭園　飛鳥・奈良時代の庭園は、海洋風景をかたどった園池を中心につくられていた。『万葉集』などの庭園を意味する「しま」という言葉を含む歌には、「荒磯」とか「浜」という表現がみられるので、園池は海を表現していることがわかる。韓国にある7世紀の新羅の雁鴨池の建物は「臨海殿」と命名されているので、園池を海に見立てていたらしい。さかのぼると中国では、前漢時代に皇帝の武帝（前156～前87）が長安城の太液池の中に、東の海にある仙人が住むという島、「蓬莱、方丈、瀛州」を築いている。古代の日本の庭園は、中国や朝鮮の影響を強くうけたものだったことになる。

寝殿造庭園　平安時代には建物が日本風になり、主人が居住し客人に対応する寝殿を中心に、その左右や背後に家人が居住する対屋を配置し、南側の園池に接する部分に釣殿を建て、釣殿と対屋を廊下で連結する「寝殿造」といわれる建築様式が生まれている。園池には遣水と呼ばれた流れが注ぎ込み、岸部分には奈良時代と同様に小石を敷き詰めた洲浜がつくられ、要所には荒磯石組が置かれて、背後には築山が設けられていた。この庭園様式を建築との関係から「寝殿造庭園」と呼んでいる。絵巻物や文献から建物と庭園の様子が分かる事例としては、東三条殿や法住寺殿がある。園池は発掘結果からも、寝殿の南側に配置されるとは限らず、東、西、北側にも位置していたことが判明している。

浄土式庭園

仏教の歴史観では、仏の教えが実践されて結果が生じるのが正法時代で、仏の教えだけが残るのを末法時代としている。そのため1052（永承7）年から末法に入るとされ、平安中期以降は戦乱や災害が続いたことから、阿弥陀仏を信じれば来世は極楽浄土に生まれることができるとする末法思想が流行した。極楽浄土は西方に存在するという教えから、極楽浄土を主宰する阿弥陀仏を祀る堂を西側に建て、前面に極楽浄土の池を模して、園池を設けて中島には橋を架けることが行われるようになった。この形態の庭園を「浄土式庭園（浄土庭園）」と呼んでいる。しかし、洲浜や荒磯石組があることからわかるように、技術的には寝殿造庭園を応用したものだった。

枯山水

室町時代に禅宗の僧侶たちは、水墨画や禅宗思想の影響からか、水を使わずに石や砂利で河川や海洋を表現した「枯山水」をつくり出している。水がなくても可能なことや経費もあまりかからないことから、枯山水がつくられることは増加していった。枯山水の成立過程をみると、三重県の北畠氏館跡（北畠神社）では、園池の周囲の一部に数個の石を立てた枯山水がつくられている。だが、山口県の常栄寺では園池に対応するように、広い面積の所に石を配置した形式に変わり、島根県の万福寺では園池の背後に築山を築いて、滝組にも見える枯山水的な石組を設けている。さらに京都の大徳寺の大仙院になると、山奥から流れ出た水が川となって、大海に注ぐ様子を石組と白川砂で表現したものに変化している。龍安寺ではコケ以外には植物はなくなり、15個の石と白川砂だけを使うだけという、究極的な姿になっている。

露地・茶庭

安土桃山時代には茶の湯の流行から、茶室の周囲に「露地」が誕生した。飛石、蹲踞、燈籠が、露地では主要な構成要素になっている。飛石は気持ちを集中させ、蹲踞は水で手を洗うことで気分の転換をはかるという効果があるのだろう。燈籠は夜の茶会のための照明だが、昼は景色をつくるのにも役立っている。現存する代表的な露地としては、京都の表千家の不審庵や裏千家の今日庵、藪内家の燕庵などがある。江戸時代になると武家屋敷や寺院、町屋の庭園にも、飛石、蹲踞、燈籠が盛んに使われるようになった。これらの露地の要素を家屋の周囲にもち込んだ庭園を、「茶庭」と呼んでいる。江戸中期以降になると、さまざまな形の蹲踞や燈籠がつくられるようになっている。

回遊式庭園

江戸時代の広大な庭園では、園池、築山、石組、滝、流れ、橋、茶室、待合、四阿、飛石、燈籠などを巧みに配置するだけでなく、徒歩や舟で巡りながら茶室で遊んだり、庭園の光景の変化を楽しんだりできるように工夫がされていた。こうした庭園を、巡って楽しめる庭園という意味から、「回遊式庭園」と呼んでいる。奈良時代の平城宮東院庭園や平安時代の嵯峨院の大沢池、室町時代の鹿苑寺（金閣寺）庭園なども、大規模な庭園なので回遊して楽しめるのだが、江戸時代の大名庭園などの様式を説明する場合に限って「回遊式庭園」と呼んでいる。

潮入りの庭

江戸の大名の別邸だった海辺の下屋敷では、大規模な園池が設けられる場合が多かったので、江戸市中の水道だった上水では水量が不足するために、手近にある海水を使うしかなかった。海水は潮の満ち引きがあることから、旧浜離宮庭園や旧芝離宮庭園などでは、石組などが見え隠れするように工夫して、景観が変化するのを楽しめるようにしている。このような海水を入れた庭園を、「潮入りの庭」と呼んでいる。潮入りの庭をつくることは地方にも広まって、和歌山県には紀州藩主が造営した養翠園が残っている。現在は雨水と給水に頼るようになっている旧徳島城表御殿の園池も、本来は海に通じる堀の水を引き込んだものだった。変わったところでは、琵琶湖の水を引いていた旧彦根藩松原下屋敷（お浜御殿）も、月の引力で水面が上下することから「潮入りの庭」と言っている。

借景・縮景庭園

時代を問わずに行われていた作庭技法として、「借景」と「縮景」がある。眺望を楽しむことをねらって、遠方の山などを主要な構成要素になるようにとり入れた庭園を

「借景庭園」と呼んでいる。背景と借景の区別は難しいが、もしその対象が失われたら庭園の価値が大きく損（そこ）なわれるものが、借景庭園ということになる。比叡山（ひえいざん）をとり入れた京都市の円通寺（えんつうじ）庭園、遠方の山並みと田園風景を眺められるようにした奈良県大和郡山（やまとこおりやま）市の慈光院（じこういん）庭園などがよく知られている。一方、「縮景庭園」は風景を縮めたもので、飛鳥奈良時代の海洋の光景を模写した海洋風景式庭園から始まって、平安時代には日本の名勝地を取り入れた寝殿造庭園や浄土世界を具現化（ぐげんか）した浄土式庭園が生まれ、室町時代には世界全体を縮小して示した枯山水がつくられている。江戸時代には各地の大名庭園で、富士山を象徴する築山が築かれている。

自然風景式庭園

明治大正期になると、江戸時代の型にはまった庭園様式を否定して、山縣有朋（やまがたありとも）の無鄰菴（むりんあん）のような、自然の河川の形をとり入れた庭園が出現している。また、昭和期には整枝剪定（せいしせんてい）した樹木を嫌って、東京の武蔵野（むさしの）の林などを意識して、ケヤキなどの落葉樹を使った庭園が流行している。こうした日本の自然の風景をとり入れた近代の庭園を「自然風景式庭園」と呼んでいる。

庭園の風景

庭園には園池（えんち）や流れがつくられ、周囲には築山（つきやま）が設けられ、樹木や草花が植栽（しょくさい）されている。庭園は小規模なものが多いが、その構成要素になっている園池、流れ、築山、植栽などは、広大な自然風景とどのような関わりをもっているのだろうか。

園池は海

園池が海を表しているということは不思議な感じがするが、古代中国で仙人が住むという大海の中の島を園池に設けたのは、皇帝たちにとって神仙島（しんせんとう）は不老不死の妙薬が得られる憧（あこが）れの地だったからだ。眼前の園池の中に神仙島を築くことによって、世界をすべて手中に収めているという満足感を彼らは得ていたのだろう。この影響をうけて日本でも飛鳥、奈良時代に、海洋風景を模した「しま」と呼ばれた庭園がつくられた。

平安時代にも庭園の園池は海を表すということが意識されていたようで、源融（みなもとのとおる）は京都に造営した河原院（かわらのいん）において、奥州塩釜（しおがま）の光景を模して園池に多くの島を築いて、浜辺では釜（かま）を据（す）えて海水から塩を採（と）っていたと、

『古今和歌集』に書かれている。園池は神仙島がある場所ではなく、国内の名勝地を表しているというように、意味が変わっていった。

こうしたことから、日本最古の造園書である『作庭記』（12世紀末頃）は、庭園をつくる要点の一つとして、名勝地といわれる場所は風景の構成が素晴らしくて、人々が興味を引かれる所だから、全体の構成をまねして庭園にとり入れるべきだとしている。この伝統を引き継いでなのか、柳沢吉保は江戸駒込に造営した六義園で、『古今和歌集』の歌を基に和歌山市にある和歌浦の景勝地をつくり出している。

流れと理想郷

奈良時代には庭園に流れを設けることで、理想郷を生みだしている例がある。8世紀前半頃の山田三方は『懐風藻』の中の詩で、「美しい岩に滝の水が激しくかかり、春の峰には照り輝くようにモモが咲いている。流水が急なことよりも、酒杯が遅く流れて来るのを恨むばかりだ」と、3月3日の曲水の宴のことを詠んでいる。場所は平城京内の御苑か、近郊の離宮なのだろう。流れの上方には滝があり、築山にモモを植えていたのは、中国の詩人陶淵明（365～427）の『桃花源記』に書かれている、理想境とされた仙人が住む桃源郷を意味させるためだった。

平安時代には園池に注ぐ流れを遣水と呼び、建物から観賞できるように寝殿と対屋の間に設け、風情を加えるために所どころに石組や植栽を施している。寝殿から園池までは距離があって遣水は長かったので、奈良時代と同様に酒を満たした器を流して、歌がつくれたら酒を飲んでよいとする曲水の宴も行われていた。曲水の宴を楽しんだのは中国文化への憧れで、王羲之の『蘭亭序』などの影響だった。遣水は貴族たちを古代の中国世界へ導く装置でもあったことになる。原本は平安後期とされる『年中行事絵巻』に、藤原氏の東三条殿の対屋と遣水が美しく描かれている。

築山は山岳

庭園をつくる場合に地面が平坦では変化がないので、自然の丘陵にならって土を盛って山を築くことが多い。この人工的に設けた山を「築山」と呼んでいる。さらに変化をつけるために、山の岩盤のように石を置いたり、森林をまねて樹木を植えたりもする。日本の風景の主要な要素である丘陵や山岳が、庭園に与えた影響は大きいといえる。

平安時代の『作庭記』は築山について、「山を築き野筋を置くことは、

地形に合わせ、池の姿に従うべきだ」と述べている。地形や掘った池の形にあわせて、築山を設けて原野の光景をとり入れることをすすめている。

室町時代になると禅宗の僧侶たちは、築山に石組を置いて枯山水をつくっている。相国寺内の睡隠という庵に、山水河原者と呼ばれていた作庭の専門集団の中でも名人とされた善阿弥が、庭園に築山を築いたことから、『蔭涼軒日録』には「小さな山を築いたのを見た。その峰々や谷は、非常に素晴らしいものだった」と書かれている。小さな築山だったということからすると、ここには流れや池はつくられていなかった可能性がある。石を使わないことには険しい峰や谷の感じは出せなかっただろうから、枯山水は河川や海洋を表現しようとしたことよりも、山岳の風景をつくることから発展していったとも考えられる。

江戸時代になると、山岳風景を大面積の場所に再現することが行われるようになる。大名たちは江戸や自国に広大な屋敷を所有していたことから、接客や憩いのために大規模な回遊式庭園を造営している。広大な敷地の場合は自然の起伏があるために、丘陵がそのまま築山のように利用されることもあったが、低地の平坦な場所では園池を掘った残土などによって築山を築いている。富士山の形をまねて築山を築いたりもしているのは、大名たちが参勤交代で、東海道を行き来したことと関連するのだろう。現在残っている富士山型の築山がある大名庭園としては、熊本市の成趣園（水前寺公園）が最も名高い。園池のかたわらに高さが10ｍを超えるほどの築山が設けられて、全面に芝生が張られている。

植栽と自然風景

平安時代には、秋咲きの草花の種類が豊富なことから、秋の野の姿をかたどった庭園が出現している。『古今和歌集』によると僧侶だった遍昭は、草花を植えて優美な秋の野の姿をした庭園をつくっている。『古今和歌集』では秋の歌に、ハギ・オミナエシ・フジバカマ・ススキ・ナデシコなどが野の草花として詠まれている。遍昭はこのような草花を植栽して、秋の野を形づくったのだろう。

安土桃山時代につくられた露地の植栽をみると、千利休は「松、かしの木、かなめ（カナメモチ）、ひささ木（ヒサカキ）、すすき、山ぐみ」を植えるように指示している。利休が好んだ樹種は、関西のアカマツ林やシイ、カシ林に生育しているものなので、利休は露地に京都周辺の山林の雰囲気をもたせようとしたことがわかる。ところが、次の古田織部になると

「竹、もみ、棕櫚（しゅろ）、蘇鉄（そてつ）」などがよいとしている。この時代に好まれだした植物を露地に植えることによって、造形的効果をねらったものなのだろう。

5. 公園・庭園のいま

自然公園をめぐる動向

地域制公園は、保護と開発という両立しがたい矛盾を背負い込む一方、里地里山や農林漁業景観のような多様な景観をとり込み、持続可能性を追求してきた。国立公園は景観の統一性や公園の完結性が低下した反面、景観多様性と生物多様性を維持してきた。この地域制公園の管理運営を支えていたのは関係者による協働管理であった。多様な土地利用、多様な法規制、多様な管理主体などに関わる地域制公園は、独自の公園計画を樹立し、関係者が協働して管理する伝統をつくりあげてきた。

崩れる国と地方の連携

20世紀に確立した協働管理による地域制公園制度は、21世紀の今、大きく揺らいでいる。1990年代以降の地方分権改革の動き、さらに2000年代の、国と地方の財政を明確に分ける三位一体改革などによって、国と地方の連携が崩れる。

国立公園は国の仕事として、地域から遊離する。各種行為の許認可は原則国の権限となり、国立公園施設整備補助金も廃止された。国立公園の利用施設の維持管理、一斉清掃のクリーン作戦、車両進入を抑えるマイカー規制などは地元のさまざまな団体が一丸となって実施してきた。ゴミ問題や渋滞問題は、国立公園のみならず、観光地や地域そのものの問題でもあった。今、大きな課題の入山制限などの利用調整は地方との連携なくしてありえない。利用調整地区制度は、過剰利用を防ぎ、持続可能な利用を図るため、利用者をコントロールする管理観光を制度化したものであり、2006（平成18）年、吉野熊野国立公園大台ヶ原の西大台地区で、10（平成22）年、知床国立公園の知床五湖地区で指定された。07（平成19）年、エコツーリズム推進法が制定され、この法律もまた、利用の管理の考えを導入し、特定自然観光資源に関して立入り制限を可能としている。

都道府県の自然保護課、森林保全課、観光振興課などには国立公園行政のベテランや専門の技官がいたが、今はいない。中央集権から地方分権へという潮流は国のかたちを変えようとする時代の要請であり、国立公園もまたこの潮流に乗らなければならない。だが「国立」といえども、地域に密着し、地域に支えられてきた「地域制」の歴史を忘れてはならない。

自然公園と生物多様性

1990年代以降、自然環境行政にとって生物多様性が最大のキーワードになり、生物多様性の保全と持続可能な利用が最重要課題となる。生物多様性条約、種の保存法、環境基本法、生物多様性基本法と続き、環境基本計画も生物多様性国家戦略も生物多様性保全の具体的取り組みを策定する。連動して自然再生推進法、外来生物法などが制定され、国連海洋法条約、海洋基本法、国際サンゴ礁イニシアティブ、ラムサール条約登録湿地拡大、生物多様性条約愛知ターゲット海域保全目標など海洋・湿地保全も推進される。

2001（平成13）年、環境庁が環境省に昇格。02（平成14）年、中央環境審議会が「自然公園の今後のあり方について」中間答申を出し、同年、自然公園法が改正され、自然公園法の第3条の国等の責務に「生物の多様性の確保」が追加され、あわせて利用調整地区、風景地保護協定、公園管理団体の制度などが創設される。09（平成21）年にも自然公園法が改正され、第1条目的に生物の多様性の確保が追加され、「国民の保健、休養及び教化に資するとともに、生物の多様性の確保に寄与することを目的とする」とされ、傑出（けっしゅつ）した自然の風景地の評価に生物多様性の概念が入ることとなる。あわせて海中公園地区が海域公園地区に改められ、生態系維持回復事業の創設などが行われる。

2007（平成19）年、環境省は「国立・国定公園の指定及び管理運営に関する提言」をまとめ、「生物多様性豊かな地域をすぐれた自然の風景地として再評価すべき」「国民にわかりやすく、効果的に管理できる区域・名称の検討」の方針を出す。これをうけ、10（平成22）年には「国立・国定公園総点検事業」をとりまとめ、国立・国定公園の新規指定・大規模拡張候補地18カ所を報告する。

国立公園のブランド化

これらの結果、2007（平成19）年、西表国立公園に石垣島の一部が編入され、西表石垣島国立公園に改称、同年、日光国立公園から分離独立するかたちで尾瀬国立公園が誕生、12（平成24）年、霧島屋久国立公園が分離して屋久島国立公園と霧島錦江湾国立公園が誕生、13（平成25）年には陸中海岸国立公園を拡張して三陸復興国立公園が誕生、14（平成26）年には沖縄海岸国定公園を拡張するかたちで慶良間諸島国立公園が誕生した。15（平成27）年には上信越高原国立公園から分離独立するかたちで妙高戸隠連山国立公園が32番目の国立公園として誕生した。分離独立は尾瀬、屋久島、妙高戸隠のブランド化であり、地域アイデンティティの確立と地域の誇りの醸成といってよい。

さらに、2016（平成28）年、沖縄本島北部山地のわが国最大級の亜熱帯照葉樹林のやんばる国立公園が33番目の国立公園として、また、翌17（平成29）年、同様に亜熱帯照葉樹林の奄美群島国立公園が34番目の国立公園として誕生した。これらは、生物多様性の確保と人間と自然の共生の観点から、世界自然遺産登録をめざしている。一方、西表石垣・山陰海岸・吉野熊野国立公園などの海域や海域公園地区を大幅に増やし、棚田や里地里山の文化的景観を評価して大江山丹後天橋立・京都丹波高原国定公園を生みだした。

現在、自然風景地の評価が生物多様性に向かい、国立公園が生物多様性確保の場として意味付けられ、価値付けられているといえる。しかし、観光への傾斜の動きもある。2016（平成28）年、環境省は国の「明日の日本を支える観光ビジョン」に基づき、インバウンド（訪日外国人）増大に寄与するため、「国立公園満喫プロジェクト」を推進することとした。8カ所の国立公園で計画的・集中的にインバウンド誘致策に取り組み、国立公園のブランド化をめざすものである。

自然公園の未来

21世紀のわが国は少子高齢化・人口減少という未曾有の問題に直面しようとしている。2005（平成17）年の国勢調査では、国土面積の3.3％の地域に全国人口の66.0％、国民の3分の2が居住している。その反面で二極分化をみせ、過疎化・高齢化の進展は限界集落を生み、さらに人口減少社会の到来によって消滅可能性都市や消滅可能性市町村が予測されるまでになっている。ここからは、小さな生活拠点や集落などに定住地を集約し、コンパクトに寄り添って同じ場所に住めばよいという考え方が導かれつつある。

しかし、人間にとって、他とは異なる自然・歴史・文化からなる故郷の風土性と、他とは異なる景観・生活・社会からなる故郷の場所性は心のよりどころであり、みずからのアイデンティティであり、誇るべき土地でさえある。自然地域の優れた自然風景地は地方創生のかけがえのない地域資源である。国土の7分の1を占める自然公園にとって地方再生への寄与は大きな課題であり、自然公園は今こそ地方疲弊(ちほうひへい)に対する力量と真価が問われているといえよう。

都市公園をめぐる動向

1992（平成4）年、いわゆるバブル経済の崩壊以後、日本経済は低成長時代に突入、国も地方も財政難に陥り始める。公共事業はむしろ景気浮揚策として継続し、都市公園整備も進展し続けるが、施設修繕、植栽管理、美化清掃、光熱水料などの維持管理費が地方公共団体に重くのしかかってくる。1970年代にはすでに住民による維持管理の仕組みづくりが芽生え始めていたものの、十分なものではなかった。

地方行政の改革

一方、1990年代には、行政の財政難とともに、少子高齢化、東京の一極集中と地方の疲弊などの背景をうけて、地方分権改革の動きが起き、21世紀になるといっそう国と地方の役割分担の明確化が加速する。三位一体改革と呼ばれた財政改革や、平成の大合併と呼ばれた市町村合併が行われ、「中央から地方へ」「官から民へ」「新しい公共」という考え方に基づいた地域の自主性・自立性や低成長時代の持続可能な経済社会システムが求められる。地方行政も、2003（平成15）年、民間の能力の活用と住民サービスの向上を図るため、地方自治法改正により、「公の施設」について「指定管理者制度」が導入される。従来の「管理委託制度」に比べ、管理者が公共的団体などから民間事業者に拡大され、管理者の裁量が大幅に拡大された。

都市公園もまたこのような社会情勢をうけて、2004（平成16）年、環境や社会貢献への国民の意識の高まりともあいまって、都市公園法改正により、地域住民団体・民間事業者など多様な主体が都市公園の整備と管理を行えるようにする。建設・管理等に民間の資金・能力を活用するPFI（Private Finance Initiative）手法の導入、公園全体を包括的に管理する指定管理者制度に一部の公園施設の設置も可能にする設置管理許可制度の創設である。借地公園制度や利用料金徴収も認められ、地域の実情に即したきめ細かな管理が可能となり、愛好団体による特別のスポーツ施設や民間事業者によるオープンカフェなどが整備できるようになった。「都市公園は規制が多い」といわれてきたが、柔軟な対応に転回されようとしている。

規制緩和と地方分権

2004（平成16）年の都市公園法改正では、立体的な土地利用を進めるため、立体都市公園制度が創設された。特に用地取得が困難な市街地中心部において、ヒートアイランド現象の緩和、地震災害時の避難場所の確保、人々の憩いの場の確保などの観点から、建物屋上と人工地盤上に都市公園を設置することが可能となり、既存都市公園の地下に民間駐車場の設置も考えられるようになった。建物屋上と人工地盤上の都市公園は、公衆の自由利用の原則から、あらゆる人々が容易にアクセスできる経路の確保と、公開時間も利用に支障をきたさないよう配慮が求められ、建物の永続性確保のため公園一体建物管理制度や公園一体建物協定制度など建物の適正管理の制度が設けられている。

2011（平成23）年、都市公園もまた地方分権へと転回し、従来、国が一律に決めていた配置・規模等の設置基準を地方公共団体の裁量に委ねることとする。国は従来の基準を目安として示すものの、地方は地域の実情にあわせてみずから条例を定めるか、都市緑地法に基づいて定める「緑の基本計画」に位置付ければ、法令の範囲内で独自性を出せることとなった。

整備標準の1人当たりの公園面積も異なる形式による目標値の設定が可能となり、建ぺい率も原則2％で特定の施設について特例措置が10％まで認められていたが、災害応急対策施設などを念頭にこの特例措置の上乗せ基準が可能となった。同様に、歴史的建造物、景観重要建造物などの建ぺい率も特例措置が20％とされていたが、遺跡や近代化遺産による個性ある地域づくりなどを念頭に、上乗せ基準が可能となった。これらは、特殊公園として、地域らしさを発揮した地域づくりに貢献するものである。

都市公園の再生・再編

今、都市公園は大きな曲がり角にあり、再生と再編の時代にあるといってよい。国民の価値観の多様化、人口減少・少子高齢化、財政難、地方分権、都市のコンパクト化、地方の活性化、規制緩和、住民参加、民営化など、都市公園をとりまく社会情勢は複雑である。従来、都市公園は量的確保を急ぎ、無秩序な都市開発の圧力を抑えることを重視してきた。防災機能や生物多様性保全機能はまだまだ不十分であるが、今後、成熟した社会で、国民の関心は経済的な豊かさから精神的な豊かさに傾斜し、生活空間やレクリエーション空間にも質の向上を求め、当然、都市の緑と水の質にも注目し、都市公園は重要な役割を担うこととなろう。

都市公園は緑と水の空間として、環境や防災の改善に寄与するグリーンインフラストラクチャーであるが、本来、それ以上に、住民や来訪者のレクリエーションの場であり、生き物の生息生育の場であり、地域の魅力向上や活性化を図る良好な景観形成の場であった。しかし、都市公園はもはや財政難で人員不足の官を頼るわけにはいかない。パークガバナンスとパークマネジメントはどうあるべきか。住民やNPOをはじめ、あらゆる主体の参画と協働により、公園の維持と創造を図られなければならない。

都市公園の未来

2016（平成28）年、国土交通省は検討会で「新たな時代の都市マネジメントに対応した都市公園等のあり方」の最終とりまとめを行った。都市公園などは都市・地域・市民のためになる新たなステージに移行すべきとし、都市の美しさ・暮らし・活性化などに資するリノベーションの推進、地域ニーズに応じた柔軟なプランニングとマネジメントの強化、行政・市民・民間事業者など効果的な連携のための仕組みの充実を図るべきと提言した。

都市のあり方や緑のネットワークを考えながら、真に必要な美的で快適な自然とのふれあい空間を創造し、その結果、住んでよし、訪れてよしの魅力的な地域としなければならない。地域らしさを表す個性ある公園を創造すれば、おのずと地域は美しくなり、地域の顔となり、多くの来訪者を魅了し、交流の場となって、地方の活性化に貢献するであろう。都市公園の多機能性は、硬直した考えではなく、柔軟な考えをもてば、地域社会や地域経済の核となり、環境まちづくり、景観まちづくり、健康まちづくり、福祉まちづくり、防災まちづくり、歴史まちづくり、文化まちづくり、観光まちづくりなどの拠点になり得る可能性を秘めている。

庭園をめぐる動向

変わる庭園の趣向

江戸時代には都市の町人でも、裕福な町人は郊外に別荘をもち、大規模な庭園を造営していた場合もあったが、家をもてた町人は2階建ての家を建て、明り採りと通風を兼ねて、小規模な中庭や奥庭を設けて樹木や草花を植えていた。だが、多くの下層の人々は長屋に住み、出入口に盆栽を置くのがせいぜいだった。

明治、大正期（1868～1925）には、大都市では政治家や財界人は大規模な邸宅や別荘を建て、洋風、和風の庭園を造営している。地方でも地主や事業主は都市の富豪に劣らないほどの建物を建造し、庭園をつくっている。江戸時代の大名庭園や茶庭への興味が薄れていったためか、大正初期から関東ではカエデ、コナラ、ケヤキなどの落葉樹を使った「雑木の庭」が好まれだした。

昭和前期（1926～45）になると、東京への人口集中から郊外住宅の建設が始まっている。新興住宅庭園の設計事例をみると、500～650㎡（約150～200坪）のものが多い。江戸時代の庭園のような観賞主体のものではなく、娯楽や実益を兼ねたものでなくてはならないという「実用庭園」の考えが提唱されたことから、芝生を張り、フジ棚の代わりにパーゴラを設け、西洋の草花を植えた花壇をつくるようになっている。

一般住宅の庭園

第2次世界大戦が始まると、贅沢が禁止されるようになり、庭園をつくることは減少していった。造園業者も仕事がないことや出征などで、離職する人たちも多かった。しかし、戦後は1950（昭和25）年の朝鮮戦争勃発で、日本経済が復興したことから、料理屋などで庭園をつくるところも出てくる。55（昭和30）年には「もはや戦後ではない」とまでいわれるようになり、60（昭和35）年には所得倍増計画が決定されるようになると、人々は大都会へ仕事を求めて集中するようになった。住宅難の解決のために日本住宅公団が発足して、同年には愛知県の高蔵寺ニュータウン、70（昭和45）年には東京都の多摩ニュータウンの建設が開始されている。

集合住宅では各自が庭園をもつことはできなかったが、個人住宅の建設ラッシュが各地の都市の周辺で起こって、100～150㎡（約30～50坪）の敷地に建物を建て、庭園を設けるようになった。江戸時代の煩雑な石組や茶趣味に由来する陰気な植栽に代わって、芝生と明るい色合いの庭石を置き、落葉樹を主体とした明るい植栽を行い、小規模な浅い池や流れなどを設けた、簡潔な構成の庭園が好まれている。

消えてゆく庭園

ところが、近年では生活様式の変化が起きている。都市域の住宅でも建ぺい率の規制があるので、庭園を設けることも可能なはずなのだが、自動車を１～２台もつようになったことから、駐車スペースが場所を占めるようになった。そのため植栽する余裕はなくなって、周囲に生垣をつくり、玄関までの通路横に低木を植えるのがやっと、という状態になっている。

これまで大面積の庭園を構えていた邸宅も、遺産相続のために土地を売却するか、分割するしかないために、各地で名園が次々に消滅している。新興住宅の庭園も小規模なために、都市の造園業者は作庭する機会はなくなって、剪定作業をするだけになっている。土地に余裕がある地方では、まだ個人住宅で庭園をつくる機会もあるようだが、都市化していくにしたがって、庭園をつくることは困難になっていくだろう。

都市が密化していくのに反比例して、農山村は過疎化、高齢化して、土地があっても庭園をつくることはなくなっている。庭づくりが行われていないと、石組をしたり樹木を植えたりすることがなくなるので、造園業者は仕事量が減少するに従って、技術力が低下していくおそれがある。

庭園技術の保存

日本の庭園の技術が生かせる場所はあるのだろうか。寺院の庭園の場合、重森三玲が1939（昭和14）年に作庭した東福寺本坊庭園は、2014（平成26）年に国の文化審議会で名勝に指定するように答申が出されている。寺院庭園については檀家の意見も重視されるので、そのまま長く保存されていく場合が多い。美術館の庭園も著名になると、美術品として保存される場合がある。60（昭和35）年には中島健によって東京多摩の玉堂美術館庭園、72（昭和47）年には中根金作によって島根県の足立美術館庭園がつくられた。尾張藩の戸山荘の滝組が移設されている名古屋の徳川園は、伊藤邦衛が改修したもので、2004（平成16）年から公開されている。都市のホテルのロビーやレストランの庭園でも、規模に関係なく魅力的なものがあるが、建物の改築で消滅してしまうものが多い。だが、山縣有朋が1878（明治11）年に造営した椿山荘の庭園は、ホテル椿山荘東京が保存し利用している。各地の温泉地の旅館などでも、大規模に従来の日本的な庭園をつくっている所があり、岩風呂などに庭園の石組技法の応用もみられる。

庭園の未来

近年は、植物療法（フィトセラピー）が流行しているので、病院にも本格的な庭園がつくられてもいいと思うのだが、まだほとんど事例をみない。ビルというと屋上緑化になってしまうが、高層ビルや高層集合住宅の地上の公共緑地とされている部分に、盛んに庭園をつくって植栽することが東京都内で行われている。市街地の公園内に「日本庭園」をつくることは、1970（昭和45）年に開園された大阪府吹田市の万博記念公園でも行われている。現代の公園全体を大名庭園のようにつくった例としては、京都の環境事業計画研究所が設計、施工管理して1991（平成3）年に公開された、名古屋市の白鳥庭園（面積3.7 ha）がある。明治期から観賞よりも運動などができる実用的な公園が必要とされてきたが、観賞を主体とした庭園も決して悪くはない。

地価が高騰しているうえに、国家財政が危機的状況にある現在では、公的に緑化事業をする余裕はなくなっている。しかし、人間にとっての理想的な生活環境を考えると、歴史的な庭園を保存し、新しく庭園・公園をつくり、都市の中に緑地を増やしていくことは重要なことだといえる。

第Ⅱ部

都道府県別
公園・庭園とその特色

凡例

＊「主な公園・庭園」で紹介している事例名には分類が分かるように以下のような印をつけた。
　自自然公園、都都市公園・国民公園、庭庭園

＊各事例の付帯情報の概要は次のとおりである。
- ○国宝・重要文化財・史跡・名勝・天然記念物等：文化財保護法で貴重な国民的財産を指定・登録
- ○世界遺産：ユネスコ（国連教育科学文化機関）所管の世界遺産条約によって人類の遺産を登録。
- ○世界ジオパーク：ユネスコ所管の世界ジオパークネットワークによって貴重な地形地質等を認定。
- ○ユネスコエコパーク（生物圏保存地域）：ユネスコが科学的研究「人間と生物圏計画」で登録。
- ○ラムサール条約登録湿地：国際条約で水鳥生息湖沼・湿原等の湿地（ウェットランド）を登録。
- ○世界農業遺産：国連食糧農業機関（FAO）が伝統的農林水産業やそれに関する文化と地域を認定。
- ○日本百名山：小説家の深田久弥（ふかだきゅうや）が品格・歴史・個性の観点から選定し、随筆で著した100座の山。
- ○日本の都市公園100選：日本公園緑地協会等が都市公園の愛護精神高揚のために選定した100公園。
- ○日本の歴史公園100選：都市公園法50年で選定した歴史的文化的な個性や魅力をもつ250公園。

＊付録（P.300）に「47都道府県の自然公園一覧」と「国指定史跡・名勝の庭園一覧」を設けたので参照されたい。

＊引用文献の情報は巻末（P.322）に一覧で記載している。

1 北海道

国立公園釧路湿原タンチョウ

地域の特色

北海道は、太平洋、日本海、オホーツク海に囲まれ、本州と津軽海峡で隔てられた最北の地で、冬は長く厳しい積雪の地である。国土面積の約5分の1を占める広大な地で、人口密度はわが国最低であり、独特の風土を形成してきた。北海道は雄大で原始的な山岳、変化に富む特異な火山、広大な平野や湿原、神秘的な湖沼などが特徴的である。中央南北の宗谷岬から襟裳岬にかけては天塩山地、夕張山地、日高山脈などの脊梁山脈が連なり、中央東西には東日本火山帯の旧千島火山帯に連なる知床、阿寒や、東大雪、大雪山、十勝岳の火山群とカルデラ湖などが並び、この周辺に平野や盆地を形成している。南西の半島部には東日本火山帯の旧那須火山帯に連なる樽前山、有珠山、羊蹄山、駒ヶ岳などの火山群と支笏湖、洞爺湖などのカルデラ湖がある。

気候が寒冷のため亜寒帯と冷温帯の植生を示し、エゾマツ、トドマツ、カラマツ、ブナ、ミズナラ、イタヤカエデなどが北海道らしい風景を生み、山岳各地に高山植物のお花畑が広がっている。ヒグマやシマフクロウなど北海道に生息地が限られている動物も多彩で、希少種の植物も多く、豊かな生物多様性を確保している。

北海道は長く狩猟漁労で生活するアイヌの天地として蝦夷地と呼ばれていたが、江戸時代に比較的温かい道南に本州などから移住が始まり、松前藩が支配し、時に幕府の奉行所が置かれた。松前と上方（大坂など）は西回り航路の北前船によって結ばれていた。1854（安政元）年の日米和親条約によって箱館（現函館）はいち早く開港する。明治新政府が北海道と改め、開拓使、屯田兵、大土地処分などを通じて開拓が進んだ。

自然公園は、6カ所の国立公園、5カ所の国定公園などを擁し、雄大性、原始性など、質も量も圧倒的にレベルが高い。都市公園も総じて大規模であり、ナナカマドやライラックなど北海道らしい植物で彩られている。

主な公園・庭園

自 知床国立公園知床　＊世界遺産、日本百名山

知床はオホーツク海に鋭く突き出た半島であり、最高峰の羅臼岳(1,661 m)、活火山の硫黄山などの山岳が連なり、特に先端部の海岸は切り立った海食崖の断崖となって、人間を寄せつけない厳しい自然環境となっている。それだけ原生的な自然を残し、野生生物の宝庫となり、原始性を残す秘境といえる。エゾマツ、トドマツなどの深い森林、ハイマツなどの高山植物、シレトコスミレの固有種などが見られ、ヒグマ、シマフクロウ、オジロワシ、トドなどの大型動物などの生息地である。陸海にわたる豊かな生物多様性、低緯度の流氷の海などが評価され、2005 (平成17) 年に世界自然遺産に登録された。世界自然遺産になるほどの優れた自然地域でありながら、国立公園になるのは遅く、ようやく1964 (昭和39) 年に22番目の国立公園として指定された。国立公園は「公園」であり、人々の野外レクリエーションの場になることも重要であったのである。しかし、この頃、高度経済成長期の乱開発、消滅する原生林などに対する危機感から自然保護の世論が高まり、また、アメリカの原始地域法の影響もあって、国立公園の指定が自然観光から自然保護にシフトした。

高度経済成長期以降、岬巡りや秘境探勝がブームとなり、歌謡曲「知床旅情」の流行もあって、知床は徐々に注目され、知床にも開発の危機が押し寄せる。開拓跡地のリゾート開発の動きが起き、1977 (昭和52) 年、当時の藤谷豊斜里町長はイギリスのナショナルトラスト運動を模範とした「しれとこ100平方メートル運動」を開始し、国民から寄付金を募り、土地の公有地化を図る。これは約860 ha の民有地買い上げという目的を達成し、現在は原生林再生の「100平方メートル運動の森・トラスト」へと引き継がれている。また、87 (昭和62) 年には国有林原生林の有用材となる大木が択伐されたが、自然保護運動によって中断された。

知床の利用は半島基部の知床横断道路、知床五湖、ウトロや羅臼の温泉、登山、遊覧船に限られているが、それでも過剰利用による植生破壊、ヒグマ被害、外来生物問題などが起きている。2010 (平成22) 年、環境省は知床五湖利用調整地区を指定。一般観光客は高架木道のみを歩くこととし、

自然地域探勝者はきめ細かいガイドツアーと利用者数制限を実施した。なお、遠音別岳（1,330 m）は1980（昭和55）年に原生自然環境保全地域に指定され、一切の利用を排除するため、国立公園は解除された。

自 阿寒国立公園阿寒

＊ラムサール条約湿地、特別天然記念物、天然記念物、日本百名山

阿寒国立公園はカルデラ湖の阿寒湖、屈斜路湖、摩周湖からなる湖と森と火山の原始的で神秘的な秘境である。シマフクロウなどの希少種も生息している。阿寒湖は雄阿寒岳、雌阿寒岳の火山を控え、エゾマツ、トドマツなどの深い大森林に覆われている。阿寒横断道路の双湖台から展望する森林は圧巻であり、火山も望める。雄阿寒岳山麓にはペンケトー、パンケトー、雌阿寒岳山麓にはオンネトーという小さな湖沼もひそかにたたずんでいる。阿寒湖の緑藻のマリモは美しい球体をつくり、特別天然記念物になっている。雌阿寒岳は今も活動中の火山で、一般に阿寒岳、阿寒富士と呼ばれている。屈斜路は世界最大級のカルデラを形成し、その中の屈斜路湖は大きな湖で、藻琴山を控え、和琴半島が突き出し、美幌峠から湖のパノラマが眼前に広がる。近くの硫黄山は噴気現象が盛んである。摩周湖は絶壁に囲まれた最も神秘的な湖である。阿寒湖、屈斜路湖周辺には川湯など多くの温泉地がある。阿寒はアイヌの生活空間であったが、現在はアイヌ文化が観光化されて残るのみである。

雄阿寒岳に接する阿寒湖は、一部に温泉街を形成するものの、周辺はうっそうとした天然林に覆われ、原始的風景に包まれている。ここには一人の人物の貢献があった。1906（明治39）年に前田正名男爵が国有未開地処分法に基づき湖畔の森林の払い下げを受け、「前田一歩園」と名付け、子孫に引き継ぐ。83（昭和58）年、子孫は前田の遺志を受け継ぎ、前田一歩園財団を設立、財団所有地として永久に自然保護のために残すこととした。同時に、前田一歩園の一部は民有地買い上げ制度により公有地化された。財団は現在一般財団法人として、温泉街を含む約3,900 ha の森林地帯を管理し、自然環境保全に関するさまざまな事業を展開している。前田正名は薩摩藩（現鹿児島県）出身で、8年間フランスに留学し、その後大蔵・内務・農商務省の要職を歴任し、農商務省次官にまでなった人物である。阿寒湖畔の払い下げによって退官後の牧場・山林経営に乗りだし、一部を開墾したものの、しかし、阿寒湖の風景に感銘し、残すべきだと考えるようになっ

たと伝えられている。現在、森林の多くは厳正に守られている。「一歩園」の名は前田の座右の銘「物ごと万事に一歩が大切」に由来している。

自 釧路湿原国立公園釧路湿原

＊ラムサール条約湿地、特別天然記念物、天然記念物

釧路湿原はヨシ・スゲ類の茎の長い草が生い茂った湿地が水平に広がり、その中にいくつもの湖沼が残り、河川が流れている。周辺はミズナラやハルニレの丘陵地であり、湿原の格好の展望地となっている。JR釧網本線からも眺めることができる。湿原の一部にはハンノキの林が点在している。釧路湿原は絶滅したと思われていたタンチョウが1924（大正13）年に発見され、その後手厚い保護策で個体数は大幅に回復した。タンチョウは日本人が「瑞鳥」として敬愛してきたツルである。その他、オジロワシ、オオハクチョウ、クシロハナシノブなど動植物の宝庫で生物多様性に富んでいる。80（昭和55）年、湿地（ウェットランド）を保全する国際条約ラムサール条約のわが国初の登録湿地となった。条約は当初水鳥の生息地保全を目的としていたが、現在はあらゆる湿地保全を目的とし、持続可能な「ワイズユース」（賢明な利用）を理念としている。釧路湿原国立公園は87（昭和62）年に28番目の国立公園として指定され、当時は最後の国立公園といわれていた（20年後の2007年、国立公園は新たな動きをみせる）。

わが国は古く「豊葦原の国」と呼ばれていたように水辺のアシ（ヨシと同じ）は低層湿原としていたる所に広がっていた。一般に高山に多い貧栄養の高層湿原は守られてきたが、このような流入出水のある平地の富栄養の低層湿原は20世紀に自然河川や自然海岸、海岸の干潟や浅海の藻場と同じように開発によって消滅していった。釧路湿原も「不毛の大地」と呼ばれ、干拓され、農地・宅地開発が進んだ。しかし、タンチョウの生息地であるように、徐々に豊かな生物相が明らかになり、ラムサール条約登録湿地にもなって評価が変化してくる。科学的評価が高まり、失われゆく風景であることが分かると、今度は風景評価も変化してくる。蚊が大量発生し、ゴミ捨て場にもなっていた役に立たないうっとうしい風景が、豊かな命を育む広々とした湿原の美しい風景へと変化したのである。現在、釧路湿原は開発や乾燥化による湿原の減少が進行し、外来生物の増加による生態系の変化が危惧されることから、行政、研究者、NPO、市民の協働によって、耕作放棄地の湿原化、直線河川の蛇行河川化、人工林の自然林化などの自

然再生事業が進められている。

自 大雪山国立公園大雪山　＊特別天然記念物、名勝、日本百名山

大雪山はアイヌ語で「カムイミンタラ」(神々の遊ぶ庭) と呼ばれた天上の世界であり、雪渓が残る山頂がそびえ、ミヤマキンポウゲ、エゾキンバイソウなどの高山植物のお花畑が一面に広がる別世界で、氷河期の遺存種ナキウサギが生息するなど動植物の宝庫でもある。大雪山は山岳地帯の総称であり、大雪山国立公園は北部の大雪火山群、南西部の十勝火山群、南東部の東大雪と呼ぶ石狩山群と然別火山群からなり、陸域面積ではわが国最大の約227,000haの国立公園である。北部には北海道最高峰の活火山の旭岳 (2,290m、日本百名山はこれを大雪山と呼ぶ) を擁し、トムラウシ岳、黒岳などの2,000m級の山岳が連なり、山麓には20km以上にわたって断崖や柱状節理が続く層雲峡が深い峡谷をきざんでいる。活火山の十勝岳は1923 (大正12) 年の大正噴火で泥流による大災害で多数の犠牲者を出し、昭和噴火でも被害をもたらした。東大雪には深い森と静かな湖の糠平湖と然別湖がたたずんでいる。旭岳、黒岳にはロープウェイ、リフトがかかり、山岳には登山道と避難小屋が整備され、山麓には多くの温泉地がある。

わが国の国立公園は、1921 (大正10) 年に16カ所の候補地があげられ、その中から1930年代に12カ所が3群に分かれて誕生する。12カ所のうち11カ所は16候補地から選定されたが、唯一大雪山だけは選定の審議の過程で急浮上してきたものである。10 (明治43) 年、官選で愛別村 (現上川町) 長になった太田龍太郎は石狩川上流の大雪山層雲峡を探検し、『北海タイムス』紙に「霊山碧水」と題して、いかに天下無双の景勝地であるかを紹介する。しかし、大雪山の景勝地はその真価が広く知られることはなかった。その後、旭川の教員の小泉秀雄が大雪山を踏査し、日本山岳会誌『山岳』に「北海道中央高地の地学的研究」を掲載、さらに著書『大雪山―登山及登山案内』を刊行し、大雪山は徐々に登山家の間で知られるようになり、紀行文家の大町桂月も大雪山登山の紀行文を発表する。31 (昭和6) 年、国の内務省による国立公園の選定が本格化し始め、北海道庁は北海道の候補地の阿寒、登別、大沼のうち選定は阿寒のみだと察知し、そこで、急きょ、大雪山を滑りこませる。さらに、十勝毎日新聞初代社長の林豊洲が南側の十勝川・音更川流域も編入するよう働きかけ、面積は一気に3倍近くに

拡大する。なお、77（昭和52）年、十勝川源流部原生自然環境保全地域の指定により、公園区域の一部が解除された。

自 支笏洞爺国立公園支笏湖・洞爺湖・羊蹄山

＊世界ジオパーク、特別天然記念物、天然記念物、日本百名山

支笏洞爺国立公園はカルデラ湖の支笏湖と洞爺湖を中心として、羊蹄山、登別、定山渓などを含む多彩な火山と温泉からなる公園である。支笏湖は静謐で神秘的な森林に覆われ、洞爺湖は南部に一大温泉街を形成して、対照的な風景を見せる。支笏湖には恵庭岳、樽前山、風不死岳、洞爺湖には有珠山、昭和新山と特異な山容を見せる活火山が連なっている。羊蹄山（1,898 m）は独立峰の成層火山で蝦夷富士と呼ばれている。有珠山は噴火の記録を多く残しているが、現代では、1944（昭和19）年に農地から火山が出現した昭和新山、77（昭和52）年に大規模な噴火によって有珠山に新たに出現した有珠新山、さらに2000（平成12）年の噴火と火山活動・造山活動が続いている。粘性の高い溶岩が数年で盛り上がる溶岩ドームと呼ばれる溶岩円頂丘が特徴的である。昭和新山の成長は戦時下において地元の郵便局長三松正夫が記録していた。1977（昭和52）年の有珠山噴火は、噴煙が上空約12,000 m に達し、長期の避難生活、火山灰による温泉街・農地・森林の被害、泥流による犠牲者と甚大な被害をもたらした。

支笏洞爺国立公園は伊勢志摩国立公園に次ぐ戦後2番目の国立公園である。この国立公園は12国立公園誕生時にも登別や支笏及洞爺として候補にあがったが、支笏湖と洞爺湖が飛地になるということで落選した。戦時中、健民修錬、学徒疎開などの観点から都市人口稠密地方に国立公園の必要性が説かれ、北海道にも道南国立公園が提案され、支笏洞爺が再評価される。戦後は経済復興、観光振興、地域振興の要請を受けて、また、観光の広域的周遊にあわせた広域指定だとの理由付けから、利用重視で飛地が許容されることとなる。当時は観光振興のために地元の人々は国立公園指定に必死だった。洞爺湖温泉では、1948（昭和23）年、GHQ（連合国軍総司令部）の招聘で、全国候補地調査に来日したアメリカ国立公園局チャールズ・リッチーを有珠山山麓の溶岩ドーム四十三山（明治新山、明治43年誕生）に案内する。戦後の物資の少ない時期に手厚くもてなそうと、温かいコーヒーを山頂に運び、心をこめて貴重な砂糖をたっぷりと入れて差しだ

した。ところが、ブラックしか飲まないと断られたという。支笏洞爺は幸いにも「国立公園に対するC.A.リッチーの覚書」で高い評価を受け、翌年国立公園に指定される。戦時下の昭和新山の出現も功を奏していた。

自 利尻礼文サロベツ国立公園利尻島・礼文島・サロベツ原野

＊ラムサール条約湿地、日本百名山

稚内の西に位置するわが国最北の自然公園である。利尻島は日本海の洋上に浮かぶ整った円錐形の島であり、西に隣接する礼文島は利尻島とは対照的に平坦な島である。利尻島は成層火山の独立峰利尻岳（1,721m）からなり、利尻富士とも呼ばれている。山麓の針葉樹林、その上の低木林、森林限界から上の高山植物群落と垂直分布が明確である。礼文島は最高峰で礼文岳（490m）であるが、厳しい環境特有の風衝性の高山植物群落が発達している。利尻島も礼文島もリシリヒナゲシ、レブンアツモリソウなどの固有種が見られ、希少種も多いさいはての花の島である。サロベツ原野はモウセンゴケなどの高層湿原とペンケ沼、パンケ沼周辺のヨシ・スゲ類の低層湿原からなり、海岸には南北に稚咲内砂丘が長く連なっている。

この国立公園は、1950（昭和25）年、利尻島・礼文島の利礼道立自然公園に始まり、65（昭和40）年、稚咲内砂丘を含めて利尻礼文国定公園に昇格し、さらに74（昭和49）年、わずかなサロベツ原野を加え、利尻礼文サロベツ国立公園に昇格したものである。サロベツ原野は農業振興のため大規模な土地改良が行われていたが、当時の自然保護の世論をうけて、消滅を逃れることとなった。

自 大沼国定公園大沼・駒ヶ岳

大沼国定公園は活火山の駒ヶ岳（1,131m）と堰止湖の大沼、小沼、蓴菜沼などの湖沼群からなる。駒ケ岳は全国にあるので、北海道駒ヶ岳、蝦夷駒ケ岳、渡島富士などとも呼ばれ、もともと標高1,700mぐらいの富士山のような円錐形の成層火山であったが、江戸時代1640（寛永17）年の大噴火で、山頂部が陥没した。この時、大津波を発生させ多数の犠牲者を出すとともに、大量の泥流が山麓の川をせき止めた。現在は大沼と小沼の間をJR函館本線が通ることから、車窓から目前に大沼を通して駒ヶ岳を見ることができる。自然災害の風景が園池と借景のような穏やかな風景に変貌

し、北海道としては庭園的な風景を見せている。

大沼は1921（大正10）年の最初の国立公園候補地16カ所にあげられていた。函館に近い渡島半島の交通の要衝にあり、古くから景勝の地として知られ、03（明治36）年に鉄道（現函館本線）が開通し、大沼駅が設けられ、05（明治38）年には大沼道立公園となっていたからである。交通が便利な景勝地として、北海道は14（大正3）年、東京帝国大学教授の林学博士本多静六に「大沼公園改良案」の策定を依頼し、公園整備に力を入れていた。本多は日比谷公園をはじめ各地の公園の計画・設計を行った人物である。国立公園を選定する内務省の有識者委員であった本多は大沼に固執する。しかし、駒ヶ岳と大沼・小沼だけでは傑出した自然風景地とはいえず、国立公園の選にもれる。

自 日高山脈襟裳国定公園日高山脈

＊特別天然記念物、名勝、天然記念物、日本百名山

日高山脈は大雪山と並ぶ北海道中央部の大山脈であり、火山ではなく褶曲によってできた急峻な地形の構造山地であり、氷河にえぐられたカール（圏谷）地形が残っている。最高峰の幌尻岳（1,736m）の七つ沼カールには高山植物が咲き乱れ、アポイ岳も山上の楽園といわれる。豊かな高山植物と深い森林に覆われ、ヒグマ、ナキウサギなどの生息地である。人を寄せつけない原始性と広大な公園面積約10万haは国立公園に優るとも劣らないわが国最大の国定公園である。1970年代に日高横断道路が計画されたが、自然保護運動によって2000年代に建設中止となる。日高山脈の南端の太平洋に海食崖、岩礁群、ゼニガタアザラシ生息地の襟裳岬がある。

自 ニセコ積丹小樽海岸国定公園ニセコ

ニセコは最高峰のニセコアンヌプリ（1,308m）やイワオヌプリなどの1,000m級の山々が連なる山群の総称である。山頂部には高山植物や湿原があり、山麓には比羅夫など多くの温泉地がある。樹木が少ないなだらかな山容で、パウダースノーの雪質のスキー場として知られ、海外のスキー客も増えている。スキー場からは眼前に隣接する羊蹄山の雄姿が望める。

自 野幌森林公園道立自然公園野幌森林公園

＊特別天然記念物

1968（昭和43）年に北海道100年を記念して、札幌市などにまたがる野

幌丘陵に生まれた公園である。大都市に近い森林としては、直径1mを超える大木も多く、原生的な森林の様相を呈し、開拓以前の自然を知ることができる。都市住民が自然とふれあう恰好の自然観察の場となっている。

都 大通公園　＊日本の都市公園100選、日本の歴史公園100選

大通公園は札幌市の中心を東西に走る全長約1.5kmの緑地で、花壇や木陰を楽しみながら散策することができる。西1丁目から12丁目まで連なる広場ではさまざまなイベントが開催されている。大通公園は道路なのだろうか、公園なのだろうか。現状は「道路の上に公園が仮住まいをしている」という状況である。元は1871(明治4)年に着手された都市計画道路で、碁盤の目状の市街地を北の官地と南の民地に分け、民地の火災が官地に延焼するのを防ぐ目的があったとされている。道から公園への利用の変化は明治初期にはすでにみられ、花壇がつくられたり、博覧会の会場になったりした。78(明治11)年には第一回農業仮博覧会が開催され128種、763点の農畜産物が出品され、2年後の第二回博覧会では1万人を超える来場者で賑わったという。当時は「後志通」と呼ばれていたが、その後に「大通」に改称された。1909(明治42)年に当時の札幌区が公園技師の長岡安平に設計を依頼し、23(大正12)年には全域が「逍遙地」緑道として整備された。設計図をみると、幾何学的な線を描いたり、自然なカーブを描いたりしていて多様なデザインが試みられたことがわかる。

第二次世界大戦後に進駐軍によってつくられたスポーツ施設が移転した後は荒廃した時期もあったが、荒れ果てた公園を見かねた北海道大学植物園の石田文三郎が12名の同志を募って花壇を復活した。もう一つの戦後復興の象徴である雪まつりは、地元の中学生と高校生が六つの雪像を大通につくったことがきっかけで始まり、その後200万人以上の観光客が訪れるイベントに拡大した。大通公園の花壇には出展企業や管理をする市民グループの名前を書いた札が立てられ、賑やかに咲く季節の草花を楽しむことができる。北海道民に愛される公園として全国的な知名度を誇っている。

都 函館公園　＊登録記念物、日本の歴史公園100選

夜景で有名な函館山は函館市の南西に突き出した小さな半島にあり、麓には教会や洋館、海沿いには赤レンガ倉庫など多くの観光施設が集まる。

その函館山の東に樹林に覆われた函館公園がある。函館公園は1874（明治7年）に開園し、1878（明治11）年から翌79（明治12）年までの大規模な整備によって現在の姿がつくられた。整備は函館駐在英国領事のリチャード・ユーステンの呼びかけで始まり、商人渡辺熊四郎をはじめ函館市民の寄付や労働奉仕によって完成した。まさに市民の市民による市民のための公園である。82（明治15）年に出版された函館公園全図をみると茶室や博物場（博物館）があったことがわかる。開館直後、二つの博物館では道内外の「珍怪奇異」な品を展示しており、年間3～4万人の来場者で賑わったという。現在、博物館の建物は北海道の有形文化財に指定されている。明治初期には画期的だったと思われる西洋風の幾何学的な形の花壇は現在噴水につくり変えられ、舗装の模様に当時のデザインをしのぶことができる。公園の一角には1956（昭和31）年に開園した「こどものくに」があり、国内で動いている最も古い観覧車や小動物とふれあうことができる動物園がある。公園は2006（平成18）年に国の登録記念物になった。

都 モエレ沼公園

ゴミの山の上に彫刻家イサム・ノグチのデザインによる高さ50mのモエレ山が現れたのは2005（平成17）年である。名前はアイヌ語でゆっくりとした川の流れを意味する「モエレ・エベツ」に由来する。モエレ沼は激しく蛇行する豊平川が馬蹄形に残された三日月湖で、札幌駅の北東約9kmの札幌市郊外にある。札幌市の「環状グリーンベルト」の拠点として計画され、沼で囲まれた敷地に1979（昭和54）年から90（平成2）年まで274万トンのゴミや公共残土が埋められた。イサム・ノグチは1988（昭和63）年に現地を訪れて公園の設計を決意したという。その後、イサム・ノグチの急逝という困難を乗り越えて完成した。公園を散策するとなだらかな美しい形のモエレ山に登る人々が豆粒のように小さく見えて、山の大きさを実感することができる。そのほかにガラスのピラミッド、1,700トンの花崗岩の階段があるプレイマウンテン、テトラマウンドなどの抽象的でシンボリックな空間デザインと、そこで遊びくつろぐ親子連れが溶け合い絵のような風景が広がる。公園全体が一つの彫刻である。

2

青森県

国立公園十和田湖・乙女の像

地域の特色

青森県は本州最北に位置し、下北(しもきた)半島と津軽(つがる)半島が北の津軽海峡に突き出し、北海道と相対している。東は太平洋、西は日本海に臨み、三方を海に囲まれている。温帯気候の北限で、古くは陸奥(むつ)の国と呼ばれ、夏は短く冬は長い厳しい環境の土地であった。奥羽(おうう)山脈が中央を縦断し、東部は火山灰などに覆われた三本木原(さんぼんぎはら)台地、西部は沖積低地の津軽平野と岩木山(いわきさん)や白神(しらかみ)山地を擁する出羽(でわ)山地になっている。奥羽(おうう)山脈と重なるように東日本火山帯の旧那須(なす)火山帯も走り、恐山(おそれざん)、八甲田山(はっこうださん)、十和田湖(とわだこ)と火山を形成し、温泉地も多い。白神山地は秋田県との県境をなし、原生的なブナの天然林が広がっている。

青森県は生物分布上特異で、八甲田山の亜高山帯はアオモリトドマツ、コメツガなどの常緑針葉樹生育地の北限となっている。下北半島山地部はニホンザル生息地の北限であり、ツキノワグマも本州までである。幕末から明治時代にかけて約20年間函館に住んだイギリス出身の元軍人・貿易商で鳥類学者のトマス・ブレキストンは津軽海峡が動物の分布境界線となっているとの説を提唱し、ブレキストン線と命名された。しかし、近年の研究では境界線の重要性は低下している。先史時代の遺跡は多く、特に縄文時代の集落跡の三内丸山(さんないまるやま)遺跡は有名である。

県面積の70%弱が森林であり、津軽地方を中心とするリンゴの出荷はわが国の半分以上を占めている。主な都市は交通の要衝(ようしょう)の青森、工業地帯の八戸(はちのへ)、古い城下町の弘前(ひろさき)などであり、八戸、大間(おおま)、青森などは北洋その他の遠洋漁業の港として活気がある。

自然は、ブナ林の世界自然遺産、火山を中心とする国立公園、海岸を中心とする国定公園と多彩である。なお、2013（平成25）年、種差(たねさし)海岸階上岳(はしかみだけ)県立自然公園が三陸(さんりく)復興国立公園に編入された。都市公園・庭園は弘前藩(ひろさきはん)（津軽藩・現青森県西部）や遺跡に由来しているものが特徴的である。

主な公園・庭園

自 十和田八幡平国立公園十和田湖　＊特別名勝、特別天然記念物

十和田湖は青森県と秋田県の県境に位置する火山の二重カルデラの湖である。湖は急峻なカルデラ壁に囲まれ、水際までブナ、カツラなどの紅葉の美しい落葉広葉樹に覆われている。ブナ林は陽光に透きとおる黄葉となり、特に美しい。湖に突き出す二つの半島が特徴的で、御倉半島の先端部の丸い御倉山は溶岩円頂丘である。中山半島の付け根には十和田神社があり、湖畔に彫刻家・詩人の高村光太郎の「乙女の像」が立っている。乙女の像は青森県の依頼で1953（昭和28）年に設置された。光太郎は十和田湖の自然美を見つめ、2体の裸婦像の発想にいたる。秋田県側の発荷峠からは十和田湖と八甲田山が見渡せる。付近には温泉地が多い。十和田湖からの唯一流出する奥入瀬川は子ノ口から焼山にいたる奥入瀬渓流をなし、豊富な清流と広葉樹の錦秋は感動的である。

十和田神社は中世以降の修験道の古い神社で、近世の南部藩（現青森県・岩手県の一部）においては恐山とともに二大霊場となっていた。江戸後期の東北の記録を多く残した菅江真澄は1807（文化4）年の紀行文『十曲湖』で付近の鉱山について記している。1908（明治41）年、紀行文家の大町桂月は雑誌『太陽』に「奥羽一周記」を載せ、十和田湖、奥入瀬、蔦温泉などを詳しく紹介し、翌年には、同じ文章を「十和田湖」と改題して、『行雲流水』所収で出版し、十和田湖の名を世に広くとどろかせた。

十和田湖は1927（昭和2）年の東京日日新聞などの「日本八景」では湖沼の部で第1位に選ばれる。国立公園は21（大正10）年に候補地16カ所が選ばれるが、「十和田国立公園」はこの時から入り、32（昭和7）年の12カ所の選定でも問題なく内定する。しかし、実際の12カ所の指定は1934～36（昭和9～11）年に3群に分かれ、十和田は最後の1群になってしまう。十和田湖・奥入瀬渓流には水力発電と三本木原国営開墾事業のための灌漑用水の取水問題があったからである。十和田湖の東北東に位置する三本木原は3本の木しか生えていないといわれた十和田湖カルデラ火山の火山灰などでできた不毛の台地で、江戸時代から困難な用水路開設が行われてきた。内務省と農林省の間で調整されるが、実施段階で国立公園と産業が両立する

よう調整を図るという問題先送りであった。結局、開発が進み、十和田湖の水位変動や奥入瀬渓流の流量変動が起きるが、人目には自然破壊と映らないように慎重に行われている。

自 十和田八幡平国立公園八甲田山　＊日本百名山

十和田湖の北に広がる八甲田山は大岳（1,585m）を最高峰とする火山群で、ロープウェイがかかる北八甲田と湿原が点在する南八甲田に分かれ、冬は樹氷の雪原を見せる。山麓にはオオシラビソなどの森林が広がる。1902（明治35）年の210名中199名の犠牲者を出した陸軍の雪中行軍で知られる場所であり、新田次郎の小説『八甲田山死の彷徨』（1971）にもなった。酸ヶ湯温泉は鄙びた木製の大浴槽で、独特の雰囲気をもっている。

自 三陸復興国立公園種差海岸・階上岳

種差海岸階上岳は、三陸海岸北部の海岸段丘の地形を示している。海岸は、岩礁海岸、砂浜海岸、海食海岸と変化に富み、馬の放牧などによって維持されてきたシバ草原の風景が広がっている。海浜植物、海鳥など生物相も豊かである。階上岳（739m）は北上山地の最北の山であり、山頂からは、太平洋の大海原や八甲田連峰、北上山地の山々が一望できる。

自 津軽国定公園白神山地・岩木山　＊世界遺産、日本百名山

白神山地は原生的なブナの天然林を誇る1,000m級の山地で、青森県と秋田県にまたがり、白神山地世界自然遺産はその一部が登録された。青森県側の白神岳（1,235m）が世界遺産の一角を占める。白神山地の北西山麓には33カ所の湖沼群からなる十二湖がある。透明な藍色の青池は神秘的である。岩木山（1,625m）は津軽富士と呼ばれる整った成層火山で、古くからの山岳信仰の名山である。リンゴの花と一体に被写体となることが多い。

わが国の山岳風景の評価の変遷は、大きな流れとして、古代以来の名山・霊山と称された山岳信仰の山、江戸後期～明治前期の奇峰・奇岩の山、明治後期～昭和前期の自然科学・アルピニズムで評価された山、昭和後期以降の登山・観光の大衆化の山に大別できる。これらを名山・霊山の山岳信仰の山、橘南谿『東遊記』（1795～97）の名山論の山、谷文晁『日本名山

図会』(1812) の山、志賀重昂『日本風景論』(1894) 掲載の山、高島北海『写山要訣』(1903) 挿図の山、自然公園の高山・火山・アルピニズムの山、深田久弥『日本百名山』(1964) の山から分析してみると、これらすべてに出てくる山は、富士山は当然として、北から岩木山、岩手山、鳥海山、立山、白山、霧島山であった。これらは過去から現在まで、意味付けを変えながらも、伝統的風景観から近代的風景観まで常に価値付けられ、愛でられ、評価され続けた山であるといえる。

自 下北半島国定公園恐山

恐山は下北半島の中央部に位置する火山の外輪山の総称で、外輪山の最高峰は釜臥山 (879 m) である。外輪山の中のカルデラには宇曽利山湖があり、北岸には恐山菩提寺があり、周辺は噴気現象や温泉が多い。荒涼とした火山岩の地獄と美しい湖の極楽浜があるとされ、比叡山、高野山とともに日本三大霊場ともいわれる。シャーマニズムの流れをくむイタコと呼ばれる巫女が死者の声を聞かせてくれる風習が残っている。

都 弘前公園

＊史跡、重要文化財、日本の都市公園 100 選、日本の歴史公園 100 選

弘前市に位置する弘前城跡につくられた公園である。大正天皇が皇太子の時に公園を訪れ「鷹揚園」と命名したことから鷹揚公園とも呼ばれる。弘前城は1611 (慶長16) 年に2代藩主津軽信牧によって完成した津軽藩の居城である。現在の天守は3層の木造で1810 (文化７) 年に9代藩主寧親が再建したものである。明治維新の廃藩置県で全国の城郭が取り壊されるなか、戊辰戦争の途中から政府軍に味方したという理由で天守や櫓、門が壊されずに残ったといわれている。これらの建造物はすべて国の重要文化財に指定されている。

明治以降は長い間陸軍省の管理下で放置され数百年育ったマツやスギが茂る自然公園のようになっていたが、津軽家が15年間借用することになり1895 (明治28) 年に公園として解放された。桜の名所になったのは、旧弘前藩士の内山覚弥らが私財を投じて桜を植栽したのがきっかけで、1903 (明治36) 年までに1,000本の桜が植えられたという。最初の観桜会は18 (大正7) 年に弘前商工会が開いたもので、花火や仮装行列で賑わった。現在も４月末から５月上旬にかけて「弘前さくらまつり」が開催され約2,000本の桜

を楽しむことができる。88（昭和63）年には陸軍兵器部があった三の丸に植物園が開園した。7haを超える園地に桜の古木をはじめ、約1,500種、12万本以上の植物が育つ。公園の北側に隣接する武家屋敷の一部は78（昭和53）年に弘前市仲町（なかちょう）重要伝統的建造物群保存地区に選定された。現在も人々が生活する静かな通りで敷地割りや生垣（いけがき）から武家屋敷だった時代を感じることができる。

2015（平成27）年からは100年ぶりに本丸（ほんまる）の石垣の大修理が始まった。石垣の上にある天守は修理のために3カ月かけて別の場所に曳家（ひきや）された。曳家とは建物を解体せずに、まるごと持ち上げてゆっくりと移動させる方法で、弘前公園では「曳家ウィーク」というイベントが開催され、市民や観光客約100人が綱を引いて400トンの天守を動かした。

都 三内丸山遺跡（さんないまるやまいせき）　＊特別史跡、日本の歴史公園100選

青森市の南西、東北新幹線新青森駅の南約2kmに所在する縄文時代の集落跡を整備した公園である。1992（平成4）年から県営野球場を建設する目的で発掘調査が行われ、2年後に巨大な建造物に使われた直径1mもあるクリの柱の跡が見つかった。そのほかにも、5,500年から4,000年前の竪（たて）穴（あな）住居の跡や大人の墓、子どもの墓、粘土を採掘した穴などが見つかり、当時の人々の暮らしが明らかになった。捨てられた大量のクリの実の皮から当時はクリが暮らしに欠かせない植物だったことがわかった。97（平成9年）年に国の史跡に、2000（平成12）年に特別史跡に指定され、02（平成14）年にはビジターセンターの縄文時遊館（じょうもんじゆうかん）がオープンした。巨大な柱穴の遺構は壊れないように表面を樹脂で強化し屋根をかけて保護され、実物を見て大きさを体感することができる。また、竪穴住居や巨大な掘立柱（ほったてばしら）の建物が復元され、クリも植えられており、縄文のむらの風景を満喫することができる。

都 合浦公園（がっぽこうえん）　＊日本の都市公園100選、日本の歴史公園100選

合浦公園は青森駅から約4km東、青森市の海沿いにある。弘前藩士柿崎家に生まれた水原衛作（みずはらえいさく）が創設した青森県で最も古い公園である。水原は函館公園の開設に影響をうけ、誰もが楽しみ健康になることができる公園を青森につくりたいと考えた。しかし当時は公園というハイカラな発想が

一般市民に受け入れられず、1876（明治９）年に提案した最初の公園設置案は実現しなかった。2回目の提案がようやく実り、私財を投じて94（明治27）年に公園開設にこぎつけることができた。開園をみることなく病死した水原の跡を継いだ実弟の柿崎巳十郎は青森町に公園を無償譲渡し合浦公園となった。開園直後の写真を見るとマツ林に池、芝生、刈り込まれた樹木がある明るい公園だったことがわかる。公園には海水浴場があり、三誉の松は青森市の天然記念物に指定されている。

庭 盛美園　＊名勝

清藤家は江戸時代に大庄屋を務めていて、24代当主の清藤盛美（1914年没）も地主だったが、尾上銀行の頭取になっている。平川市猿賀石林に位置する盛美園は、盛美が1902（明治35）年から9年を費やして完成させたもので、庭園の面積は約12,000 m^2（約3,600坪）と広い。

盛美園は津軽地方に伝わる作庭技法「武学流」の代表的な作品とされている。作庭者は邸内の碑から、武学流を名乗っていた小幡亭樹だったことがわかっている。「大石武学流」ともいうように、大石を使った武骨な庭園というのが、作庭技法の特徴だった。建物は、2階はドーム屋根をもつ洋風建築なのだが、1階は木造和風という和洋折衷様式になっている。しかし、築山側から見ると何の違和感もなく、青緑色の屋根が美しい洋風建築に見える。庭園は園池を中心にしているのだが、手前に砂利を敷いて枯山水をつくっているために、庭園と建物が近づく感じで、園池とも一体感がある。園池の背後には築山が設けられているが、左右の築山の間に津軽平野の風景を眺めることができる。

庭 瑞楽園　＊名勝

弘前市大字宮舘の瑞楽園は、かつては宮舘地区の豪農対馬氏の所有だった。1890～1905（明治23～38）年に武学流の第一人者といわれた高橋亭山が作庭したものを、1928～36（昭和3～11）年に門人の池田亭月と外崎亭陽が増改修している。園池がない石組だけの枯山水だが、見る人を飽きさせない。大胆に飛石が打たれていて、大きな庭石と燈籠が置かれているのが、大石武学流としての見どころだろう。現在は弘前市の所有で、管理人の説明を聞きながら、建物内から庭園を眺めるようになっている。

3 岩手県

毛越寺庭園

地域の特色

岩手県は、北海道に次ぐ面積をもつわが国で2番目に広い県であるが、同様に北海道に次ぐ低い人口密度となっている。南北に長く、東部は北上(きたがみ)山地が連なり、西部の秋田県境は奥羽(おうう)山脈が連なり、この両山岳地帯の間に北上川(きたかみがわ)が南流し、盆地を通過して、重要な交通路となっている。宿場町や河港(かこう)集落を母体に盛岡(もりおか)などの都市群が発達した。東は太平洋に面し、宮古(みやこ)などの漁港が発達し、釜石(かまいし)などの工業地帯も形成した。

奥羽山脈は壮年期の急峻な山岳で、東日本火山帯の旧那須火山帯にも属し、東北地方を太平洋側と日本海側に二分する分水嶺として、気候的にも文化的に大きな差異を生みだしている。長い海岸線は優れた景観をつくりだしてきたが、古くから津波の被災地でもあった。北上山地は古い山岳で長年の浸食によりなだらかな準平原となり、部分的に早池峰山(はやちねさん)のように地質的に浸食に耐えた残丘(ざんきゅう)がそびえている。準平原の平坦地は畜産業の地となり、冬に人と馬がともに暮らす曲(まが)り家(や)や南部牛追歌(うしおいうた)などが有名であった。風土性ともいうべき土地のおもむきを強く残しており、遠野(とおの)などは柳田国男(やなぎたくにお)『遠野物語』(1910)の世界を今も残している。

先史時代からの遺跡が見られるが、古代に征夷大将軍(せいいたいしょうぐん)によって蝦夷(えぞ)地が平定され、古代末には鉱山などの財力を背景に平泉(ひらいずみ)で奥州(おうしゅう)藤原氏三代が栄え、中尊寺(ちゅうそんじ)、毛越寺(もうつうじ)、無量光院(むりょうこういん)が建てられ、2011(平成23)年には世界文化遺産「平泉－仏国土(ぶっこくど)(浄土(じょうど))を表す建築・庭園及び考古学的遺跡群」に登録された。古くは陸中の国と呼ばれ、中世から近世にかけては盛岡を中心に南部氏が支配し、南部藩、盛岡藩ともいった。

釜石の橋野(はしの)鉄鉱山は、福岡・長崎県などの構成資産とともに、2015(平成27)年、世界文化遺産「明治日本の産業革命遺産」となった。自然公園は山岳、海岸ともに恵まれ、都市公園・庭園は歴史、世界遺産などに関わるものが特徴的である。

主な公園・庭園

㊓ 三陸復興国立公園北山崎・浄土ヶ浜　＊名勝、天然記念物

2013（平成25）年、三陸復興国立公園が、東日本大震災の三陸地域の復興に資するため、従来の岩手県・宮城県の陸中海岸国立公園を中核に、北の青森県の種差海岸階上岳県立自然公園と南の宮城県の南三陸金華山国定公園を編入するかたちで創設された。北上山地が太平洋に接する海岸地域と地形的にも地質的にも一体をなし、延長約 220km におよぶ海岸線は、北部の隆起地形の海岸段丘が豪壮な海食崖をつくり、南部の沈降地形のリアス海岸が変化に富む優美な海岸を生みだしている。陸中海岸国立公園は、戦前の山岳重視の国立公園指定の反動で、1955（昭和30）年に西海国立公園とともに誕生した海岸公園であるが、当初は岩手県のみで、その後南の宮城県、さらに岩手県北部へと拡張された。三陸とは陸奥・陸中・陸前という、ほぼ青森県・岩手県・宮城県に対応する旧国名にちなんでいる。

当地は美しい風景、タブ、ハマハイビャクシン、ハマナスなどの多様な海岸植物、ウミネコ、オオミズナギドリなどの海鳥、アマモなどの浅海域の藻場など生物多様性に恵まれた豊かな自然環境に囲まれていた。八戸（青森県）・宮古・釜石・大船渡・気仙沼（宮城県）などわが国屈指の漁港を有し、カキ、ホタテ、ワカメの養殖も盛んな地であり海の幸にも恵まれていた。三陸復興国立公園は自然の恵みと脅威、人と自然との共生により育まれてきた暮らしと文化をテーマとして、2010（平成22）年の国立・国定公園総点検も踏まえ、自然公園の再編、持続可能な里山・里海の重視、森・里・川・海のつながりの再生、南北に交流する長距離トレイル建設などの復興策を打ち出した。北山崎は「海のアルプス」とも称され、高さ200m に達する海食崖の豪壮な断崖が続き、海上には洞門も立ち、風景の白眉であった。浄土ヶ浜は白砂の浜の目前に白い岩塊の奇岩が鋸状に連なっていた。碁石海岸は黒の碁石を並べたように黒色玉石が敷きつめられていた。不思議なことに、津波は砂浜、干潟、藻場や動植物に被害をもたらしたが、これらの海食崖や岩石海岸の破壊はもたらさなかった。北山崎や浄土ヶ浜の自然は悠久の時間のなかで幾度か津波に遭遇したであろうが、何事もなかったかのように今も悠然とたたずんでいる。

自 三陸復興国立公園高田松原奇跡の一本松

＊名勝、日本の都市公園100選、日本の歴史公園100選

2011（平成23）年3月11日、東日本大震災（東北地方太平洋沖地震）が起き、甚大な被害をもたらした。津波の猛威には呆然とせざるをえない。すべてを押し流し、土地の痕跡すら消しさり、壮絶な風景を残した。故郷の風景は人間存在の基盤であり、拠るべき所である。しかし、血縁や地縁とともに、土地との根源的な紐帯までをも一瞬にして喪失させてしまった。陸前高田の高田松原に残された奇跡の一本松は象徴的な風景だった。われわれは場所に根づいて生きている。故郷には大切な記憶がいっぱいつまっている。高田松原の防潮林は津波の衝撃を抑え、漂流物を遮ったであろうが、津波は一瞬にして広大な防潮林をなぎたおし、町並みもほぼ壊滅させた。そんななか、健気にも残った一本松には感動させられた。その後一本松は模造のメモリアルとなり、巨大防潮堤が築かれ、宅地は造成で嵩上げされ、風景は一変した。海岸の松原は古来より日本人に愛でられてきた風景であり、身近に親しまれてきた日本人の原風景であった。全国的にも、高田松原、松島、気比の松原、三保松原、天橋立、浦富海岸、隠岐白島海岸、隠岐布施海岸、入野松原、虹の松原などが文化財保護法の国指定の名勝として守られ、海岸林や岩礁の松の秀逸な風景を見せてきた。江戸初期頃の絵師長谷川等伯の「松林図」は、強い抒情性を示しながら簡素をきわめた写実的な表現で松林をリアルに表現していたが、これは、日本人にはどこかで見たような既視感にとらわれる風景ではなかったろうか。高田松原の奇跡の一本松は陸前高田の松原の記憶を継承した。

自 十和田八幡平国立公園八幡平・岩手山

＊特別名勝、天然記念物、日本百名山

八幡平などの岩手県・秋田県にまたがる奥羽山脈の脊梁地域が、戦後の1956（昭和31）年、飛地で十和田国立公園に編入され、国立公園名も十和田八幡平国立公園に改称された。那須火山帯に属し、火山が連なり、温泉も豊富である。温泉地は登山やスキーの拠点にもなっている。森林も山麓のブナ林、亜高山帯のダケンカンバ林、オオシラビソ林、高山帯のハイマツ林と豊かで、高山植物も多い。動物も多く生息している。火山は、県境

に北から八幡平、大深岳、烏帽子岳（乳頭山）、秋田駒ヶ岳と連なり、県境の岩手県側にこの地域最高峰の岩手山（2,038m）がそびえる。

八幡平（1,614m）は火山地形の山岳であるが、頂上部が平坦になっているためこのような名前になっている。広い高原の火口湖の八幡沼やガマ沼などの多くの沼や高層湿原が点在する。八甲田と同じくオオシラビソの樹氷が美しい。稜線近くには東北では最も標高が高い藤七温泉がある。成層火山の岩手山は富士山のように眺められ、古くからの山岳信仰の地でもあり、南部富士、岩手富士と呼ばれるシンボルとして、郷土が誇る名山であった。詩人の宮沢賢治や石川啄木にとってはふるさとの山であり、詩の源泉となる原風景であった。啄木の1910（明治43）年の処女歌集『一握の砂』の「ふるさとの山に向ひて言うことなし　ふるさとの山はありがたきかな」は出生地の岩手県渋民村から見た岩手山だといわれている。しかし、岩手山の西は複式火山の複雑な地形となり、見る角度によっては半分削られているように見えるので南部片富士とも呼ばれ、南部地方（岩手県）にある欠けた富士山と見立てている。山腹には1719（享保4）年の噴火による焼走り溶岩流が見られる。岩手山の山麓には網張温泉などがあり、その近くには1978（昭和53）年稼働の葛根田地熱発電所がある。国立公園内では阿蘇くじゅう国立公園の八丁原に次ぐ規模である。なお、小規模なものは国立公園内でも全国にいくつかある。

自 早池峰国定公園早池峰山　＊特別天然記念物

早池峰山（1,914m）は北上山地の最高峰である。北上山地は内陸部と三陸海岸部を分断する深い山地であるが、古い山地でなだらかになっている。早池峰山は希少植物が多く、優れた植生を示している。戦後、国定公園は利用重視で指定が進んだが、日高山脈などと同様、自然保護重視の国定公園である。山岳信仰の山であり、南には民俗学で知られた遠野がある。

自 栗駒国定公園栗駒山・焼石岳

栗駒山（1,627m）は奥羽山脈中央部に位置し、岩手・宮城・秋田の3県にまたがる。山頂からは月山、鳥海山、蔵王連峰、駒ケ岳、早池峰などが見渡せる。栗駒山の北の岩手県内に焼石岳（1,548m）が連なる。栗駒山、焼石岳ともに溶岩円頂丘をもつ古い火山で、山頂部の高山植物のお花畑、山麓の深いブナ林、多くの温泉など、東北らしい山岳風景を見せている。

都 岩手公園（いわて） ＊史跡、日本の都市公園100選、日本の歴史公園100選

盛岡駅から東に約1km離れたところに位置する盛岡城跡につくられた公園である。盛岡城は1598年（慶長3）年に築城が始まり、3代藩主の南部重直（なんぶしげなお）の時に完成し南部氏の居城となった。1872年（明治5）年には陸軍省の所管となり荒廃したが、1903（明治36）年には城跡に公園の建設が決定した。公園建設計画はその後頓挫（とんざ）していたが、日露戦争の戦勝記念と窮民救済（きゅうみんきゅうさい）のために、園路と運動場、花壇を整備し「岩手公園（いわて）」として開園したのが1906年（明治39年）だった。札幌市の大通（おおどおり）公園と同じく公園技師の長岡安平（ながおかやすへい）が公園をデザインした。長岡の図面を見ると和風と西洋風が混在しており、ゆるやかにカーブする園路とともに、運動場の東側には左右対称の形をした西洋風の花壇が設けられている。花壇は現在もバラ園として管理されている。中津川（なかつがわ）から水がひかれた濠（ほり）は鶴ヶ池（つるがいけ）、亀ヶ池（かめがいけ）という名で、鶴ヶ池は樹林に囲まれた浅い流れに飛び石が配され自然の小川のような雰囲気を醸（かも）し出している。9月15日の公園の開園式には南部利淳（なんぶとしあつ）も駆けつけ人々が押し寄せる盛況だった。石川啄木（いしかわたくぼく）は「葬列」という随筆に「荒れ果てた不来方城（こずかたじょう）が、幾百年来の蔦衣（つたごろも）を脱ぎ捨てて、岩手公園とハイカラ化した」と述べ、この公園に大理石（だいりせき）の家を建てて白髪を肩まで伸ばし、洋食を食べながら一人暮らしをするという奇妙な夢想を繰り広げている。

1908（明治41）年には、日露戦争で戦死した42代当主南部利祥（なんぶとしなが）の鎮魂のために銅像が設置されたが、第二次世界大戦時に資材として供出され台座のみが残された。盛岡城跡は1937（昭和12）年に国の史跡に指定され発掘調査と整備が続いている。石垣修理のための調査によって、築城以前の斜面に空堀（からほり）と土塁（どるい）が設けられ17世紀後半にかけて石垣が築かれた様子が明らかになった。

盛岡市のブランド化の一環として2006（平成18）年に開園100周年を記念し「盛岡城跡公園（もりおかじょうあと）」という愛称が付けられた。盛岡城の歴史性をアピールすることが目的だったが、長く「岩手公園」として市民に親しまれてきたことから賛否両論が巻き起こった。明治時代の長岡の図面は「岩手県公園」というタイトルで、当時の近代化の象徴ともいえる公園に新しく設置された県の名称「岩手」を用いたと考えられるが、100年以上を経て盛岡城

の名前が復活したのである。

都 展勝地（てんしょうち）公園

北上市に所在する公園である。北上駅の東、ゆったりと流れる北上川に沿って約2kmにわたり桜が植えられている。沢藤幸治（さわふじこうじ）（のちの黒沢尻町長）が和賀展勝会（わがてんしょうかい）を発足し桜の若木を植えたのは1920（大正9）年のことだった。沢藤は当時の原敬（はらたかし）首相にかけあって支援を得、地元の有志の寄付もあって荒れた山に桜が植えられていった。著名な植物学者の三好学（みよしまなぶ）と東京市の公園の専門家である井下清（いのしたきよし）の指導の下、翌年には公園が開園した。三好は日本に桜の名所はたくさんあるが、雄大で広々としている点で展勝地に勝るところはない、新しい日本の新しい公園としてつくらなければならないと意気込んだ。開園当初は華奢（きゃしゃ）だった桜の若木は大きく成長し、沢藤や三好の思惑どおり見事な桜の名所になった。展勝地という名前は沢藤が相談した代議士の友人が付けたもので、三好には反対されたがいつのまにか定着したものだという。現在は15万人以上が訪れ桜の開花を楽しむ。

都 柳之御所（やなぎのごしょ）史跡（しせき）公園　＊史跡

平泉（ひらいずみ）町を南北に流れる北上川の西の台地に立地する奥州藤原（おうしゅうふじわら）氏の行政の拠点で1997（平成9）年に柳之御所・平泉遺跡群（やなぎのごしょ・ひらいずみいせきぐん）として国の史跡に指定された。平安時代末期の堀に囲まれた大規模な遺構（いこう）と陶磁器（とうじき）や瓦、装飾品などの豊富な出土品から、儀式が盛んに執り行われていて藤原氏との関係が深い重要な遺跡であることが明らかになった。世界遺産の「平泉―仏国土（ぶっこくど）（浄土（じょうど））を表す建築・庭園及び考古学的遺跡群」の登録資産として中尊寺（ちゅうそんじ）や毛越寺庭園（もうつうじていえん）とともに推薦されたが「浄土」との関わりが明確ではないという理由で外されてしまった。2010年（平成22）年からは史跡公園として公開されている。

庭 毛越寺（もうつうじ）庭園　＊世界遺産、特別名勝

西磐井郡（にしいわいぐん）平泉（ひらいずみ）町にある毛越寺は、『吾妻鏡（あづまかがみ）』によると、奥州（おうしゅう）藤原氏の2代基衡（もとひら）（1156年頃没）が建立（こんりゅう）したものだったが、鎌倉時代の1226（嘉禄（かろく）2）年に火災で、主要伽藍（がらん）は焼失したらしい。毛越寺と藤原道長（みちなが）（966～1027）が造営した京都の法勝寺（ほっしょうじ）の復元図を比較すると、建物や園池の配置が類似

していので、毛越寺は法勝寺を手本にしたと推定されている。

本堂手前の南大門跡の前面には、東西200m、南北100mほどの大泉が池が広がっている。池の中央には大きな中島があり、その先に礎石だけが残っている金堂（円隆寺）の跡がある。当初、中島には南大門側に長さ11間（約22m）、金堂側に長さ7間（約14m）で、ともに幅が12尺（約3.6m）もある木橋が架かっていたことが、発掘調査で判明している。現在とはかなり違った光景だったことになるが、これが浄土式庭園の典型的な姿だった。

大きな中島の南東側に、立石を置いた小島があることが、この庭園のもう一つの特徴になっている。だが、2011（平成23）年の東日本大震災で、立石が傾いてかなり騒ぎになった。小島の対岸からは「出島」と呼ばれる、護岸石組をもった岬が突き出している。池の水に浸食された状態になっているは、昔小学生が学校で使うための粘土を採ったからだという。

大泉が池の護岸は、玉石を敷き詰めた洲浜になっているが、これも平安時代の浄土式庭園の特徴といえる。池の北東にある全長80mほどの遣水は、洲浜の整備中に発見されたもので、流れの段差がある所や要所の護岸石組は巧みに置かれている。発掘された当初は、流れの底から両岸まで玉石がきれいに敷き詰められていた。

毛越寺の東側には、観自在王院庭園（世界遺産、国指定名勝）が復元整備されていて、自由に見ることができる。藤原基衡の妻の屋敷を寺としたとされるもので、浄土式庭園がつくられていて、大阿弥陀堂跡と小阿弥陀堂跡の南側に、洲浜をもつ園池が広がっている。

庭 無量光院跡　＊世界遺産、国指定特別史跡

毛越寺と同じ平泉町にある無量光院は、『吾妻鏡』によると、藤原秀衡（1187年没）が建立したもので、建物や庭園は宇治の平等院を模して造営されたという。平等院と同様に中島に翼廊をもつ本堂を建て、その前面に園池を設けたもので、規模もそれほど違わなかった。以前は中島の堂跡に礎石が残り、園池跡は水田になっていて、所々に荒磯風の石組が見られるだけだった。2012（平成24）年度から整備が始まり、園池が復元されて水が入れられ、平安時代の姿がようやくよみがえった。

4 宮城県

旧有備館および庭園

地域の特色

宮城県は東北地方中部に位置し、東には太平洋、西には太平洋側と日本海側に二分する脊梁の奥羽山脈がそびえ、秋田・山形県境をなしている。県東部には北の岩手県から北上山地の南端が、南の福島県から阿武隈高地の北端が貫入している。奥羽山脈に重なるかたちで東日本火山帯の旧那須火山帯が形成され、栗駒山、船形山、蔵王山の火山が連なり、栗駒、鳴子、蔵王など多くの温泉地がある。

海岸は牡鹿半島以北が複雑な屈曲に富んだリアス海岸を呈し、その南の仙台海岸は長く湾曲する単調な砂浜海岸となって仙台湾に臨み、その一部に日本三景の松島湾が沈水して湾入している。北部のリアス海岸の湾奥には気仙沼、女川などの漁港を発展させたが、一方、歴史的に度重なる津波の被災地ともなった。北上山地と奥羽山脈の間には仙北平野から仙南平野に達する広義の仙台平野が広がる。宮城県の面積は東北6県では最小であるが、平野が多く、平野は太平洋型の比較的温暖な気候のため、人口は東北6県では最大であり、仙台も東北の最大都市として行政、経済、文化の中心となっている。

古くは陸前の国と呼ばれたが、古代の奈良時代には多賀城に陸奥の国府や鎮守府などが置かれ、北方の蝦夷に対峙する最前線となっていた。近世になって大大名の伊達政宗が仙台青葉山に仙台城（青葉城）を築き、城下町を建設し、雄藩仙台藩をなした。城下町には屋敷林などの植樹が積極的に奨励され、城下には緑が多く、現在「杜の都」と呼ばれる由縁である。仙台藩は戊辰戦争では幕府側でもあり、明治維新後は士族の北海道開拓なども余儀なくされ、北海道には伊達市という名残の地名もある。

自然公園は山岳、火山、海岸と多彩ではあるが、必ずしも傑出しているとはいえない。都市公園・庭園は歴史を反映して城郭や学問所にちなむものが特徴的である。

主な公園・庭園

自 三陸復興国立公園唐桑半島・牡鹿半島・金華山

宮城県の三陸復興国立公園は北の唐桑半島、気仙沼大島から南の牡鹿半島、金華山に連なるリアス海岸となっている。唐桑半島には石灰岩地域に巨釜半造と呼ぶ奇岩怪石の地がある。海岸の巨釜には折石という石柱や巨石が並び、半蔵には鍾乳洞もある。牡鹿半島、金華山は、岩手県の三陸復興国立公園の項でも述べたが、2013（平成25）年、従来の南三陸金華山国定公園が三陸復興国立公園に編入された場所である。牡鹿半島はリアス海岸で湾入を繰り返す複雑な海岸線を示し、島嶼も多い。湾には砂浜が形成され、鳴き砂で知られる十八成浜がある。また、湾内はホタテやカキの養殖が盛んで、文化的景観を呈している。島嶼には自然林が残り、足島はウミネコなどの海鳥の繁殖地となっている。この半島の沖に金華山瀬戸を挟んで金華山（445m）の島が浮かぶ。全島が黄金山神社の神域で霊島といわれる。恐山、出羽三山と共に奥州三霊場と称される。島内には神の使いとしての鹿がいるが、奈良県の春日大社や広島県の厳島神社と同様である。

自 蔵王国定公園蔵王連峰　＊名勝、日本百名山

奥羽山脈の一部をなし、宮城県と山形県の県境に位置する連峰で、最高峰は山形県の熊野岳（1,841m）で、宮城県の最高峰は屏風岳（1,825m）である。古くからの修験道の山岳信仰の霊山で、熊野岳山頂には蔵王権現が祀られている。宮城県側を宮城蔵王、山形県側を山形蔵王と呼ぶ。成層火山群の活火山であり、宮城県側には火口湖の御釜や噴気口が見られる。植物相は豊かで山麓のブナ林や高山植物の女王コマクサなども見られ、ニホンカモシカなども生息している。山麓には温泉地が多数あり、樹氷のスキー場としても名高い。公園北部には二口峡谷があり、磐司岩と称する巨大な凝灰岩の岩壁がそそり立っている。両県を結ぶ蔵王エコーラインは1962（昭和37）年に開通し、山岳観光道路としては全国的に初期のものである。山形県側には俳人松尾芭蕉の俳諧紀行『奥の細道』（1689）で有名な山腹に建つ山寺（立石寺）がある。

自 松島県立自然公園松島　＊特別名勝、日本の都市公園100選

松島は沈降地形の溺れ谷にできた小さな島々や岩礁に松が生えた多島海である。四大観と呼ばれる4カ所の展望地が知られている。松島は古代から塩竈の浦として知られ、歌枕の地であった。清少納言の随筆『枕草子』(1000年頃）では松島の籬島にふれている。日本三景に位置付けられるのは1643（寛永20）年の儒学者林春斎らの歴史書・地誌『日本国事蹟考』によってである。松尾芭蕉は『奥の細道』で日本最高の美景と讃えた。しかし、何よりも松島は信仰の地であり、特に千松島とも呼ばれる雄島は霊場であり、霊島であり、「奥の高野」「陸奥の高野山」と称されていた。宮城県は1902（明治35）年に県立公園にした。

都 青葉山公園　＊史跡、日本の歴史公園100選

青葉山公園は仙台駅から西に約2km、伊達政宗が築城した仙台城跡にある。青葉山は広瀬川沿いの丘陵が東に突き出したところにあり、地形が自然のとりでになっている。1600（慶長5）年に工事が始まり2年後の02（慶長7）年に完成した。伊達氏以前には国分氏の千代城があったとも伝えられ、政宗自身が中国の古詩にちなんで「仙臺」と名を改めた。明治維新後は東北地方の陸軍の拠点になり、1882（明治15）年の火災と第二次世界大戦の空襲によって国宝に指定されていた大手門をはじめ、ほとんどの建物が失われた。唯一残ったのは大手門北側の土塀だったが、1967（昭和42）年に脇櫓が再建され、2003（平成15）年には「仙台城跡」として国の史跡に指定された。

1997（平成9）年から実施された本丸跡の石垣修理の際に、現在の石垣の内側にさらに二つの古い石垣が発見され、江戸時代前期には地震によって崩れるたびに修理を繰り返していたことが明らかになった。一番内側の石垣はゴロゴロした自然の石を用いて戦いに有利な形に築かれており、政宗が築城した時のものと考えられている。時代が下るにしたがって、その後の平和な世相を反映して見栄えの良い切石が用いられた。2011（平成23）年の東日本大震災では広い範囲の石垣が崩落したが、一つひとつの石を過去の写真を見比べながら正確に積み直し、元の姿がよみがえった。

青葉山公園が開園したのは1954（昭和29）年である。第二次世界大戦後

は米軍が進駐し、46（昭和21）年に仙台総合運動場として都市計画決定された。仙台城の本丸を含む青葉山の東側が公園の敷地である。本丸には有名な伊達政宗の騎馬像があり仙台の市街地を一望することができる。三の丸にあたる場所には仙台市博物館が建設され、伊達家から寄贈された貴重な資料が展示されている。公園に隣接する青葉山の西側の森林はかつて御裏林と呼ばれ、都市域にはめずらしいモミの天然林などが残っていることから72（昭和47）年に国の天然記念物に指定された。現在は東北大学の植物園として管理されている。

都 榴岡公園　＊名勝、日本の都市公園100選

榴岡公園は仙台駅の東約1kmの所にある。陸奥国の歌枕の名所であり、1695（元禄8）年に仙台藩4代藩主伊達綱村が釈迦堂を建立し、多数のしだれ桜が植えられて以降賑わうようになったといわれている。綱村は馬場や弓場をつくったほか、人々を楽しませるために境内で芝居や興行ができるようにした。以来、名前のツツジではなく桜の名所として親しまれてきた。著名な植物学者である三好学が大正時代に詳細な調査をし、薄墨彼岸など榴岡固有の桜が5種類あることを明らかにした。三好は桜の品種がソメイヨシノばかりになってしまったことを嘆き、彼岸桜としだれ桜の代表的な名勝である榴岡があまり世間に知られていないことを惜しんだ。

文化財指定に関連して、この公園は数奇な運命を辿っている。三好学の調査によって1926（大正13）年には「榴ケ岡（サクラ）」として国の名勝に指定されたが、68（昭和43）年には指定を解除されている。解除の理由は不明だが、福島県の開成山などそのほか3カ所の桜に関連する名勝も昭和30年代に指定解除されていることから、当初価値として評価された彼岸桜などの生育に問題があったのではないかと想像される。指定解除された4カ所のうち榴岡のみが「おくのほそ道の風景地」という名勝の一連の構成要素の一つ「つゝじが岡及び天神の御社」として2015（平成27）年に再び指定された。埼玉県の草加松原など松尾芭蕉の足跡を20カ所以上まとめて名勝に指定したもので、仙台に来た芭蕉は「つつじがおかはあせびのさくころなり」と記している。桜の名所から一転して芭蕉が訪れた地として評価されることになったが、現在も300本以上のしだれ桜とソメイヨシノが咲く場所として変わらず市民に親しまれている。公園内には仙台市指定文化

財の旧歩兵第四連隊兵舎が移築され、仙台市歴史民俗資料館として利用されている。広々とした芝生と白い建物のコントラストが美しい。

都 多賀城跡　＊特別史跡、重要文化財

多賀城跡は仙台市に隣接する多賀城市に所在し、奈良時代から平安時代にかけて鎮守府や陸奥国の国府が置かれた場所である。東北地方の政治、文化、軍事の中心として室町時代まで重要な役割を果たした。重要文化財の多賀城碑には724（神亀元）年に大野東人が創建し、762（天平宝字6）年には藤原朝獦が修造したと記されている。政庁と呼ばれる中心部には正殿、脇殿、後殿、楼が対称に配置されている。発掘調査によって紙や木簡、硯、土器など当時の人々の仕事や暮らしがよくわかる遺物が見つかった。多賀城跡は1922（大正11）年に史跡、66（昭和41）年に特別史跡に指定された。現在も発掘調査が続けられ、政庁など調査が終わった場所は広々とした空間に礎石や舗装で建物の遺構が表示されている。南門から政庁にいたる道は2007（平成19）年から市民の提案によって草花が植えられ11（平成23）年にはグッドデザイン賞を受賞した。広大な多賀城の全体像を把握するためにはまだ時間が必要で、少しずつ調査を進めながら次世代に引き継いでいく、ロマンを秘めた遺跡である。

庭 旧有備館および庭園　＊史跡、名勝

旧有備館は大崎市岩出山字川原町に位置している。1601（慶長6）年に伊達政宗が仙台城に移ったことから、岩出山は政宗の四男宗泰に与えられた。2代宗敏の隠居所として、現在の主屋「御改所」が1677（延宝5）年頃に建てられている。4代村泰の時に、家臣の子弟を教育する学問所になり、城の北側麓の現在地に移されて、有備館と命名された。

庭園は1715（正徳5）年頃に、仙台藩茶道頭の清水道竿（1737年没）によってつくられたという。敷地面積は13,000㎡ほどあり、園池には「茶島・兜島・鶴島・亀島」の4島が設けられていて、周囲をめぐりながら風景の変化を楽しめるようになっている。東日本大震災によって御改所が倒壊したが、2013～15（平成25～27）年度に復旧工事が行われた。

5 秋田県

国立公園秋田駒ヶ岳

地域の特色

秋田県は南北に長く、西は日本海に臨み、他の三方は北の白神山地、西の奥羽山脈、南は丁岳山地・神室山地に囲まれ、古くは出羽の国の一部であったが、北部の鹿角が東西の唯一の交通路という隔絶の地であった。奥羽山脈は東日本火山帯の旧那須火山帯が重なり、十和田湖、八幡平、森吉山、乳頭山、秋田駒ヶ岳、栗駒山と景勝地を連ね、山麓には風情を残す温泉地が多い。11月から3月まで降雪期で、奥羽山脈からの河川が日本海に注ぎ、豊かな平野を形成して米どころとなってきた。

木曽のヒノキ、青森のヒバとともに秋田のスギは日本三大美林と称され、豊臣秀吉の命で上方に運んだこともあった。近世には北前船の西廻り航路で上方とつながっていた。地下資源が豊富で、近世には新田開発とともに鉱山開発も盛んに行われた。明治時代に秋田鉱山専門学校が開設され、戦後、秋田大学鉱山学部（現工学資源学部）に生まれかわったのも、この風土と伝統によるものである。鉱物資源は豊富な森林資源とともに、秋田藩の財政を潤していた。江戸中期の18世紀後半、秋田藩主の佐竹義敦（曙山）は進取の気性に富み、洋画に関心をもってわが国最初の西洋画論『画法綱領』『画図理解』を著し、写実、遠近法、陰影法などを解説する。鉱山開発の指導などで招いた平賀源内はわが国で最初に油彩画を描いた人物であるが、曙山は藩士の小田野直武に源内から洋画を学ばせる。こうして安永・天明年間（1772～89）に秋田蘭画と呼ばれる独特の洋風画が生まれる。この話は美術史の一こまにすぎないが、虚構の名所絵ではなく、写実の風景画の理解が後の西欧の近代のロマン主義的な風景の受容に寄与したと考えられる。

奥羽山脈の脊梁は近代的風景観に基づき国立公園か国定公園になっている。都市公園は秋田県の近代化をテーマにしたものが見られる。

主な公園・庭園

自 十和田八幡平国立公園八幡平・秋田駒ヶ岳

＊天然記念物、日本百名山

八幡平は岩手県の項で述べたが、秋田県側にも長沼、大沼、大谷地湿原など多くの沼や高層湿原が点在している。山麓には、古くからの玉川温泉、蒸ノ湯、後生掛温泉など数多くの温泉があるが、奥地であることから利用が盛んになったのは明治以降といわれる。活発な噴気・噴湯・噴泥などの地獄現象が見られ、泉質、湯量ともに豊富である。泥火山やマッドポットと呼ばれる噴泥現象も確認できる。ここでは、岩盤浴やオンドル式温浴などもでき、昔ながらの自炊をしながら長期間湯治ができる温泉地も残っている。秋田駒ヶ岳（1,637 m）はカルデラに男岳、女岳、男女岳、小岳などの中央火口丘をもつ火山であり、1970（昭和45）年に噴火している。山頂からは東北の山並みが展望でき、眼下に田沢湖（国立公園外）がたたずむ。古くからの山岳信仰の地でもあった。駒ヶ岳や白根山の名は東日本に多いが、区別するために地名を付している。駒ヶ岳の名の由来は諸説あるが、アイヌ語の「コマケヌプリ」（塊の山）の語源に由来するという説や春先の残雪が疾駆する馬の形に似ているという説がある。秋田駒ヶ岳の火山活動による砂礫地には、通常の植物は根づかないが、コマクサ、タカネスミレ、イワブクロなどの生育地となり、また、一帯は乾燥に強いガンコウランや湿地を好むチングルマなど、多彩な高山植物の宝庫となっている。北には烏帽子岳（乳頭山）が連なり、山麓に乳頭温泉郷がある。

自 鳥海国定公園象潟 ＊天然記念物

鳥海国定公園は鳥海山を中心として海岸や島々も含み、秋田県と山形県にまたがるが、秋田県の方が面積が多く、江戸時代までの一大名所の象潟も含んでいる。象潟は鳥海山の約2,500年前の噴火による山体崩壊で日本海にできた小さな島々の多島海であった。島々に松が生え、「東の松島西の象潟」といわれたように、日本三景の松島のような風光明媚な名所になっていた。俳人松尾芭蕉も俳諧紀行『奥の細道』（1689）で松島と比較して象潟を評し、象潟の俳句を詠んでいた。同じく俳人の大淀三千風も俳諧紀行『日本行脚文集』(1688～89) で本朝十二景の一つに選んでいた。また、地理学者の古川古松軒も紀行文『東遊雑記』(1788) でわが国の優れた風景37カ所の中にあげていた。しかし、1804 (文化元) 年の大地震で象潟は海底が隆起し、陸地になってしまう。その後、本荘藩の干拓事業による水田開発が行われるが、当時の蚶満寺の呼びかけで島々はそのまま保存される。地元では九十九島と呼んできたが、現在も水田の中に松の小島が点在する風景を見ることができる。

自 秋田白神県立自然公園白神山地　＊世界遺産

秋田白神県立自然公園は秋田県側の白神山地を中心とする公園で、小岳(1,024m) が白神山地世界自然遺産の一部となっている。さらに、世界遺産外の白神山地ブナ林の真瀬岳や、真瀬渓谷、藤里峡など美しい渓谷をとりこんでいる。この公園は、きみまち阪県立自然公園と八森岩館県立自然公園の一部を編入し、2004 (平成16) 年に新しく誕生した。1993 (平成5) 年の世界遺産誕生以降、世界遺産部分に利用が集中したことから、利用の分散を図り自然保護を期するため、外側に自然とふれあう新たなバッファゾーン (緩衝地帯) を設けたものである。

都 千秋公園　＊史跡、日本の都市公園100選、日本の歴史公園100選

秋田駅の北西約500m、秋田市の市街地に所在する。1869 (明治2) 年の版籍奉還によって全国にあった城の存城と廃城が決定され、存城が決まった城の土地は兵部省 (後の陸軍省) の所管となった。存城となった城跡の中で最も早い時期に公園になったのが千秋公園の前身である久保田城だった。久保田城は秋田藩主佐竹氏の居城で1602 (慶長7) 年に完成し、城を中心に城下町が発達して現在の秋田市街地を形成した。陸軍省が放置し、城跡の一部は畑や養魚場として使われ荒れるに任せていたが、1890 (明治23) 年には佐竹氏に払い下げられ公園整備が決定、1984 (昭和59) 年には佐竹氏から秋田市に寄贈された。札幌市の大通公園や岩手県の岩手公園同様、公園技師の長岡安平が1896 (明治29) 年に設計し、その後3回の改良を重ねて現在にいたる。千秋公園の名前は秋田県出身の漢学者狩野良知が秋田の繁栄を祈念して「千秋園」と命名したことに由来するといわれている。久保田城は天守と石垣がない城としても知られており、公園は元の城

郭の形を生かして設計された。唯一残る建物は御物頭番所で秋田市の文化財に指定されている。1989（平成元）年には市制施行百周年を記念して公園のシンボルとして鉄筋コンクリート造の御隅櫓が、2000（平成12）年には表門が建設された。本来は二重だった御隅櫓の上に赤い欄干の展望室が付け足され、秋田市街を一望できるようになった。公園の南東には佐竹史料館があり藩政時代の資料を展示している。

都 小坂中央公園（明治百年通り）

＊重要文化財、日本の歴史公園100選

小坂町は秋田県と青森県の県境に位置し十和田湖を擁する。町には銀、銅、亜鉛、鉛などを産出した小坂鉱山があり、小坂中央公園はその市街地にある。明治百年通りの名前で知られており、2棟の国指定文化財の他、多くの近代化遺産を見ることができる。1902（明治35）年に始まった黒鉱自溶製錬によって、小坂鉱山は足尾、別子とともに日本三大銅山の一つと称された。旧小坂鉱山事務所は鉱山全盛期の05（明治38）年に建設され、97（平成9）年まで90年以上にわたり現役で利用されていた。2001（平成13）年には元の位置から約500m南の公園の敷地内に移築され、資料の展示室やレストランとして活用されている。玄関を入ると優雅な螺旋階段の上部から自然の明かりが射し込み、往時の繁栄を感じることができる。康楽館は鉱山の福利厚生施設として1910（明治43）年に建設された芝居小屋である。回り舞台はろくろ仕掛けと呼ばれるもので、地下の奈落で4人が人力で回して動かす。康楽館では現在も芝居や歌舞伎が上演されている。旧小坂鉱山事務所と康楽館は2002（平成14）年に国の重要文化財に指定された。公園には国の登録有形文化財である従業員の幼児教育の施設「天使館（旧聖園マリア園）」、病院の霊安施設「旧小坂鉱山病院記念棟」のほか、カフェとして使われている「旧小坂鉱山工作課原動室」（電気室）もある。康楽館の前には大のぼりが立ち並び、公園の目抜き通りをゆったりと散策することができる。隣接する小坂鉄道レールパークには秋田県の有形文化財に指定された旧小坂鉄道蒸気機関車と貴賓客車、国の登録有形文化財の駅舎とプラットホームがある。鉱山に暮らした人々の息遣いを現在に感じることができる公園である。

6

山形県

国立公園月山

地域の特色

山形県は東北地方の南西部に位置し、北西部は日本海に面し、北部は鳥海山などで秋田県境をなし、東部は太平洋側と日本海側に二分する脊梁の奥羽山脈が南北に走り、宮城・福島県境をなし、南部は吾妻・飯豊山地で福島県境を、また、朝日・飯豊山地で新潟県境をなしている。県中央部には出羽三山などを擁する出羽山地が占め、その山地を囲むように最上川が流れ、内陸部上流から米沢盆地、山形盆地、新庄盆地を経て、山地を最上峡によって横断し、海岸部下流に庄内平野を形成し、酒田で庄内砂丘を横切って日本海に注いでいる。県の4分の3は山地と丘陵となっているが、盆地や平野は穀倉地帯である。奥羽山脈は東日本火山帯の旧那須火山帯に属し、蔵王山、吾妻山などの火山が県境にあり、出羽山地も東日本火山帯の旧鳥海火山帯に属し、鳥海山、月山などの火山がそびえる。古くは出羽の国の一部であったが、出羽三山の山岳信仰が栄えていた。

近世初頭には出羽百万石として一時期山形藩の最上氏が栄えたが、その後山形藩、庄内（鶴岡）藩、新庄藩などに分割され、譜代大名が治め、天領も錯綜した。一方、米沢藩は上杉氏が幕末まで治めた。このような歴史的背景もあり各地の地域性が強いといわれている。県は峻険な高山に囲まれ隔絶性が高く、県内を北流して日本海に注ぐ最上川の舟運が大動脈で、近世以降は西廻り航路の北前船の酒田寄港で上方（大坂・京都など）との結びつきが強かった。

近代には初代県令（官選県知事）の三島通庸が大規模な道路・町並整備を断行し、この記録として洋画家高橋由一の油絵「山形市街図」などが残っている。山形県は果樹・蔬菜などの試験栽培を奨励し、これが現在のサクランボ栽培などにつながっている。

自然公園は高山、火山、自然林と多彩であり、都市公園は城郭や港町酒田にちなむもの、庭園は酒田の豪商にちなむものなどが特徴的である。

主な公園・庭園

自 磐梯朝日国立公園出羽三山

＊特別天然記念物、天然記念物、日本百名山

磐梯朝日国立公園は、山形県・新潟県の出羽三山・朝日連峰、山形県・福島県・新潟県の飯豊連峰、山形県・福島県の磐梯山・吾妻連峰・猪苗代湖までの地域からなる奥羽山脈と出羽山地の山岳を中心とした広大な公園である。上信越高原国立公園から妙高戸隠連山国立公園が2015（平成27）年に分離独立して以来、この公園が陸域では約186,000 ha で大雪山に次ぐわが国で2番目に大きな国立公園となった。各地域はほぼ同等の面積となっているが、出羽三山・朝日連峰では山形県が、飯豊連峰では新潟県が、磐梯山・吾妻連峰・猪苗代湖では福島県がそれぞれ中心となって最大面積を有している。3県を比べると全体では山形県が少し多くなっている。

出羽三山は、月山（1,984 m）、羽黒山（419 m）、湯殿山（1,504 m）をさし、中世以来、修験道の山岳信仰の霊山として栄え、今も多くの参拝客が訪れる霊場である。月山は褶曲山地の上に生まれた火山であるが、鋭い形ではなく、丸みをおびた眉の形のようななだらかな山容を呈している。山頂部は厳しい環境で、雪解けが遅い雪田草原、風当たりが強い風衝草原、低木のハイマツ群落などが発達している。山形県の中心部に位置する高山であり、酒田市街のある庄内平野や山形市街のある山形盆地など、広い範囲から遠望できる。豪雪地帯で万年雪を頂き、白く神々しい山に見え、平地の山形特有のサクランボ園の背後に常にそびえている。山頂には月山神社が建立されている。小説家森敦の芥川賞受賞作『月山』（1974）が知られている。羽黒山は出羽神社が建立され、三山の三神を合祀する合祭殿があり、五重塔や参道の杉並木などが荘厳な雰囲気を感じさせ、宿坊も多く並んでいる。湯殿山は月山の山麓に生まれた火山で、湯殿山神社は社殿がなく、温泉水の湧出する場所がご神体となっている。

自 磐梯朝日国立公園大朝日岳・飯豊山

＊日本百名山

出羽三山の南に朝日連峰、さらに南方に飯豊連峰が連なる。大朝日岳（1,870 m）、飯豊山（2,105 m）などの2,000 m 級の峰々が連なる。花崗岩の隆起山地で、河川の浸食が激しく、深いV字谷を刻んでいる。日本海側の

豪雪地帯であり、山麓はブナ林に覆われ、野生動物の宝庫である。

自 鳥海国定公園鳥海山　＊天然記念物、日本百名山

鳥海山（2,236m）は鳥海火山帯に属し、東西二つの成層火山よりなる複合火山であり、秋田県と山形県にまたがる。鳥海山は見る角度によって形は異なるが、出羽富士、鳥海富士とも呼ばれ、独立峰でそびえたっている。豪雪地帯のため亜高山帯の高木の針葉樹林が形成されず、高山部には雪田草原や風衝草原の高山植物群落が発達し、山麓にはブナ林が広がっている。夏も雪渓が残り、心字雪渓と呼ばれる万年雪が見られる。日本庭園には心字池の言葉があり、心の字の形をしている池をさしている。中腹以下には深い渓谷が多数形成され、イヌワシ、ニホンカモシカなど動物相が豊かである。古くからご神体の山として崇められた霊山で、山岳信仰の地であった。最高峰は山形県に位置し、山頂部には鳥海山大物忌神社の本社がある。山麓の神社の口之宮も山形県に位置し、南からの信仰登山が中心となっていた。南には江戸時代に北前船の寄港地として栄えた酒田の町があり、美しい鳥海山が眺められ、出羽（現山形県）の国の富士とも呼ばれたことが理解できる。淵上旭江の図絵『山水奇観』（1801）は南から描き、谷文晁の図絵『日本名山図会』（1812）は南西の日本海から描いている。鳥海国定公園にはこの他、江戸時代に植林した庄内砂丘防砂林、海蝕台地でウミネコ生息地の飛島、御積島などがある。

自 最上川県立自然公園最上川

最上川は中流部で出羽山地に峡谷を形成する河川で、急斜面の山が迫り、所々に滝が落ちている。山形、新庄、酒田と内陸から日本海にぬける舟運の交通路でもあった。俳人松尾芭蕉の『奥の細道』（1689）の俳句「五月雨をあつめて早し最上川」は有名である。富士川、球磨川とともに日本三大急流と称されたが、今では治水事業でゆったりと流れている。

都 霞城公園　＊史跡、重要文化財、日本の都市公園100選、日本の歴史公園100選

山形駅の約500m北に位置する山形城跡につくられた公園である。山形城は14世紀中頃に最上家初代斯波兼頼が築城したのが始まりといわれている。輪郭式の平城で、1600（慶長5）年の上杉景勝対最上義光、伊達政宗

の戦いで山形城が霧に包まれ上杉側の総大将直江兼続の軍から見えなかったことから「霞ケ城」と呼ばれるようになったと伝えられている。明治維新後は石垣や濠は残されたものの建物は壊され、種畜場や農耕地を経て1896（明治29）年から軍用地になった。第二次世界大戦後の1948（昭和23）年に山形市が払い下げを受けて運動公園「霞城公園」として都市計画決定された。翌年には山形市営野球場が、52（昭和27）年の第7回国民体育大会開催時には体育館やテニスコートなどが整備された。転機は78（昭和53）年山形市制90年を記念して霞城公園整備事業が策定されたことで、それ以降は山形城跡にふさわしい整備として81（昭和56）年に西濠に水が湛えられたのをはじめ、既存の施設を少しずつ移転して本丸を中心に城の復原を進めることが決定した。86（昭和61）年には山形城跡として国の史跡に指定された。公園では大規模な発掘調査が進められ、二ノ丸東大手門、本丸一文字門の石垣と大手橋、高麗門、枡形土塀が次々に復原された。割れて使えなくなった石垣の隅石は園路沿いに展示され、石垣の復原に使用した月山石のベンチの設置、平城の形を上から見ることができる見学台など山形城の理解をうながす仕掛けが工夫されている。

着々と整備が進む新しい本丸との対比が印象的なのは公園の隅に木立に囲まれてひっそりと建つ山形市郷土館である。前身は1878（明治11）年に建てられた県立病院の附属医学校で、山形県内の材料を用いて地元の技術者が施工した洋風建築である。正面は木造3層4階建て、背面には14角形の回廊がある一風変わった造りになっている。1966（昭和41）年に旧済生館本館として国の重要文化財に指定され69（昭和44）年に霞城公園内に移築された。明治の初めに日本人が西洋の建物をどのように理解し、工夫して形にしていったのかを知ることができる。

都 日和山公園　＊日本の都市公園100選、日本の歴史公園100選

日和山は船乗りや漁師が天候と風向きをみるために海を見晴らす山のことで、全国に数多くある。天候の判断だけでなく、船の出入りやその連絡、港に入る船の目印の役割を果たしており、方角石や灯籠が設置されていた。日和山公園は酒田市の最上川河口近くにあり、それらの痕跡が残る貴重な場所である。大正時代には海の方を見れば数キロにおよぶ白砂青松を、最上川を見下ろせば行き交う船の様子が楽しめたという。木造で六角錐の形

をした旧酒田灯台は公園のシンボルで、1895（明治28）年に最上川河口の左岸に建設されたが、近代的な灯台の建設に伴って現在の場所に移築され、その後山形県の文化財に指定された。公園の池には2分の1の大きさの千石船の模型が浮かぶ。

都 鶴岡公園（つるおか） ＊日本の歴史公園100選

鶴岡公園は鶴岡市の市街地の中心にあり、17世紀以来200年以上にわたり旧庄内藩主酒井氏（しょうないはんしゅさかい）の居城だった鶴ヶ岡城（つるがおか）の本丸と二の丸跡地である。明治維新によって城は没収、濠も一部を残して埋められ、1876（明治9）年に政府によって鶴岡公園として定められた。翌年には園内に荘内（しょうない）神社が完成し参拝客で大いに賑わった。当時の市民は城の本丸だった場所に自由に出入りできるようになったことに驚いたという。わずかに残った二の丸の濠には明治の終わりから大正時代にかけて花菖蒲（はなしょうぶ）と桜が植えられ、花の名所として知られるようになった。公園に隣接する致道博物館（ちどうはくぶつかん）では多くの国指定文化財や移築された県内の民家を見ることができる。

庭 本間氏別邸庭園（ほんましべってい）（鶴舞園（かくぶえん）） ＊名勝

近世から近代にかけて、問屋（とんや）や海運業などを営（いとな）んで豪商で地主となった本間氏は、江戸時代には「本間様には及びもせぬが、せめてなりたや殿様に」と歌われたほどだった。1813（文化10）年に4代本間光道（こうどう）は、庄内藩主酒井忠器（さかいただかた）の領内巡検（じゅんけん）のために休憩所として別邸を構え、酒田市御成町（おなりちょう）に現在も残る建物と庭園を造営している。訪れた忠器は鳥海山（ちょうかいさん）（標高2,236m）を望む建物に「清遠閣（せいえんかく）」と命名し、園池（えんち）の中島のマツに鶴が舞い降りたことから、庭園を「鶴舞園」と名付けたという。

美術館の横から庭園に入ると、園池の南側に小高い築山（つきやま）がいくつも築かれていて、その間に回遊路が設けられている。築山にはイチイ・ツツジなどの低い刈込があるが、芝生が張られているだけなので、庭園全体が明るく見える。以前、園池は池底の数箇所に設けた井戸から水が自噴していたが、現在は湧水（ゆうすい）がなくなったので、井戸跡から地下水をポンプで汲み上げている。園池の上方の山際に建つ清遠閣のかたわらの庭門と、1908（明治41）年に2階が増築された清遠閣からは、庭園が見下ろせて晴れた日には鳥海山を眺められる。

7

福島県

霞ヶ城公園

地域の特色

福島県は東北地方の南部を占め、かつては東北の入口にあたる白河の関があった。東の太平洋から西の新潟県境まで東西に長く、県の半分にあたる西部は南北に走る奥羽山脈が占め、東部には阿武隈高地が南北に併走し、東から海岸低地帯の浜通り、阿武隈沿い平野・盆地の中通り、盆地・湖岸平野の会津と3地域に大別される。

県面積はわが国3位の広い県である。奥羽山脈は東日本火山帯の旧那須火山帯と重なり、標高1,500～2,000mの吾妻・安達太良連峰、磐梯山などの火山が連なり、山麓には猪苗代湖や檜原湖などがある。西端は2,000m級の飯豊山地、越後山脈で新潟県に接し、その南端に福島県最高峰の燧ケ岳がそびえ、その山麓の新潟・群馬県境に尾瀬沼が広がっている。南の茨城・栃木県境には八溝山がたたずむ。中通りは白河から福島へとつながり、昔も今も東京から青森へとつながる交通の大動脈となっている。

古くは陸奥、石城・石背の国などと呼んだが、会津の名が最も定着した。近世には会津若松に徳川氏一族の保科氏（会津松平氏）が入り、会津藩が若松城を拠点に明治維新まで続き、戊辰戦争では最後まで官軍と戦う。中通りは支配が交錯したが、福島・二本松・白河などの各藩が地歩を固め、城下町・宿場町を発展させた。浜通りは北部を相馬中村藩が安定的に支配していた。近代に入って山形県令（官選県知事）でもあった三島通庸が福島県令として土木工事に辣腕をふるう。日露戦争後に猪苗代湖水系、第二次世界大戦後に只見川水系の水力発電が京浜地域への電力供給のために盛んに開発されたが、この流れが福島原子力発電所建設へと続いた。

自然公園は湿原、火山、山岳の傑出した国立・国定公園と11カ所の多彩な県立自然公園を擁し、都市公園は城郭や領民のための公園、庭園は大名庭園が特徴的である。

主な公園・庭園

自 尾瀬国立公園尾瀬沼

＊ラムサール条約湿地、特別天然記念物、日本百名山

尾瀬国立公園は福島県、栃木県、群馬県、新潟県にまたがり、尾瀬、会津駒ヶ岳、田代山、帝釈山を擁している。2007（平成19）年に、尾瀬が日光国立公園から分離独立し、福島県内と県境の山岳を新たに編入したものである。1987（昭和62）年の釧路湿原国立公園以来の20年ぶりの新国立公園の誕生であった。そこには、世界遺産や世界ジオパークなどの台頭で国立公園の価値が低下していくなか、尾瀬を再度輝かせようとするブランド化があったと言える。尾瀬は高層湿原尾瀬ヶ原、只見川源流部の尾瀬沼、秀麗な山容を見せる日本百名山の燧ヶ岳と至仏山から成りたっている。尾瀬は約1万年前に燧ケ岳の噴火で生まれた湿地であり、植物が腐らず堆積する厚い泥炭層を形成している。尾瀬は福島県、群馬県、新潟県に属し、燧ケ岳は福島県、至仏山は群馬県にある。福島県から尾瀬にいたるメインルートは沼山峠から尾瀬沼に入る。尾瀬沼は標高約1,650mで群馬県で後述する尾瀬ヶ原よりは高い。尾瀬沼には一面にミズバショウやニッコウキスゲが咲きほこり、天上の別世界となる。

尾瀬沼にいたるのは大変であるが、江戸時代、この地は街道になっていた。現在の福島県会津若松市から尾瀬沼を経て、群馬県沼田市につながる道は、会津街道または沼田街道と呼び、東北地方と関東地方を結ぶ重要な街道であった。尾瀬は、平野長蔵が1889（明治22）年に燧ヶ岳に初登頂し、翌年には尾瀬沼の沼尻に神道を普及するため行人小屋（参篭所）を建て、90（明治23）年は尾瀬開山の年といわれている。その後1910（明治43）年、尾瀬沼湖畔に小屋を建て住みつく。長蔵小屋の始まりである。尾瀬沼の長蔵小屋は、現在も、尾瀬を愛する人なら誰もが知っている山小屋である。1895（明治28）年、雑誌『太陽』創刊号に群馬県師範学校教諭の渡辺千吉郎の「利根水源探検紀行」が載る。17人の探検隊が苦労して未踏の利根川源流をたどり尾瀬を調査するものである。利根川源流は実際には至仏山の西で尾瀬とは離れているが、この探検紀行は尾瀬の風景を絶賛している。一行が尾瀬沼で当時の「一小板屋」を遠くから双眼鏡で見いだし、檜枝岐村（現福島県檜枝岐村）と戸倉村（現群馬県片品村）の交易品を蔵する所であ

り、会津の名酒があるにちがいないと小屋に勇躍馳せようとする。しかし、沼に足をとられ、たどりつくことができず、雨のなかに露営する。

自 磐梯朝日国立公園磐梯山　＊日本百名山

磐梯山（1,819m）は南から見る姿を表磐梯、北から見る姿を裏磐梯と呼ぶ。表磐梯は成層火山らしく整った形で会津富士とも呼ばれるのに対し、裏磐梯は1888（明治21）年の噴火で山頂部が崩壊し、荒々しい姿を見せている。この噴火は山麓集落に大災害をもたらしたが、その時北側には檜原湖などの堰止湖や五色沼の美しい湖沼群を生んだ。北東には古くからの山岳信仰の霊山吾妻連峰が続き、西吾妻山（2,035m）を最高峰とし、吾妻小富士と浄土平がある。山岳観光道路草分けの1959（昭和34）年開通の磐梯吾妻スカイラインが通る。南側には磐梯山が生んだ広大な猪苗代湖がある。西には雄国沼の高層湿原があり、東には安達太良山がそびえている。東北新幹線で北上すると福島に入る直前にこのそびえる雄姿が望める。

磐梯山はもともと山岳信仰の山であったが、噴火で一層有名になった。1906（明治39）年、水彩画家の大下藤次郎は猪苗代湖から檜原湖へと巡り、檜原の宿屋では主人から紀行文家の大橋乙羽が10年前に磐梯山に登った話を聞く。大下もまた森林を抜け、高原を進み、山を登って磐梯山の火口にたどりつく。火口の噴煙、硫黄の臭い、黒く焼けた巨石などの凄まじい様子を伝える。「磐梯噴火口」「猪苗代湖」などの作品を残している。

磐梯山は1921（大正10）年の最初の国立公園候補地16カ所に選ばれていたが、34～36（昭和9～11）年のわが国最初の国立公園12カ所の誕生では、小規模で雄大性に欠けることから落選した。戦後の50（昭和25）年、朝日連峰・飯豊連峰などと結びついて、広大な磐梯朝日国立公園が誕生した。民謡「会津磐梯山」は「小原庄助さん何でしんしょうつぶした。朝寝、朝酒、朝湯が大好きで」の歌詞で有名であるが、昭和初期に全国に広まったものである。この頃観光振興のため、各地で土地の民謡をアレンジして、レコードやラジオを通して売りだしていた。

自 越後三山只見国定公園奥只見　＊ユネスコエコパーク

越後三山只見国定公園は尾瀬国立公園に接し、福島県と新潟県にまたがる山岳である。只見川上流の奥只見は「奥会津の秘境」「本州最後の手つかずの山域」と称されてきたが、1961（昭和36）年に豪雪地帯の豊かな水を利用する発電用巨大ダムが完成し、田子倉湖や奥只見湖などの人造湖が生まれた。いつしか自然の渓谷よりダム湖の風景を愛でるようになった。

都 霞ヶ城公園　＊史跡、日本の歴史公園100選

霞ヶ城公園が所在する二本松市は福島市の南に隣接し、市の中央を阿武隈川が南北に流れる。公園は戊辰戦争の舞台にもなった二本松城の跡地にある。二本松城は三方を丘陵で囲まれた自然の要害地に築かれ、1414（応永21）年に畠山氏が居を構えて以来、上杉氏の城代、松下氏、加藤氏を経て1643（寛永20）年からは丹羽氏の居城となり明治維新を迎えた。東北地方を代表する近世城郭とされている。国の史跡である旧二本松藩戒石銘碑は、巨大な岩の一部が地上に頭を出しているところに藩主丹羽高寛が文字を刻ませたもので、民が汗して働いたおかげで給料を得ているのだから藩士は民を虐げてはいけない、という戒めが記されている。戊辰戦争では後に二本松少年隊と呼ばれる10代の若者が動員されて戦ったが、敗れて城は焼け落ちた。戊辰戦争後の三の丸跡には二本松製糸会社が操業を開始した。福島県では初めての本格的な工場で世界遺産に登録された旧富岡製糸場に匹敵する規模を誇ったが、経営不振のため解散し、その後を双松館が継いで事業を拡大した。霞ヶ城を中心とする地域は1948（昭和23）年に福島県立自然公園に指定され、城跡は57（昭和32）年から都市公園として整備されることになった。発掘調査の結果、加藤氏の時代の大規模な改修の痕跡が見つかり、中世城館から近世城郭への変化が明らかになった。各時代の様式を活かした石垣の復元が95（平成7）年に完成し、2007（平成19）年には「二本松城跡」として国の史跡に指定された。公園内の小さな回遊式庭園には御茶屋として使われていた県指定文化財の洗心亭をはじめ、市指定天然記念物のイロハカエデや古木の「傘松」がある。天守台に上ると二本松市街と安達太良山を見晴らすことができる。

都 開成山公園　＊日本の歴史公園100選

開成山公園は郡山市の市街地に所在する。安積疏水と安積開拓は猪苗代湖から郡山市に水を引き原野を開墾した大規模な国家事業として知られているが、開成山はその礎となった場所である。1873（明治6）年に当時の

福島県知事が安積平野の開拓を目的に地域の裕福な商人たちに声をかけて結成したのが開成社だった。25名のメンバーが多額の資金を投じて開墾した土地に人々が入植し桑野村が形成された。開成社は開墾にあたって、もとあった五十鈴湖の東に開成沼と呼ばれる灌漑用の池をつくった。この二つの池が現在の公園の場所である。バラバラになりがちだった開拓民の心を一つにするために、開墾地にある小高い丘を「開成山」と名付けて遥拝所(現在の開成山大神宮)を建設し、数千本の桜が植えられた。開成社に遅れること5年国による安積疏水の事業が始まった。五十鈴湖と開成沼の周囲に植えられた桜は大きく成長し、1934(昭和9)年には「開成山(サクラ)」として国の天然記念物および名勝に指定された。五十鈴湖は明治時代に埋め立てられて開成山競馬場となったが、第二次世界大戦後は農地に利用されたこともあった。運動施設の必要が高まったことから、今度は開成沼が埋め立てられ、陸上競技場と野球場が相次いで建設された。その結果、桜の衰退と公園建設のための大幅な現状変更が認められず、58(昭和35)年には天然記念物および名勝の指定が解除されてしまった。一方、競馬場だった五十鈴湖は再び公園の池として蘇り、桜の名所として人々の目を楽しませている。2016(平成28)年には「未来を拓いた『一本の水路』－大久保利通"最期の夢"と開拓者の軌跡 郡山・猪苗代」が日本遺産に認定され、開成山公園と五十鈴湖、開成山の桜はその構成要素となった。公園の西側に隣接する開成館は1874(明治7)年に開成社の拠点として建設され、現在は開拓と疏水の歴史を伝える資料館になっている。

都 馬陵公園　＊重要文化財、日本の歴史公園100選

馬陵公園は相馬市の中村城があった場所につくられた公園である。中村城は別名を馬陵城といい、1611(慶長16)年の築城から約260年にわたり中村藩相馬氏の居城だった。18代相馬義胤が建立した相馬中村神社の建物は国の重要文化財に、中村城跡は福島県の史跡に指定されている。相馬中村神社では国の重要無形民俗文化財の相馬野馬追を見ることができる。妙見三社の相馬中村神社、相馬太田神社、相馬小高神社の合同祭礼で、お繰出しと呼ばれる出陣の儀式が三社で行われ甲冑姿の騎馬武者が旗をなびかせ行列をなして神社から雲雀が原の本陣に向かう。

庭 会津松平氏庭園　＊名勝

会津若松市花春町にある会津松平氏庭園は、会津藩2代藩主の保科正経が1670（寛文10）年に別邸を造営して、薬草を栽培したのが始まりだった。3代藩主正容が朝鮮人参を植えて、民間にも栽培を奨励したことから、「御薬園」とも呼ばれるようになった。1696（元禄9）年頃に、小堀遠州の流れをくむ目黒浄定を招いて、庭園を現在のように改修させたという。

同年に建てられた御茶屋御殿の東側前面には、大規模な園池が設けられている。以前は草が生い茂っていて、池の形もよくわからなかったが、最近は整備が進んで美しくなった。中島には楽聚亭と呼ぶ茶屋が建てられていて、昔は御殿から舟で行っていたようだが、後方に橋が架けられているので、歩いて渡ることができる。園池の北岸は洲浜状になっていて、樹木はなく芝生が張ってあるだけでなので、全体が明るく見える。

植栽としては、高木はアカマツ・モミ・カエデなどだが、低木はツツジのほかにイチイ・ハイゴヨウマツがあって、東北に来たという感じをうける。北側には植物園が残っていて、栽培している薬草を見ることができる。

庭 南湖公園　＊史跡、名勝、日本の歴史公園100選

白河市の南湖公園は、12代白河藩主だった松平定信が老中を引退後に、「大沼」と呼ばれていた湿地帯に利用して、1801（享和元）年に造営した南湖が基になっている。藩士の水泳・操船の訓練に用いられ、灌漑用水にも利用されていたが、武士・町人・農民がともに楽しめるようにという、「士民共楽」の理念に基づいて公開していたことから、日本最初の公園といわれている。1820（文政3）年に定信が「南湖十七景」を選んだことから、それぞれに石碑が建てられているので、一周約2km ある南湖を散策しながら、その景色を楽しむことができる。

8

茨城県

千波公園

地域の特色

茨城県は関東地方の北東部に位置し、東は太平洋鹿島灘、北は東北地方の福島県、南は利根川を挟んで千葉県に接し、首都圏の一部を構成している。西は栃木県との県境の最北端で福島県との県境にもなる所に、茨城県の最高峰八溝山（1,032 m）があり、県の南部の関東平野には筑波山がそびえる。関東平野は常陸台地と呼ばれ、関東ローム層で、低地は水はけが悪い。久慈川、那珂川、恋瀬川、鬼怒川、利根川など多くの河川が北西から南東に流れ、多くの支流や、霞ヶ浦、北浦、涸沼などの湖沼を形成している。久慈川支流の滝川上流には日本三名瀑の一つ袋田の滝がある。海岸線は全体に単調で、南部は砂浜海岸や砂丘をつくっているが、北部は河岸段丘や海食崖の景勝地となっている。

海岸が長いため先史時代の貝塚跡が多く、また、湖沼や河川下流には大規模な古墳が多い。古くは常陸の国と呼ばれ、江戸幕府はこの地を地政学的に重視し、水戸に御三家の水戸徳川家を置き、天領、旗本領、社寺領などを配置した。大藩の水戸藩は幕末から近代黎明期には幕府に大きな影響を与えた。

自然公園は傑出した自然がなく、国定公園と県立自然公園にとどまっている。都市公園は湖沼、海岸、新都市などを生かしたものが特徴的で、庭園は日本三名園の一つがある。

主な公園・庭園

自 水郷筑波国定公園筑波山　＊日本百名山

筑波山（877 m）は関東平野にそびえる山で古代8世紀の『常陸国風土記』や『万葉集』にも出てくる山岳信仰と歌枕の名山である。筑波山自体が神域であり、巨石、奇岩も多いことから磐座信仰も残っている。筑波山神社などの神社仏閣が多く、さまざまな歌に詠まれてきた。江戸後期の歌川広重の「江戸名所百景」にも描かれている。筑波山は花崗岩の2本の断層を貫いて突き出した斑れい岩の2峰を形成し、男体山と女体山と名付けられている。男女一対の命名は擬人化する見方であり、日光の男体山・女峰山、阿寒の雄阿寒岳・雌阿寒岳、奈良県二上山の雄岳・雌岳など各地にある。筑波山のガマの油売りの口上は一時代を風靡した。

水郷筑波国定公園の霞ヶ浦はわが国2位の淡水湖面積をもっている。中心の潮来の町は、古くから鹿島神宮、香取神宮への参詣客や、奥羽地方から江戸へ物資を運ぶ交通の要衝であった。現在、霞ヶ浦はヨシの復元や水質の改善などさまざまな自然再生の試みが行われている。

自 花園花貫県立自然公園五浦海岸

花園花貫県立自然公園は茨城県北東部山地の花園渓谷や花貫渓谷などを中心としているが、「関東の松島」と呼ばれる景勝地の五浦海岸も飛地で含んでいる。五浦は岡倉天心が1905（明治38）年に海食崖の上にみずから設計した六角堂を建てた所である。翌年、日本美術院を東京からこの地に移す。六角堂は東日本大震災で流失したが、再建された。天心は日本美術を再興した人物である。国粋主義が高揚する1889（明治22）年、日本画と木彫のみの東京美術学校（現東京芸術大学）が開設され、天心が27歳で初代校長となる。96（明治29）年、東京美術学校はフランスから帰朝した黒田清輝、久米桂一郎らを迎え、西洋画科を開設する。98年（明治31）年、岡倉は東京美術学校を排斥され、日本美術院を創設する。その後、ボストン美術館で活躍し、ボストンと五浦を往復することとなる。

都 千波公園

水戸市の市街地の西、常盤公園（偕楽園）の南に隣接する千波湖の公園である。千波湖はもとは那珂川と桜川の合流地点に形成された沼で、江戸時代には水戸城の濠の役割も担っていた。2代藩主水戸光圀が湖周辺の景色の良い場所を千波湖八景に選んだと伝えられている。当時の千波湖は現在の3倍以上の広さがあり、明治時代には水を満々と湛えた湖を小さな船に乗って遊覧する人々の様子が描かれている。1871（明治4）年に千波湖の管理が藩から下流の農村に移ったことで下水による悪臭などの問題が発生

した。用水の確保と農地の拡大のために大正時代に干拓が始まり現在の湖の形に縮小した。1964（昭和39）年に千波公園建設計画が決定し、本格的に整備が始まった。68（昭和43）年には湖の南岸に「偕楽園レイクランド」という遊園地が建設されたが、老朽化のため82（昭和57）年に閉鎖された。93（平成5）年には全国都市緑化フェアが開催され11万本のチューリップによるカラーガーデンなどがつくられ167万人の来訪者で賑わった。

湖では古来より魚や鳥の猟が禁じられ明治時代には御猟場にもなったが、その後はコイやフナなどの漁業が行われていた時期もあった。戦後再び悪化した湖水は1988（昭和63）年から大規模な浚渫が実施され水質が大きく改善した。現在はコブハクチョウやコイなどが生息し、一部が水戸市の水鳥保護区域に指定されている。千波湖の南東には約6,000年前に海岸線があった証である柳崎貝塚という縄文時代の遺跡があり、公園のうち湖のエリアが2011（平成23）年に日本ジオパークのジオサイトに選ばれた。

都 国営ひたち海浜公園　＊国営公園

国営ひたち海浜公園は1991（平成3）年にひたちなか市の沿岸部に開園した。第二次世界大戦後は米空軍が水戸対地射撃場として使っていたが、61（昭和36）年の誤爆をきっかけに返還運動が始まった。その後大蔵省の所管に移され、国営公園の設置が決定した。公園内の記念の森レストハウスには当時の写真や不発弾などが展示されている。約1kmにわたる海岸線と後ろの砂丘を含む350haという広大な敷地に四つのエリアが順次整備された。米軍が使っていた時代は一般の人々が立ち入ることができなかったために地域固有の自然が残されており、海岸から内陸にかけて多様な植生が見られる点が特徴である。貴重な植生や湧水を保全する一方、返還後に建設残土の処分場として利用されていたところには2008（平成20）年にみはらしの丘が整備された。緩やかな傾斜地一面に春はネモフィラ、初夏はコキアが植えられ、鮮やかな色の植物のじゅうたんは圧巻である。年間200万人以上の来訪者で賑わう。

都 洞峰公園とペデストリアンデッキ

つくば市の研究学園都市は研究教育機関を集め、東京への集中を分散させる目的で1963（昭和38）年に国が建設を決定し、開発された新しいまちである。当時の最先端の都市計画の思想が濃密に空間に反映されている。大きな特徴の一つが大学、中心市街地、研究所を南北に貫く都市軸が設定されたことである。都市軸にはペデストリアンデッキと呼ばれる幅10mから20mの歩行者専用道路が配置され、2カ所の総合公園と5カ所の近隣公園をつなぎ緑地のネットワークを形成している。幹線道路とペデストリアンデッキは立体交差して歩行者と自動車は完全に分離され、現在は大きく成長した街路樹が緑陰をつくっている。洞峰公園はこの緑地ネットワークの最大の公園で、既存の沼を中心に運動施設が整備された。公園の建設では、元からある樹木を可能な限り残して利用すること、現況の地形を活かし表土の保全を図ることなど当時としては先進的な方針が示された。中心の洞峰沼に張り出す筑波新都市記念館は新しい都市の誕生を記念するモニュメントとして建設され市民に利用されている。

庭 常盤公園

＊国指定史跡、名勝、日本の都市公園100選、日本の歴史公園100選

水戸市常磐町、見川町にある常盤公園は、「偕楽園」という名称で全国的に知られている。水戸藩9代藩主だった徳川斉昭は、水戸城の西方2.5kmほど離れた常盤村で、多数のウメを飢饉と軍用のために栽培させていた。この梅林を基に斉昭は、1841（天保12）年に庭園の造営を開始している。翌年には開園して、『孟子』の「古の人、民と偕楽しむ、故に能く楽しむなり」から、「偕楽園」と命名した。士分の男子と女子の入園日を別々にしていたのは、儒教の教えによったもので、後に領内村民にも同様にして入園を許可している。

1873（明治6）年に太政官布告で公園となったためか、岡山の後楽園と金沢の兼六園とともに「日本三名園」とされている。江戸時代には園中に、ウメ200種ほどが7,000本から1万本あまりも植えられていたというが、現在は100種、約3,000本に減少している。園内の木造2層3階建ての好文亭からは、千波湖を眺め渡すことができる。この建物は1945（昭和20）年に戦災で焼失したが、57（昭和32）年に復元されている。

9

栃木県

国立公園日光東照宮

地域の特色

栃木県は関東地方の北中部に位置し、北は東北地方の福島県に接し、4県に囲まれた内陸県である。三方を山地に囲まれた盆地状の地形で、南部が関東平野に開かれて北高南低となっている。福島・群馬県境をなす県の北部から西部にかけての帝釈山地には2,000m級の山岳が連なり、鬼怒川がこの地を源流部として、南流して利根川に合流する。山地は東日本火山帯の旧那須火山帯の南端部にも属することから、群馬県境の北関東最高峰の日光白根山をはじめ、那須岳、男体山などの著名な火山が多く、那須、塩原、日光には温泉地も多い。東部には八溝山を主峰とする八溝山地が南北に走り、那須岳を源流とする那珂川がこれを横切って太平洋に注ぐ。

中央部の平地に江戸と東北地方を結ぶ日光街道・奥州街道が通り、今も東北新幹線などの交通路が南北に縦断している。宇都宮は古くから交通の要衝であったが、宇都宮市大谷町で採れる大谷石（凝灰岩）でも知られている。1999（平成11）年、日光東照宮などが世界文化遺産「日光の社寺」になった。首都圏との結びつきが強く、社寺、自然、温泉と観光資源が豊富で、国内外の観光客を集める一大観光地であり、京浜からの日帰り観光圏ともなっている。

古くは下野の国といい、中世には鎌倉新仏教が広がり、寺院の創建や足利学校の再興が図られ、学問が盛んになった。近世には江戸の北の要衝として譜代大名が統治し、関東七名城の一つ宇都宮城を築いたが、旗本領などの小藩も増え、小城下町も生んだ。近代には、繊維、水力、銅山などの開発が進んだが、足尾銅山はわが国初の公害の地となってしまった。

自然公園は日光という傑出した広大な国立公園を有し、益子焼を生みだした益子県立自然公園などもあり、都市公園は日光や大谷石、庭園は足利学校にちなむものがあり、地域の特色を出している。

主な公園・庭園

自 日光国立公園日光　＊世界遺産、史跡、名勝、日本百名山

日光国立公園は1934～36（昭和9～11）年誕生のわが国最初の国立公園12カ所の一つである。12（明治45）年、日光町長から「日光ヲ帝国公園トナスノ請願」が提出され、帝国議会で採択されたように、富士山、瀬戸内海と並ぶ国立公園候補地であった。2007（平成19）年に尾瀬が分離独立するものの、山岳、火山、湖沼、湿原、渓谷、瀑布と傑出した自然を有し、さらに世界文化遺産の神社仏閣を擁する多彩な公園である。福島県、栃木県、群馬県にまたがるが、大半は栃木県である。当初の公園区域は日光、奥鬼怒、尾瀬であったが、1950（昭和25）年に鬼怒川、塩原、那須などが編入された。南北に続く那須火山帯に属し、火山や温泉が多い。

日光には世界文化遺産となった徳川家康を祀る東照宮と古くからの二荒山神社や輪王寺がある。江戸中期の国学者本居宣長が『古事記伝』でわが国では人も鳥獣木草も海山も何でも神になると論じたように、徳川家康も東照宮で神になった。日光も八百万の神に見守られ、自然と人工が融合している。いろは坂を登った奥日光には成層火山の独立峰男体山（2,486m）が円錐形で堂々とそびえ、北に男女一対の成層火山女峰山が連なる。男体山の南麓に溶岩による堰止湖の中禅寺湖が静かにたたずみ、華厳の滝が豪快に落ちている。男体山は8世紀に僧の勝道上人が開山した山岳信仰の名山であり、山頂には日光二荒山神社奥宮がある。中禅寺湖の奥には幾重にも落ちる竜頭の滝があり、戦場ヶ原と小田代原の湿原が広がる。その奥には堰止湖の湯ノ湖と湯滝があり、湯元温泉がある。背後には成層火山で溶岩円頂丘をもつ北関東最高峰の日光白根山（2,578m）が群馬県との県境をなしてそそり立っている。

日本三名瀑と称される華厳の滝は勝道上人の発見で華厳経から名付けられたと伝えられているが、華厳の滝を一躍有名にしたのは1903（明治36）年の第一高等学校（現東京大学）学生の藤村操の投身自殺である。近くの樹木に書きこんだ哲学的な漢文調の遺書が話題になった。華厳の滝は27（昭和2）年の東京日日新聞などの「日本八景」では瀑布の部で1位に選ばれるが、滝口の崩落により徐々に後退し、86（昭和61）年には崩落の修復が

行われた。

中禅寺湖は、軽井沢、箱根、六甲山、雲仙と同じように明治時代以降に東京の外国人の保養地になっていた。1892（明治25）年来日のイギリス人水彩画家アルフレッド・パーソンズも日光から中禅寺湖を経て湯元に赴き、風景画を残している。

自 日光国立公園那須

那須は活発な火山の那須岳（1,917m）や茶臼岳が連なり、裾野には高原が広がり、那珂川の上流に幾筋もの渓谷をつくり、温泉地が多い。関東の最北端で福島県との県境を越えるとかつて陸奥（東北地方）の入口といわれた白河の関の地がある。那須連山はかつて「白湯山信仰」という修験道の山岳信仰の地でもあり、源平合戦の屋島の戦いで扇の的を射た当地出身の那須与一は那須温泉神社を崇敬したという説がある。那須温泉は古代から知られ、江戸時代には群馬県の草津温泉に次ぐ格付けをされていたこともある。茶臼岳の山麓の那須湯本温泉にある地獄現象の殺生石は、狐の妖怪がこの地で退治されて石に化身したという一説があり、室町時代に能楽「殺生石」の題材となり、江戸時代には浄瑠璃や歌舞伎にとり上げられた。1689（元禄2）年、江戸の俳人松尾芭蕉はこの地を訪れ、『奥の細道』で蜂や蝶が重なり死んでいると俳句を詠んだが、今も危険な硫化水素が噴きでている。

那須高原は保養地が形成され、1926（大正15）年、天皇家の那須御用邸が建てられる。2008（平成20）年、御用邸敷地の一部の豊かな森が天皇陛下御在位20年慶祝事業として開放されることになり、11（平成23）年、自然とふれあうための「那須平成の森」として開園した。

都 日光杉並木街道と日光杉並木公園

＊特別史跡、特別天然記念物

日光市を中心に日光街道、例幣使街道、会津西街道あわせて総延長37kmにおよぶ杉並木である。日光東照宮の参詣道として江戸時代初期につくられ、徳川家の家臣松平正綱が20年以上かけて杉を植え日光東照宮に寄進した。当時植えられた杉は5万本ともいわれている。病没した正綱の遺志をついで次男の正信が4カ所に寄進碑を建立した。杉並木街道と寄進碑が国の特別史跡および特別天然記念物に指定されている。戦時中は杉をすべて伐採して供出するという危機に見舞われたが、関係者の働きかけで結果的には2本のみの供出にとどまった。しかし、1961（昭和36）年には約1万6千本あった杉が、生育環境の悪化や老齢化によって2013（平成25）年には1万2千本に減少してしまった。生育環境確保のために15（平成27）年には文化財の範囲を追加して保護対象が拡大され、杉並木のオーナー制度や樹勢回復のための工事が続けられている。日光杉並木公園は杉の根を保護するために公有化した敷地を整備したものである。旧江連（えずれ）家など2棟の民家が復元され、公園の近くでは見上げるような杉並木の間をゆっくり歩いて楽しむことができる。

都 大谷（おおや）公園

宇都宮市にある大谷石の石切場跡につくられた公園である。軟らかく加工しやすい大谷石は古くから石造物や建築に利用されてきた。アメリカの建築家フランク・ロイド・ライトが旧帝国ホテルに使用したことでも知られている。大谷公園は露天の採石場の跡地につくられ、巨大な石の壁や奇岩を見ることができる。公園にそそり立つ高さ27mの平和観音は山を上から掘り下げながら観音像（かんのんぞう）を浮き彫りにし6年の歳月をかけて1954（昭和29）年に完成した。近くには自然の岩盤が奇観を呈している国指定名勝の奇岩群、特別史跡の大谷磨崖仏（まがいぶつ）がある大谷寺のほか、大谷資料館では広大な地下空間でさまざまな時代の石の採掘跡を見学することができる。

都 銅親水（あかがねしんすい）公園

日光市の南西に位置する足尾銅山は350年以上にわたり銅が採掘され、1973（昭和48）年に閉山した。明治以降は近代的な方法を用いて発展したが、工場からの鉱毒が渡良瀬（わたらせ）川の水や土壌を汚染して下流へと被害が拡大した。山火事や亜硫酸ガスで荒れていた山は植林によって緑が蘇（よみがえ）りつつある。55（昭和30）年に松木川・仁田元（にたもと）川・久蔵（くぞう）川の合流地点に砂防ダムが建設され、1996（平成8）年にはダムの下流に銅親水公園が整備された。公園内にある足尾環境学習センターでは映像や展示を通じて足尾銅山と自然について学ぶことができる。

10
群馬県

国立公園尾瀬ヶ原・至仏山

地域の特色

群馬県は、三方を山岳で囲まれた標高500m以上の土地が大半を占める関東内陸の県である。坂東太郎と異名をもつ関東の大河川利根川が県北部を水源として、県を縦断して南部の平野から、東方の太平洋へと抜ける。東日本火山帯の旧那須火山帯の南端部に属し、著名な火山や温泉地が多い。東部の栃木県境には北関東最高峰の日光白根山がそびえ、その溶岩が堰止湖の菅沼・丸沼を形成している。北部と西部には旧那須火山帯と三国山脈が連なる。火山は北に至仏山、武尊山があり、至仏山東の新潟・福島県の県境には高層湿原の尾瀬が広がる。長野県境には活火山の草津白根山、浅間山がそびえている。西の新潟県との県境をなす三国山脈は谷川岳など2,000m級の高峰が続き、日本海側と太平洋側の分水嶺となっている。

南の平野に位置する高崎は、古くは中山道が通り、今も上越・北陸新幹線が通るように、東京と日本海側を結ぶ交通の要衝であった。中山道の現群馬県の上野の国（上州）と現長野県の信濃の国（信州）の国境には標高差約800mの難所碓氷峠があった。交通の要衝であったことから、温泉地は古くから開け、草津、四万、伊香保、水上など名だたる所が多い。伊香保は明治時代の文豪が多く訪れた場所であり、その一人徳冨蘆花は小説『不如帰』でここを舞台にしている。

群馬県は戦前には養蚕業・製糸業が盛んで、1872（明治5）年にフランス人指導のもとに操業した官営富岡製糸場は2014（平成26）年に世界文化遺産「富岡製糸場と絹産業遺産群」となった。「上州名物のかかあ天下と空っ風」という言葉は有名である。

群馬県はわが国の平均的な面積の県であるが、優れた自然から国立公園が3カ所と多く、国定公園が1カ所である。県立自然公園はなく、上毛三山が営造物の県立公園となっている。歴史的な都市公園や近世の陣屋庭園などが特徴的である。

主な公園・庭園

自 尾瀬国立公園尾瀬ヶ原

＊ラムサール条約湿地、特別天然記念物、日本百名山

尾瀬は本州最大の高層湿原尾瀬ヶ原、只見川源流部の尾瀬沼、秀麗な山容を見せる燧ヶ岳と至仏山から成りたっている。尾瀬は約1万年前に燧ケ岳の噴火で生まれた湿地であり、厚い泥炭層を形成している。尾瀬は福島県、群馬県、新潟県に属し、尾瀬沼については福島県の項で述べた。メインルートは群馬県の三平峠から尾瀬沼、あるいは、鳩待峠から尾瀬ヶ原で、尾瀬沼と尾瀬ヶ原の探勝は山小屋に泊まることとなる。尾瀬ヶ原は標高約1,400m、面積約760haの広大な湿原で、登山者は木道（ボードトレイル）のみを歩くことができる。ヒメシャクナゲ、ナガバノモウセンゴケなどが生育し、別世界の風景をつくりだしている。至仏山も希少植物が多い。

尾瀬は戦後ラジオから流れる歌唱曲「夏の思い出」（江間章子作詞・中田喜直作曲）で瞬く間に大衆の間に広まった。「夏がくれば思い出す はるかな尾瀬遠い空」で始まる歌は人々の耳と心に焼きついている。見たこともないミズバショウの花も名前だけは知っていた。尾瀬が最初に広く知られるのは、1906（明治39）年に植物学者武田久吉が雑誌『山岳』創刊号に「尾瀬紀行」を発表してからである。さらに翌07（明治40）年の教育者中村春二の紀行文『旅ころも』も影響があった。武田は05（明治38）年に早田文蔵らと尾瀬を調査していた。武田はイギリスの外交官アーネスト・サトウの次男であり、尾瀬調査直後、小島烏水らと日本山岳会を結成する。後に東京帝国大学教授となる早田は03（明治36）年に『植物学雑誌』に尾瀬の植物調査結果を発表し、風景を讃美している。中村は成蹊学園創設者として、また、植物学者牧野富太郎の支援者として知られる人物である。

至宝といえる尾瀬も、幾度か開発の危機に直面していた。尾瀬は日光国立公園の一部として1934（昭和9）年に国立公園になったが、当初から水力発電のためのダム建設の計画があり、水没問題を抱えていた。首都圏の電力不足は逼迫していた。さらに、高度経済成長期には尾瀬に到達する山岳観光道路も建設計画が決まり、着工寸前となっていた。山小屋の排水による湿地の富栄養化、登山者の過剰利用の踏み荒らしによる植生破壊などもあった。しかし、自然保護運動、世論、環境庁（現環境省）発足、保護財

団設立などで守られていく。当然、国立公園化も功(こう)を奏(そう)していた。

自 上信越高原国立公園浅間山・草津白根山

＊特別天然記念物、天然記念物、日本百名山

浅間山（2,568m）は上信越国立公園の最高峰であり、長野県にまたがる成層火山で、カルデラを形成し、外輪山も有している。活発な火山ではあるが、シラビソやカラマツの亜寒帯の自然林を見ることができる。噴火の歴史は数多く、特に1783（天明3）年の天明噴火では、山麓への火砕流(かさいりゅう)、噴出物の土石流(どせきりゅう)・泥流(でいりゅう)が現嬬恋村(つまごいむら)の一部を壊滅し、河道閉塞(かどうへいそく)による大洪水が広域にわたって甚大(じんだい)な被害をもたらした。最後に溶岩が流れだし、鬼(おに)押出(おしだ)しの特異地形をつくった。火山は災害をもたらすと同時に、富士山や桜島と同じように、印象的な風景を生みだし、地域の勇壮な原風景として誇りや芸術の源泉にもなっている。浅間山もまた島崎藤村(しまざきとうそん)や北原白秋(きたはらはくしゅう)が歌に詠んでいる。草津白根山は白根山・本白根山(もとしらねさん)・逢ノ峰(あいのみね)の総称で、白根山には湯釜(ゆがま)と称する青緑色の神秘的な火口湖があり、本白根山にも同じく鏡(かがみ)池(いけ)・弓池(ゆみいけ)の火口湖がある。もっとも、白根山は1985（昭和60）年頃にいち早くコンクリートの避難壕を建設したが、2016（平成28）年現在、火山噴火警戒レベル引上げのため立入り禁止となっている。

自 上信越高原国立公園アプトの道　＊重要文化財

アプトの道は安中市に所在する。1893（明治26）年に開通した信越本線の横川(よこかわ)、軽井沢(かるいざわ)間の廃線敷を利用して整備された。横川駅を起点に旧熊野(くまの)平(たいら)駅で折り返す往復約13kmの遊歩道である。信越本線は碓氷峠(うすいとうげ)を越える急勾配を走るためにアプト式が用いられ、当時の輸出品であった生糸(きいと)や繭(まゆ)を運搬した。わずかな区間に橋梁が5カ所、隧道(ずいどう)（トンネル）が10カ所あることからも厳しい地形につくられた鉄道だったことがわかる。橋梁、隧道と丸山変電所の建物はまとめて「碓氷峠鉄道施設(うすいとうげてつどうしせつ)」という名称で1993（平成5）年に国の重要文化財に指定された。最大の構造物である第三橋梁は高さ31mあるレンガ造の巨大な四連のアーチで通称「めがね橋」と呼ばれている。隧道のレンガや石からは明治時代の近代化の勢いを感じることができ、橋梁の上からは湖と周囲に広がる紅葉や新緑を楽しむことができる。

北海道
東北地方
関東地方
北陸地方
甲信地方
東海地方
近畿地方
中国地方
四国地方
九州・沖縄

自 妙義荒船佐久高原国定公園妙義山　＊名勝

群馬県は江戸時代の上野以前は上毛野と呼び、赤城山・榛名山・妙義山は上毛三山として古くから名所として知られてきた。赤城山は火山で、深い森と湖沼からなり、上毛の象徴として親しまれ、江戸時代の義賊として演劇や映画で人気者となった国定忠治ゆかりの地である。榛名山は整った火山で榛名富士とも呼ばれ、火口湖の榛名湖と一体となって美しい風景を見せている。妙義山も古い火山であるが、浸食によって、石柱の奇峰、奇岩怪石の山となり、寒霞渓・耶馬渓とともに日本三大奇勝と称されている。群馬県はこの3カ所を古くから県有地の営造物の県立公園とし、榛名山・妙義山は都市公園となり、妙義山は国定公園の一部にもなったものである。

都 敷島公園　＊日本の都市公園100選

敷島公園は前橋市の市街地北部に所在する。利根川沿いにある浄水場に隣接し、前橋市が管理するバラ園を中心とする北のエリアと群馬県が管理するサッカー場や陸上競技場などの運動施設がある南のエリアに分かれている。赤城山、榛名山を望む景色の良い場所として知られており、大正時代には小学校の林間学校にも利用されていた。市民からの要望をうけて1922（大正11）年には公園の設置が市議会で決まり、地域の青年団が地ならしをして3,600坪の運動場をつくった。「敷島公園」の名称も市民への懸賞募集によって決定したもので、江戸時代に「敷島河原」と呼ばれたことに由来する。1929（昭和4）年、敷島浄水場の完成に伴って林学博士の本多静六と東京市の公園の専門家である井下清によって公園が設計された。本多は公園からの眺めと水源地として重要な松林を生かして、公園の北に芝生広場と松林の散策地を、南側に運動場やテニスコートを計画した。第二次世界大戦後はバレーボールコートやサッカー・ラクビー場などが次々に建設された。昭和30年代には明治神宮から花菖蒲が贈られ、ばら園が開設されるなど観光地としての整備も進められた。ばら園は全国都市緑化ぐんまフェアの開催にあわせて2008（平成20）年に改修され、春と秋の開花時期は多くの来訪者で賑わう。県の重要文化財に指定された国立原蚕種製造所の本館が蚕糸記念館として公開されているほか、隣接する浄水場の配水塔と前橋市水道資料館（旧浄水構場事務所）は国の有形文化財に登録されている。

都 つつじが岡公園　＊名勝、日本の歴史公園100選

つつじが岡公園は館林市の中心部に所在する。同じ名前の仙台市の「榴岡公園」は桜の名所だが、館林市の「つつじが岡公園」はツツジの名所として知られている。歴史は古く、1566（永禄9）年の史料に「躑躅カ崎」の言葉がみられ、1627（寛永4）年には榊原忠次がツツジ800株を移植、1721（享保6）年には松平清武が150名余りで花見をしたという記録もある。現在の場所と一致するのは1806（文化3）年に描かれた館林道見取絵図の「躑躅山」という記載でこの頃には名所として知られていたことがわかる。発祥についてはさまざまな言い伝えが残っており、お辻という館林城主の側室が「沼の主」に気に入られてしまい、他の人々を助けるために沼に身を投げ、その供養のためにツツジを植えたという「お辻伝説」が有名である。明治維新後に個人の所有となりツツジの本数が減ってしまったが、1884（明治17）年には邑楽郡の共有地になり公園として再興された。大正時代に群馬県の公園となった後も少しずつ範囲が拡大され、1934（昭和9）年には「躑躅ヶ岡（ツツジ）」として国の名勝に指定された。植物学者の三好学はツツジの株が大きいこと、種類が豊富なこと、対岸から見るツツジの花が新緑と対照し「一段の光彩を放つ」ことなどを記している。昭和50年代には野外ステージ、水生植物園、熱帯温室などが建設されたが、老朽化したため2011（平成23）年からツツジ以外の季節にも楽しむことができるように再整備された。本霧島、飛鳥川など多くの品種が咲き誇り、なかには館林固有のものもある。推定樹齢が800年といわれるツツジの古木は根元から黒々とした太い幹が何本も出て巨大な株となっている。見上げるように背の高い八重山ツツジや館林市出身の宇宙飛行士向井千秋が宇宙に持って行ったツツジの種子を育てた「宇宙つつじ」もある。4月から5月にかけて開催されるつつじまつりは10万人以上の来訪者で賑わう。多くの公園は城や社寺など多様な来歴をもつが、数百年ものあいだツツジを愛でる場所として受け継がれてきたつつじが丘は公園のなかでも稀有な存在といえる。

庭 楽山園　＊国指定名勝

楽山園はJR高崎駅から自動車で30分ほどの、甘楽郡甘楽町大字小幡に

位置している。小幡藩は石高が2万石だったことから、城を構えられなかったために、城主だった織田氏が1642（寛永19）年に陣屋を造営したのが始まりだった。しかし、尊王思想を説く山県大弐の明和事件に関わったとされ、1767（明和4）年に移転させられて、松平氏が引き継いでいる。

小幡陣屋は簡易な構造だったが、防御のために堀・土塁を備え、内側に藩政を行う役所だった表御殿と、藩主が居住する奥御殿が設けられていた。この陣屋の特色は、楽山園と呼ばれた広大な庭園をもつことだった。楽山園については、織田信雄が茶道家の薮内紹智（剣仲）に命じて、1621（元和7）年に別荘として造営したという説がある。だが、4代目の織田信久は小幡城下町を建設した際に、楽山園の西側を流れる雄川の上流に、堰を築いて用水路を設けているので、この用水路を使って陣屋の建設時に、楽山園の園池をつくった可能性が高いとする説もある。

楽山園という名称は、「知者は水を楽しみ、仁者は山を楽しむ」という『論語』の一節に基づくという。西側の紅葉山や南方の連石山・熊倉山などの山並を取り込み、園内に1,000㎡（約300坪）もある昆明池を設け、起伏がある築山上には茶屋を建てて、園内を巡って楽しめるようにつくっている。松平氏との引き継ぎ時に作成された「陣屋絵図」には、昆明池西側の築山（月待岡）の上に8畳の「梅ノ御茶屋」、その東側に5角形の待合、雄川対岸の紅葉山を眺める場所に8畳2間と4畳の間をもつ「竹ノ御茶屋」があり、昆明池南東の小園池の背後の築山には、3間四方の「凌雲亭」が描かれている。楽山園の特徴の一つは、このように茶屋が多いことだった。『楽山園由来記』に薮内紹智の作庭と書かれていることからすると、2代目紹智だった真翁（1577～1655）が携わっていた可能性がある。

2002～11（平成14～23）年度までの整備工事で、小幡藩主が居住した役所を兼ねた御殿は、礎石が1カ所しか検出されなかったために位置を示すだけに終わったが、梅ノ御茶屋と腰掛が再建され、陣屋周囲の石垣と土手や拾九間長屋と中門も復元された。

11

埼玉県

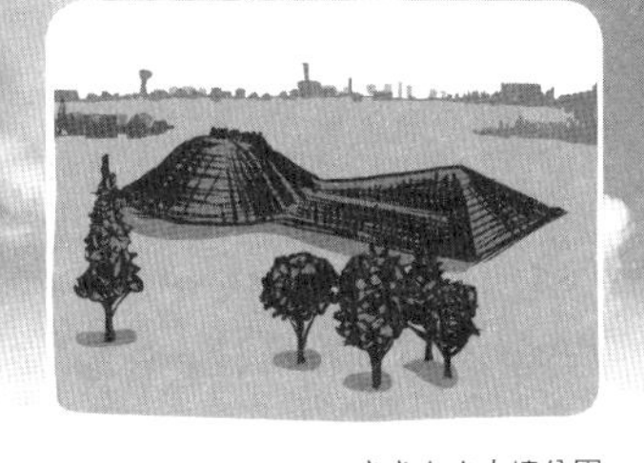

さきたま古墳公園

地域の特色

埼玉県は、1都6県に囲まれた関東地方中央の内陸県である。県面積はわが国39位であるが、人口はわが国5位（2015年）で、東京都心から50km圏内の住宅・工場は東京都の結びつきが強い。

地形は八王子構造線と呼ばれる明瞭な地形境界によって、3分の2の東部が関東平野、3分の1の西部が秩父山地となっている。関東平野は狭山・比企などの丘陵、武蔵野・大宮などの台地、利根川・荒川などによる低地で構成されている。秩父山地は埼玉県西部から山梨県・長野県・東京都にかけて奥秩父と呼ばれ、2,000m級の山々が連なっている。奥秩父は山梨県の北奥千丈岳を最高峰とし、三国岳・甲武信ヶ岳が山梨・長野・埼玉県の県境をなし、山梨・埼玉県・東京都の県境に東京都最高峰の雲取山がある。埼玉県の最高峰は三宝山である。奥秩父の東に武甲山などの秩父山地に囲まれた秩父盆地があり、荒川・赤平川が流れだし、河岸段丘が秩父市街などを形成している。外秩父と呼ばれる盆地の東部や北部の山地は関東平野の眺望に優れ、史跡などが多い。

埼玉県は狩猟・採集に関する遺跡など、先史時代の古くから人々の生活があったことがわかり、古代の古墳も多く見られる。武蔵の国の北半を占めているが、古代、中世と武士の戦乱の場となっていた。近世になると、江戸に近く、中山道、奥州街道、日光街道などが整備され、川越の城下町や大宮の宿場町などが発展し、特産物も生まれた。河川の治水・利水も進められ、流路変更・用水路・運河の建設、干拓・新田開発などが積極的に行われた。

傑出した自然公園は少なく、秩父多摩甲斐国立公園も山梨県が核心部といえる。都市公園は歴史を反映して貝塚、古墳、城郭、運河、武蔵野など多彩であり、古い太政官公園もある。

主な公園・庭園

自 秩父多摩甲斐国立公園奥多摩　＊天然記念物

秩父多摩甲斐国立公園は埼玉県・東京都・山梨県・長野県にまたがる奥秩父と奥多摩を中心とする公園である。西部の山梨県は花崗岩を主とするのに対し、東部の埼玉県は石灰岩を主としている。西の県境には埼玉県最高峰の三宝山（2,483m）があり、南の県境には東京都最高峰として知られている雲取山（2,017m）がある。

自 武甲県立自然公園武甲山

埼玉県では秩父多摩甲斐国立公園に接して、北から西秩父・両神・武甲の3カ所の県立自然公園が並んでいる。武甲山（1,304m）は三角形の秀麗な山であり、山自体がご神体であった。整った山や目立つ山は神奈備山、水分山などと呼ばれ、神体山の神様であった。しかし、セメントといえば秩父、宇部などが思い浮かぶように、武甲山はセメントの材料の石灰岩を採るために徐々に形を変えつつある。

自 両神県立自然公園両神山　＊日本百名山

秩父多摩会甲斐国立公園に接して、両神山（1,723m）を中心とする県立自然公園がある。古くからの修験道の霊山であった。峡谷はV字谷を刻み、八丁峠からの登山では鎖を伝って登る岩壁の鎖場がある。フクジュソウ群落、アカヤシオツツジなどの美しい自生地が見られる。東の四阿屋山の山麓には法養寺薬師堂などがある。

都 さきたま古墳公園　＊史跡、日本の都市公園100選、日本の歴史公園100選

さきたま古墳公園は行田市の中心市街地の南に所在する。埼玉古墳群として1938（昭13）年に史跡指定された9基の古墳がある。9基のうち8基は前方後円墳で1基が円墳である。67（昭和42）年には「さきたま風土記の丘」として整備され、本格的な発掘調査が始まった。古墳は江戸時代から「丸墓山」や「将軍塚」などの名称で絵図などに描かれていたが、その後壊されてしまったものもあった。公園ではそれらの古墳を順次調査して復元整

備を進めており、約40haという広大な敷地に古墳時代の風景が蘇りつつある。

調査と整備が最も進んでいるのは6世紀後半につくられた将軍山古墳で、削られてしまっていた東側の墳丘や二重の堀が復元されている。墳丘の中にある展示館では当時の埋葬の様子を見ることができる。8基ある前方後円墳で最も大きいのは中央にある二子山古墳で、主軸の長さは138mある。一方、最も小さな愛宕山古墳は53mで、さまざまな大きさの古墳を見ることができる。唯一の円墳の丸墓山古墳は直径105m、高さは約19mあり頂上からは周囲を一望できる。石田三成が忍城を水攻めしたときにその上に陣を張ったことでも知られている。

稲荷山古墳は1937（昭和12）年に土を取る目的で前方部が壊されていたため発掘調査の対象になった。人を埋葬した主体部と呼ばれる施設から甲冑や馬具などの副葬品が出土し、中でも金錯銘鉄剣は古墳時代後期のものとされ、刻まれた銘文は日本の古代国家の歴史をひもとく重要な証拠であることがわかった。83（昭和58）年に「武蔵埼玉稲荷山古墳出土品」として国宝に指定され、公園内にあるさきたま史跡の博物館に展示されている。発掘調査の結果や古写真をもとに墳丘の傾斜などが慎重に検討され、前方部と周堀が復元された。埼玉古墳群のほか周辺にも多くの古墳群が確認されているが、墳丘が削られたり消滅したりして完全な形をとどめているものはわずかである。さきたま古墳公園は古墳を群で見ることができる貴重な場所になっている。

都 大宮公園　＊日本の都市公園100選

さいたま市大宮駅の北東約1kmの市街地にある氷川神社の境内地につくられた公園である。明治維新によって官有となった氷川神社の土地を公園にしたいという地元の有志による働きかけがきっかけで、鉄道の大宮駅が開業した1885（明治18）年に氷川神社の例大祭にあわせて開園した。当時は氷川公園、大宮氷川公園と呼ばれていたが、1948（昭和23）年に大宮公園という名称になった。渋沢栄一邸や大隈重信邸の庭をつくった佐々木可村が公園づくりを担当し、明治時代の公園には梅や桜が植えられていたという。その後、公園の管理費を捻出するために旅館や茶店などに土地を貸し出し、一時は公園の3分の2を占領してしまった。このため、長岡安平による公園の改良計画が提案されたが予算の都合で実現しなかった。1921（大正10）年に林学博士本多静六の設計で運動場や遊園地が整備され現在の姿になった。71（昭和46）年には公園内に埼玉県立博物館が開館した。上野の東京文化会館などを設計した前川國男によるもので、現在は埼玉県立歴史と民俗の博物館として利用されている。

都 草加松原と札場河岸公園　＊名勝

草加松原は草加市に所在し、日光街道の草加宿の北の綾瀬川沿いに約1.5km続く松の並木道である。1792（寛政4）年には1,230本の松を植えたという記録があり、江戸時代の絵図にも松の並木が描かれている。1933（昭和8）年に国道の拡幅のために伐採が計画されたが、当時の草加町の住民の訴えでまもられた。環境の悪化で一時は約70本に減ったこともあったが、草加松並木保存会や市民有志の管理によって600本を超えるまでに回復した。風格のある古木が10本以上あり、陸橋の上から見下ろす松並木は壮観である。松尾芭蕉の旅の1日目の通過点だったことから「おくの細道の風景地」の一つとして2014（平成26）年に国の名勝に指定された。舟運が盛んだった頃の河岸が札場河岸公園として整備されている。

都 国営武蔵丘陵森林公園　＊国営公園、日本の都市公園100選

東京の都心から約60kmの場所に位置し滑川町と熊谷市をまたぐ300haを超える広大な公園である。明治百年記念整備事業の一環で最初の国営公園として1974（昭和49）年に開園した。高度経済成長によって失われつつあった自然をまもり都市の人々が利用できるようにすることが目的とされた。静岡の富士山麓や東京湾岸など複数の候補地の中から、都心から比較的近く、まとまった自然が残る武蔵丘陵が選ばれた。計画では元の地形や植生に考慮し池沼は改造しないことなどが方針として示され、公園にはまったく手を加えない自然林のエリアと人が関わりながら管理をする管理林のエリアがつくられた。全国初の都市緑化植物園が77（昭和52）年から運営されている。植物園は公園の面積の約15％を占め、植物の展示だけでなく研究やワークショップの拠点にもなっている。

12

千葉県

戸定が丘歴史公園

地域の特色

千葉県は関東地方南部に位置し、利根川を県境に茨城県、江戸川を県境に埼玉県・東京都に接し、南に突きでた房総半島が太平洋と東京湾に面している。北部に下総台地、南部に房総丘陵が広がり、台地両側には利根川と江戸川が流れ、低地・湿地・沼地をつくり、隆起海岸平野の九十九里平野と三角州平野の東京湾岸平野が形成されている。下総台地は関東ローム層に覆われ、水に乏しく、近世には幕府直轄の野馬の放牧地になり、台地を刻む谷地形には谷津田と呼ばれるわずかな水田がみられる。房総丘陵は断層によって北の上総丘陵と南の安房丘陵に分けられ、全体に低いが、鹿野山九十九谷などの早壮年期の急傾斜の浸食地形や館山・鴨川などの地溝帯の平野がみられる。

古くは下総、上総、安房の国に分かれていた。1825（文政8）年の初夏、三河田原藩の武士で洋画・洋学を身に着けた33歳の渡辺崋山は、武蔵・下総・常陸・上総の四州を巡り、道中の素描30図を描いた「四州真景図巻」を残す。崋山は当時生活の困窮や心身の衰弱で、悩みぬいて小旅行を行ったらしいが、この絵は実に軽やかで明るい。そこからは草原のさわやかな涼風や芳香、海辺の潮風や潮騒の感覚が伝わってくる。ここには近代の風景が息づいている。自然公園は大都市圏の山・海のレクリエーション地域が中心で、都市公園は遺跡・史跡の他、自然とのふれあいを重視したものが特徴的である。

主な公園・庭園

自 南房総国定公園房総半島　＊天然記念物

房総半島は突端の野島崎を境として、穏やかな東京湾に面した内房と荒々しい太平洋に面した外房に分かれ、南房総国定公園は内房の富津岬から館山湾、外房の鴨川から勝浦を経て太東岬にいたる海岸線と、内陸部の鹿野山、鋸山、清澄山などを含んでいる。鴨川から勝浦にかけては「おせんころがし」と呼ぶ豪快な海食崖が連続している。この国定公園は1958（昭和33）年に誕生するが、同じ年に愛知県の三河湾国定公園、大阪府等の金剛生駒紀泉国定公園が誕生する。旧国立公園法が新自然公園法に変わった最初の国定公園の一つであったが、大都市のレクリエーションの場の確保のためであった。

自 九十九里県立自然公園九十九里浜　＊天然記念物

九十九里浜は北の刑部岬から南の太東岬までの約60kmの湾曲した砂浜である。シロチドリ、コアジサシなどの海鳥やハマヒルガオなどの海浜植物が見られる。九十九里県立自然公園はこの砂浜と内陸部の雄蛇ヶ池と洞庭湖からなる。雄蛇ヶ池、洞庭湖は江戸時代に造られた灌漑用の貯水池である。洞庭湖は瀟湘八景の地として中国一の名所であり、これにならって命名した。ともにいわば近世の土木遺産である。千葉県はこの公園を含めて1935（昭和10）年指定の古い県立自然公園が5カ所ある。

都 戸定が丘歴史公園　＊名勝、重要文化財、日本の歴史公園100選

戸定が丘歴史公園は松戸市の南西部に位置する。江戸幕府の最後の将軍である徳川慶喜の異母弟にあたる徳川昭武が明治以降住まいにしたのが戸定邸である。水戸藩最後の藩主でもあった昭武は13歳という若さで将軍名代としてパリ万博に参加し、ヨーロッパを巡った後、フランスで留学生活に入った。帰国翌年には戸定邸の造作を始め、83（明治16）年には29歳の若さで隠居して隅田河畔にあった本邸から移り住んだ。昭武は近くの山川で狩猟や釣りをし、戸定邸では作陶や写真を楽しんだという。その後も建物や庭園を整えてすべての工事が完了したのは90（明治23）年だった。

第二次世界大戦後、昭武の次男武定が松戸市に邸宅と庭園を寄贈した。1986（昭和61）年に千葉県の名勝に指定され、戸定歴史館や梅園などを整備し91（平成3）年に「戸定が丘歴史公園」として開園した。

敷地は小高い丘の上にあり、眼下には江戸川を遠くには富士山を望むことができる。表座敷の庭は、奥に向かって伸びやかに起伏する芝生の周りに作庭当初からのコウヤマキやアオギリの巨木がある。この芝生の庭では

かつて徳川慶喜や昭武の子どもたちがボール遊びに興じていた。増築を重ねた建物は23部屋もある複雑な平面になっており、明治時代の徳川家の住まいの様子がほぼ完全に残されている点で貴重である。建物は2006（平成18）年に「旧徳川家松戸戸定邸」として国の重要文化財に、庭園を含む敷地全体は15（平成27）年に「旧徳川昭武庭園（戸定邸庭園）」として国の名勝に指定された。

都 谷津干潟公園　＊ラムサール条約湿地

谷津干潟公園は習志野市の西部、船橋市と隣接する市街地にある。住宅と道路に四角く囲まれた貴重な自然である。干潟は越冬のためにシベリア、アラスカからオーストラリア、ニュージーランドに渡るシギやチドリが羽を休め栄養を補給する中継地になっている。日本に来るシギ・チドリの約1割がこの小さな干潟に飛来するという。110種類以上の野鳥が観察され、貝やカニなど多くの生き物が生息する。元は広大な干潟の一部だったが、1971（昭和46）年から始まった埋め立てによってわずか40haまで縮小した。埋め立てへの反対と干潟の保護を求める運動が展開された結果、88（昭和63）年には国の鳥獣保護区に指定され、開発から保存へと大きく舵が切られた。東京湾に奇跡的に残された干潟であり、市民参加と環境教育のモデルとして93（平成5）年にラムサール条約湿地に登録された。干潟の周囲には散策道があり1時間半程度で1周できるほか、鳥を観察するための観察壁が設置されている。都心に近い重要な環境教育の場である。

都 三里塚記念公園　＊日本の歴史公園100選

三里塚記念公園は成田市の南、成田国際空港から500m離れたところにある小さな公園である。成田闘争で知られる三里塚は国の政策に翻弄された土地でもある。三里塚周辺は近世までは馬を放し飼いにする「牧」と呼ばれる場所で、1875（明治8）年には下総牧羊場と取香種畜場が開設された。その後宮内庁に払い下げられ下総御料牧場となった。明治時代の終わりには成田と三里塚を結ぶ鉄道が開通し、桜と牧場の行楽地として有名になった。サーカスや旅芸人が集まり大いに賑わったという。1966（昭和41）年に成田国際空港の建設が決まり、牧場は栃木県に移転して事務所があったところに三里塚記念公園が整備された。公園にある三里塚御料牧場記念館には牧場の歴史や皇室関係の資料などが展示されている。当時牧場だった場所は住宅地になったが、一マイル馬場と呼ばれた楕円形の区画だけがカーブを描く道路の形として残されている。

都 加曽利貝塚公園（かそりかいづか） ＊特別史跡、日本の歴史公園100選

東京湾岸には多くの貝塚があり千葉市には120カ所が集中する。貝塚は縄文時代の人々の生活がわかる貴重な証拠で、たくさんの縄文人が海の幸である貝を大量に食べて豊かな暮らしをしていた様子を知ることができる。加曽利貝塚はなかでも大規模で、直径140mの北貝塚と直径190mの南貝塚がある。約5,000年から3,000年前まで人々が貝を食べ狩猟をしながら暮らしていた集落の跡と考えられている。加曽利貝塚の調査研究の歴史は古く、明治時代にはすでに「本邦一の貝塚」として有名になっていた。昭和30年代に宅地造成のために破壊される危機に見舞われたが、加曽利貝塚を守る会が結成され専門家らによる署名運動の結果、1971（昭和46）年に国の史跡に指定された。貝塚では貝層の断面や復元された竪穴（たてあな）住居の集落があり、博物館では土器や人骨が展示されている。

都 幕張海浜公園（まくはりかいひん）

都心から30km離れた場所にある幕張新都心は千葉県の海岸を埋め立ててつくられた人工都市である。1973（昭和48）年に始まった埋立て工事は7年の歳月をかけて完了し、幕張メッセをはじめ新しい都市にふさわしい施設が次々に建設された。千葉市美浜区にある幕張海浜公園はそのセントラルパークともいえる緑地で87（昭和62）年に開園した。面積は72haで内陸に細長く延びる中央地区と海岸沿いの海浜地区に分かれている。全体が七つのブロックに分かれ、日本庭園、広場、プロムナードなど多様な利用ができるように整備されている。プロ野球のスタジアムが隣接し、人工海浜は飛行機のレースなどさまざまなイベントに利用されている。

13

東京都

浜離宮庭園

地域の特色

1603（慶長8）年、江戸に徳川幕府が開かれ、1868（慶応4）年、江戸が東京と改名されて明治新政府が置かれ、京都から遷都した。約400年以上にわたりわが国の首都として政治、経済、文化の中心であり続けた地域である。東京都の面積はわが国3位の小ささであるが、人口は群を抜いて1位で今も一極集中が進んでいる。関東平野を中心に、北は江戸川を境に千葉県に、南は多摩川などを境として神奈川県に接している。西端部は関東山地で埼玉・山梨県境に東京都最高峰の雲取山（くもとりやま）がそびえ、山麓には高尾山（たかおさん）を擁し、東に進むにつれて、関東平野の多摩（たま）・狭山（さやま）の丘陵地、武蔵野（むさしの）台地、沿岸の沖積（ちゅうせき）低地となっている。

行政区は東部の低地を占める東京都23区と、西部の台地・丘陵・山地を占める市町村からなる三多摩（さんたま）地区に大きく分けられ、三多摩地区には多摩川沿いにそれぞれ東から府中（ふちゅう）、八王子（はちおうじ）、青梅（おうめ）の町が中心となっていた。武蔵野台地の東に標高約50mの山手（やまのて）台地が連なり、その東縁部には石神井（しゃくじい）・井の頭（いのかしら）などの湧水池が南北に並び、東端は上野・芝・品川などの崖（がけ）で終わる。山手台地は浸食による谷地形が発達し、斜面や坂道が多くなっている。また、今は一部が暗渠化（あんきょか）されたりしているが、神田川（かんだがわ）、渋谷川（しぶやがわ）、目黒川（めぐろがわ）などの川も流れる。武蔵野台地の南端には明瞭な崖が連なり、湧水や清流が見られる。江戸時代には玉川など上水が多く整備された。

東京都は世界文化遺産の「ル・コルビュジエの建築作品」が存在するが、世界自然遺産の小笠原諸島、東日本火山帯の旧富士火山帯の伊豆諸島など太平洋の広大な地域の諸島も含んでいる。自然公園はこれらの諸島が傑出（けっしゅつ）している。江戸・東京は火災・地震・空襲などの災禍（さいか）に見舞われてきたが、都市公園は首都にふさわしい新旧の優れた公園があり、庭園も江戸時代の上屋敷・下屋敷の地形を生かした庭園などが残っている。

主な公園・庭園

自 小笠原国立公園小笠原諸島　＊世界遺産、天然記念物

小笠原諸島は東京から南南東に約1,000 km、沖縄本島とほぼ同緯度の太平洋に浮かぶ亜熱帯の火山の島々で、大型定期船で東京から約25時間かかる。北から聟島諸島、嫁島、父島列島、母島列島、火山列島と南北に連なり、西にはずれて海底火山活動で拡大中の西之島がある。すべて東京都小笠原村で、有人島は大きな父島と母島のみである。火山列島の南端の南硫黄島は元国立公園であったが、1975（昭和50）年、原生自然環境保全地域となって公園は解除された。2014（平成26）年の慶良間諸島国立公園誕生まで、陸域面積としては小笠原国立公園の6,629 ha が国立公園中最小であった。小笠原諸島は誕生時から孤立した海洋島で、独自の進化を示すことから、11（平成23）年、わが国4番目の世界自然遺産となった。

世界的にめずらしい地形地質があり、父島では過去の海底火山のマグマが冷え固まり、隆起によって地表に現れた枕状溶岩が見られる。小笠原諸島の英語名はボニン・アイランズであるが、この地名からこの地の特殊な溶岩を「ボニナイト」（無人岩）と命名している。ボニンは「無人」であり、江戸時代、当地は「無人島」といわれた。「小笠原」は領土権主張のため無理にこじつけた発見者名である。1853（嘉永6）年、ペリー艦隊の黒船は浦賀来航の前に父島に寄っている。小笠原諸島の生物は独自の進化をとげた結果、固有種が多く、その割合は植物（維管束植物）36%、昆虫類28%、陸産貝類94%などとなっている。しかし、反面で人間の活動や外来生物や環境のわずかな変化に弱く、絶滅種や絶滅危惧種が多い。小笠原諸島で種の保存法の国内希少野生動植物種に指定され、保護増殖が図られている種としてオガサワラオオコウモリ、オガサワラシジミ、ムニンツツジ、ムニンノボタンなどがある。世界自然遺産登録時には外来生物のトカゲのグリーンアノールの駆除が問題となった。海域ではザトウクジラやイルカなどの海棲ほ乳類が見られ、ホエールウォッチングの自主ルールが定められている。サンゴ礁や熱帯魚などの海域公園地区は14地区に達している。小笠原国立公園は自然資源を守るために東京都が2002（平成14）年に利用を管理する入島制限制度を確立し、エコツアーで南島と母島石門で入島人数を制

限した。自然公園法も同年、入山制限などの利用調整地区制度を創設した。

自 富士箱根伊豆国立公園伊豆諸島　＊天然記念物

伊豆諸島は、伊豆半島の南西の太平洋の大島から八丈島などに連なる島々を指し、東日本火山帯の旧富士火山帯の東京都に属する8島の火山島が公園となっている。大島、利島、三宅島、御蔵島、八丈島は玄武岩質の粘性の低い溶岩を主とし、新島、式根島、神津島は流紋岩質の粘性の高い溶岩からなっている。大島の三原山と三宅島の雄山は今も活発に活動し、流れだした溶岩の新旧の跡が見られる。八丈島は二つの火山が合体した島である。御蔵島の海食崖の絶壁は高さ約480mに達し、わが国最大級である。大島の海浜植物群落は国の天然記念物になっている。

自 明治の森高尾国定公園高尾山

東京都心近郊に位置しながら豊かな森林を保っている公園であり、1967（昭和42）年、明治100年を記念して、大阪府の箕面とともに指定された。高尾陣馬都立自然公園の一部を昇格させたもので、面積777haと国立・国定公園中最小である。古くから薬王院有喜寺の修験道根本道場として、また、江戸時代は徳川幕府によって、明治時代は帝室御料林（皇室の森林）として、戦後は国有林として守られてきた。天狗信仰の霊山でもある。

都 上野恩賜公園　＊世界遺産、重要文化財、登録記念物、日本の都市公園100選、日本の歴史公園100選

東京都台東区、不忍池から上野山内一帯を占める上野恩賜公園（以下、上野公園）は、日本で最も古く、有名な公園の一つである。花見といえば、まず上野公園である。また、犬を連れた西郷隆盛の銅像や動物園のパンダは、本園の象徴的な存在として広く知られている。日本を代表する博物館や美術館が密集しており、一大文化ゾーンが形成されている。これらの文化施設には著名な建築家が手がけたものも多く、ル・コルビュジエが設計し1959（昭和34）年に開館した国立西洋美術館の本館は、2016（平成28）年7月に「ル・コルビュジエの建築作品－近代建築運動への顕著な貢献」の構成資産の一つとして世界文化遺産に登録された。

そもそもこの地は江戸時代、東叡山寛永寺の境内であった。京都の鬼門である艮の方角（東北）には788（延暦7）年に比叡山延暦寺が建てられ、

千年の都を鎮護した。これに倣い東都も千年鎮護すべく、江戸城の艮の方角にある上野の山に、1625（寛永2）年東叡山寛永寺が建立されたのである。このように、寛永寺は呪術的情念により誕生した徳川家の霊廟であるが、同時に江戸を代表する花見の名所として広く知られ、春には大勢の花見客が集う賑やかな場でもあった。現在の上野公園に付随する花見の一大名所としての性格は、この寛永寺時代に由来する。徳川家は幕末、西郷らによって東都の主人たる地位を追われ、この地もまた戦場となり、寛永寺は灰燼に帰す。明治に入り、1876（明治9）年、旧寛永寺境内は、国内最初の公園「上野公園」として開放された。日本の公園制度の始まりである太政官布告に基づく公園のなかで、ここは唯一、府県ではなく内務省の直接の管轄下に置かれた、国家的性格の強い特別な存在であった。翌77（明治10）年の第1回内国勧業博覧会を皮切りに明治期に三度の大規模な博覧会会場となり、公園の形もこのような国家主導のイベント相応しい空間に構築された。これにより備わった西欧宮廷風の博物館建築と広々とした前庭、そこにいたる広幅員のアプローチからなる基本骨格は、1924（大正13）年に本園が宮内省から東京市（現東京都）に下付された際にも、後世に存続させることが条件として明記されており、以後も近現代を通して意識的に継承されていった。現在の上野公園には、このような特異な来歴がさまざまなかたちとなって積層しており、独特の深みのある風致が備わっている。

都 日比谷公園　＊日本の都市公園100選、日本の歴史公園100選

東京都千代田区、日本を代表するビジネス街である丸の内や、官公庁の集積地である霞が関に隣接した約17haの都会のオアシスである。この都市公園は、現代的なビル群の只中にある貴重な緑のオープンスペースであるのみならず、非常に魅力的な歴史を内包する近代の造園遺産でもある。1889（明治22）年、日本初の都市計画である「東京市区改正設計」事業が始まった。この近代都市建設の一環として、新首都東京の中心部である日比谷練兵場跡地に、都市の顔となる「公園」を新設することが議決された。これが日比谷公園の始まりである。日本の公園制度は、すでに73（明治6）年に創設されていたが、その実態は江戸時代の寺社境内地や景勝地等の名所に公園の名を冠したものであった。そのため、西洋の諸都市に劣らぬ近代的な洋風公園を初めて創出しようと、九つもの案が作成され、8年間に

もおよぶ検討を重ねた末に、ようやく本多静六と助手の本郷高徳がドイツの最新の公園設計書を模範に描いた設計図が採用された。1903(明治36)年、開園した日比谷公園のニュースは日本初の大規模洋風公園の誕生として新聞のトップを飾り、これまでふれたことのないハイカラな雰囲気が多くの人々を惹きつけた。その後、日本各地の県庁所在地の中央公園もまた、この日比谷公園をモデルとしてつくられていった。涼しげな水しぶきを高々と上げる噴水、芝生を敷き詰めた広場、色とりどりの花が植え込まれた花壇、大きな緑陰をつくるイチョウ並木、運動場、野外音楽堂、洋風のレストラン等々、人々が自由に憩い、集い、楽しむための多様な施設が配された本園は、西洋都市に憧れた近代日本の人々の生活風景を今に伝えている。

都 国営昭和記念公園 ＊国営公園、日本の都市公園100選

東京都の西部に広がる武蔵野台地の一角に、立川市と昭島をまたいで大規模な都市公園が存在する。それが、国営昭和記念公園である。この場所は戦前に立川飛行場が建設され、戦後米軍基地となっていたが、1973(昭和48)年に全面返還が決定された。これを受けて国は、昭和天皇在位50年記念事業として整備し、83(昭和58)年に約70haをもって第1期開園した。その後営々と施設整備が進められ、現在は計画総面積約180haのうち大半が開園している。メイン入口からは約200mのイチョウ並木とカナールが連なり、公園の中心には約11haの芝生広場が広がる。自由に入ることのできる巨大な芝生がまだめずらしかった時代に導入されたこの広大な原っぱには、1本の美しいケヤキの大木がどっしりと根を下ろし、本園のシンボルとなっている。この広場を中心に、四季の花々に彩られた園地は南北と東西に延びた長方形の敷地が大きなＬ字型をなし、南から北にかけて都市、里、野原、森へと自然の深まりを、東の入口から西にかけて文化施設、展示施設、水辺と都市生活と自然の理想的な出会いのさまざまな形を体験できるように工夫されている。「緑の回復と人間性の向上」という基本理念への需要がますます高まるなか、この場所は来園者を再創造する力であふれている。

庭 旧浜離宮庭園 ＊特別史跡、特別名勝、日本の歴史公園100選

中央区の旧浜離宮庭園の場所は、江戸初期(17世紀初頭)には海浜で、

将軍家の狩猟場だった。1658（万治元）年に4代将軍徳川家綱が、ここを弟の甲府藩主徳川綱重に与えたことから、埋め立てられて下屋敷になった。綱重の子の綱豊が5代将軍綱吉の養子になり、6代将軍家宣になったために幕府の直轄地になって、建物や庭園が整備され「浜御殿」と改称された。

現在、園内の南側には「お伝い橋」がある大規模な園池（大泉水）があり、西側に新銭座鴨池、東側に庚申堂鴨池と横堀が存在している。以前は東南側からお台場や房総の山々、富士見山からは西方に富士山が望められたという。敷地北側には明治期に使用された延遼館の跡が残る。

旧浜離宮庭園の特色は、海岸を埋め立てて屋敷を造営したことから、海水を取り入れた「潮入りの庭」になっていることだった。池の島には中島の御茶屋（1983〈昭和58〉年の再建）が建てられ、そこに行くためにお伝い橋が架けられていて、それがこの園池の風情にもなっている。園池の周囲にも茶屋がいくつも建てられていたことから、2010（平成22）年に松の御茶屋、15（平成27）年には燕の御茶屋が復元されている。

浜御殿のもう一つ特色は、野生の鴨を捕るための猟場をこしらえていたことだった。1778（安永7）年に新銭座鴨池、91（寛政3）年に庚申堂鴨池が設けられている。鴨をおびき寄せるための引堀が、どちらも何カ所も掘られて、奇妙な形をした池になっている。11代家斉（1773～1841）はしばしばここを訪れて、鴨池で狩猟を楽しんでいた。

12代家慶の時代になると、1853（嘉永6）年にペリーがアメリカの艦隊を率いて浦賀に入港したことから、浜御殿は城砦化していった。1848～54年（嘉永年間）には南端に砲台が建設され、66（慶応2）年には海軍奉行の管轄になった。明治維新後には新政府に接収されて、70（明治3）年には宮内省の所管になって浜離宮と改められ、日本初の西洋風石造建築物とされる延遼館が迎賓館として利用された。関東大震災と第二次世界大戦で建物はすべて焼失して、1945（昭和20）年に東京都に移管され、浜離宮恩賜庭園と改称された。

庭 小石川後楽園　＊特別史跡、特別名勝、日本の歴史公園100選

文京区後楽 1丁目にある東京ドームと小石川後楽園は、もとは一つの敷地だった。2代将軍徳川秀忠が1629（寛永6）年に、弟の水戸初代藩主徳川頼房に、会津藩蒲生忠郷の屋敷だったこの場所を与えたことから、水戸藩

の別邸が建てられている。当初の面積は76,689坪（約25ha）という広大なものだった。後楽園という名称は、中国・宋代の『岳陽楼記』の「天下楽しむ後に楽しむ」から命名されたという。

園内に入ると東京ドームが目障りになるが、広大な園池（大泉水）が広がっているので救われる。北側は築山的な丘陵があって、得仁堂や通天橋がある。この橋の下が大堰川で、その先の池に西湖の堤が設けられている。大泉水北側には白糸の滝や藤棚があり、奥に円月橋がある。南側の内庭と呼ばれている園池がある所は、昔は御殿が建っていた場所だった。

徳川頼房は後楽園をつくる際に、有職故実に詳しい徳大寺左兵衛に命じて、古木を切らずに地形の起伏にまかせて造営させたという。園池には神田上水を引き入れて、通天橋のそばにあった滝から落としていた。頼房の後を継いだ光圀は、中国・明から亡命してきた儒学者朱舜水（1600～82）の影響をうけて、中国の風物を庭園に取り入れている。石造りの円月橋は朱舜水自身が設計しているが、現存する西湖の堤は渡辺幸庵という人物が、中国で見てきたとおりにつくり直している。

1703（元禄16）年に地震で大破したうえに、屋敷内からの出火で御殿は全焼してしまった。焼失以前の庭園内の状況について、俳人の榎本其角が『後楽園拝見の記』に、「棕梠山、西行堂、桜の馬場、西湖、びいどろ茶屋、清水寺、孔子堂、唐橋、藤棚、八角堂、八橋、酒茶屋、福禄堂、長橋、竹生島」などがあったと書きとめている。焼失前作成の「水戸様江戸御屋敷御庭之図」には、園池に現在は存在しない53間（約106m）の橋が描かれているから、これが「長橋」になるのだろう。

日本の風景の細やかさを、築山、園池、流れのかたちでそのまま庭園に持ち込んだだけでなく、当時の人々の関心を引いていた日本や中国の文学や宗教、思想などを、建物や石造品を加えることで具現化したのが後楽園だったといえる。

庭 六義園　＊特別名勝、日本の歴史公園100選

柳沢吉保は5代将軍徳川綱吉の側用人になって、川越城主や甲府城主になり、最高位の老中にまで出世している。綱吉から1695（元禄8）年に拝領した駒込の地（文京区本駒込6丁目）に、吉保は7年半かけて庭園を造営している。当初の敷地面積は45,862坪（約15.2ha）だったが、後に56,000

坪（約18.6ha）に拡張された。現在は明治に削減されたために、3分の1ほどの面積になっている。

吉保の文芸趣味が生かされて、著名な和歌や漢詩などから題材がとられ、園池、築山、石組、橋、流れ、四阿などに、景勝地として八十八境がつくられた。和歌の六つの良いとされる「六義」から、吉保は庭園を六義園と命名している。吉保の側室だった正親町町子の『松蔭日記』によれば、1702（元禄15）年の夏は工事の最終段階に入っていたが、吉保は政務が多忙だったために、作成させた庭の絵図を見ては家人を毎日のように行かせて、庭石や樹木の配置を指揮させている。諸方から名石・名木の寄贈があって、山をなすほどの庭石の運搬に往来は騒然としていたという。

園池の南側は平坦だが、東岸から北岸、西岸にかけて二重、三重に築山を設けるという複雑な配置になっている。数多くの築山や入り江や流れを設けたために、このような構成になったようだ。当時の六義園の状況を描いた絵図を見ると、築山が目立っていて、植栽は数が少なく簡潔なものだった。各部分に名称を付けたことから、植栽を単純化することで八十八境を際立たせようとしたのだろう。自然的な景観を楽しむよりも、和歌や漢詩の中に遊ぶことを徹底したのが、六義園だったということになる。

1878（明治11）年に岩崎弥太郎の別邸となり、弟の弥之助が86（明治19）年に改修を行い、数万本の樹木と各地の庭石を入れ、茶屋などを建てている。1938（昭和13）年に東京都に庭園が寄贈されたが、45（昭和20）年の空襲で心泉亭、滝見の茶屋、吟花亭、芦辺の茶屋などを失った。

庭 旧芝離宮庭園　＊名勝

旧芝離宮庭園はJR浜松町駅北口からすぐの、港区海岸1丁目に位置している。小田原藩主大久保忠朝が、1678（延宝6）年に4代将軍徳川家綱から1万坪ほどの土地を与えられ、下屋敷として造営して庭園を楽寿園と命名したのが始まりだった。現在は海水は入っていないが、海岸に立地していることを生かして、海水を引き入れた「潮入りの庭」になっていた。

中央の中島から横の小島には、引き潮の時に歩いて渡れるように、沢飛石が置かれていた跡が今も残っている。中島に通じる石橋は「西湖堤」と呼ばれているように、中国趣味を取り入れたものだった。護岸にはクロボク（溶岩）、築山には根府川石が使われているが、石の配置や組み方は絶妙で、背後の高層ビルの圧迫に負けない造形力がある。

1818（文政元）年に下総の佐倉藩主堀田氏の所有になったが、その後も所有者が変わり、75（明治8）年に皇室が買い上げて「芝離宮」と命名した。1924（大正13）年に東京市に寄付されたことから「旧芝離宮恩賜庭園」という名称になったが、30（昭和5）年に前面の海側が埋め立てられて、潮入りの庭でなくなってしまったのは残念なことだ。

庭 向島百花園　＊史跡、名勝

墨田区東向島3丁目にある向島百花園は、東武スカイツリーラインの東向島駅ができて行きやすくなった。江戸後期には、花の見頃の時期に一般に庭園を公開して営業する所がいくつか出現しているが、向島百花園もその一つだった。1804（文化元）年に骨董商の北野屋平兵衛（菊塢）が、寺島村の3,000坪ほどの屋敷地を購入して梅園をつくったのが始まりだった。次第に人が来るようになってからは、「梅、山吹、牡丹、燕子花、芍薬、蓮、牽牛花、秋七草、萩」などの季節感が出る植物を植えて、将軍が訪れるまでになっている。1910（明治43）年の洪水で壊滅的打撃を受け、38（昭和13）年に東京市に寄付されたが、戦火で焼失して49（昭和24）年に復元された。

庭 旧古河氏庭園　＊名勝、日本の歴史公園100選

北区西ヶ原1丁目にある旧古河氏庭園は、元は明治期に活躍した陸奥宗光の邸宅だった。ところが、息子の潤吉が足尾銅山の再開発で成功した古河市兵衛の養子になったために、1899（明治32）年頃に古河家の所有に変わった。武蔵野台地の端に位置することから、高台に英国人ジョサイア・コンドルの設計で、1917（大正6）年に洋館と整形花壇をもつ洋風庭園が設けられ、低地には19（大正8）年に、京都の小川治兵衛（植治）が和風庭園をつくっている。庭園の要所に巨大な燈籠や庭石を置いているのが、明治期らしい特色といえる。

14 神奈川県

国立公園箱根

地域の特色

神奈川県は横浜・川崎の大都市を抱え、人口は東京都に次いで第2位である。東部は多摩丘陵と三浦半島が東京湾・浦賀水道に面し、中部は相模川の三角州の相模平野、湘南砂丘などが相模湾に面しているが、西部は褶曲山地の丹沢山地、複雑な火山地形からなる箱根火山、北と西に断層崖をもつ大磯丘陵、酒匂川の扇状地の足柄平野、湧水群をもつ秦野盆地と複雑な地形を示している。

古くは相模の国と武蔵の国の一部であった。鎌倉は古くから武士が割拠していたが、中世に源頼朝が鶴岡八幡宮を中心に武家政権の建物と組織を整え、鎌倉幕府を開いた。源氏から北条氏へと覇者は代わるが、室町幕府になると鎌倉も衰退する。東海道の往来が盛んとなる江戸中期には県内に9宿場町が設けられるが、神奈川と小田原が栄える。金沢八景（現横浜市金沢区）、鎌倉、江の島、大山、箱根も参詣、湯治、名所遊覧の地となる。1853（嘉永6）年には浦賀（現横須賀）にアメリカの使節ペリーが来航し、翌年日米和親条約が締結され、開国される。横浜も開港され、外国人居留地は西欧文明普及の拠点となり、また、横浜－新橋間の鉄道建設、横須賀の製鉄所・造船所開設などによって、近代化を支える原動力となっていく。

湘南海岸はわが国最初の大衆的な海水浴場といわれる。国立公園は箱根を中心として、都市公園は近代化遺産や城郭、庭園は貿易商や古都鎌倉にちなむものが特徴的である。

主な公園・庭園

自 富士箱根伊豆国立公園箱根　＊史跡、天然記念物

箱根は「火山の博物館」といわれるように、噴火を繰り返して、複雑な火山地形を形成した場所である。最も新しい中央火口丘が最高峰の神山

(1,438m) や箱根駒ヶ岳などであり、二重の外輪山が連なるようにとりかこみ、中央火口丘と外輪山の間のカルデラに堰止湖の芦ノ湖や草原と湿原なす仙石原を生みだした。現在、カルデラは観光開発が進み、街並みがつくられている。神山北麓の大涌谷は活発な噴気現象を見せ、活動が盛んである。かつては箱根七湯といわれたが、現在は箱根二十湯と称される。

神山というように古くから修験道の聖地でもあり、箱根神社などの神社仏閣がある。古くから交通の要衝であり、東海道が南の外輪山を横切り、東の箱根湯本から宮ノ下へと登り箱根峠を西へと通過している。1901 (明治34) の唱歌「箱根八里」(鳥居忱作詞、瀧廉太郎作曲) の歌詞「箱根の山は天下の嶮」と唱っているが、東海道で箱根と大井川は最大の難所であった。箱根駅伝にみられるように標高差の大きい峠であった。江戸の「入鉄砲に出女」の取り締まりが象徴的な言葉であるが、徳川幕府は芦ノ湖畔に関所を置いた。箱根は名だたる難所ではあったが、旅人にとってくつろげる温泉があり、富士山も眺められる風光明媚な遊覧の地でもあった。明治時代の欧米人の日本旅行記には箱根宮ノ下に滞在したという記録が多くみられる。東京や横浜の欧米人の保養地になっていたのである。1873 (明治6) 年の日光の金谷ホテル、90 (明治23) 年の軽井沢の万平ホテルなど、外国人専用ホテルができるが、箱根宮ノ下にも78 (明治11) 年に富士屋ホテルができていた。

自 丹沢大山国定公園丹沢山地・大山

丹沢山地は蛭ヶ岳 (1,673m) を最高峰として1,500～1,600m 級の山が連なり、深い谷に渓谷や滝が多く、首都圏の登山やハイキングの場所となっている。大山 (1,252m) は阿夫利神社があり、丹沢山地の塔ノ岳とともに、山岳信仰の地であった。大山はより江戸に近いことから、大山詣りが盛んに行われたが、ついでに金沢八景 (現横浜)、鎌倉、江ノ島を巡る名所遊覧の旅でもあった。大山詣りは落語になっている。

都 山手公園　＊名勝、日本の歴史公園100選

山手公園は外国人のために横浜市の居留地につくられた公園で、港から約1km 内陸の高台にある。横浜が開港して日本に来た英国公使のパークスは1866 (慶応2) 年に幕府に公園の必要性を説き、敷地を提供するよう要

求した。同年に交わされた条約には公園の設置が条文に盛り込まれたが、すぐには実現しなかった。明治維新後、新政府に対して各国の領事が連名で公園用地の貸与を求めた結果、妙香寺境内の2.2haを借りることが決まり70（明治3）年に山手公園が開園した。日本の公園制度の始まりである公園設置の太政官布告が通達される3年前のことである。公園の整備に力を尽くしたのはスミスというイギリス人だった。整備のための資金集めに奔走し「公共心に富むスミス」と呼ばれたという。外国人専用の公園は居留地民の社交場になり、フラワーショーや演奏会が開催された。開園当時の写真を見ると、手入れされた広々とした芝生に刈り込まれた低木が植えられ、東屋のような優美なバンドスタンド（奏楽堂）がある。しかし、開園後の維持管理の資金集めが難航し1878（明治11）年には「レディース・ローンテニス・アンド・クロッケー・クラブ（横浜婦女弄鞠社）」が管理し借地代を政府に支払うことになった。これが、山手公園がテニス発祥の地といわれる所以である。現在も山手公園には6面のテニスコートとテニス発祥記念館がある。

山手公園のもう一つの特徴はヒマラヤスギである。諸説あるものの、イギリス人によって種子が持ち込まれ横浜市全体に広まったとされている。関東大震災後に公園の半分が国から横浜市に貸与されることになり、ヒマラヤスギが植樹され遊具が整備された。この時ようやく半分が、外国人専用の公園から誰でも使える公園になったのである。第二次世界大戦中に外国人の多くが国外に退去したため1943（昭和18）年に横浜市が国から公園の土地を買収し、64（昭和39）年にはついに日本人もテニスクラブの会員として認められるようになった。開設当時の様子がよく残っていることから、2004（平成16）年に国の名勝に指定された。

都 横浜公園　＊登録記念物、日本の歴史公園100選

山手公園が居留地の外国人のための公園であったのに対し、横浜公園は外国人と日本人がともに使うことができるよう設置され「彼我公園」とも呼ばれた。横浜の市街地の中心部にある豊かな緑地である。火事で焼け落ちた遊郭の跡地に建設され1876（明治9）年に開園した。当初はクリケットグラウンドがあり、外国人が興じる様子を日本人が外から見物している絵が残されている。1909（明治42）年に横浜市所有となり野球場が整備され

た。その後建設された野外音楽堂や武道館は、横浜スタジアム建設の際に撤去されて、噴水と広場、日本庭園が整備された。2007（平成19）年に国の登録記念物（名勝地関係）になった。

都 山下公園（やました） ＊登録記念物、日本の都市公園100選、日本の歴史公園100選

横浜市の海岸沿いにある関東大震災の瓦礫（がれき）の上につくられた公園である。明治時代には居留地の海沿いに松並木があり、海岸では潮干狩りをする人もいたという。関東大震災で横浜は大きな被害をうけ、市街地の瓦礫や焼土の処分地の一つに現在の公園の場所が指定された。横浜市の復興公園の設計を統括したのは内務省復興局の折下吉延（おりしもよしのぶ）で、1930（昭和5）年に完成した山下公園にはパーゴラや噴水が整備された。35（昭和10）年には横浜市主催の復興記念横浜大博覧会が開催され延べ300万人を超す人々で賑（にぎ）わった。第二次世界大戦後に米軍の将校の住宅が建設されたが、59（昭和34）年までにすべて返還された。その後、山下公園のシンボルであるマリンタワーが建設され、港に係留された氷川丸（ひかわまる）が見学や宿泊施設として開業した。また、65（昭和40）年には臨港鉄道が開通したがわずか16年で廃止され、公園の上にあった高架は2000（平成12）年にようやく撤去された。1989（平成元）年には公園東側の立体駐車場の人工地盤の上に「せかいの広場」が開設され、2002（平成14）年には開園当初の港の風景に戻すことを目標に西側が再整備された。1927（昭和2）年に開業したホテルニューグランドはマッカーサー元帥や大佛次郎（おさらぎじろう）が利用したことで有名で、山下公園とともに現在まで年月を重ねてきた。再整備ではホテルからの眺めにも配慮して刺繍（ししゅう）花壇がデザインされた。公園には震災時の支援への感謝を込めて横浜インド商組合から寄贈された「インド水塔」があり、関東大震災の犠牲者のための慰霊祭が毎年行われている。2007（平成19）年に国の登録記念物（名勝地関係）になった。

都 恩賜箱根公園（おんしはこね） ＊登録記念物、日本の歴史公園100選

箱根町の西、芦ノ湖（あしのこ）に突き出した小さな半島は「塔ケ島（とうがしま）」と呼ばれ、湖越しに富士山を眺望できる絶景の地である。ササに覆われていた塔ケ島に箱根離宮が完成したのは1886（明治19）年だった。暑さと病気を避けるために離宮の建設を勧めたのは東京大学医学部のお雇（やと）い外国人教師で日本の

温泉の効用を説いたトク（エルウィン）・ベルツだった。箱根離宮はシャンデリアの大広間がある西洋館と日本館がある瀟洒な建物だったが、関東大震災で被災し大部分が取り壊された。離宮跡地は1946（昭和21）年に神奈川県に下賜され恩賜箱根公園として公開された。59（昭和34）年には神奈川県立公園となり整備が始まった。二百段階段や馬場跡など離宮時代の痕跡をできるだけとどめるよう整備されており、2013（平成25）年に国の登録記念物（名勝地関係）になった。離宮をモチーフにした湖畔展望館からは芦ノ湖の風景を楽しむことができる。

都 小田原城址公園　＊史跡、日本の歴史公園100選

小田原城址公園は小田原市の小田原駅近くに所在する。小田原城は戦国時代から近世まで関東地方の防御の拠点とされてきた。17世紀の終わりから幕末までは大久保氏の居城だったが、明治維新で多くの建物が解体され、門や櫓だけではなく城跡にあった石や木までもが建築や土木の資材として売られてしまった。城跡につくられたほかの公園と異なるのは、その後御用邸として使われていたことである。御用邸は1900（明治33）年に完成したが関東大震災によって石垣や濠が崩れ落ち、33（昭和8）年に開放されるまで城跡は市民から閉ざされひっそりと存在していた。たびたびの払い下げの申し出によって38（昭和13）年には本丸を含む約12haが神奈川県に下賜され、二の丸と三の丸が国の史跡に指定された。59（昭和34）年には本丸一帯が追加指定された後は公園整備に勢いがつき、60（昭和35）年の天守を皮切りに常盤木門、銅門、馬出門が次々に復元されている。線路を挟んで西側にある中世の遺構である八幡山古郭東曲輪からは白い天守を一望することができる。

庭 永福寺跡　＊史跡

鎌倉宮（大塔宮）に近い鎌倉市二階堂に、永福寺跡は位置している。源頼朝は奥州藤原氏を攻めた際に、中尊寺の大長寿院の建物を見て、それ以上のものを鎌倉に造立しようとして、永福寺を建立している。『吾妻鏡』によると、1192（建久3）年に中央の二階大堂が竣工し、翌年にはその脇に阿弥陀堂、翌々年には薬師堂が建造された。作庭には僧静玄が活躍している。1280（弘安3）年の鎌倉の大火で二階大堂が焼失して、その

後もたびたび火災にあって寺は消滅したらしい。1931（昭和6）年以来の発掘調査で、ほぼ全容が解明されて復元整備が進んでいる。堂跡の復元は基壇だけだが、発掘された横長の園池は復元されて、洲浜が設けられている。

庭 称名寺境内　＊史跡

鎌倉幕府の執権だった北条時頼を補佐した北条実時が、1260（文応元）年に母の7周忌にあたって、鎌倉の北東8kmほどの金沢（横浜市金沢区）にあった別荘内に、持仏堂を建立したのが称名寺の始まりとされている。当初は念仏宗だったが、後に真言律宗に改宗している。

修復後の状況については、「称名寺絵図」（1323〈元亨3〉年）から知ることができる。金堂の正面には広大な園池が掘られ、それを囲むようにして講堂、金堂、方丈、庫裏、護摩堂、三重塔などが配置された典型的な浄土式庭園になっていた。植栽は園池の周辺や中島に、マツとカエデらしい落葉樹や常緑広葉樹が植えられている程度で、全体的に樹木の数が少ないのが特徴だった。

1978（昭和53）年度からの発掘調査で、洲浜や石組や橋の基礎などが発見されたことから、85・86（昭和60・61）年度に発掘結果と絵図を基に、庭園の復元整備が行われた。しかし、中島の反橋・平橋が腐朽したことから、2007・08（平成19・20）年度に架け替えている。

庭 瑞泉寺庭園　＊名勝

永福寺跡の東奥の鎌倉市二階堂にある瑞泉寺は、二階堂貞藤（道蘊）によって、夢窓疎石を開山として1327（嘉暦2）年に創建された。翌年には、観音殿と山頂の遍界一覧亭が建てられている。仏殿背後の園池は、1969・70（昭和44・45）年に発掘結果に基づいて、復元整備された。園池背後の崖の洞窟「やぐら」は、園池と調和していないように見えるのだが、当初からのものだろうか。園池は岩盤を掘り窪めたもので、護岸石もなく中島もそのまま掘り残している。左側に架かる木橋から崖の間の階段を上ると、遍界一覧亭に行けて、亭跡からは富士山が眺められるらしいのだが、立ち入りは禁止されている。

15

新潟県

国定公園佐渡島のトキ

地域の特色

新潟県は西は日本海に臨み、北は朝日・飯豊連峰で山形県に接し、東は越後三山を擁する越後山脈で福島県、群馬県に接し、南は谷川連峰などの三国山脈で群馬県、長野県に接している。三国山脈は高峰が連なり、日本海側と太平洋側の分水嶺となっている。福島県、群馬県との県境には高層湿原の尾瀬が広がる。県西端部には頸城三山がそびえ、飛騨山脈で富山県に接している。これらの山脈は標高2,000m級の山岳が連なり、新潟県は面積がわが国5位の大県であったが、三方を高山に囲まれ、交通には恵まれなかった。東日本火山帯の旧鳥海火山帯の守門岳、旧那須火山帯の苗場山、富士火山帯の妙高山などの火山もあり、温泉地も多い。県西端には地溝帯フォッサマグナの西側の断層「糸魚川－静岡構造線」が南北に走り、糸魚川世界ジオパークに指定されている。日本海には金山で知られた佐渡島が浮かぶ。海岸沿いには新潟・柏崎・高田の三大平野が生まれ、砂丘と潟湖（ラグーン）も形成された。新潟平野（越後平野）は新潟を中心都市として日本海側最大の平野であり、信濃川、阿賀野川が豪雪地帯の豊かな水をもたらし、米作地帯をつくった。

新潟県は古くは越後と佐渡の国であり、越後は力のある上杉氏が支配していたが、近世には上杉氏の復活を恐れ、越後11藩と天領等の所領分割策がとられ、現上越市の高田城、現長岡市の長岡城などの小さな城下町がつくられた。長岡藩は「常在戦場」「米百俵」の逸話や幕末の戊辰戦争で官軍に敗れた歴史などが知られている。十日町や津南の中山間地域では、現代アートの越後妻有大地の芸術祭が開催されている。

自然公園は山岳、火山を中心として、わが国初の国定公園の一つ佐渡弥彦米山も生みだした。都市公園もわが国初期の太政官公園のほか、城郭や自然とふれあう公園などがあり、庭園は藩主、豪商の庭園などがある。

主な公園・庭園

自 佐渡弥彦米山国定公園佐渡島

＊世界農業遺産、名勝、天然記念物

佐渡島は、北に大佐渡山地、南に小佐渡山地が走り、この間の国仲平野が北と南を結んでいる。国定公園は大佐渡山地の大半と小佐渡山地の最南端のみで、小佐渡山地は小佐渡県立自然公園になっている。大佐渡山地の北側海岸は、海食崖の景勝地で断崖が続き、特にその中の尖閣湾は断崖と奇岩の絶景をつくり、大野亀は巨大な岩塊を見せている。小佐渡山地最南端の小木海岸は沈降海岸で複雑な海岸線となっている。最高峰金北山（1,172m）がある大佐渡山地は荒々しい景観を見せるが、小佐渡山地は穏やかな丘陵地帯である。海域には5カ所からなる3海域公園地区がある。

佐渡島は環境省がトキ保護センターでトキの保護増殖と野生復帰を図っている。トキは学名ニッポニア・ニッポンの名をもち、古代の歌でも詠まれ、愛でられた日常的な鳥であった。しかし、朱鷺色の羽が重宝がられ、乱獲されるとともに、森林の減少、農薬の使用によって生息環境が悪化する。1981（昭和56）年、佐渡島の最後の野生トキ5羽が一斉捕獲され、人工飼育されて「野生絶滅」した。94（平成6）年、中国より2羽借入し、以後、中国産のトキの増殖に成功してきた。2003（平成15）年、日本産の最後のトキが死に、日本産は絶滅した。08（平成20）年から増えたトキの野生復帰を始めている。11（平成23）年、国連食糧農業機関のわが国初の世界農業遺産の一つ「トキと共生する佐渡の里山」となった。わが国の哺乳類の25%、鳥類の13%が絶滅の危機に瀕している。

佐渡弥彦米山国定公園は琵琶湖、耶馬日田英彦山とともに1950（昭和25）年に誕生したわが国最初の国定公園である。

自 妙高戸隠連山国立公園妙高山

＊世界ジオパーク、日本百名山

妙高山（2,454m）は最初の火山の中に新たな火山の中央火口丘ができた二重式火山で、この形が明瞭にわかり、また、裾野が長い雄大な山容であり、越後富士と呼ばれている。山麓には妙高高原が広がっている。豪雪地帯であり、スキー場が多く、登山、保養など年間を通して利用されている。近接する火打山（2,462m）はハイマツや高山植物が見られ、ライチョウが生息し、焼山は今も噴煙を出すことがある。付近には温泉地が多く、多彩な泉質を楽しむことができる。雨飾山（1,963m）は糸魚川世界ジオパークを一望におさめ、大地の歴史を感じられるジオサイトとなっている。

自 越後三山只見国定公園越後三山　＊日本百名山

越後三山とは越後（現新潟県）の越後駒ヶ岳（2,003m）・八海山（1,778m）・中ノ岳（2,085m）の高い原始性が残る山岳を指している。八海山を中心として古くから修験道の山岳信仰の霊山であった。山頂部には湿原が多く、雪田草原も見られ、山腹はブナ林に覆われている。ツキノワグマやイヌワシも生息する。越後三山只見国定公園は尾瀬国立公園に接している。

自 親不知子不知県立自然公園親不知子不知

飛騨山脈が荒海の日本海にぶつかる所にできた断崖絶壁である。越後（現新潟県）と越中（現富山県）を結ぶ北陸道が通り、旅人に天下の嶮として恐れられていた。難所は約15kmにおよび、西を親不知、東を子不知と呼んでいた。現在では北陸自動車道は親不知の部分のみ海上高架道路にした。俳人の松尾芭蕉も『奥の細道』（1689）で、糸魚川から市振の宿に着いて、親しらず子しらずなどの難所を越えて疲れたと記している。

都 白山公園　＊日本の都市公園100選、日本の歴史公園100選

白山公園は1873（明治6）年に太政官布告を受けて認可された公園で新潟市の市街地中心部の信濃川沿いにある。72（明治5）年に県令として着任した楠正隆は新しい都市の施設である公園に関心をもち、風光明媚で人々が集う行楽地であった白山神社の境内を敷地に選んだ。1878（明治11）年の天皇巡幸の際には眺望を楽しめるように美由岐賀岡が築かれた。その後大正時代にかけて信濃川沿いの洲が公園に追加され、新しく整備されたグラウンドはさまざまな運動競技に利用された。1929（昭和4）年には動物舎が、37（昭和12）年には信濃川の埋立地に総合運動場が整備された。第二次世界大戦後の53（昭和28）年には新潟県産業観光大博覧会が開催され白山公園も会場になった。全国から出品された20万点の商品が陳列され、立体映画や全国初の天然色テレビなどで1日に最高4万人が訪れる盛況だったという。64（昭和39）年の新潟地震では大きな被害があり震災の義援金

によって新潟県民会館が開館した。高度経済成長期には信濃川をさらに埋め立てて公園を広げる計画がもちあがり、文化施設が集積する白山公園のエリアは「セントラルパーク」と位置付けられて、大規模な改修工事が実施された。

公園に隣接する新潟県議会旧議事堂は1882（明治15）年に建設され、1969（昭和44）年に国の重要文化財に指定された。現在は新潟県政記念館として公開されている。鉄道寮の大工として西洋建築を学んだ地元出身の星野総四郎(ほしのそうしろう)がテムズ川のイギリス国会議事堂をイメージして設計したといわれている。建設当時の写真には埋め立て前の信濃川沿いに建つ左右対称の美しい建物が写っている。98（平成10）年には国際的に活躍する建築家長谷川逸子(はせがわいつこ)の設計でコンサートホールや能楽堂を備えた新潟市民芸術文化会館「りゅーとぴあ」がオープンし、空中庭園と回廊が建設されて公園のエリアがさらに拡大した。新潟市の中心にあり時代の要請(ようせい)にあわせて信濃川を埋め立てて公園を広げ施設を整備した変遷がよくわかる公園である。

都 悠久山公園(ゆうきゅうざん) ＊日本の都市公園100選

悠久山公園は長岡市(ながおかし)の市街地の南東部に位置する。長岡藩9代藩主牧野(まきの)忠精(ただきよ)は1781（天明元）年に蒼柴(あおし)神社を建立(こんりゅう)し、その山を悠久山と名付けた。悠久山公園は長岡藩開府三百年の記念行事の一環で1917（大正6）年に整備された。長岡市の有力者が結成した令終会(れいしゅうかい)が公園技師長岡安平(ながおかやすへい)に設計を依頼した。全国には城跡が公園になる例が多いが、長岡市の場合、長岡城跡は公園にならなかった。1881（明治14）年に長岡城跡を公園にする運動が起こり梅や桜が植えられたが、鉄道の駅が建設されて城跡は市街地に飲み込まれ消失してしまった。1968（昭和43）年に長岡市制60周年を記念して悠久山公園に天守をかたどった郷土資料館が建設された。資料館の石垣には駅の地下道建設時に発掘された長岡城塁の礎石が使用されている。

都 瓢湖(ひょうこ)水(すい)きん公園 ＊天然記念物、ラムサール条約湿地、日本の歴史公園100選

阿賀野市(あがのし)の市街地の東にある「白鳥の湖」である。コハクチョウ、オナガガモなどの渡来地として2008（平成20）年にラムサール条約の湿地に登録された。もとは江戸時代につくられた灌漑(かんがい)用のため池で明治時代の終わりまではヒョウタン型をしていたことからこの名が付いたという。江戸時

代から殺生が禁止されていたため、水鳥が人を恐れることなく過ごすことができた。白鳥は1954（昭和29）年に吉川重三郎が初めて餌付けに成功し、同じ年に「水原のハクチョウ渡来地」として国の天然記念物に指定された。71（昭和46）年から、イギリスのスリムブリッジを手本に山階鳥類研究所が構想した公園が整備された。1990年代から新たに三つの池がつくられて現在の公園となった。

庭 貞観園　＊名勝

貞観園は、柏崎市高柳町岡野町に位置している。初代善右衛門が1673（延宝元）年に東頸城郡松之山町から岡野町に移住して以後、代々大庄屋を務めている。1784（天明4）年に火灯窓をもつ、現存の貞観堂が建てられた。8代当主藤吉衛門の弟が『北越雪譜』の著者鈴木牧之（1770～1842）の娘婿だったことから、牧之の居宅の庭をつくるために来訪した、幕府の庭作り役の九段仁右衛門と藤井友之進が、滞在中に現在の庭園をつくったという。1843（天保14）年に園名を、「貞観園」としている。現在、園内の建物を修復中なので、貞観堂内から前面の園池を眺めるようになっている。

庭 旧新発田藩下屋敷（清水園）庭園および五十公野御茶屋庭園

＊名勝

新発田市大栄町にある清水園は、清水谷御殿とも呼ばれた新発田藩主溝口氏の下屋敷の庭園だった。1661（寛文元）年から造営が開始され、庭園は幕府御庭方の県宗知が担当して、93（元禄6）年に竣工している。御殿の前の園池を中心に、茶屋が散在する回遊式庭園になっていた。1891（明治24）年に沢海の大地主伊藤氏に売却され、戦後に田中泰阿弥（泰治）が庭園の改修を行い、茶屋も修復している。

新発田市五十公野に残る御茶屋は、1655（明暦元）年に新発田藩3代藩主宣直の時に、別邸として造営されたものだった。4代藩主重雄の時に県宗知が作庭しているが、庭園は石組も少なく、園池も凝ったものではない。

16 富山県

富岩運河環水公園

地域の特色

富山県の北部は日本海富山湾に臨み、東は立山をはじめとする標高3,000m内外の山岳が連なる飛騨山脈（北アルプス）で新潟県、長野県に接し、西は宝達丘陵によって石川県に接し、南は飛騨山脈から続く1,500m内外の山地で岐阜県に接する。飛騨山脈は秘境黒部峡谷によって富山県に位置する立山連峰と富山県、長野県にまたがる後立山連峰に二分され、飛騨山脈の北端は親不知の断崖が日本海に落ちている。飛騨山脈は冬の豪雪によって豊かな水をもたらし、これが多くの河川と平野をつくり、巨大な水力発電ダムを生み、山麓に名水をもたらすとともに、富山湾を豊かな漁場にしてきた。黒部川、神通川などが扇状地の富山平野の東部を形成し、庄川、小矢部川などが扇状地の砺波平野、氷見平野などを含む富山平野の西部を形成してきた。砺波平野は冬の風雪と夏の猛暑を防ぐ屋敷林に囲まれた散村が今も残り、豪雪地帯の庄川の上流の岐阜県白川郷と中流の富山県五箇山は1995（平成7）年に世界文化遺産「白川郷・五箇山の合掌造り集落」になった。富山湾は古い森林をそのまま残す海底林や埋没林、青白い光を出して群遊するホタルイカ、海上にゆらゆらと見える幻影の蜃気楼などが有名である。能登半島付け根は岩石や白砂青松の海岸と変化をみせる。富山県は古くは越中の国であったが、江戸時代になって加賀（現石川県）の前田利家が統治し、その後分割され、富山城を拠点とする富山藩が成立し、明治維新まで続いた。自然公園は飛騨山脈を中心として、能登半島も含み、都市公園は近代化遺産の運河や近世の城郭を活用したものなどがある。

主な公園・庭園

自 中部山岳国立公園立山 ＊天然記念物、日本百名山

中部山岳国立公園は北アルプスと呼ばれる飛騨山脈からなり、新潟県、

北海道 東北地方 関東地方 北陸地方 甲信地方 東海地方 近畿地方 中国地方 四国地方 九州・沖縄

富山県、長野県、岐阜県にまたがるが、富山県側が最も広い。飛騨山脈は北の白馬岳から槍ヶ岳を経て、南の穂高岳、飛地の乗鞍岳へと連なり、壮年期の急峻な3,000m級の高山からなり、急激な隆起地形による鋭い岩壁が多い。立山は飛騨山脈の西部を占め、古くは人を寄せつけない秘境であった。立山は雄山（3,003 m）、大汝山（3,015 m）、富士ノ折立（2,999 m）の3峰の総称である。これらは立山カルデラと呼ぶ火山地形にあり、弥陀ヶ原と五色ヶ原は溶岩台地であり、ミクリガ池とミドリガ池は火口湖で、室堂には噴気・噴湯を見せる地獄谷がある。立山には氷河地形のカール（圏谷）が残り、近年、御前沢雪渓が氷河そのものと認められた。ライチョウ、イヌワシや高山植物など豊かな自然を育んでいる。

立山は古代8世紀の万葉集にも詠われ、険阻な山岳であるが、山上に湖水や高山植物の美しい風景と噴気・噴湯の恐ろしい地獄現象があることから、極楽と地獄がある霊山として、古くから山岳信仰の霊場となっていた。室堂の名はまさに修行者の宿舎を意味していた。江戸時代の紀行文・地誌などには立山の記述が多く見られる。多くが一応に霊山であることを強調している。俳人大淀三千風は『日本行脚文集』（1689～90）で立山の山上を天上の場であるかのように見て、修験者の姿に心をうたれ、神々しい風景に霊験を得る。「地獄巡礼」に向かい、聞いていた以上に恐ろしい悪霊の場所だと語る。医師寺島良安も『和漢三才図会』（1712年頃）で、立山の室堂にまつわる鬼神などの話にふれ、浄土山が阿弥陀堂のある三尊影向の地であるとし、地獄は恐ろしい所だと述べる。俳人菊岡沾凉も『諸国里人談』（1743）で立山が仏尊の形に似ていることにふれ、地獄についても詳しく記し、「所々に猛火燃立て罵詈号泣の声聞へておそろしきありさまなり」と恐怖を強調する。真実とは思えないが、そのような見方がリアルであったのであろう。医師橘南谿は『西遊記』（1795～98）で難所の立山を捉え、山行の困難について述べている。修験者野田成亮は『日本九峰修行日記』（1812～18）で、立山は日本第一の高山で名山であり、難所の修行場が多いと聞いていたのに、大峰山より劣るではないかと思う。地形や地獄現象などの景観は比較的客観的にとらえている。

自 中部山岳国立公園黒部峡谷　＊特別名勝、特別天然記念物

黒部峡谷は立山連峰と後立山連峰の間の深いV字谷の急流であり、上

廊下や下(しもの)廊下などからなる秘境である。豊富な水量と急峻な地形による急流から、水力発電の適地として大正末期から開発されてきた。高度経済成長期になると京阪神の電力不足が深刻になり、1956～63（昭和31～38）年の難工事で、日本一の高さ186mを誇る黒部ダム（黒四(くろよん)ダム）が建設される。構想段階で、工事は長野県大町市側の後(うしろ)立山連峰を貫通して行われ、このルートが工事終了後観光利用される考えになっていた。富山県側はあせり、官民一体となって、53（昭和28）年から富山から立山に登る交通ルートの開発を行う。建設には反対運動もあり、自然保護に配慮して慎重に計画され、71（昭和46）年、JRの富山駅から信濃(しなの)大町駅の間の立山連峰－黒部ダム－後立山連峰を鉄道、ケーブルカー、トロリーバス、ロープウェイなどでつなぐ立山黒部アルペンルートが開通する。最高点は2,450mの室堂で利用拠点・登山基地になっている。マイカーは規制されている。車道両側に20m近い高さの雪の壁の間を通る風景は春の風物詩となっている。付近には宇奈月(うなづき)温泉などの秘湯もある。

自 能登半島(のとはんとう)国定公園雨晴海岸(あまはらしかいがん)

能登半島の富山湾に臨む付け根の「白砂青松百選」「日本の渚百選」にも選ばれている自然海岸である。富山湾を隔てて3,000m級の立山連峰の全貌が一望でき、眺望する撮影スポットとなっている。この地から遠望すると、立山の壁のように屹立する雄姿がよくわかる。歌人大伴家持(おおとものやかもち)は『万葉集』にこの地で詠んだという「立山(たちやま)に降り置ける雪を常夏(とこなつ)に見れども飽かず神(かむ)からならし」（巻17・4001）の歌を残している。万年雪の立山は神のお陰だと神々しさを讃えている。「雨晴」の地名は奥州へ落ちのびる源義経がここで雨があがるのを待ったことによると伝えられている。

自 五箇山(ごかやま)県立自然(しぜん)公園五箇山(ごかやま)　＊世界遺産、史跡

世界文化遺産「白川郷・五箇山の合掌造り集落」は豪雪地帯の庄川(しょうがわ)の上流域の岐阜県白川郷荻(おぎ)町、中流域の富山県五箇山相倉(あいのくら)・菅沼(すがぬま)の合掌造(がっしょうづく)りの重要伝統的建築物群保存地区の3集落群からなる。合掌造りはそれぞれ地域的な差異を示し、棟数も大・中・小規模と多様性を示している。五箇山県立自然公園はこの相倉・菅沼の合掌造り集落を含んでいる。

都 富岩運河環水公園　＊日本の歴史公園100選

富山市はコンパクトシティをめざし、ライトレールと呼ばれる路面電車を使った先進的な都市計画の取り組みで知られている。富岩運河環水公園は富山駅の北に位置し、富山市の都市計画の歴史が重層する公園である。富山駅周辺は以前は蛇行する神通川に三方を囲まれていた。洪水の被害が大きかったため、明治時代から大正時代にかけて水をまっすぐに通す放水路の建設が行われた。1928（昭和3）年に策定された都市計画に従って三日月形に取り残されて市街地を分断していた川を埋め立てて35（昭和10）年に富岩運河が完成した。運河を掘った土で川を埋めて市街地を広げ、神通川の沿岸に誘致した工場は運河を使って物資を運ぶという一石二鳥の整備だった。しかし、高度成長期に輸送の主役が川から道路に移り、運河は役割を終えて貯木場として使われるようになり廃水によるヘドロが堆積した。このため、77（昭和52）年には運河を埋め立てて道路を建設する計画が発表された。それに対し、88（昭和63）年に当時の建設省が打ち出した「新都市拠点整備事業」による「とやま都市MIRAI計画」が策定され、一転して運河の船溜だった場所に公共施設が集積する新しい富山市の拠点を整備することになった。富岩運河環水公園はそのシンボルゾーンとして位置付けられ、野外劇場や体育館のほか2017（平成29）年には富山県美術館が開館した。

公園の中央につくられた天門橋の両側には展望塔があり、その間をつなぐ長さ58mの「赤い糸電話」で会話をすることができる。また、公園内には世界中にチェーン展開しているコーヒーショップがあり世界一美しい店舗という評判が広がっている。ゆったりと広がる明るい芝生には子どもを遊ばせる地元の住民とコーヒーを手にした観光客がそれぞれにくつろいでいる。公園内には国の登録有形文化財で昭和初期につくられた牛島閘門があり、公園から約2km北東にある富岩運河水閘施設（中島閘門）は国の重要文化財に指定されている。

都 古城公園　＊史跡、日本の都市公園100選、日本の歴史公園100選

高岡市の市街地にある高岡城の跡につくられた公園である。高岡城は前田利長が1609（慶長14）年に築城した。利長は隠居後に移った富山城が焼

失したため、小矢部川と庄川に挟まれた台地上に城を築き、地名を高岡に改めた。近年の発掘調査によって城跡には豊臣から徳川への移行期に隠居城兼加賀藩の拠点として造られた城の特徴的な遺構がよく残っていることが明らかになった。1615（元和元）年の一国一城令によって廃城となったが、その後も土塁や濠は壊さずに藩の米蔵と塩蔵が置かれ、城跡は「古御城」と呼ばれていたという。明治維新後に城跡を開墾して農地にするために払い下げることになったが、現在の高岡市長に相当する当時の第17大区区長服部嘉十郎ら有志が公園にするための請願運動を展開し、1875（明治8）年には太政官布告に基づく高岡公園となった。請願書には植栽や園路だけでなく博物館などの文化施設の整備計画も示されており、新しい施設である公園に対する当時の期待が伝わってくる。その後民有地を公園に編入し1911（明治44）年には公園の改良設計を長岡安平が担当した。第二次世界大戦後の51（昭和26）年には公園を会場に高岡産業博覧会が開催され、美術館、動物園、公会堂が建設されて、明治時代の初めに服部らが思い描いた公園の姿が実現したのである。広大な敷地の中央の本丸には1875（明治8）年に遷座した射水神社がある。城跡の公園にありがちな天守や櫓を模した建物はなく、豊かな樹林の間を縫う園路には土塁の跡が残る。2015（平成27）年に「高岡城跡」として国の史跡に指定された。

都 富山県利賀芸術公園

富山県利賀芸術公園は南砺市の南東部、旧利賀村に所在する。世界遺産で名前が知られるようになった五箇山は、もとは平村、上平村、利賀村の三村の総称だった。利賀村でも人々は大きな茅葺きの合掌造り家屋で暮らしていた。過疎化が進む1973（昭和48）年に合掌造り家屋を５棟移築して「利賀合掌文化村」が開設された。演出家の鈴木忠志が演劇活動を始め76（昭和51）年の第１回公演には全国から600人の観客が訪れたという。その後も山深いこの地で国内外の芸術家が集う演劇祭や舞台芸術祭が開催されている。国際的に活躍する建築家の磯崎新が設計した、合掌造りに舞台を組み込んだ利賀山房やギリシャ風の野外劇場などがある。94（平成6）年には施設が富山県に移管された。

17 石川県

兼六園

地域の特色

石川県は北陸地方の中心部にあり、南北に細長く、北部は日本海に突き出す能登（のと）半島、南部は金沢平野が日本海に面し、南端の県境に日本三名山の一つ白山（はくさん）を擁する。かつて北部は能登の国、南部は加賀（かが）の国であった。深雪地帯であり、南部の金沢平野は手取川（てどりがわ）、犀川（さいがわ）などの諸河川が日本海に注ぎ、扇状地には潟湖（せきこ）や湿原を形成している。能登半島は丘陵で水に乏しいものの、広大な棚田（たなだ）が千枚田（せんまいだ）として注目され、豊かな魚介類を並べる輪島の朝市も名物となっている。また、西日本火山帯の旧白山火山帯（大山火山帯ともいう）に属し、名湯と呼ばれる温泉地も多い。

全体に湿度が高いことから、漆器、絹織物などの伝統工芸が発達したが、近世には加賀百万石といわれたように、豊かな米作や水産業を背景に、前田氏の金沢藩の繁栄が続き、城下町金沢は日本三名園の一つ兼六園（けんろくえん）をはじめ、金沢城、武家屋敷、茶屋街、加賀友禅、九谷焼（くたにやき）、象嵌（ぞうがん）など伝統文化を色濃く残している。文化財保護法の重要伝統的建築物群保存地区は2016（平成28）年現在全国112地区で、そのうち石川県が8地区で最多である。一方、金沢21世紀美術館のように最先端の現代アートの殿堂が共存するなど、文化の香りが高い。金沢藩が京都から学者や美術工芸家を集めた伝統が息づき、哲学者・思想家の三宅雪嶺（みやけせつれい）、西田幾多郎（にしだきたろう）、鈴木大拙（すずきだいせつ）などや、金沢の三文豪と称された泉鏡花（いずみきょうか）、徳田秋声（とくだしゅうせい）、室生犀星（むろうさいせい）などを生みだしている。自然公園は山岳の国立公園、海岸の国定公園を主として、都市公園は歴史的なものを特徴とし、庭園は日本三名園が傑出（けっしゅつ）している。

主な公園・庭園

㊐ 白山（はくさん）国立公園白山（はくさん）　＊ユネスコエコパーク、史跡、日本百名山

白山は御前峰（ごぜんがみね）（2,702m）を最高峰とする火山で、山頂部には翠ヶ池（みどりがいけ）や紺（こん）

屋ヶ池などの火口湖があり、高山植物群落が広がり、夏でも残っている雪渓が見られる優れた火山の山岳公園である。高山植物の宝庫として古くから調査が進められ、ハクサンチドリ、ハクサンフウロ、ハクサンイチゲなど白山にちなんだ名前の植物が多数ある。高山帯・亜高山帯としてはわが国の西限にあたり、ハイマツ、オオシラビソなどは白山が最西端の生育地となっている。山麓から山頂にかけて暖帯から亜寒帯の植生の垂直分布が見られ、山腹はブナ林が優占し、ミズナラ、トチノキなどの深い森林が広がり、ツキノワグマ、カモシカなどの大型哺乳類、イヌワシ、クマタカなどの大型猛禽類の生息地となっている。山麓には中宮温泉など温泉地が多い。白山国立公園は、富山県、石川県、福井県、岐阜県の県境にまたがる大きな山容を擁しているが、石川県が約半分の面積を占め、登山口は石川県白山市をメインとしている。石川県は古くから白山自然保護センターを設置し、調査研究と自然保護に力を入れてきた。世界文化遺産のある白川郷合掌造り集落の地である岐阜県白川村も登山口となっている。

白山は、富士山、立山と並ぶ日本三名山と称されてきた。717(養老元)年、泰澄大師が開山した山岳信仰の霊山であり、山頂には白山比咩神社奥宮がある。富士山、立山は1934～36(昭和9～11)年の最初の国立公園12カ所に入っていたが、白山は55(昭和30)年に国定公園になり、62(昭和37)年にようやく国立公園に昇格した。当初、国立公園当局が従来の古い名所を嫌い、アルプスのような高山、湖水、森林などの新しい風景を好んで国立公園にしたように、当時、白山は評価されていなかった。しかし、単なる霊山ではなく、火山、高山の優れた景観を有し、動植物の宝庫であることがわかる。2012(平成24)年、福井県の九頭竜川に合流する滝波川の最上流部が白山国立公園に編入された。生物多様性の確保の観点から動植物の豊かな自然林の保全が図られるとともに、白山へ登拝する修行の古道越前禅定道、林業・炭焼きの里山文化の歴史文化資源も含められた。白山は名山・霊山から自然景観・生物多様性の山に意味付け・価値付けが拡大してきたのである。

㊐ 能登半島国定公園能登半島　＊世界農業遺産、名勝、天然記念物

能登半島は日本海に突き出していることから能登金剛、曽々木海岸などの外浦は海食崖の断崖が発達している。一方、半島東側の富山湾に面する

内浦は対照的にリアス海岸で変化に富み、半島西側付け根の千里浜には細長い砂丘が形成されている。半島先端部の輪島にある白米の千枚田は2001（平成13）年に棚田として長野県の姨捨に次いでわが国で2番目に国の名勝となり、11（平成23）年、わが国初の国連食糧農業機関の世界農業遺産の一つ「能登の里山里海」となった。小面積の水田が幾重にもかさなる見事な景観を形成している。この厳しい風土と闘い、営為を刻んできた農民の労苦に思いをはせざるをえない。農業景観の評価は1990年代に世界的潮流となり、1995（平成7）年、フィリピンのコルディレラの棚田が世界初の世界文化遺産となった。わが国も追随して、2004（平成16）年に文化財保護法の文化的景観制度の創設によって農業景観の指定が増えている。

里山の棚田や段々畑の風景は消えようとしている。棚田や段々畑は、山地が多く、平地が少ないわが国の国土にとっては宿命的な耕作地であった。「耕して天にいたる」という言葉は、農民の血のにじむ苦労を感じさせるとともに、農民の神々しいばかりの営為を感じさせる。われわれは幾重にも積みかさなる棚田や段々畑を見て、人間の辛苦や偉大さに思いをはせ、人間の長年の営みが繊細な自然の芸術作品に結晶化していることに驚かずにはいられない。20世紀の自然風景の評価の尺度はひたすら自然性という自然史の尺度に走ったが、今、自然が内包する歴史性・文化性に着目した人類史の尺度へのシフトが始まっている。自然性を重視した自然史の風景から歴史性・文化性を重視した人類史の風景へと評価が拡大している。

都 金沢城公園　＊史跡、重要文化財、日本の歴史公園100選

金沢といえば、加賀百万石の城下町と誰しもが思う。金沢城公園は、全国一の大大名前田家の居城址が公園となり、一般開放された城址公園である。全国の城址公園同様、この場所もまた、四季折々の花々が人々を誘い、鳥たちのさえずりが心を和ませ、市民や観光客の憩いの場となっている。しかし、明治維新後今日にいたるまでの金沢城公園の来歴は特異であり、現在この場所がもっている都市公園としての役割もまた特筆に価する。この土地は、金沢平野のほぼ中央、犀川と浅野川に囲まれた台地であり、こうした自然条件を活かして、一向一揆の拠点となる金沢御堂が築かれた。その後、織田信長がこの御堂を攻め落とし、改めて金沢「城」が築かれ、賤が岳の戦いの後、前田利家がここに入城する。利家とその子利長によっ

て大改造が行われ、百万石の居城が形づくられた。明治に入り、多くの建造物が取り払われ、ここは陸軍省の管轄となり、歩兵第7連隊が置かれることとなった。そして戦後、1949（昭和24）年には新設された金沢大学のキャンパスへと変貌する。平成に入り金沢大学の移転にともない、1996（平成8）年金沢城址は総合公園として都市計画決定され、2001（平成13）年24.3haの区域をもって市民に開放された。

400年以上にわたり戦火を受けず、加賀特有の美意識を育んだ土地柄であること、また城址公園としてのスタートが遅れたことにより、復元整備の理念や技術が最新のものでありえたこと、そして2015（平成27）年春の北陸新幹線開通に向けて、金沢の刷新が県一丸の目標であったこと、これらが金沢城公園の今日を際立たせている。この場所は、城址公園として特筆すべき清潔さと明るさにあふれている。2001（平成13）年に菱櫓などの復元整備が完了し、全国都市緑化いしかわフェアが開催され、10（平成22）年にいもり堀と河北門の復元工事完成、15（平成27）年に橋爪門二の門の復元工事と玉泉院丸庭園の再現工事完成等々、この場所は史実を尊重した復元や再現に邁進している。ここには、石川県民ならびに金沢市民の参加による歴史まちづくりの理念が活かされている。貴重な歴史文化資産を未来につなごうとする、生き生きと動くものの鼓動にあふれた城址公園である。

都 木場潟公園

白山山系を源に育まれた加賀平野（金沢平野）の中心部、小松市にある約114haの木場潟を取り囲む広域公園である。木場潟は、内湾や浅海の一部が砂州などによって外海から切り離され湖となった「潟湖」であり、かつては柴山潟、今江潟とともに「加賀三湖」と呼ばれていた。しかし、1952（昭和27）年から69（昭和44）年にかけて干拓事業が進められ、今江潟は全域が、柴山潟は約3分の2が干拓されて農地となり、用水源や洪水調整池としての役割を期待された木場潟のみが残された。この県下で唯一自然のまま残された貴重な潟湖を開発圧力から保全し、かつ身近な水辺空間として活用するために石川県が都市公園として整備を始め、82（昭和57）年に開園した。木場潟の外周をとり巻くように北、南、西および中央の四つの園地が設けられ、桜並木が美しい全長6.4kmの園路によって周遊

することができる。園地はいずれも周辺の素朴な田園風景と調和するように整備され、野鳥や水生植物が生息し、自然観察やカヌーなどのスポーツ、散歩や憩いの場として県民に親しまれている。特に北園地から西園地にかけては木場潟と霊峰(れいほう)白山が織りなす美しい眺望を愛(め)でることができ、本園を代表する風景となっている。

都 卯辰山(うたつやま)公園　＊日本の歴史公園100選

金沢市街地からほど近く、金沢城の東に位置する眺望絶佳(ちょうぼうぜっか)の卯辰山(うたつやま)一帯に広がる公園である。卯辰山は、1867（慶応3）年から翌68（明治元）年にかけて加賀藩14代藩主前田慶寧(まえだよしやす)により大開拓され、養生所や芝居小屋など、庶民のための施設が建ち並んだ。明治に入ると風致向上のための市民植樹がなされ、また市による用地買収の努力が重ねられて、1914（大正3）年金沢市初の公園として開園した。その後も、春の桜をはじめ四季折々の花々が楽しめる修景施設や運動、文化施設の整備が進められ、進化をとげてきた。金沢ゆかりの人々の顕彰碑(けんしょうひ)や歌碑(かひ)、句碑(くひ)などの建立(こんりゅう)の場としても利用され、園内に60余基が集積する光景は「碑林(ひりん)」とも呼ばれている。

庭 兼六園(けんろくえん)　＊特別名勝、日本の都市公園100選、日本の歴史公園100選

金沢城に隣接する兼六園は、歴史的には蓮池(はすいけ)御殿と竹沢(たけざわ)御殿を合わせて成立したという経緯がある。現在、最下段の瓢池(ひさごいけ)がある部分は、当初は蓮池御殿（通称「蓮池庭(れんちてい)」）と呼ばれていた。ここは5代加賀藩主前田綱紀(まえだつなのり)が、1676（延宝(えんぽう)4）年に建造したものだった。だが、1759（宝暦(ほうれき)9）年の大火で金沢城とともに焼失したために、11代藩主治脩(はるなが)が1774（安永(あんえい)3）年に再建して、翠滝(みどりたき)や夕顔亭(ゆうがおてい)、内橋亭(うちはしてい)（明治に霞ヶ池(かすみがいけ)に移設）を造営している。

兼六園の東南一帯が、12代藩主斉広(なりなが)が1822（文政5）年に建てた竹沢御殿の跡で、「曲水(きょくすい)」と呼ばれる流れの一部や七福神山(しちふくじんやま)の石組(いしぐみ)は、この御殿のものだった。松平定信(まつだいらさだのぶ)が依頼を受けて「兼六園」と命名したのは、竹沢御殿のことになる。しかし、1830（天保(てんぽう)元）年に13代藩主斉泰(なりやす)は、竹沢御殿を撤去して曲水、栄螺山(さざえやま)、霞ヶ池をつくり、蓮池御殿と一体化させた。73（明治6）年に太政官(だいじょうかん)布告によって公園になり、翌年に市民に開放されたが、園路が増設されるなどして、兼六園はかなり変貌している。

18

福井県

一乗谷朝倉氏庭園

地域の特色

福井県は日本海に面する北陸地方南部に位置し、古くは越前の国であった北部の嶺北と若狭の国であった南部の嶺南に大きく分けられる。嶺北は日本海から飛騨高地の両白山地まで奥深く、北の石川県境の加越山地、南の岐阜県境の越美山地、西の日本海沿い丹生山地に囲まれ、西流して日本海に注ぐ九頭竜川やその支流が大野盆地や福井平野をつくり、福井、鯖江、大野などの都市を生んでいる。加越山地には北の白山に連なる経ヶ岳がそびえている。敦賀以南の嶺南は南の滋賀県境の湖北山地・丹波高原が海岸に迫り、細長く奥行きがない。嶺北の越前海岸は隆起海岸で海食崖などをなして荒々しく、一方、若狭湾は沈降海岸でリアス海岸の柔らかい湾入をみせ、対照的な海岸である。この湾奥に敦賀港の良港を発達させたが、一方、若狭湾には敦賀・美浜・大飯・高浜等の原子力発電所14基が建ちならぶ原発銀座とも呼ばれている。

福井県は古来近畿との結びつきが強く、古代には北陸の先進地であり、中世には道元が禅宗の永平寺を開き、神社仏閣も多い。越前焼は瀬戸・常滑・信楽・丹波立杭・備前とともに日本六古窯と称されている。越前と若狭は文化や言葉も異なり、越前は北陸的、若狭は近畿的といわれている。自然公園は海岸が中心で傑出したものが少なく、都市公園は神苑や陶器に関するもの、庭園は古い大名庭園などが特徴的である。

自 越前加賀海岸国定公園東尋坊・越前海岸

＊ラムサール条約湿地、名勝、天然記念物

越前加賀海岸国定公園は、越前（現福井県）と加賀（現石川県）の日本海の海岸を中心として一部内陸部を含んでいる。越前海岸は隆起海岸で波浪の浸食によってできた海食崖や奇岩が現れている。日本海に突き出した位置に海食崖の高さ約30mの絶壁を見せる東尋坊がある。安山岩の溶岩で、冷却時の収縮でできる柱状節理が発達している。東尋坊は近くの白山平泉寺（白山国立公園内）の僧の名前で、怪力で悪行を尽くし、恋敵の僧がいたことから、寺の僧侶たちや恋敵の策略でここから落とされたというのが一説である。恋敵も東尋坊の怨念で海の底へ吸いこまれたという。東尋坊の北に安山岩の溶岩でできた雄島があり、断崖と柱状・板状節理からなり、神域として崇められたことから、雄島大湊神社社叢などがスジダイ、タブノキ、ヤブニッケイなどの常緑照葉樹の自然林に覆われている。北陸ではあるが、付近は対馬海流の影響で比較的暖かい。さらに、付近には安山岩の柱状節理が発達した多くの岩礁からなる越前松島があり、海岸には海食洞も見られる。越前岬にはスイセンが一面に咲きほこる。2012（平成24）年、内陸部の中池見湿地が国定公園に編入され、ラムサール条約に登録された。貴重な湿地であるが、開発と保護の問題で揺れつづけてきた。

自 若狭湾国定公園気比の松原・三方五胡

＊ラムサール条約湿地、名勝

若狭湾国定公園は福井県の敦賀湾、若狭湾、小浜湾、京都府の舞鶴湾にいたる日本海の海岸を中心として一部内陸部を含んでいる。越前海岸国定公園は隆起海岸であったが、若狭湾国定公園は湾が多いように対照的な沈降海岸のリアス海岸であり、出入りの多い複雑な海岸線となっている。半島の突端は海食崖となり、洞門や奇岩が多く、一方、湾奥には白砂青松の砂浜を形成している。公園東端の敦賀湾には気比の松原があり、静岡県の三保の松原、佐賀県の虹ノ松原とともに日本三大松原と称されてきた古くからの名所であり、国の名勝となっている。若狭湾の南に接する三方五湖は沈降海岸特有の溺れ谷が潟湖となったもので、北の日向湖は塩水湖、南の三方湖は淡水湖、他の水月湖、菅湖、久々子湖は塩水と淡水が交互に流れこむ汽水湖となり、多様な魚類が生息している。ラムサール条約の湿地として登録された。京都府若狭湾沖合の冠島（大島）はオオミズナギドリ、沓島（小島）はウミネコの繁殖地で厳格に守られている。冠島・沓島は崇敬されてきた神域であり、16世紀初頭の雪舟の「天橋立図」には本来見えない両島であるにもかかわらず、図絵右下に描きこまれている。

都 越前陶芸公園

＊日本の都市公園100選

日本六古窯の一つである越前焼にちなむ公園である。福井市の西南約

35kmの越前町の台地にあり、周囲にはなだらかな山並みが見渡せる。長い間、古代の越前窯は別の地にあったと考えられていたが、1970（昭和45）年頃に平安時代後期の須恵器の古窯跡群がこの地などで相次いで発見され、越前焼発祥の地として特定された。付近には古代の須恵器窯跡があり、陶土、陶石の資源に恵まれ、陶芸が発展した歴史を感じさせる。また、現在もこの伝統を引き継ぎ、陶芸家の工房などがある。土蔵風の福井県陶芸館の資料館には、古越前から現代まで多数の作品が展示されている。

都 花筐公園　＊登録記念物

能楽の始祖の観阿弥の子、世阿弥作の謡曲「花筐」のゆかりの地として名付けられた越前市の公園である。神社仏閣が立ちならぶ一画を占め、桜と紅葉の名所として知られている。越前は6世紀の継体天皇が若い頃に育った所であり、謡曲「花筐」は即位のために大和の都に去る時の恋人との別離と都での再会を描いた恋物語である。特に花筐公園北西側の南三里山の地にある「薄墨桜」は、継体天皇が別離の形見として残されたと伝えられ、大きな古木として有名である。桜の名所は、江戸後期に、元神苑であった所が台風で荒れたので、地元の人が大和（現奈良県）の吉野山より桜を移植したことに始まったと伝えられている。その後、山崩れの復旧もあり、徐々に桜の植林が拡大し、花筐公園と名付けられ、屈指の桜の名所となって、都市公園に至っている。

庭 一乗谷朝倉氏庭園　＊特別名勝

一乗谷朝倉氏庭園は、福井市城戸ノ内町に位置している。戦国時代には一乗谷川の両岸、今も土塁が残る上城戸から下城戸の間には、朝倉氏によって居館、武家屋敷、寺院、町屋などが建てられ、城下町が形成されていた。だが、1573（天正元）年に織田信長の軍勢に攻められて、すべて焼失してしまった。

1968（昭和43）年の発掘調査で、三方を堀と土塁に囲まれた朝倉義景の館跡から、主殿、会所、泉殿、台所や「数寄の座敷」と呼ばれた茶室の礎石が発見された。茶室前の山際には小さな園池がつくられていて、滝組には山からの水が流れ込んでいた。義景館跡の背後の南側台地には、客をもてなす館だったとされる湯殿跡が残る。池跡は現在水が枯れているが、西側に水路跡が発見されているので、水が入っていたことになる。池には岩島が置かれ、護岸と背後の山裾には黒っぽい石（凝灰角礫岩）が幾つも配置されている。石は山形の部分を上にして据える傾向がみられる。

義景館跡から南に200 mほど離れた所に、諏訪館跡がある。朝倉義景（1533～73）が側室の小少将のために造営した館という。敷地は上下２段に造成されていて、上段には湧泉とそれに続く流れがあり、下段には滝組と園池がつくられている。滝添石として高さが4 mほどある巨石が用いられていて、対岸にも大きめの石が置かれている。庭石の多くは朝倉館跡と同様に、上面が水平に据えてあって、湯殿跡庭園とは技法が異なる。

義景館跡の北東に南陽寺跡がある。一乗谷を訪れた足利義昭を招いたここでの宴席では、庭前の糸桜（シダレザクラ）を詠んだ歌がつくられている。土を盛った上に石組を置いて滝組を設けているのだが、地形的に水を引くのは難しいので、枯山水だったとみられている。義景館跡の対岸の武家屋敷跡からも、庭園が発見されている。小規模なものだが、枯山水を簡略化した「平庭」と呼べる形態があったことがわかるので、貴重な遺構といえる。

庭 養浩館（旧御泉水屋敷）庭園　＊名勝、日本の歴史公園100選

福井市宝永3丁目に位置する養浩館は、大規模な園池があったことから、江戸時代には「御泉水屋敷」と呼ばれていた。造営年代は明確でないが、現在の規模の建物と庭園が完成したのは、1699（元禄12）年のことだった。千宗旦の弟子の山田宗徧（1627～1708）が庭園の設計・指導をしたというのは、この時のことだろうか。1708（宝永5）年に７代藩主吉品が建物を改修して、西隣の武家屋敷を取り払って拡張したがその後も拡大と縮小を繰り返している。

1891（明治24）年に所有者で元藩主の松平春嶽が、「養浩館」と命名している。1945（昭和20）年に戦火で焼失してしまい、戦後は県立図書館などが建ったが、1985～93（昭和60～平成5）年度に修復整備が行われ、書院が再建されて庭園も修復された。敷地面積は8,400 m^{2}ほどあって、園池を巡りながら、護岸石組や岩島、築山、滝組、植栽などを楽しむことができる。江戸時代の典型的な回遊式庭園といえる。

19

山梨県

国立公園地蔵岳オベリスク

地域の特色

山梨県は本州の中央部を南北に走る地溝帯フォッサマグナに位置し、1都4県に囲まれた内陸県である。県中央部に甲府盆地があり、西部にはフォッサマグナ西縁の糸魚川－静岡構造線の断層と北岳を主峰とする3,000m級の山々の赤石山脈が南北に走り、北端には火山の八ヶ岳がそびえ、長野・静岡県境をなしている。北部から東部にかけては北奥千丈岳を主峰とする奥秩父の秩父山地が連なり、埼玉県・東京都との境をなしている。南部には富士山がそびえ、静岡県境をなし、その東には丹沢山地が神奈川県境をなしている。甲府盆地には赤石山脈と秩父山地から釜無川、笛吹川などの河川が流れ込み、洪水をもたらすとともに扇状地をつくり、やがて県西部の富士川へと合流し、南流して峡谷を形成して、太平洋の駿河湾に注ぐ。県東部には相模川が南流し、太平洋の相模湾に注いでいる。甲府盆地の扇状地は甲州市や山梨市を生みだすとともに、ブドウ、モモなどの果樹栽培をもたらした。

古くは甲斐の国と呼ばれ、16世紀戦国大名の武田信玄の活躍は有名である。信玄は甲府を拠点として、南の駿河・遠江（現静岡県）、北の信濃（現長野県）まで勢力を伸ばした。信玄は治山治水、新田開発、鉱山開発などに力を入れた。近世には天領になり、大名不在になったこともあり、今も信玄に対する県民の崇敬は強い。特に信玄堤と呼ばれる霞堤は洪水を防ぐために、あえて周辺の氾濫原に水を分散させるもので、近年、再評価の動きがある。近代の河川行政は断面積の大きい直線河川で、効率よく速く大量の水量を海域に流そうという治水思想である。近世には甲州街道の整備で、江戸からの富士講の参詣者で賑わった。

自然公園は富士山をはじめ、火山、山岳と傑出しており、都市公園は城郭と信玄堤、庭園は寺院にちなむものが特徴的である。

(自) 富士箱根伊豆国立公園富士山

＊世界遺産、特別名勝、史跡、名勝、天然記念物、日本百名山

富士山（3,776m）は北の山梨県、南の静岡県にまたがる円錐形の成層火山である。山梨県の富士五湖、青木ヶ原、静岡県の白糸の滝など、山麓に豊かな水をもたらしている。深田久弥は『日本百名山』（1964）で「これほど民衆的な山も稀である。というより、国民的な山なのである」と述べ、「偉大な通俗」「大きな単純」と論じ、「何物にも許さない何者かをそなえて、永久に大きくそびえている」と結んでいる（深田、1998、pp.269～272）。わが国は最初の12国立公園を誕生させた直後の1937（昭和12）年、日本の統治下にあった台湾に大屯、次高タロコ、新高阿里山の3カ所の国立公園を誕生させ、当時はわが国の国立公園を15カ所と数え、3,952mの新高山（玉山）を日本一の山だと称していた。富士山は高さにおいて約50年間日本一の座を譲りわたしていたが、しかし、奥山の連峰の一部であった新高山は富士山ほど日本人の心をとらえることはなかった。

富士山は日本人にとっては永く神の山であった。日本人は古来より山岳信仰を強くもっていたが、富士山は不老不死の薬があるという神仙思想の蓬莱山であり、修験道の山であり、またのちに、登拝により極楽に行けるという山岳仏教の山となっていった。江戸時代には富士講登山が隆盛となり、やがて浮世絵に江戸のランドマークとして描かれる。山岳信仰として富士曼荼羅図も普及した。山頂が三尊仏に対応する三峰になっているという見方はその後も長くステレオタイプ化していく。風景とは一つの見方であり、一度固定すると以後の見方はそれに支配される。しかし、富士山の本当の姿である真景に好奇心をもった芸術家たちもいた。1662（寛文2）年、狩野派の大御所狩野探幽は富士山の地取（スケッチ）を描き、86（貞享3）年、談林派俳人の大淀三千風は山頂の様子を紀行文につぶさに記している。1760（宝暦10）年、南画家の池大雅は、親友の高芙蓉と韓天寿とともに、白山、立山、富士山の三名山を制覇し、みずから「三岳道者」と称し、地取を残している。江戸からは甲州街道（現国道20号線）を通って、甲斐（現山梨県）に入り、吉田口から登拝するのが一般的であった。1964（昭和39）年、吉田口から富士スバルラインが五合目（2,305m）まで通じ、今も最も一般的な登山口となっている。なお、静岡県側には、70（昭和45）年、富

士スカイラインがやはり五合目（2,380m）まで開通する。

自 南アルプス国立公園南アルプス　＊ユネスコエコパーク、日本百名山

南アルプスとは赤石山脈をさし、3,000m級の山々が連なる山岳地帯である。非火山性の隆起した山々であり、大きな山容で深い山となっており、現在も登山者のみが利用できる高山である。南アルプス国立公園は山梨県、長野県、静岡県にまたがり、山梨県が最も広い。山梨県には富士山に次ぐわが国2位の標高を誇る北岳（3,193m）がそびえている。北岳は、間ノ岳、農鳥岳とともに白峰三山と呼ばれる。その北には仙丈ヶ岳（3,033m）がそびえ、さらに最北部の長野県との県境には、深田久弥が『日本百名山』（1964）で絶賛した甲斐駒ヶ岳が堂々とそそりたっている。北岳の東には観音岳、薬師岳、地蔵岳の鳳凰三山が並ぶ。これらの山頂部は花崗岩の白砂の不思議な風景をみせている。地蔵岳には石柱が屹立し、オベリスクと呼んでいる。南部の静岡県と長野県の県境には赤石岳、聖岳などの名峰が連なっている。日本百名山が南アルプス国立公園には10座が選ばれている。

南アルプス国立公園は知床国立公園と同じ1964（昭和39）年の指定で遅かったが、知床と同じく、到達性が悪かったからであり、また、原生保護思想の台頭によるものである。79（昭和54）年、甲斐駒ヶ岳と仙丈ヶ岳の間に位置する北沢峠（2,032m）に南アルプススーパー林道が13年間の歳月をかけて建設され、山梨・長野県から容易に到達できることとなった。スーパー林道とは林業用の道路でありながら、観光にも利用する多目的道路で、65（昭和40）年から全国で建設され始め、高山地帯の自然破壊として問題になった山岳観光道路であった。北沢峠も大きな問題となり、自然保護運動の高まりによって、厳しい環境保全対策が実施された。南アルプスは大井川、富士川、天竜川の源流部であり、76（昭和51）年、静岡県の大井川源流部原生自然環境保全地域が指定され、公園区域の一部が解除された。

自 秩父多摩甲斐国立公園奥秩父　＊特別名勝、日本百名山

奥秩父は2,000m級の山々が連なる山域であり、関東の屋根、東アルプスとも呼ばれ、千曲川（信濃川）、笛吹川（富士川）、多摩川、荒川などの四方に流れる源流部となり、渓谷が多い。高山ではあるが柔らかい山稜線を示し、大部分が頂上まで森林となっている。山梨県の北奥千丈岳

(2,601 m) を最高峰とし、金峰山、国師ヶ岳、甲武信ヶ岳が山梨県と長野・埼玉県の県境をなし、山梨県と埼玉県・東京都の県境に東京都最高峰の雲取山 (2,017 m) がある。山麓には人々の営みの里山が広がり、峠路も多く、中里介山の小説で有名な大菩薩峠 (1,897 m) がある。南には花崗岩浸食地形の御岳昇仙峡が断崖と奇岩の峡谷を形成している。古くは金峰山にいたる修験道の道となっていた。1950 (昭和25) 年に埼玉県、東京都、山梨県、長野県にまたがる奥秩父と奥多摩を中心に秩父多摩国立公園が誕生したが、奥秩父を含む山梨県が最大の面積をもつことから山梨県の旧国名を入れて、2000 (平成12) 年に秩父多摩甲斐国立公園と改称された。

都 舞鶴城公園　＊日本の歴史公園 100 選

甲府市の中心部の JR 中央本線甲府駅や山梨県庁に隣接する甲府城跡の公園である。甲府城は甲府盆地の北部の一条小山に築城された平山城である。甲府城跡の一部は県庁になり、また、一部が現在舞鶴城公園、甲府市歴史公園と二つの公園となっている。舞鶴城公園は高台となって甲府市を一望できる。甲府は戦国期から甲斐の国では中心地であったが、甲府城は戦国大名武田氏の滅亡後、豊臣秀吉が関東の徳川家康に対する戦略拠点とし、築いた当時は約20 ha という広大な城郭で、鶴が羽を広げているように見えたことから、いつしか舞鶴城とも呼ばれるようになったものである。江戸の徳川幕府になっても、今度は西日本に対する戦略拠点として重視され、歴代徳川幕府の重要人物が城主を務めた。

しかし、享保の大火や明治の廃城に伴い、城内の主要建築物は多くがなくなり、さらに勧業試験場としての利用、葡萄酒醸造所の設置、山梨県庁の建設と、城郭としての面影を失ってしまう。残った城郭跡が1904 (明治37) 年に舞鶴公園となるが、その後も恩賜林記念館、県民会館、議員会館などが公園内に設置された。ようやく、64 (昭和39) 年に都市公園に決定され、現在にいたることとなる。現在、舞鶴城公園には、城郭の古い遺構のほか、徐々に復元整備も進められ、坂下門石垣、水溜、石切場跡、数寄屋櫓跡、鉄門跡、銅門跡、天守台石垣、庄司稲荷跡、煙硝蔵跡などを楽しむことができる。

都 信玄堤公園　＊日本の歴史公園100選

甲斐市の釜無川に戦国大名武田信玄の土木遺産を残した都市公園がある。信玄は長年をついやして、河川の氾濫を防ぐ治水に力を注いできた。地域の特色でもふれたが、水害を防止するために信玄堤と呼ばれる霞堤を築いた。この公園の信玄堤には、後の江戸時代に植えられたといわれるケヤキやエノキの大木が残っている。落葉広葉樹で広く枝を張るのびやかな樹木であり、春の新緑、夏の青葉、秋の紅葉、冬の枯れ木立など、四季の変化が美しい樹木である。釜無川は統御が困難な河川であった。南アルプスを源流として駿河湾に流れる富士川は日本三大急流の一つとも呼ばれてきた。その上流部を釜無川と称し、山岳では深い渓谷を刻み、甲府盆地を南流し、時に荒れ狂って、洪水を頻発していた。

信玄堤の土木思想は水の流れを抑えるのではなく、水の流れに委ねる。堤防を所々切断し、霞堤という誘導流路を築き、あえて水を分散させ、周辺の氾濫原に水を逃がすのである。水を支配しようとするのではなく、水に従属しようとするのだ。近代は欧米の自然観が導入され、自然は人間の思うままにコントロールできると考えた。しかし、河川氾濫の水害は後を絶たず、堤防で水流をコントロールすることには限界があると認識され、近年、信玄堤の再評価の動きがある。

庭 恵林寺庭園　＊名勝

甲州市塩山小屋敷にある恵林寺は、甲斐国（山梨県）牧庄の領主だった二階堂貞藤（道蘊）が、1330（元徳2）年に夢窓疎石を開山として創建したものだった。織田信長は1582（天正10）年に武田勝頼を攻め滅ぼして、恵林寺を焼いて僧侶たちを惨殺している。江戸時代には甲府藩主だった柳沢吉保が伽藍を修復したが、1905（明治38）年に焼失し再建されている。

夢窓作といわれる方丈北側の庭園は、園池の左側奥に大きな築山があり、その滝組から園池に水が注いでいる。中島の右側後方にも小さな築山があるが、この辺は後世に直しているのだろう。夢窓の作だったとしても、現状を見る限りでは、かなり改修されている感じを受ける。

20 長野県

国立公園上高地・穂高岳

地域の特色

長野県は県の86%が山岳、火山、高原となっている内陸県で周囲を8県に囲まれている。大地溝帯であるフォッサマグナ西縁の大断層線の糸魚川(いといがわ)―静岡構造線が走り、この西側には日本アルプスと称される飛騨(ひだ)山脈（北アルプス）、木曽(きそ)山脈（中央アルプス）、赤石(あかいし)山脈（南アルプス）の3,000m級の山岳がそびえ、東側には三国(みくに)山脈、関東山地の2,000m級の山岳がそびえ、それぞれが周りを囲み県境をなしている。さらに、長野県は中央部を南北に走る八ヶ岳(やつたけ)火山連峰などによって二分され、周囲の山脈から流れる河川によって、東部では千曲川(ちくまがわ)が佐久(さく)・上田・長野の3盆地を、西部では犀川(さいがわ)が松本盆地を北流し、天竜川(てんりゅうがわ)が諏訪(すわ)・伊那(いな)の2盆地を、木曽川が木曽谷(きそだに)を南流する。

「日本の棚田百選」（2013年、全134カ所）では長野県が16カ所で最も多い。1999（平成11）年、長野県の姨捨(おばすて)が棚田としてわが国初の国の名勝となった。長野県は古来信濃(しなの)の国と呼ばれ、中山道(なかせんどう)や甲州街道など上方(かみがた)と江戸を結ぶ交通路にあたり、宿場町・門前町が賑(にぎ)わった。武田氏の支配以後、近世には松本、小諸(こもろ)、高遠(たかとお)などの小藩に分立し、旅の隆盛とともに善光寺(ぜんこうじ)参りが盛んとなる。

近代には、イギリスのガイドブック『日本旅行案内』に日本アルプスが明治初期のお雇(やと)い外国人のウィリアム・ガウランドとロバート・アトキンソンによって紹介される。さらに、中山道の宿駅軽井沢(かるいざわ)がカナダ人宣教師アレキサンダー・クロフト・ショーによって避暑地として開かれる。わが国の近代的風景が西洋人という外部のまなざしによって見いだされていったのである。そして、文豪島崎藤村(しまざきとうそん)が小諸時代に『落梅集(らくばいしゅう)』『千曲川(ちくまがわ)のスケッチ』『破壊』などの新しい作品を生みだす。

自然公園は山岳の多さを反映して7カ所の優れた国立・国定公園を擁し、都市公園・庭園は城郭にちなむものが多い。

主な公園・庭園

自 中部山岳国立公園上高地・穂高岳

＊特別名勝、特別天然記念物

本州の中央部を南北に、飛騨・木曽・赤石の隆起によって生まれた壮年期の急峻な山脈や東日本火山帯の旧乗鞍火山帯の火山が連なる。中部山岳国立公園はこの飛騨山脈からなり、新潟県、富山県、長野県、岐阜県にまたがる傑出した山岳公園である。この山岳地に最大の利用拠点となっている標高約1,500mの平坦地上高地がある。清流の梓川が流れ、カラマツやケショウヤナギが美しい。河畔や河童橋からは目前に岩山の穂高が迫る。穂高は北・奥・西・前の穂高岳があり、奥穂高岳（3,190m）はわが国3位の高峰である。前穂高岳は文豪井上靖が小説『氷壁』にしたナイロンザイル事故の現場である。穂高岳の北には、1828（文政11）年、幡隆上人が開山した槍ヶ岳がある。上高地の南端には、大正時代、焼岳の噴火によって梓川が堰きとめられた大正池があり、白い立枯れの木が残っている。上高地の上部には氷河地形の痕跡を残す槍沢や涸沢がある。

上高地は、小島烏水が1907（明治40）年、雑誌『早稲田文学』に「梓川の上流」を発表して（同年『雲表』に所収）、広く知られることとなる。小島は、横浜の銀行員で米国にも勤務したが、1894（明治27）年に地理学者志賀重昂が『日本風景論』で説いた近代的登山アルピニズムの影響をうけて、熱心な山岳家になっていた。『日本風景論』は近代的風景論の嚆矢であり、日清戦争の最中の出版でもあったことから、日本人のナショナリズムを鼓舞する。フランシス・ガルトン『旅行術』（1855）、バジル・チェンバレン他『日本旅行案内』（1891ほか）などの翻案であったが、15版まで出版されるベストセラーとなる。後に日本アルプス登山の父と仰がれ、上高地に碑も建てられた宣教師ウォルター・ウェストンは3度来日し、足掛け17年滞在した親日家であった。日本アルプスの登山を終えて、1895（明治28）年にイギリスにいったん帰国し、翌年『日本アルプスの登山と探検』をロンドンで出版する。上高地は1927（昭和2）年の東京日日新聞などの「日本八景」の渓谷の部で第1位に選ばれる。34（昭和9）年誕生の中部山岳国立公園は本来「日本アルプス国立公園」という名称であった。しかし、緊迫した国際情勢のなか「アルプス」は敵性語として忌避される。そこで名称を募集し、当局は「中部山岳」が味気ないが無難だと迷いつつ決めた。上高地は75（昭和50）年にわが国最初のマイカー規制を行った所である。この規制は、2016（平成28）年現在、18国立公園、30地区で実施されている。

自 上信越高原国立公園志賀高原（じょうしんえつこうげんこくりつこうえんしがこうげん）

＊ユネスコエコパーク、天然記念物

上信越高原国立公園は群馬県、新潟県、長野県にまたがる火山、高山、高原からなる公園であり、浅間山（あさまやま）などについては群馬県の項で述べた。この国立公園は1949（昭和24）年に戦後3番目として誕生したもので、戦後の経済復興、観光振興の力が強く働いていた。戦後は国立公園の利用を重視したことから、到達性に優れ、多彩な自然資源をもつ当地を指定した。しかし、広域の飛地指定のため、まとまりに欠け、統一性がなく、2015（平成27）年、妙高と戸隠（とがくし）が分離独立し、妙高戸隠連山国立公園となった。

標高1,300mを超える志賀高原は夏の保養、冬のスキーでは名高い所であり、2,000m級の山岳や多くの池沼（ちしょう）、豊かな動植物に恵まれた、大学の教育研究施設もある優れた自然地域である。1980（昭和55）年、ユネスコMAB（Man and Biosphere）計画の生物圏保存地域（Biosphere Reserves）に登録、現在ユネスコエコパークと呼んでいる。スキー場はゲレンデのほか、林間コースも整備されている。志賀高原は大資本の観光開発にさらされず、持続可能な開発（Sustainable Development）がなされてきたといえるが、そこには住民組織「和合会（わごうかい）」の力が働いていた。もともと山麓住民が入会地（いりあいち）として里山的に利用していたが、約4,200haが彼らの共有地となり、1927（昭和2）年、和合会を発足、後に一般財団とする。55（昭和30）年頃から部外者ではなくみずからがホテル・旅館やスキー場経営を始めた。その後乱開発の兆しが表れ、70（昭和55）年頃から自然資源を守らなければならないという意識が生まれ、自己規制するとともに、環境庁（現環境省）とも積極的な協働態勢をとるようになった。しかし、現在、スキー場の低迷から和合会も試練に立たされている。

自 御岳県立自然公園御岳山（おんたけしぜんこうえんおんたけさん）

御岳山（3,067m）は長野県と岐阜県の県境に、裾野が長く大きな山容を見せて、独立峰でそびえる成層火山である。3,000m級では最も西に位置する山である。古くから山岳信仰の山として、富士山・白山・立山に次ぐ霊山として崇められてきた。民謡木曽節の「きそのおんたけさん」として親しまれてきた。周辺には下呂などの温泉地がある。2014（平成26）年の突然の噴火では山頂の登山者63名が巻きこまれ、1991（平成3）年の雲仙普賢岳火砕流の44名の犠牲を上回る戦後最悪の火山災害となった。

都 小諸城址懐古園　＊重要文化財、日本の歴史公園100選

小諸市の小諸城址懐古園は、本丸跡、二の丸跡、大手門、三之門などの小諸城遺構を中心として、藤村記念館、小山敬三美術館、徴古館、郷土博物館、動物園、遊園地などの施設を配置し、千曲川を望む藤村詩碑、二の丸の石垣の若山牧水歌碑などを建立する公園である。文豪島崎藤村は小諸に住んで傑作を生みだし、歌人牧水は小諸を訪れていた。1880（明治13）年、小諸城は小諸藩旧士族に払い下げられ、旧士族は往時をしのび、本丸跡に懐古神社を祀り、小諸城址を懐古園と名付けた。1926（大正15）年、東京帝国大学教授（林学博士）で日比谷公園を生みだし、造園の権威となっていた本多静六が設計を行い、近代的な公園に生まれ変わらせたという。

都 上田城跡公園　＊重要文化財、日本の歴史公園100選

上田市の上田城跡の公園である。上田城は、戦国時代の群雄割拠の時代に、真田信繁（幸村）の父、真田昌幸によって天然の要害として築城され、徳川軍を撃退した難攻不落の城として知られている。真田信繁は、徳川軍に滅ぼされる豊臣軍に最後まで従って、大坂夏の陣と冬の陣を戦い、果てた人物である。戦術に長け、真田十勇士などの物語から、大河ドラマの主人公にもなる国民的英雄である。上田城は近年一部が復元され、南櫓、北櫓、東虎口櫓門や真田石、堀、土塁などの遺構をしのぶことができる。

都 松本城公園　＊国宝、史跡、重要文化財、日本の歴史公園100選

松本市の松本城公園は国宝松本城を中心に周辺が公園として整備された所である。松本城は安土桃山時代に建造され、天守閣としては日本最古であり、姫路城、彦根城、犬山城とともに4件の国宝城郭の一つである。松本は上高地をはじめ、北アルプスなどにおもむく交通拠点であるが、この公園からも北アルプスの壮大な山並みが眺望できる。

21

岐阜県

永保寺庭園

地域の特色

岐阜県は面積がわが国7位に相当する大きな県であるが、大部分が山岳、高原、丘陵地となっている。内陸部の県で周囲を7県と接し、特に南部の濃尾(のうび)平野の愛知県との結びつきが強い。古くから西日本と東日本を結ぶ交通の要衝(ようしょう)であり、壬申(じんしん)の乱や関ヶ原(せきがはら)の合戦の舞台となった。今も東海道新幹線や名神高速道路などが近江盆地と濃尾平野を結ぶ関ヶ原の狭隘(きょうあい)な峠に集中している。古くは南部の美濃(みの)の国と北部の飛騨(ひだ)の国からなり、平野はわずかに美濃の一部に限られ、ここに織田信長の岐阜や大垣の都市が発達した。美濃には木曽三川(きそさんせん)と呼ばれた木曽・長良(ながら)・揖斐(いび)の大河が濃尾平野を形成して、太平洋の伊勢湾に流れている。木曽三川の治水は近世・近代と苦労して行われてきた。今も、河口には輪中(わじゅう)という堤防に囲まれた集落がある。

飛騨は東に3,000m級の飛騨山脈（北アルプス）と東日本火山帯の旧乗鞍(のりくら)火山帯がそびえ、西には西日本火山帯の旧白山(はくさん)火山帯の白山がそびえ、飛騨の高山(たかやま)は江戸時代の天領であり、京都文化と江戸文化を移入した独自の町人文化を築いた。飛騨を上流域とする神通川(じんづうがわ)や庄川(しょうがわ)は日本海の富山湾に流れるが、一方、飛騨高地や美濃三河(みかわ)高原などが南下するかたちで連なっている。飛騨高地の長良川(ながらがわ)沿いには水の町とも呼ばれる城下町の郡上(ぐじょう)がある。1995（平成7）年、岐阜県の飛騨白川郷(しらかわごう)が富山県の五箇山(ごかやま)と共に世界文化遺産「白川郷・五箇山の合掌造り(がっしょうづくり)集落」となった。2015（平成27）年、世界農業遺産「清流長良川の鮎」が認定された。

自然公園は山岳、渓谷、史跡など豊かで、さらに高知県に次ぐわが国2位の数を誇る県立自然公園15カ所を擁している。都市公園は城郭の太政官公園や史跡を生かした公園があり、庭園は中世の寺院や武将館(やかた)跡の庭園が残っている。

主な公園・庭園

自 中部山岳国立公園乗鞍岳　＊日本百名山

北アルプスと呼ばれる飛騨山脈は北の新潟・富山県の県境から南の長野・岐阜県の県境まで3,000m級の急峻な高峰が連なる大山脈である。その南端に火山の乗鞍岳がある。乗鞍岳は剣ヶ峰（3,026m）を主峰に「乗鞍二十三峰」という峰々が連なる山群である。岐阜県高山市側からは乗鞍スカイライン、長野県松本市側からは乗鞍エコーラインの両ドライブウェイが標高2,702mのわが国最高位置の駐車場畳平に到達できる。ドライブウェイを登ると、シラビソ、オオシラビソなどの亜高山帯の常緑針葉樹、その森林が終わると高山帯のハイマツ、ナナカマドなどに変化し、畳平一帯はキバナシャクナゲ、ハクサンイチゲ、コマクサなどの高山植物の宝庫となる。剣ヶ峰の山頂に登山すると、北アルプスの山々、南の御岳山、北西の白山など一大パノラマが開ける。高山市からは雄大な乗鞍岳の風景が親しまれてきた。高山市の平湯温泉は乗鞍スカイラインの始点でもあり、また、安房峠を越えて上高地とも車道でつながる利用拠点である。

乗鞍スカイラインは1973（昭和48）年に観光有料道路として建設、乗鞍エコーラインは一般車道として64（昭和39）年に建設されたもので、全国に山岳道路が建設された時代の産物である。高山地帯の車道建設は自然破壊の観点から議論があったが、モータリゼーションとレジャーの大衆化が優先したといえよう。しかし、渋滞、排気ガス、路傍駐車、ゴミ、踏み荒らし・踏圧による植生破壊、裸地化による浸食など、高山地帯の過剰利用の弊害は大きく、現在はマイカー規制によって、山麓でシャトルバスやタクシーに乗り換えることとなっている。

自 揖斐関ヶ原養老国定公園揖斐峡・関ヶ原・養老山

＊史跡

岐阜県の西端部、滋賀県に接する地域に北から揖斐峡、関ヶ原、養老山と並んでいる。史跡を中心とした国定公園である。木曽三川の一つ揖斐川の上流域の揖斐峡は飯盛山と妙法ヶ岳の間の深い峡谷をなし、景勝地となっている。関ヶ原は濃尾平野の西端の近江盆地に通じる平坦部であり、戦国時代終焉の関ヶ原の戦いの舞台である。養老山（859m）は養老山地を代表する山で、西麓には養老の滝があり、一部は後述のとおり都市公園になっている。養老神社をはじめ、多くの神社仏閣が並んでいる。養老の滝は古くからの故事来歴の地であり、元正天皇がこの地を訪れ、この滝にちなみ、元号を「養老」（717～724）に改めたという伝承もある。

自 飛騨木曽川国定公園飛騨川・木曽川　＊特別天然記念物

飛騨川は乗鞍岳に源流をもつ木曽川水系の支流である。飛騨川の下呂温泉から木曽川に合流する部分には、屏風岩、飛水峡、藤倉峡などの渓谷美が連なっている。木曽川はJR中央本線から垣間見られる長野県の寝覚めの床（名勝）が有名であるが、岐阜県から愛知県にかけての木曽川中流域も「日本ライン」と呼ばれ、断崖や奇岩の間の舟下りで知られている。日本ラインとは地理学者志賀重昂が日本のライン川だと見立てた命名であった。木曽川（愛知県）は1927（昭和2）年の東京日日新聞などの「日本八景」の河川の部で見事第1位に輝いたが、国立公園になることはなく、唯一この部分のみが国定公園となった。

都 岐阜公園　＊史跡、日本の歴史公園100選

岐阜市の市街地の北東、岐阜城跡がある金華山の麓の公園である。戦国時代には斎藤氏、その後は織田信長の居館があった。発掘調査によって信長の居館建設時に大規模な造成が行われたことが明らかになった。岐阜城は関ヶ原の戦いで落城し、徳川家康によって廃城とされた。金華山は近世には幕府直轄の天領で明治時代以降は御料林や国有林として管理されたため、現在も9割以上が人の手が入らない天然林である。城跡には1910（明治43）年に模擬天守が建設されその後焼失したが、市民の寄付によって再建された。

岐阜公園は1888（明治21）年に開園した。金華山の山腹には朱塗りの三重の塔がある。1917（大正6）年に大正天皇御大典記念事業として長良橋の材木を用いて建設された。設計は築地本願寺と同じ伊東忠太によるもので、2005（平成17）年に「岐阜公園三重塔」として国の登録有形文化財（建造物）になった。公園内にはもう一つ登録有形文化財がある。1919（大正8）年に建てられた名和昆虫博物館である。建築家武田五一の設計で、奈良の唐招

提寺でシロアリの被害にあって取り替えられた3本の丸柱を用いている。それは名和靖初代館長の白蟻研究の一環でもあった。現存する昆虫博物館では最も古く、名和靖が発見したギフチョウをはじめ多くの昆虫が展示されている。2011（平成23）年に公園の一部が「岐阜城跡」として国の史跡に指定され、本格的な歴史公園に向けて再整備が進められている。

都 城山公園　＊日本の都市公園100選、日本の歴史公園100選

城山は高山市市街地の東にある標高約700mの山である。公園は金森長近らによって1603（慶長8）年に完成した高山城の跡地につくられた。高山城は95（元禄8）年に幕府の命令で廃城になり、建造物や石垣などほとんどが壊されてしまったために城の痕跡はわずかしかない。19世紀初めの文化年間には三の丸の濠をさらって築いた土手に桜が植えられ、茶店ができて人々が花見に集うようになったという。1873（明治6）年には太政官布告に基づく公園として認可された。1905（明治38）年には公園の管理が当時の高山町に移され、公園の名も「高山公園」から「城山公園」に改められた。大正時代の終わりには二の丸が公園に編入され地元の消防や青年会のメンバーが作業をして運動場を拡張した。56（昭和31）年には高山城跡が岐阜県の史跡、天然記念物に指定された。現在も二の丸の広場以外はこんもりとした山で森林散策を楽しむことができる。

都 養老公園

養老公園は養老町の西にある養老の滝を中心にした都市公園である。養老の滝は揖斐関ヶ原養老国定公園にも含まれている。養老公園は1880（明治13）年に有志が偕楽社という団体を組織して公園をつくるために民有地を買い集めて寄付したのがきっかけで、桜やカエデが植えられて開園式が盛大に行われたという。1913（大正2）年には養老鉄道が開通し、遠方からも数万人の来訪者があった。管理は偕楽社から村、郡へと移り、その後岐阜県営になった。33（昭和8）年の公園の地図には滝から養老駅までの広い敷地に社寺のほかに滝の展望台、動物園、公園事務所などが描かれている。昭和40年代から50年代にかけて岐阜県こどもの国、テニスコート、樹木見本園が整備され、1990（平成2）年にはパークゴルフ場が整備された。養老公園にはもう一つ有名な場所がある。それは1995（平成7）年にアーティ

ストの荒川修作とマドリン・ギンズによってつくられた「養老天命反転地」である。地面も天井も壁もうねる空間に身を置くことで平衡感覚がなくなる不思議な体験ができる。

庭 永保寺庭園　＊名勝

永保寺庭園は多治見市虎渓山町に位置している。鎌倉で修行を行っていた夢窓疎石は、土岐頼貞と親交があったことから、頼貞の拠点だった美濃国長瀬山の麓の古渓に入り、1313（正和2）年に永保寺を創建している。室町時代には足利氏に寺領を安堵され、江戸時代も維持されてきたが、明治期に塔頭が減少して衰退した。残っている観音堂が仏殿で、様式から創建は14世紀末から15世紀初めとみられている。

観音堂の前面には園池（臥竜池）が広がり、堂の南正面には小亭をもつ反橋（無際橋）が架かる。観音堂の西側にそびえる岩山（梵音巌）から、岩壁伝いに滝を落として、真下の園池に流し込んでいる。園池には小島を浮かべるだけで、護岸は変化が少ない。岩山には庵を建てて、夢窓は眺望を楽しんでいたらしい。北と西は長瀬山の丘陵に囲まれ、東と南は土岐川に接していて、自然景観はすぐれている。下部に庭園をつくり、上部に展望を楽しむ庵を建てるというのが、自然と一体になるという禅宗思想に基づく夢窓の作庭技法だった。

庭 江馬氏城館跡（下館跡）　＊史跡

江馬氏の高原諏訪城の麓には、平穏な時に使う下館が存在していた。飛騨市神岡町殿に位置する下館跡の発掘調査では、建物跡、庭園跡、土塁跡、堀跡などが発見されている。遺物の土器類は13世紀後半から16世紀にかけてのものが多かったことから、室町時代初期から戦国時代末期までの地方豪族の日常生活の状況がわかる遺構とされている。庭園遺構は館の西南にあって、池を設けて多くの立石を配置していた。復元整備では、池の給排水路が見つからなかったことから、枯山水だったとされている。

22 静岡県

楽寿園

地域の特色

静岡県は、本州の中央部を南北に走る地溝帯フォッサマグナに位置し、フォッサマグナ西縁の糸魚川－静岡構造線と関東から九州に走る大断層の中央構造線も通過することから、複雑な地形や地質を生みだし、これが山系や水系の美しい自然を造形することともなっている。高山の山岳、台地や丘陵、平野と海岸の地形と南北の高低差は大きく、南北に流れる急流の大河川を生みだしている。富士川の東部には東日本火山帯の旧富士火山帯の富士山や伊豆半島、富士川と大井川に挟まれた中部には日本平丘陵地や静岡平野や三保の松原、大井川以西の西部には赤石山脈や天竜川、牧ノ原台地や浜名湖を形成している。沼津市、静岡市、浜松市などを中心とする東部、中部、西部は風土や経済圏が異なっている。富士山は日本一の山として、信仰、芸術の対象となり、崇敬されたが、古来より恐ろしい活火山でもあった。南アルプスと呼ばれる赤石山脈は赤石岳など3,000m 級の急峻な山岳が連なり、長く人を寄せつけなかった。駿河湾、遠州灘の海岸部には先史時代から古代にかけての遺跡が多数分布しており、弥生時代の登呂遺跡などは有名である。中世以降、武家が支配する地域となり、特に徳川家康は大御所として駿府城を中部の現静岡市にかまえた。1601（慶長6）年、東海道に五十三次の宿駅が設けられたが、静岡県（当時の駿河・遠江）には二十二宿が置かれた。田子の浦、三保の松原、東海道五十三次と徒歩旅行の時代の名所が集積していた。

韮山反射炉は、福岡・長崎県等の構成資産とともに、2015（平成27）年、世界文化遺産「明治日本の産業革命遺産」となった。牧ノ原や三方原などに広がる茶畑は近代に生まれたが、一面に印象的な風景を創りだしている。2013（平成25）年、掛川周辺地域が世界農業遺産「静岡の茶草場農法」となった。自然公園は富士山、伊豆半島を中心として、都市公園・庭園は独特の歴史や地形を反映したものが特徴的である。

主な公園・庭園

㊐富士箱根伊豆国立公園富士山

＊世界遺産、特別名勝、史跡、名勝、天然記念物、日本百名山

富士山は名実ともに日本一の山であったが、外国人からも絶賛されていた。江戸時代、オランダ商館員として長崎出島から江戸に赴いた出島の三学者と呼ばれ、日本学の基礎を築いた偉人たちも富士山の美しさをたたえる。17世紀のドイツ人のエンゲルベルト・ケンペルは、1691（元禄4）年と翌年の2回、江戸参府に随行し、「世界でいちばん美しい山」とたたえる（邦訳『江戸参府旅行日記』）。18世紀のスウェーデン人カルル・ツュンベリーは、1776（安永5）年の旅で富士山の詳しい記録をとどめる（邦訳『江戸参府随行記』）。19世紀のフランツ・フォン・シーボルトも、1826（文政9）年の旅で富士山を絶賛する（邦訳『日本』）。彼らは静岡県の東海道から遠望していた。彼らの日本学の書はその後の来日外国人の必読の書となっていく。初代英国公使ラザフォード・オールコックはこの影響を受け、1860（万延元）年、外国人初の富士登山を静岡県側から敢行する。彼には、内地旅行自由の外交特権を誇示するためにあえて聖地富士山に登る政治的意図があったが、彼もまた富士山を絶賛する（邦訳『大君の都』）。

国内外から高く評価されていた富士山ではあるが、国立公園も世界遺産も誕生は容易ではなかった。1911（明治44）年の第27回帝国議会で、富士山を中心とした「国設大公園設置ニ関スル建議案」が提出され、1921（大正10）年の第44回帝国議会にも富士山の「明治記念日本大公園国立ノ請願」が提出されていた。翌21（大正10）年、内務省衛生局が国立公園候補地16カ所を選定し、「富士国立公園」候補地をあげた。当局は、箱根は含むものの、名称は「富士国立公園」と単独名称を考えていたが、鉄道省とその外局の国際観光局、さらに箱根のある神奈川県の強い要望もあって、「富士箱根国立公園」と併称のかたちに押しきられる。また、山麓の陸軍演習場も最後まで陸軍省と協議するが、国立公園から除外する。天下の富士山とはいえ、名称問題、区域問題という風景の政治学を抱え、国立公園誕生は難産であった。1990年代、世界自然遺産に登録しようと考えたが、世界には富士山よりも高い同じ成層火山がいくつかあり、また、過剰利用、ゴミ・屎尿問題、保護規制計画問題、山頂部土地問題もあり、みずから断念する。

富士山は、ようやく2013（平成25）年、世界文化遺産の文化的景観「信仰の対象と芸術の源泉」として念願の夢を果たす。

自 富士箱根伊豆国立公園伊豆半島

＊名勝、天然記念物、日本百名山

伊豆半島は城ヶ崎、石廊崎、波勝崎、堂ヶ島など断崖の海食崖が発達している。駿河湾に面する西伊豆は入り組んだ変化に富む海岸線となっている。中央部には万三郎岳（1,405m）を最高峰とする天城連峰の山群があり、天城峠は有名である。伊豆半島は富士火山帯にあり湯ヶ島など温泉地が多い。岡本綺堂『修禅寺物語』、川端康成『伊豆の踊子』など名作の舞台でもある。1793（寛政5）年、幕府老中の松平定信は伊豆半島の海防調査を行い、これに随行した絵師谷文晁が石廊崎をはじめ各地の風景を『公余探勝図巻』に残している。約60年後、下田は開国の港となる。

都 沼津御用邸記念公園

＊名勝、日本の歴史公園100選

沼津市の海岸沿いに位置する公園である。沼津御用邸は1893（明治26）年に皇太子（後の大正天皇）の時代に避暑を目的に造営された。元は楊原村という小さな漁村だったが、富士山が見える暖かい土地であったため、明治政府の高官が別荘地として利用するようになった。御用邸を建設する前に宮内省が地元の住民に意向調査を実施したところ、漁業への影響は少ないこと、御用邸の地に選ばれ幸せであるという回答があったという。皇太子の初の行啓は見物の市民であふれ露店も出てお祭りのような騒ぎだった。その後数回にわたって建物の増築や修繕があり、なかでも1900（明治33）年に建設された洋館は瀟洒な名建築だったが45（昭和20）年の空襲で焼失した。03（明治36）年には皇室子弟の学問所として東附属邸が、その2年後には西附属邸が整備された。冬季には皇族が100日以上も滞在した記録があり同時期の他の御用邸に比べ最も利用が多かったが、本邸が空襲で焼けたことなどから利用が減少し69（昭和44年）に廃止された。70（昭和45）年には沼津市が管理する公園になり1990年代に大規模な再整備が行われた。これによって東附属邸と西附属邸の二つの建物が改修され見学や利用が可能になった。外部空間も造営当時の環境をできる限り再現している。2016（平成28）年に「旧沼津御用邸苑地」として国の名勝に指定された。西附属邸からは公園のクロマツ林ごしに富士山を望むことができる。

都 登呂公園　＊特別史跡、日本の歴史公園100選

静岡市の市街地に所在する公園である。登呂遺跡は1943（昭和18）年に軍需工場を建設する際に発見された。1947（昭和22）年から50（昭和25）年にかけて国家事業として大々的に発掘調査を実施し、弥生時代の建物や水田があったことが明らかになった。51（昭和26）年には建築史家の関野克が設計した第１号の復元住居が建設され、翌年には国の特別史跡に指定された。現在各地の遺跡で行われている建物の復元整備は登呂遺跡から始まったのである。整備は79（昭和54）年に完了し、復元された登呂遺跡の弥生時代の集落のイメージは全国の歴史の教科書に掲載された。しかし、そのほかの地域でも新たに大規模な遺跡が発見されたため、昭和60年代には教科書から登呂遺跡の名前が消えてしまったという。近年の研究によって大区画の水田の示し方などに疑問が呈され施設も老朽化したことから、1999（平成11）年から再び発掘調査が実施され、その成果に基づいた再整備が2012（平成24）年に完成した。住居、祭殿、高床倉庫が復元され、16（平成28）年には静岡県登呂遺跡出土品が重要文化財に指定された。

庭 楽寿園　＊天然記念物、名勝、日本の歴史公園100選

楽寿園は、JR三島駅南口すぐの三島市一番町に位置している。国の天然記念物にも指定されているのは、１万年ほど前に富士山が噴火した時に、流れた溶岩が堆積した台地の一部であることによっている。溶岩の中を流れる地下水が湧出する地点なので、小松宮彰仁親王が1890（明治23）年に別荘を造営した際に、広大な園池（小浜池）をつくった。

1952（昭和27）年に三島市の所有になったのだが、現在は地下水位の低下で池の水がなくなっている。中島は溶岩を積み上げていて、池底にも溶岩の層が出ているので、枯山水の庭園のように見える。楽寿園のホームページに小浜池の水位を毎日載せているので、水が多い時に訪れるのがいいだろう。

23 愛知県

愛・地球博記念公園

地域の特色

愛知県は、本州の太平洋側のほぼ中央部に位置し、東京、大阪の首都圏と阪神の2大都市圏に挟まれた中京の第3の都市圏である。山地、丘陵、台地、平野の地形をつくっているが、山地が比較的少なく、可住地面積が半分以上と高い。古くは西部の尾張の国と東部の三河の国に分かれ、江戸時代には尾張藩は御三家の一つとして大藩となり、名古屋城を築いた。三河の岡崎城は徳川家康生誕の地であり、岡崎藩は譜代大名として幕府の重要人物が藩主となった。ちなみに『日本風景論』(1894) 執筆の志賀重昂は岡崎藩士の儒学者の息子である。

県は木曽川、矢作川、豊川・天竜川の3流域からなり、濃尾、岡崎、豊橋の肥沃な3平野を形成し、それぞれ名古屋、岡崎、豊橋の中心都市を擁している。知多半島と渥美半島が三河湾を抱えこみ、知多半島は伊勢湾に臨み、渥美半島は太平洋の遠州灘に面して、県は長い海岸線を有している。木曽川は景勝地の日本ラインをつくり、丘陵の地質は瀬戸窯業を生んだ。名古屋城は台地北端の崖上に位置する。美濃三河高原を流れる矢作川は河岸段丘をつくり、段丘に三州瓦、明治用水、トヨタ自動車を生みだした。美濃三河高原は良質な花崗岩の産地であり、石都岡崎を生んだ。岡崎御影石は燈籠などの石製品の伝統があり、香川県の庵治、茨城県の真壁とともに石製品の日本三大産地と称されている。自然公園は海岸、渓谷、高原などの国定公園・県立自然公園が主なもので、都市公園・庭園は江戸時代の城下町にちなむものが多い。

主な公園・庭園

自 三河湾国定公園伊良湖岬

三河湾国定公園は三河湾を囲む渥美半島と知多半島を主として海岸や島

嶼を含む公園である。渥美半島は太平洋の遠州灘に臨み、海食崖が発達している。渥美半島の先端の伊良湖岬は古くから景勝の地として歌に詠まれてきた。古代の柿本人麻呂は「潮騒」のなか「伊良虞の島」辺りの荒れる海を船出している女性をしのんだ歌を残している。伊良湖岬は伊勢の対岸で伊勢湾の湾口にもあたり、湾口に島々がある。西行や芭蕉もこの歌枕の地を訪れている。文豪島崎藤村の1901（明治34）年のロマン主義詩集『落梅集』は「千曲川旅情の歌」などで知られているが、多くの人が口ずさむ「椰子の実」も載せられている。民俗学者の柳田国男が伊良湖岬に流れついた椰子の実を発見し、この話を藤村に語ったのが基になったのである。54（昭和29）年、伊良湖岬の沖の神島（伊勢志摩国立公園・三重県）を舞台にしたみずみずしいさわやかな純愛小説が生まれる。文豪三島由紀夫の『潮騒』である。小説では「歌島」と称されている島の山の頂きには、燈台が若い二人を見守り祝福するかのように、明るい日差しに包まれて立っていた。二人が夜の燈台から眺める場面はひときわ美しい。

都 鶴舞公園　＊登録記念物、日本の歴史公園100選

鶴舞公園は、1909（明治42）年に、翌年の第10回関西府県連合共進会開催のために、名古屋市が整備した回遊式の洋風公園であり、歴史的に重要な公園である。当時、博覧会や共進会が公園で開催されていた。共進会とは、産業振興のために、農産物や工業製品を展覧し、品評して、その優劣を競う催し物である。公園には建築家鈴木禎次によってルネサンス風の大理石の奏楽堂と噴水塔が建造された。現在の建造物は後に復元されたものであるが、明治の洋風公園をしのばせるものである。鈴木は東京帝国大学を卒業し、イギリスとフランスに留学の後、当時、名古屋高等工業学校（現名古屋工業大学）の建築科教授になっていた。

都 愛・地球博記念公園

愛・地球博記念公園は、愛知県が長久手市の2005年日本国際博覧会長久手会場の跡地に設置した広域公園である。愛称はモリコロパークと呼ばれている。2005（平成17）年の愛知万博は1970（昭和45）年の大阪万博に並ぶ大きな国際博覧会であった。国際博覧会は国際博覧会条約に基づき、国際博覧会協会が認定する万国博覧会（万博）であるが、制度の変遷があ

り、大阪と愛知は一般博と登録博であるのに対し、沖縄国際海洋博覧会(1975)、筑波国際科学技術博覧会(1985)、大阪国際花と緑の博覧会(1990)は特別博とされている。第1回の国際博覧会は1851年のロンドン万博で、鉄とガラスの建築物クリスタルパレス(水晶宮)が石造建築しか知らない人々を驚かせた。また、第4回の1889年のパリ万博では、鉄骨のエッフェル塔が建設され、やはり人々を驚かせるとともに、パリの街並みの景観問題ともなった。万博は新技術や未来社会を展示するもので、大阪万博は月の石が評判を呼ぶなど未来の夢を見せてくれた。愛知万博は、情報社会の中で万博の役割は終わったとの議論もあった。

都 岡崎公園　＊日本の都市公園100選、日本の歴史公園100選

岡崎市の岡崎公園は岡崎城跡を公園にした歴史公園である。岡崎城は徳川家康が生まれた城であり、復元された白亜の天守閣は歴史資料館になっており、5階の展望室からは岡崎市が一望できる。広大な園内には、大手門、城塁、内堀などが残り、徳川家康が生まれたときに使われた産湯井戸やへその緒を埋めたといわれるえな塚など家康ゆかりの史跡も多い。そのほか、二の丸能楽堂、茶室、からくり時計塔、家康の銅像など多彩な施設がある。

庭 名古屋城二之丸庭園　＊名勝

名古屋城は徳川家康の命令で、1610(慶長15)年に築城が開始され、12(慶長17)年に天守、15(元和元)年に本丸御殿、翌年に二之丸御殿が完成している。本丸御殿は将軍が上洛の時の宿所とされ、二之丸御殿が藩主の居所とされた。1871(明治4)年に陸軍省所管になり、93(明治26)年には宮内省所管になった。1930(昭和5)年に名古屋市の所有に変わったが、45(昭和20)年に空襲で天守・本丸御殿などが焼失して、59(昭和34)年に天守・小天守が外観復元されている。

二之丸庭園は江戸時代初期には聖堂を中心としたもので、園池と花壇・枯山水があったが、1822(文政5)年に、南側に拡張されて園池や茶屋や多くの花壇が設けられた。しかし、明治になると御殿が破却されて陸軍の兵舎が建設されたために、北御庭として当初の庭園部分が残存するだけになった。だが、明治時代に埋められた園池や茶席跡などが発掘、整備されて、二之丸東庭園として1978(昭和53)年から公開されている。

24

三重県

国立公園伊勢神宮内宮

地域の特色

三重県は太平洋に臨む紀伊半島の東側を占め、東は長い海岸線をもち、志摩半島が海域を伊勢湾と熊野灘に分けている。県の北は木曽・長良・揖斐の木曽三川の河口部と養老山地で愛知・岐阜県に接し、西は北から鈴鹿山脈、高見山地、大台ヶ原山系と続き、滋賀・京都・奈良県境をなし、南は熊野川によって和歌山県に接している。伊勢湾口の二見浦辺りから櫛田川中流域以西に大断層の中央構造線が東西に走り、西の和歌山県紀ノ川へと続いているが、南北の地形地質を大きく分けている。北部には中央南北に布引山地が連なり、東に伊勢平野、西に上野盆地などを形成している。伊勢平野は多くの河川が東流し、伊勢湾に注いでいるが、上野盆地などは木津川が西流し、大阪湾に注いでいる。南部は紀伊山地の東端が海岸まで迫っている。志摩半島以南は熊野まで出入りの激しいわが国屈指のリアス海岸で、湾内には真珠などの養殖業を発展させるとともに、景勝地となっている。熊野灘に面する熊野海岸は砂礫海岸の七里御浜などの古くからの名所があり、単調ではあるが、太平洋に臨む荒々しさを呈している。

伊勢神宮は古代に創建され、わが国の神様として現在まで崇敬され続けてきた。特に近世には伊勢参宮は庶民の間ではやり、県下には東海道五十三次の桑名、四日市、亀山、坂下など7宿が置かれ、栄えた。各地から伊勢に向かう伊勢街道沿いも栄えた。古くは伊勢、伊賀、志摩の国に分かれ、一部は紀伊の国に属し、近世においても複雑な大名配置が行われた。一時期は津藩上野城、桑名藩桑名城、紀州藩松坂城などが置かれた。その結果、統一性に欠け、今も県庁所在地は中部の津であるが、1956（昭和31）年の昭和の市町村合併以降の国税調査結果を調べても、北部の四日市がつねに人口は最大となっている。

自然公園は伊勢神宮とリアス海岸が傑出し、都市公園・庭園は城郭、武将館跡などが特徴的である。

主な公園・庭園

自 伊勢志摩国立公園伊勢神宮

伊勢志摩国立公園は、皇祖神である天照大神を祀る内宮と豊受大神を祀る外宮などの伊勢神宮と、複雑な海岸線と多島海の繊細な風景を見せるリアス海岸の志摩半島・英虞湾などからなる。伊勢神宮には、神路山、島路山、前山の広大な神宮林があり、五十鈴川の水源にもなっている。神宮林はヒノキの人工林と照葉樹の自然林からなり、本来は正殿を20年ごとに建てかえる式年遷宮の用材林であるが、近年は材木を外部から調達している。

江戸時代、建前として庶民の旅は禁止されていたが、寺社詣でと湯治の旅は許され、本音としての物見遊山が盛んに行われた。特に国の祖神の伊勢参りは特別であり、神宮側も御師が庶民の互助組織の講をつくり、案内、宿舎、土産などの手配を行った。17世紀のケンペル、18世紀のツュンベリーの日本旅行記にも記され、江戸中期には年間50万～60万人の伊勢参りがあったと推定されている。関東からついでに金毘羅山や厳島に参るという大旅行をしている農民もいた。「遊び七分に信心三分」「伊勢参り大神宮へもちょっとより」といわれたように名所遊覧の旅であった。

伊勢志摩国立公園は終戦の翌年、社会が大混乱の1946（昭和21）年、突然誕生する。国立公園法の正規の手順は踏まず、区域も市町村が全部とり込まれた。GHQ（連合国軍総司令部）の統制下においていち早く指定されたのは、従来、欧米人の興味を惹く真珠と伊勢神宮があったことによると推測されてきた。しかし、近年の研究で、大きな目的は伊勢神宮の保護にあったと指摘されている（水内、古谷、2012、pp.389～394）。戦後、伊勢神宮はGHQの政教分離方針によって国家の保護を失い、一方、信教の自由によって一宗教団体としての存続が認められる。しかし、戦前の国体護持に対する反発や戦後の資源不足の困窮もあり、神宮林の樹木の伐採要求や盗伐、境内の動物の狩猟や五十鈴川の漁労が行われ、危機に瀕した伊勢神宮は国家による救済を求めるのである。これを支援したのが当時国立公園行政を担当していた厚生省の石神甲子郎技官とGHQのワルター・ポパム大尉であった。国立公園にして守ろうと考えたのである。神社有地を国立公園にできたのは地域制公園制度の利点によるものであった。ポパムはアメリカの内務省国立公園局などに勤めた人物であり、アメリカの国立公園体系が国立公園のほかに国立記念物、国立歴史地区なども含んでいたことから、伊勢神宮保護も当時の厚生省国立公園部所管に委ねたのであろう。

庭 室生赤目青山(むろうあかめあおやま)国定公園赤目四十八滝(あかめしじゅうはちたき)・香落渓(こおちだに)

＊名勝

赤目四十八滝・香落渓は三重県と奈良県の県境の山地を流れる名張川(なばりがわ)上流の平行する二つの支流に位置する。赤目四十八滝は滝や淵が数多く連続し、特に落差のある不動滝(ふどうだき)、千手滝(せんじゅだき)、布曳滝(ぬのびきだき)、荷担滝(にないだき)、琵琶滝(びわだき)は赤目五瀑(あかめごばく)と称される。修験道の場であり、「赤目」の名は修験道の開祖役行者(えんのぎょうじゃ)の前に赤い目の牛に乗った不動明王が現れたという伝説に基づいている。香落渓は火山の噴出物の堆積と浸食によってできた渓谷で、関西の耶馬渓(やばけい)と呼ばれ、屛風岩(びょうぶいわ)、鬼面岩(きめんいわ)などの断崖の柱状節理や奇岩が続く。

都 松阪(まつさか)公園　＊特別史跡、史跡、日本の歴史公園 100 選

松阪市の松阪公園は松坂城跡を公園にしたものである。松坂城は安土桃山時代に戦国武将の蒲生氏郷(がもううじさと)が丘陵に築いた平山城(ひらやまじろ)である。城跡からは松阪市が一望できる。特筆すべきは、この地に松坂在住だった本居宣長(もとおりのりなが)旧宅が移築されたことである。宣長が12歳から72歳で亡くなるまで暮らした家である。宣長は江戸中期から後期にかけて、契沖(けいちゅう)や賀茂真淵(かものまぶち)を継承して、国学を発展させた人物である。当時は儒教をはじめとする中国の学問が主流であったが、古事記、日本書紀、源氏物語などの日本の学問を追究したのである。50歳代に2階の書斎を鈴屋(すずのや)と名付け、こもって研究に勤(いそ)しんだ話は有名である。宣長は鈴の音色を愛好していたという。

都 九華(きゅうか)公園　＊日本の歴史公園 100 選

桑名市の九華公園は桑名城跡を公園にしたものである。敷地は本丸跡と二の丸跡であるが、城郭の建築物はなく、石垣、堀が残るのみである。桑名市の東端の揖斐川(いびがわ)に接し、河川から堀に水を引き入れた水城で、堀が公園の大半を占め、いくつもの橋を渡るのが公園の大きな魅力である。明治維新以後、幕府側であった桑名城は荒廃し、昭和になって元城主の松平定信没後百年を記念して、九華公園として整備された。公園設計は、元桑名

藩士で庭園史研究家の小沢圭次郎と伝えられている。

庭 城之越遺跡　＊名勝、史跡

伊賀市比土の城之越遺跡では、1991（平成3）年に圃場整備事業に伴う発掘調査で、河川の岸に小石を貼り付けて立石を置いた、庭園的な遺構が発見された。現在は不便な場所だが、古代には大和から伊勢に抜ける道の分岐点で、交通の要所だった。溝の中の貼り石は、石の最も小さな面（小端）を見せるようにして、差し込まれ重ねられていた。立石は高さ50cmほどの細長い石を、貼り石の間に立てたもので、岬部分に集中していた。上層には5世紀の土師器ばかりが含まれていることから、貼り石は4世紀後半までさかのぼると推定された。また、溝の中から小型丸底壺・朱塗高杯・武器形木製品などが出土しているので、この河川の水源になっている上方の湧き水に関連した、祭祀遺構ではないかと考えられている。

全体の様子は、平城京左京三条二坊宮跡庭園に似ているのだが、庭園の出現を古墳時代の4世紀後半とすることは、他に例がなくて早すぎる感じがする。庭園に影響を与えた可能性があるということで、日本庭園の源流とみておくのが妥当なのだろう。

庭 北畠氏館跡庭園　＊名勝

北畠氏館跡は、津市美杉町上多気に位置している。伊勢国司だった北畠具教の本城は多気にあった霧山城だが、北畠神社一帯が北畠氏歴代の居館だった。だが、織田信長は1576（天正4）年に多気を襲って、居館も焼き払った。1996～2005（平成8～17）年度までの発掘調査では、15世紀前半と15世紀末～16世紀初頭に造営された、2時期の居館跡が発見されている。

北畠神社境内に残っている園池の規模は、東西55m、南北25mほどだが、『伊勢国司紀略』（1840〈天保11〉年）に「池は米字の形を成し」と書かれているように、岬のように岸から突き出した出島が多く設けられ、石組が施された汀線は、非常に複雑になっている。管領細川高国が1531（享禄4）年に、摂津大物での戦いに敗れて自害する時に、婿の伊勢国司の北畠晴具に「絵にうつし石を作りし海山を　後の世までも目かれずや見ん」という歌を贈ったと、『重編応仁記』に記されていることから、高国の作庭だとされている。

25 滋賀県

玄宮楽々園と彦根城

地域の特色

滋賀県は、山地で囲まれた近江盆地からなり、中央部に県の6分の1の面積を占める琵琶湖がある。琵琶湖の周囲に平野、丘陵、山地と同心円状の配列を示し、湖南と湖東の平野は広く、湖北と湖西の平野は狭い。この地域は古くから知られ、667（天智天皇6）年には都が飛鳥から大津に移され、大津京が開かれる。

滋賀県は『古事記』では「近淡海」「淡海」と記され、701（大宝1）年の大宝律令以降「近江」が定着する。琵琶湖は『万葉集』には「淡海」「近江之海」などと記され、「鳰の海」という古称もあり、近世に琵琶の楽器に似ているので琵琶湖が普及する。鳰は水鳥のカイツブリであり、琵琶湖にも多いが、広くみられる鳥である。近江の国は、東海道をはじめ交通の要衝であり、東日本や北陸ともつながり、また、京の都に近いこともあって、古くから城下町、宿場町、港町が発達し、壬申の乱をはじめ多くの戦乱の舞台ともなった。比叡山延暦寺、長等山園城寺（三井寺）、石山寺、日吉大社など由緒ある古い寺社も多い。比叡山延暦寺は世界文化遺産「古都京都の文化財」に含まれている。

琵琶湖は近江八景が代表的なように古くからの名所であった。近江八景の誕生は、1500（明応9）年、関白近衛政家が和歌八首を詠んだことにちなむという説があったが、現在の研究では、慶長期（1596～1615）の関白近衛信尹の和歌によるという説が有力となっている。近江八景の名所絵は歌川広重による1834（天保5）年頃の浮世絵版画が有名である。滋賀県は1950（昭和25）年の琵琶湖国定公園誕生に合わせ、現代の視点で新たな琵琶湖八景を選定している。

自然公園は開発が進んでいることから少ないが、都市公園は琵琶湖や歴史を活かしたものがある。庭園もこの地域が古い歴史と文化をもつことから、地方としては名園が比較的多い。

主な公園・庭園

自 琵琶湖国定公園琵琶湖

＊世界遺産、ラムサール条約湿地、名勝、天然記念物、日本百名山

琵琶湖はわが国最大の湖であり、1950（昭和25）年、最初の国定公園の一つとなった。琵琶湖は数百万年前の断層によって生まれた断層湖（構造湖）であり、徐々に移動して数十万年前に現在の位置に至った。世界的にもきわめて古い湖であり、豊かな生物相を育んでいる。琵琶湖国定公園は一部京都府におよび、比良山、比叡山、伊吹山、賤ヶ岳、余呉湖、彦根城、瀬田川、宇治川や延暦寺、石山寺、平等院などを含む多彩な自然、歴史、文化を示す公園である。琵琶湖は近畿の水資源であることから、1972～97（昭和47～平成9）年には琵琶湖総合開発計画によって自然環境の保全と水質汚濁の改善が図られるが、湖岸緑地の造成も進められた。92（平成4）年、ヨシ群落保全条例が制定され、翌93（平成5）年、ラムサール条約の湿地に登録され、2008（平成20）年、登録湿地が拡大された。現在、ヨシ群落や内湖（琵琶湖周辺小湖沼）の自然再生が進められている。

戦時下の1942（昭和17）年、当時の国立公園当局であった厚生省人口局は、健民修錬所、疎開学徒のため、人口稠密地方に琵琶湖、金剛高野などの6カ所の国立公園候補地を選定する。戦後の1946（昭和21）年、GHQ（連合国軍総司令部）統治下において伊勢志摩国立公園が指定され、これに驚いた滋賀県は国立公園指定運動を再開する。翌47（昭和22）年、厚生省は「国立公園施策確立要綱」を策定し、新規国立公園7カ所、既国立公園拡張6カ所をあげ、ここに琵琶湖国立公園候補地の正式決定をみる。しかし、厚生省は、GHQの見解だとして、琵琶湖はレクリエーション地域としては適地であるが、国立公園としての景観の資質に欠けると滋賀県に伝える。開発が進みすぎていたのであり、最大の問題は内湖の干拓だったと指摘されている（小沢、2012、pp.5～16）。

自 鈴鹿国定公園鈴鹿山脈

鈴鹿山脈は滋賀県と三重県にまたがり、県境部を南北に走る山脈であり、鈴鹿峠など峠の多い西日本と東日本を分断する山脈でもある。北から御池岳（1,247m）、藤原岳、御在所岳などと1,000m級の山岳が連なる。東の三

重県側が急傾斜をなすのに対し、西の滋賀県側は緩傾斜をなしている。鈴鹿山脈は、寒暖両系の気候の影響をうけ、北部や西部は日本海側の気候、南部や東部は太平洋側の気候の影響をうけているため、冷温帯のブナ優占の夏緑広葉樹林と温帯のシイ・カシ優占の常緑広葉樹林が分布している。

㊀ 三上・田上・信楽県立自然公園三上山・田上山地

三上山（432m）は近江富士と呼ばれ、名神高速道路を走ると道路をヴィスタ（通景線）として真正面に見ることができる。遠くからもランドマークとして目立っている。田上山地は太神山（600m）、竜王山などが連なり、湖南アルプスとも呼ばれている。太神山山頂には不動寺がある。田上も太神も山が農業の水源であるという田の神の信仰に由来すると考えられる。

㊇ 湖岸緑地　＊日本の都市公園100選

県土中央部に広がる日本最大の湖、琵琶湖の湖岸沿いに帯状に点在する広域公園である。湖南西岸に位置する県庁所在地の大津市に4地区、湖南東岸地域の草津市、守山市、野洲市に4地区（旧3地区）、湖東湖北地域の東近江市、彦根市、米原市、長浜市に7地区（旧6地区）が整備され、その範囲は湖岸全体の約4分の1におよぶ。白砂青松やヨシ原等湖岸特有の自然資源を生かしつつ、個々の立地条件に応じた修景、休養、運動施設等が整備されており、花見、水泳、ウォーキング、バーベキューなど広く利用され、琵琶湖の風景に賑わいをもたらしている。

この公園は、1972（昭和47）年から97（平成9）年の25年間にわたり実施された琵琶湖総合開発事業の産物である。保全、治水、利水の三本柱のうち、湖岸緑地整備は保全の柱のなかに位置付けられ、その目的は自然環境の悪化を防止し、新たな湖辺の風致の形成に資するとともに、レクリエーション利用の増進を図ることであった。都市公園担当部局と自然公園担当部局が分担して取り組むこととなったが、主に前者の整備対象となったのは、都市化が進み、人工的な護岸や集落、家屋が湖岸に迫っていた地域であった。このような地域に、残存する自然風景を保存・活用しつつレクリエーション空間としての利用増進をめざす都市公園「湖岸緑地」が次々と生みだされ、新しい湖辺の風景が創出されたのである。まさに琵琶湖全体の開発事業と共に誕生した公園だが、近年、再び琵琶湖全体を対象とした大事業の中で新たな展開をみせている。2000（平成12）年3月、滋賀県は総合的な湖沼と集水域の保全を目的として「琵琶湖総合保全整備計画（マザーレイク21計画）」を策定した。概ね50年後のあるべき姿を念頭に、20年後にあたる2020（平成32）年の琵琶湖を次世代に継承する姿として設定し、各種保全施策を総合的に推進する22カ年の長期計画である。ここに在来生物の生息空間や緑と人のふれあえる空間としての湖岸緑地再整備が位置付けられており、一部の地区で推進中である。また、2010（平成22）年度より導入された指定管理者制度の下、夏の昆虫観察会や外来魚釣り体験、秋の流木アートづくりなど、四季を通じた保全と活用のイベントや情報発信などが盛んに行われるようになっている。時代ごとの琵琶湖と人の関わりの理想像を端的に示し続ける、滋賀県を代表する都市公園である。

都 金亀公園

＊国宝、特別史跡、名勝、重要文化財、日本の都市公園100選、日本の歴史公園100選

彦根市の中心部、琵琶湖畔の小高い独立丘陵に築かれた近世城郭である彦根城の城址を基盤とする総合公園である。彦根城址は、国宝に指定された天守をはじめ重要文化財に指定された複数の櫓など、貴重な建造物が数多く現存しており、麓には内堀と中堀が当初の姿をほぼ完全に留めている。全国的にみても保存状態のきわめて良好な城址で、中堀より内側の範囲全体が国の特別史跡に指定されている。明治初期の廃城令による解体の危機を免れた彦根城址は、1894（明治27）年に旧藩主の井伊家に下賜され、その後1944（昭和19）年に彦根市に寄贈された。この時より公園化の検討が始まり、58（昭和33）年12月に都市計画決定を行い、随時整備が進められていった。公園の範囲には、内堀に囲まれた第1郭全体、さらに中堀に囲まれた第2郭のうち名勝に指定された玄宮・楽々園を中心とする北東部が含まれ、かつ史跡指定地に隣接する城山北側の地区がこれに加わる。山腹を覆う緑のなかに、風格ある歴史的建造物が秩序立ってそびえる歴史的風致に溢れた城山の風景と、それをとり巻く往時と変わらぬ堀の水景、さらに野球場、テニスコート、多目的競技場、野外ステージなど市民に広く利用されている北側地区の賑わいの風景が、全体として違和感なく調和している。過去と現在をつなぐ、城下町都市彦根の象徴的な都市公園である。

都 長等公園

大津市小関町の長等山麓に位置する約9.5haの近隣公園である。眼下に大津の市街地と琵琶湖湖南の美しい眺望が広がり、春にはヤマザクラ、ソメイヨシノなど約900本の桜が咲き誇り、連日花見客で賑わう。入口付近の平場には遊具広場やせせらぎのある園地が整備され、地域住民の憩いの場であるとともに、東海自然歩道が通る緑豊かな園内には野鳥観察ステージも設けられ、ハイキングを楽しむ個人やグループが行き交う場でもある。立地する周辺一帯は、山麓から中腹にかけて由緒ある古社寺が建立し、豊かな歴史的風土を形成している。この公園地も、元は隣接する園城寺（三井寺）の管下にあり、古くより信仰の場として、かつ四季折々の景趣を楽しむ行楽の場として知られた場所であった。このような履歴をもつ地域を、1902（明治35）年、当時観光振興に注力していた大津市が初めて公園化し、翌03（明治36）年より桜や楓の植栽を中心に整備が始められた。以後、徐々に周辺地を編入して面積を拡張し、時代ごとに整備を重ねつつ現在にいたる。

庭 玄宮楽々園　＊名勝

彦根市金亀町に位置する彦根城は、1603（慶長8）年から工事が始められ、22（元和8）年に竣工している。標高136mの丘陵上の本丸に3層の天守閣が建てられ、南東麓には城主の居館としての表御殿が建設された。表御殿の庭園は1984（昭和59）年に発掘され、藩主の居室だった奥向きの御殿と共に、彦根城博物館内に復元され公開されている。

城内の北東部に位置する玄宮園は内堀の外側にあり、琵琶湖の入江（松原内湖）の湿地部分を干拓した第2郭内に位置している。築城当初は重臣の屋敷が建てられていたが、4代藩主直興によって1679（延宝7）年に下屋敷が建設された。『井伊年譜』は井伊家家臣だった香取氏が作庭したとしている。現在の庭園の状況になったのは1812（文化9）年の改修によるもので、極彩色の「玄宮園図」（彦根城博物館所蔵）に当時の状況をみることができる。

大規模な園池には4島を築いて橋を架け、東部から北部にかけては築山を設けて、園池の周辺を巡って景観の変化を楽しめるようにしている。園池の岸に建つ臨池閣や背後の彦根城の天守が、この庭園を引き立たせていて、臨池閣や築山上の鳳翔台からは、庭園の全景を眺めることができる。「玄宮園図」には、中島の中央に築かれた滝組の上部から流れ出した水が、園池に注ぐ状態が描かれている。外堀の油掛口御門付近から、石樋・木樋などを使って導水した上水道が、玄宮園にも引かれていたらしい。

楽々園は玄宮園の御殿部分だった所を、1813（文化10）年に11代藩主直中が、隠居屋敷として大規模に増改築を行って、現存する御書院を新築し、前面に新しく庭園を築いている。江戸時代には槻御殿などと呼ばれていたが、明治以降に「楽々の間」があることから、楽々園と呼ばれるようになった。1881～1994（明治14～平成6）年まで民間の旅館が営業していたが、廃業に伴って建物が市に返還され、現在庭園は一般公開されている。

庭 兵主神社庭園　＊名勝

野洲市五条にある兵主神社は、平安時代には近江国の霊威がある神社として諸国に知られていたらしく、『延喜式』の神名帳に名が載っている。庭園は神社本殿の南に、現在の建築とは無関係に築造されているために、鎌倉時代の豪族の館のものとされてきた。ところが、1991～2001（平成3～13）年度の発掘調査で、下層から12世紀（平安後期）の洲浜をもつ園池が発見されて、社殿の前面をとり巻くように、左右対称に北側まで続くことが確認された。現在も残る庭園は、文献と発掘から明治期の改修と判明したが、造形的に優れていることから、平安時代のものを合わせて復元整備されている。

庭 旧秀隣寺庭園　＊名勝

旧秀隣寺庭園は、高島市朽木岩瀬に位置している。1528（享禄元）年に三好元長の攻撃を避けた12代将軍足利義晴が、朽木稙綱を頼って1531（享禄4）年まで逗留した時に、将軍の失意を慰めるために朽木氏の岩神館の中につくったのが、この庭園だったという。池の規模は南北25m、東西15mほどだが、比良山系の山々や安曇川を借景にしていることや、屈曲した汀線と巧みに組まれた護岸石組や中島の立石などによって、堂々とした庭園に見える。北畠氏館跡庭園と旧秀隣寺庭園は、ともに細川高国が作庭したといわれている。園池の岸はすべて石組でとり囲まれ汀線は複雑に屈曲していて、池というより流れに近いように見えるという共通点があるから、同時代のものと考えていいだろう。

1606（慶長11）年に朽木宣綱が妻を弔うために、館を寺として秀隣寺と命名したが、1729（享保14）年に秀隣寺を他の場所に移して、興聖寺を移したために、庭園の指定名称が複雑になっている。興聖寺は鎌倉時代の創建で、朽木氏歴代の菩提寺とされていたものだった。

庭 青岸寺庭園　＊名勝

青岸寺はJR米原駅東口からすぐの所にある。京極（佐々木）導誉（1296～1373）が創建した米泉寺を、江戸時代初期に彦根藩3代藩主の井伊直澄が再興して、青岸寺に改称している。3世住持の興欣の『築園記』によると、庭園は1678（延宝6）年に、彦根藩士だった香取氏がつくったという。

庫裏の背後の山の斜面を利用して、築山を設けて頂に三尊石を立て、その下に枯滝を組んでいる。手前の窪地が枯池になっていて、亀島型の中島があり、左手の湾曲部には石橋が架けられている。雨の日に見に行くと、枯池に水が溜まって園池のように見えるが、滝組の石が池の中へも続いているので、当初から枯山水だったことがわかる。

庭 大通寺含山軒および蘭亭庭園　＊名勝

大通寺は1649（慶安2）年に、彦根藩主井伊直孝の援助をうけて、長浜市元浜町の現在地に移っている。含山軒と蘭亭の庭園は、5代目住職だった横超院（1721～91）の時期に作庭されたという。

含山軒の庭園は枯山水で、亀島と鶴島が設けられていて、左手の築山の裾に大きな立石があり、奥に三尊石が立っている。正面奥に見える伊吹山を意識して石組が配置されているから、借景庭園といえる。西側の蘭亭曲水宴図の襖絵がある蘭亭の庭園も枯山水だが、面積は10m四方ほどしかない。南側奥に築山があり、中央の立石から水が流れ落ちて池に入り、小さな太鼓橋の下から出ていくかたちになっている。含山軒とは石の置き方が違うので、作庭者は別人だろう。

26 京都府

鹿苑寺（金閣寺）庭園

地域の特色

南部はかつて山城の国といわれた京都盆地で平安京以降約千年余りの都として日本文化の中心となり、独特の宮廷・公家文化、寺社文化、町人文化を育んだ。東山、北山、西山と三方を山に囲まれ、鴨川、桂川が南流し淀川に合流する山紫水明の地といわれ、優れた建築・庭園文化も生みだした。第二次世界大戦の戦禍を免れたこともあり、1994（平成6）年、郊外の比叡山延暦寺、宇治平等院なども含め17件が世界文化遺産「古都京都の文化財」になった。北部は丹波・丹後の国といわれ、丹波高原、丹後山地からなり、日本海に面している。福知山などの盆地をつくり、由良川が北流している。丹後半島が日本海に突き出し、東の若狭湾はリアス海岸で小湾をつくり、天橋立の景勝地や舞鶴の良港などを生んだ。

京都にとって東京遷都は衝撃であり、その後近代化に邁進し、小学校・中学校などのわが国初の開設や多くの国公私立大学の設立など学術文化都市を築き、華道・茶道・舞踊・和装・工芸などの中心地となるほか、疎水（琵琶湖からの用水路・運河）、水力発電、市街電車、博覧会などでもわが国の先駆けをなした。伝統を守りつつ、進取の気風も強く、政治的にも革新勢力が強い。

都市景観を守る意識も高く、景観法制定（2004）以後、2007（平成19）年にいち早く画期的な京都市新景観施策を打ち出した。自然公園は古都の土地柄のためか必ずしも多くなかったが、21世紀になって丹後半島や丹波高原に光を当て、新たな里山型の国定公園を生みだした。都市公園は歴史的な太政官公園や博覧会公園があり、また、伝統の造園技術を生かした最新の注目すべき公園もある。庭園は、水流や地下水が豊富で湿潤でもあり、山紫水明の地であることから、宮廷庭園・寺院庭園から近代の別邸庭園まで、また、浄土庭園から回遊式庭園や借景庭園まで、傑出したものが多い。

主な公園・庭園

自 丹後天橋立大江山国定公園丹後半島・天橋立

＊世界ジオパーク、特別名勝、日本の歴史公園 100 選

京都府の最北部、日本海に突き出す丹後半島は急峻な断崖の海食崖を有し、北端の経ヶ岬灯台は断崖の上にあって、日本海を一望におさめている。小島の多い丹後松島や鳴き砂で知られる琴引浜など多彩な海岸景観を呈している。また、東の付け根には砂州の松原を見せる古くからの名所である日本三景の天橋立がある。丹後半島の中央部には世屋高原があり、西日本ではめずらしいブナ、ミズナラの落葉広葉樹林や高層湿原が見られ、希少な動植物が多い。丹後半島の南には大江山の連山が横たわっている。この公園の最大の特徴は文化的景観である。丹後半島の伊根の舟屋は1階部分が舟の係留場として海に直接つながっており、重要伝統的建築物群保存地区になっている。世屋高原には棚田があり、里山となっている。大江山は古くから和歌にも登場した場所であり、鬼の伝説で知られた所でもあり、鬼嶽稲荷神社がある。丹後天橋立大江山国定公園は、若狭湾国定公園から天橋立を独立させ、ブランド化を図るとともに、丹後半島、大江山の里山景観などの文化的景観を評価する新たな公園で、2007（平成19）年に17年ぶりに誕生した国定公園である。天橋立は平安時代に海橋立として知られ、室町時代には雪舟がリアルな水墨画を残している。天橋立は展望地から見る股のぞきで有名であるが、林内を散策できる白砂青松の地でもある。しかし、近年、砂浜が浸食され、マツが衰退しタブノキなどの照葉樹に遷移してきている。

自 京都丹波高原国定公園丹波高原

京都府中央部に位置し、北の日本海に流れる由良川と南の淀川・大阪湾に注ぐ桂川の分水界にあたる起伏の少ない山地である。自然林や自然河川が残り、日本海型と太平洋型の気候帯に属する豊かな森林生態系や瀬・淵が連続する豊かな河川生態系を形成している。高層湿原もあり、希少なモウセンゴケやハッチョウトンボも見られる。由良川の源流部の芦生の森は京都大学の演習林として守られてきたが、近年、シカの食害で森林生態系

が危機に瀕している。この地域は千年余りの都京都との結びつきが強く、茶室建築の北山杉(きたやますぎ)や祇園祭(ぎおんまつり)のチマキザサを供給したり、鯖(さば)街道によって北陸の魚介類を運んだり、古い宗教的献火行事を残すなど、物資と文化の回廊であった。重要伝統的建築物群保存地区の美山(みやま)には茅葺(かやぶき)の民家が維持され、一面のソバの白い花とともに、風情(ふぜい)を見せている。2016(平成28)年誕生の最も新しい国定公園であり、自然と文化の融合、自然と人間の共生を重視した、新たなタイプの国定公園といえる。

自 るり渓(けい)府立自然(しぜん)公園るり渓(けい)　＊名勝

るり渓は、園部川(そのべがわ)が標高約500mの高原の斜面を浸食して生みだした渓谷である。清流が滝や淵や瀬の変化ある風景をつくり、両岸の広葉樹の自然林が美しい四季を彩っている。江戸時代には園部藩主がよく遊び、1905(明治38)年に当時の船井郡(ふないぐん)長が宝石のように美しいという意味をこめて「琉瑠(るり)渓」と命名したといわれている。特に優れた場所が「るり渓十二勝」として選ばれている。

自 保津峡(ほづきょう)府立自然(しぜん)公園保津峡(ほづきょう)

京都の古くからの名所嵐山の渡月橋(とげつきょう)の大堰川(おおいがわ)(桂川)につながる上流部の峡谷(きょうこく)である。両側に急峻な山地が迫るV字谷となり、屈曲が多く変化に富み、巨石の間の急流をぬう舟下りは人気がある。かつてはJR山陰本線から眺められたが、本線のトンネル化によって、今は旧本線を観光用トロッコ列車が走り、賑(にぎ)わっている。

都 京都御苑(きょうとぎょえん)　＊国民公園

京都市中心部に位置する、京都御所と大宮(おおみや)・仙洞(せんとう)御所をとり巻く東西約700m、南北約1300mのほぼ長方形をした広大な緑地である。明治維新前は緑地ではなく、御所を中心に宮家や公家の屋敷が建ち並び、周囲に九つの門が設けられ、九門内(くもんない)と呼ばれた公家町であった。明治に入り、東京遷都に伴い急速に荒廃したが、1877(明治10)年に宮内卿(くないきょう)より京都府知事に出された、御所と九門内の保存の方法を設け永く旧観を失わぬように、という内容の御沙汰(ごさた)に基づく保存事業で一変する。廃屋を撤去し、四周に石垣土塁(どるい)を巡らし、苑路(えんろ)を設置し植栽を行い、生まれ変わったこの地に御所に付属する苑地、という意味の「御苑」という名を付けた。これが、京都御苑の始まりである。その後天皇の即位式・大嘗祭という大礼執行の場としての国家的役割が付与され、1913（大正2）年から翌14（大正3）年にかけて、宮内庁直営で大規模な改修工事が行われた。行列が通る主要苑路の拡幅と改造、逍遥苑路の新設など苑路全体が体系化し、植栽も大幅に充実した。この大改修で、砂利敷の広大な苑路、自然風仕立ての松林と芝生地で構成された御所の正門（建礼門）前の大通り、古都を巡る連山を合間に望む豊かな樹林地、四周をとりまく外周土塁上のウバメガシなど、現在の京都御苑を代表する風景が誕生した。

この間の京都御苑は、基本的に人々が自由に出入りできる場所であり、また整備に際して献木や献金が盛んに行われた事実が示すとおり、京都市民に深い愛着を抱かれてきた場所でもあった。ただし、名実ともにこの地が「公園」となったのは第二次世界大戦後、1947（昭和22）年12月の旧皇室苑地の運営に関する閣議決定からである。この閣議決定に基づき、東京の皇居外苑、新宿御苑とともに、京都御苑は厚生省の管理の下、「国民公園」として広く一般に開放されることとなった。以後、風致を乱さぬよう設置場所に配慮しつつ、周辺部に複数の広場やテニスコートなどの公園施設が新たに整備された。さらに71（昭和46）年には同年に発足した環境省の管理下に移り、自然とのふれあいの場としての機能が重視されていった。現在の「国民公園」京都御苑では、5万本を超える樹木が年数を経て重厚な風景を醸し出すなか、旧公家町の遺構から自然とのふれあい施設にいたるまで、時代ごとの京都御苑の歩みを体現する多様な要素がすべて含まれており、他のどこにもない独特の風景を楽しむことができる。

都 岡崎公園　＊史跡、日本の歴史公園100選

京都市東部、都心からほど近い平安神宮の南面に広がる総合公園である。東山山麓の豊かな緑を背景に琵琶湖疏水が巡るなか、鮮やかな朱色の大鳥居で区画された参道の両脇に動物園、美術館、図書館、野球場、テニスコートなど多様な運動施設や文化施設が建ち並ぶ。周辺にも公共文化ホールのロームシアター京都（旧京都会館）をはじめさまざまな文化施設が建ち並び、一帯は京都を代表する国内有数の文化交流ゾーンとなっている。契機となったのは1895（明治28）年、この地を会場に平安遷都1100年紀念祭と

同時開催された第4回内国勧業博覧会である。畑地の広がる風景は一変し、紀念祭の象徴として平安神宮が創建され、その軸線上に各種パビリオンが設置された。その跡地の一部を1904（明治37）年に公園化したのが岡崎公園の始まりである。以後、昭和初期まで京都博覧会の会場として機能し続け、開催を経るごとに整備が重ねられ、図書館や勧業館、公会堂などの各種文化施設が集積していった。さらに戦後は国際文化観光都市を牽引する場所と見なされ、新たな施設の建設や機能更新が進められた。88（昭和63）年には産業遺産である疏水施設を含んだ地区が追加され、現在にいたる。近年この公園を含む岡崎一帯は、重要文化的景観として保全が図られるとともに、情報発信の充実など、魅力の向上を図るエリアマネジメントが盛んである。

都 円山公園　＊名勝、日本の都市公園100選

京都市街地に近接した東山西麓の小高い丘陵に位置する風致公園である。西側を八坂神社、南面、北面を高台寺や清水寺、知恩院など著名な社寺に囲まれた往来の要所にあり、桜の時期を筆頭に、年間を通じ多くの市民や観光客が集う観光名所でもある。この地は江戸時代からすでに、京都を代表する遊覧と往来の一大拠点であった。祇園社（現在の八坂神社）、安養寺、長楽寺などの社寺が集積していたが、なかでも祇園社は桜の名所として知られ、安養寺境内の六阿弥は、眼下に広がる優れた眺望と美しい庭園を備え、誘客に席を提供し大繁盛したという。この地は1886（明治19）年12月、太政官布告に基づく京都府下最初の「公園」となった。以後、明治から大正にかけて2度にわたる拡張整備事業が実施され、丘陵地形を利用した渓谷や四季折々の花木を伴う、新たな名所の風景が創出された。特に疏水を用いた渓流を軸とした園東部の庭園造成には、京都の著名な庭師小川治兵衛（植治）の関与が指摘されている。その後も野外音楽堂など、新たな公園施設が付加されていったが、一方で江戸時代の風情を留める茶店、飲食店などの民間施設も一部継承されている。1931（昭和6）年、円山公園は「四時遊覧ノ勝区」すなわち多くの人々が四季折々、朝夕を問わず遊覧する景勝地として評価され、国の名勝に指定された。近年、この価値をより強化するための管理整備方針の再検討が進行中である。

庭 鹿苑寺（金閣寺）庭園　＊世界遺産、特別史跡、特別名勝

京都市北区にある鹿苑寺は、鎌倉時代の著名な別荘だった西園寺殿（北山殿）を、足利義満が1397（応永4）年に譲り受けて、大々的に改造を行って造営した北山殿が基になっている。山腹に残る安民沢と呼ばれている園池は、西園寺殿の時代のもので、鎌倉時代には山腹の不動堂の背後の岩山に、大滝がかかっていたらしい。

義満の北山殿の敷地は現在の金閣寺境内よりも広大で、北御所、南御所、崇賢門院御所から成り立っていた。北御所内には寝殿、小御所などの主要な施設があり、寝殿の西方には現在も残る大池（鏡湖池）がつくられ、周囲に舎利殿（金閣）や天鏡閣、泉殿などが建てられていた。

『臥雲日件録』には、舎利殿の北に天鏡閣があって、空中廊下で舎利殿と結ばれていて、閣の北には泉殿があったと書かれている。金閣と天鏡閣だけでなく、泉殿も近くに存在していたというから、現在よりもはるかに優美な光景が、鏡湖池の岸辺には見られたようだ。義満がしばしば西芳寺を参詣していることや、舎利殿という名称からすると、金閣は西芳寺の舎利殿を参考にしたのだろう。全体的な構想からみると、安民沢や堂などは西園寺殿のものを踏襲しながら、鎌倉時代の名園を凌ぐものにするために、西芳寺を念頭に置いて、いっそう豪華絢爛なものに改修したことになる。

義満の死後、義持によって北山殿は禅寺とされ、義満の法号「鹿苑院」から鹿苑寺と名付けられた。1420（応永27）年以降に懺法堂、宸殿、公卿間、天鏡閣が他に移されている。1467（応仁元）年からの応仁の乱によって、西軍の陣だった鹿苑寺は炎上して、金閣を除いて残っていた建物は焼失してしまった。金閣も1950（昭和25）年の放火で全焼したが、55（昭和30）年に復元されている。

庭 醍醐寺三宝院庭園　＊世界遺産、特別史跡、特別名勝

醍醐寺三宝院は、京都市伏見区醍醐東大路町に位置している。三宝院の庭園は、表書院から突き出している泉殿から眺めるようになっている。東西50 mほどある園池には、三つの中島が築かれて、さまざまな形態の橋が架けられている。南側の塀に沿って築山が設けられ、中央手前に聚楽第から運ばれたという藤戸石が置かれている。全体的にみて石が多い感じが

するのだが、そこにこの庭園の歴史が秘められている。

醍醐寺は874（貞観16）年に理源大師が醍醐山上に草庵を建てたことに始まるという。醍醐天皇から手厚い庇護を受けて、山麓の下醍醐に大伽藍が建ち並んだ。室町時代にはサクラが名高かったことから、6代将軍足利義教が1430（永享2）年に来訪している。この時に、作庭の名手の任庵主が金剛輪院の庭園を改修している。だが、西軍が1470（文明2）年に醍醐の東軍を攻めたために醍醐寺は焼失して、豊臣秀吉が1597（慶長2）年に行った醍醐の花見をきっかけに、それ以後多くの建物が復興された。

門跡（住職）だった義演准后の日記によると、秀吉は義演が住む金剛輪院を訪れて、庭園が見事なので気に入ったらしい。中島に護摩堂を建てて橋を架け、滝を二筋落とすようにして、聚楽第から名石を引いて来るという計画を立てている。秀吉が1598（慶長3）年にも再び花見を企画したことから、金剛輪院の庭園改修は続けられたが、この年に秀吉が没したために、改修計画は縮小されて、1600（慶長5）年に建物工事が完了している。

しかし、義演は庭園の改修をそれ以後も続行して、1615（元和元）年には「天下一の上手」といわれた賢庭を使って、滝の場所が悪いから南東へ移すべきだとして、滝石組を移動させている。醍醐寺座主の居所と定まって、三宝院と改称された旧金剛輪院の庭園の改修を、義演は1624（寛永元）年まで行っている。作庭が趣味というよりも執念のように感じられる。秀吉が存命だったならば、これで満足してもらえるだろうかと、義演は常に考えていたのではないだろうか。

庭 仙洞御所　＊宮内庁所管

京都御苑内にある仙洞御所庭園には、北池と南池があって、その周囲を回遊するようになっている。玉石を敷き詰めた洲浜や藤棚がある八ッ橋、阿古瀬淵の六枚橋などが強く印象に残るのだが、庭園が塀に囲まれているためか、大規模な御殿が失われていることに気づく人は少ない。

天皇が退位すると上皇という身分になって、内裏から上皇の御所とされた仙洞御所に移るわけだが、仙洞御所は内裏とならぶ大規模なものだった。天皇が引退するたびに新しい仙洞御所が用意されたから、上皇が何人もいると仙洞御所は複数存在することになった。現在も残る仙洞御所は3カ所あったうちの一つで、ここには後水尾、霊元、中御門、桜町、後桜町、光

北海道
東北地方
関東地方
北陸地方
甲信地方
東海地方
近畿地方
中国地方
四国地方
九州・沖縄

格天皇が居住していた。皇后も天皇が退位すると女院と呼ばれるようになり、仙洞御所に隣接する女院御所に移り住んでいる。

1627（寛永4）年に建造された後水尾上皇の時期の庭園は、大名で茶人だった小堀遠州が設計をしている。書院東側の園池は大規模なもので、直角に折れ曲がる切石積み護岸が続いていて、築山をもつ中島が池の中央に設けられているという、遠州らしい大胆な造形だった。東福門院の女院御所の園池も、仙洞御所と同様の直線的な切石積み護岸になっていた。

だが、1664（寛文4）年に再建された際には、園池は直線的な護岸が改修されて、現状に近い形状になっている。新造の女院御殿も、園池は寛永度とは異なった複雑な形に変化している。霊元上皇の時期の1687（貞享4）年には、新上西門院の女院御所の敷地は、仙洞御所の3分の1ほどに減少して、旧東福門院御所の園池は仙洞御所の所属に変わっている。1709（宝永6）年になると二つあった園池は接合されて、現在の仙洞御所の南池、北池と同形になった。

仙洞御所は1854（嘉永7、安政元）年にも焼失したが、上皇が居住していなかったことから、幕府は御殿を再建しなかった。女院御所も焼失していたが、1869（明治2）年に再建されて、孝明天皇の准后の九条夙子が居住している。夙子が皇太后になったことから、この御所は皇太后を意味する大宮を付けて「大宮御所」と呼ばれるようになった。その後も皇室などの宿泊施設とされている。

庭 修学院離宮 ＊宮内庁所管

修学院離宮は、京都市左京区修学院藪添に位置している。江戸時代の天皇で大規模な別荘を造営したのは、修学院離宮をつくった後水尾天皇しか存在しない。参観者は修学院離宮の表門から入って、下御茶屋の流れと寿月観を見てから、中御茶屋を経て上御茶屋に向かうのだが、中御茶屋は明治期に付け加えられたもので、元は後水尾院の娘朱宮の寺（林丘寺）だった。上御茶屋の臨雲亭からは、園池の後方に山々を眺め渡すことができる。

この修学院離宮の造営は後水尾天皇の退位後、1656（明暦2）年から開始された。草木から飛石や景石まで、粘土で形をこしらえて地形模型の上に並べて、上皇は作庭の案を練ったという。自由に出かけることを幕府が許さなかったので、案がほぼできた段階で、侍女の中の作庭の上手な者をたびたび修学院離宮に行かせて、計画どおりでいいかを確かめたという。59（万治2）年の末までにほぼ完成したらしい。下御茶屋の寿月観は休憩するためだけではなく、名称のとおり月を眺めるために建てている。上御茶屋では石垣を積んで、谷川の水を堰き止めて園池（浴竜池）をつくり、周囲に御茶屋を建造した。70（寛文10）年前後制作の「修学院図屏風」（岡田美術館所蔵）では、下御茶屋では2階建ての湾曲閣が寿月観の東南に建ち、上御茶屋では山上の臨雲亭の続きに懸け造りの洗詩台があり、浴竜池の西側には止々斎が設けられている。

その後の霊元上皇（1654～1732）の修学院離宮への来訪は、春と秋に各1回の日帰りが普通で、多い時には秋に2回になっているが、年に2回が幕府が許した条件だったようだ。離宮に宿泊することは許されていなかったためか、毎回翌日の明け方までには必ず仙洞御所へ帰っている。光格上皇の時期には御幸のために、1824（文政7）年に下御茶屋では寿月観が復元され、上御茶屋では隣雲亭が再建されている。京都所司代が中島架ける千歳橋を献上したのも、この工事との関連からだった。

明治維新後には天皇は東京に移ったが、1883（明治16）年に宮内省所管の御料地になり、本格的な改修工事が行われた。江戸時代には上御茶屋と下御茶屋は畦道で結ばれていたのだが、馬車で行けるように拡幅して、道の両側には現状のようにマツを植えている。

庭 桂離宮　＊宮内庁所管

京都市西京区桂御園に位置する桂離宮には、美が結集されているという良さがある。園路は飛石だけでなく、小石を敷き詰めた霰こぼしや蹲踞を添えた延段などが見られる。園池の岸としては、洲浜や石組や船着場があり、燈籠も「岬、織部、手毬」などと呼んでいる特色のあるものが多い。

八条宮智仁・智忠親王が1616（元和2）年頃から62（寛文2）年頃にかけて造営したもので、現在は皇室用財産になっているために「桂離宮」という名称になっているが、当時は「桂御所、桂別業、桂山荘」などと呼ばれていた。1615（元和元）年頃に智仁の所有になり、瓜畑の御茶屋や月波楼などが建造され、20（元和6）年には、古書院などの本格的工事が開始されている。だが、智仁は29（寛永6）年に死去してしまった。

息子の智忠が初めて桂別業を訪れたのは、1641（寛永18）年のことだった。桂別業に通うようになったのは、病弱な体を鍛えるためだったという。古書院の南西部を改造して、中書院を増築している。茶屋で寛ぐだけでなく、園池には舟を浮かべて酒を酌み交わしていることからすると、この庭園では舟遊びができる園池が､重要な役割を果たしていたようだ。1643（寛永20）年に後水尾院の子の幸宮が、八条宮家に養子として入った縁もあって､58（万治元）年に後水尾院の非公式の御幸があった。昭和の修理の際に、新御殿の襖の下張りから「万治三年」と書かれた反古紙が発見されて、後水尾院の公式の御幸のために建てられたことが判明している。だが、62（寛文2）年に智忠は死去してしまった。

3代以降の当主は若死にする人々が多かったことから、桂別業を利用することは少なかった。しかし、管理には気を使って、御殿には覆屋を設け､庭石まで大事に包み込んで保護していたという。1881（明治14）年に淑子内親王が死去したために桂宮家は断絶して、桂別業は宮内省の管轄になって「桂離宮」と改称された。1976～82（昭和51～57）年にかけて御殿の整備、85～91（昭和60～平成3）年にかけては茶屋などの整備が行われて、現在の姿になっている。

庭 平等院庭園　＊世界遺産、史跡、名勝

宇治市宇治蓮華の平等院の場所は、平安時代初期には河原院を造営した源　融の別荘だった。宇治川を隔てて、山々が美しく見えるという景勝地だったことから、別荘地として好まれたのだろう。藤原頼通が別荘を寺院に変えて、現在も残る平等院を建立した。1052（永承7）年に本堂、53（天喜元）年に阿弥陀堂（鳳凰堂）が竣工している。父道長が建造した法成寺や「浄土変相図」を参考にして、建物と園池の配置構想を練ったのだろう。

平等院庭園の保存整備が、1990～2002（平成2～14）年にかけて行われて、発掘で鳳凰堂が建つ中島の護岸はすべて明治期のものとわかったが、鳳凰堂の前面からは中世と平安時代の洲浜が発見された。平安時代の鳳凰堂の周りは洲浜がとり巻いていたらしく、鳳凰堂の翼廊の基壇は当初はなくて、翼廊の柱が池中や洲浜から建ち上がっていたことも判明している。基壇が設けられたのは、1101（康和3）年に頼通の曽孫の忠実が修理を命じているので、その時の改修らしい。整備では建物の基壇はそのままとされたが、平安時代の洲浜の様子が復元された。

庭 天龍寺庭園　＊世界遺産、史跡、特別名勝

嵐山の対岸の天龍寺の位置には、鎌倉時代に亀山殿が存在していた。後醍醐天皇が幼少期を過ごしたこの場所に、足利尊氏が後醍醐天皇の冥福を祈って、1339（暦応2）年に夢窓疎石を開山として創建したのが天龍寺だった。天龍寺の規模は南禅寺にならったというが、庭園を含めた全体の配置は「建長寺指図」（1331〈元徳3〉年）に似ている。

幾度も火災にあっているために、当初の園池の形状はわかりにくいが、出島を設けて所々に荒磯石組を置いているのは、平安、鎌倉時代の寝殿造庭園の伝統を引き継いでいる。滝組は方丈から眺めると石橋と調和していて美しいが、近くまで寄ってみるとすべての石無駄なく配置されていて、厳粛さが感じられる。作庭者は夢窓疎石だとしていいだろう。

1344（康永3）年に庭園が完成したらしく、夢窓は46（貞和2）年に「天竜寺十境」という詩をつくって、普明閣、絶唱渓、霊庇廟、曹源池、拈華嶺、渡月橋、三級巌、万松洞、龍門亭、亀頂塔を詠んでいる。庭園と周辺環境との調和をはかるというよりも、積極的に周囲の空間と融合して一体化していくというのが、夢窓の考え方だった。

庭 大仙院書院庭園　＊史跡、特別名勝

大徳寺塔頭の大仙院は1513（永正10）年の創建だが、室町時代の鷲尾隆康の日記『二水記』の1530（享禄3）年の項に、大仙院の庭園について「近ごろ見事なり」と記されているので、この頃の作庭になる。大仙院の開祖古岳宗亘（1465～1548）の伝記に「禅の修行の合間に珍しい樹木を植え、変わった石を置いて、自然の風景の様子を作った」とあるので、古岳の作とみていいようだ。山から流れ出た水が大河となって大海に注ぐ様子が、数多くの青石（結晶片岩）を使って表現されている。

1959～61（昭和34～36）年度の本堂解体修理の際に、庭園の北側部分に接する縁側の土台石の下から、旧縁束石が発見されたことから、作庭されたのは本堂の創建時ではなく、後の時代であることが明らかになった。中央の渡り廊下の下で、庭園の南側は一段低くなっていのは、北側全体に20cmほど盛土を行っていることによっている。土台石を置いたのは土を盛るためと、縁側の下に雨水が入り込むのを防ぐためだった。こうした工

夫から、庭園は縁側から眺めるときに、見おろす感じにならず、明るく親しみのあるものになっている。

庭 龍安寺方丈庭園　＊世界遺産、史跡、特別名勝

京都市右京区にある龍安寺の方丈庭園は、東西25m、南北10mという規模で、15個の石と白砂しか使っていないのだが、不思議と人を引きつける。使われている石も全部京都近郊の石にすぎないが、背後の築地塀の屋根は西側ほど幅を狭くして、遠近法の原理で庭を広く見せている。

『龍安寺方丈前庭之図』には、1797(寛政9)年に焼失した方丈と石庭が描かれていて、各庭石の寸法と側溝や隣の石からの距離が詳しく記されている。1間を6尺5寸(1.97m)としてこの図の寸法を換算して、現在の実測図と比較してみると、石の位置は変わっていない。方丈が焼失した際にも石の位置は変えられずに、そのまま保存されてきたことになる。

石組が何を表現しているのか、作庭者は誰かについては、『正保二年(1645)呈公庁記』に「庭虎の子渡　相阿弥築」と記されて以来、この説が広まった。しかし、室町時代の画家だった相阿弥が、作庭をしていたという確実な史料はない。作庭者についてはこのほか、龍安寺の創建者である細川勝元とする説、江戸時代の茶人金森宗和とする説などが出されている。

庭 二条城二之丸庭園　＊世界遺産、特別名勝

二条城二之丸庭園は、京都市中京区二条通堀川西入ル二条城町に位置している。徳川家康は関ヶ原の合戦後の1601(慶長6)年に、二条城の建設を開始している。当初の城の規模は小さく、現在の二之丸部分だけだった。1602(慶長7)年から翌年まで、天守と二之丸の工事が行われて、遠侍、式台、大広間、黒書院、白書院などが建設された。

1615(元和元)年の町触に「二条水道」と出ていて、『駿府記』の同年の項に「泉水御座敷」と書かれているので、二之丸の園池が現在の状態になったのは、この年だった可能性が高い。26(寛永3)年に後水尾天皇を二条城へ迎えることになって、本丸が新たに増築され、二之丸には行幸御殿が建てられて、園池の石組を御殿の方へ向け直している。

1868(明治元)年に二条城は新政府の所有になり、84(明治17)年に宮内省の所管に変わって「二条離宮」と改称された。97(明治30)年に園池を干

して、池底に玉石を敷いて枯山水にしたが、1928（昭和3）年に内堀の水をモーターで汲み上げて、昔の庭園の趣を復活させている。

庭 金地院庭園　＊特別名勝

金地院は室町時代に鷹ヶ峰に創建されたものだが、1605（慶長10）年頃に以心崇伝が、南禅寺境内の現在地に再興している。将軍を迎えるために、祝意を表す「鶴亀の庭」をつくったといわれているが、確証はない。

方丈の前面に白砂を敷き石組でかたどった鶴島と亀島を築いてアカマツとビャクシンを植え、その中間に平たい礼拝石を置き、背後の樹木を丸く刈り込んで全体を引き立たせている。建物と庭園との距離が10mほど空いているのは、法要などに使用するためだが、離れすぎると庭園が貧弱に見えてしまうので、鶴島と亀島を大きくしたようだ。

崇伝の『本光国師日記』によると、建築が完了した1629（寛永6）年に、庭園の設計を小堀遠州に依頼している。32（寛永9）年には、諸大名から贈られた庭石が集まったことと、加賀に出向いていた石組の名手の賢庭が帰京したことから、仕事がはかどって庭園は完成している。だが、崇伝は完成した庭園を見ずに、翌年に江戸で没してしまった。

庭 浄瑠璃寺庭園　＊特別名勝、史跡

木津川市加茂町西小札場にある浄瑠璃寺の本堂が造立されたのは、1047（永承2）年のことだった。1107（嘉承2）年に本堂は建て替えられて、50（久安6）年には奈良の一乗院門跡の恵信が隠居することになって、境内を整備して池を掘って庭石を据えている。1157（保元2）年に本堂を西岸へ移して、現在の阿弥陀堂を建てたことで、浄土式庭園の形になった。1178（治承2）年には鐘楼を造立し、京都一条大宮から三重塔を移築するなどして、境内整備をしている。1205（元久2）年にも、京都から来た小納言法眼が池辺の石を立て直した。近年では1976（昭和51）年度に庭園の整備がされたのだが、荒れたために2010（平成22）年度から再整備が行われている。

庭 西芳寺庭園　＊世界遺産、史跡、特別名勝

京都市西京区松尾神ケ谷町にある西芳寺庭園は、事前申込制になっているが、庭園史では重要な庭園なので説明しておきたい。藤原親秀が1339

（暦応2）年に、夢窓疎石を住職として招いて西芳寺を再興している。仏殿（西来堂）を中心に南に2階建ての瑠璃殿をつくり、園池の南に湘南亭、北に潭北亭、背後の山頂には縮遠亭、山腹に指東庵、登り口に向上関などの建物を設けていた。夢窓の得意とする、上下2層の空間構成が行われている。現在では「苔寺」と呼ばれているように、樹木が鬱蒼としていてコケが美しく繁茂しているが、これは戦乱などで荒廃した結果で、当初はマツ、サクラ、カエデが多い明るい感じの庭園だった。

庭 慈照寺（銀閣寺）庭園　＊世界遺産、特別史跡、特別名勝

京都市左京区所在の慈照寺は、室町時代後期に足利義政（1436～90）が別荘として造営したもので、当初は「東山殿・東山山荘」などと呼ばれていた。武家の別荘だったのだが、全体の建物配置は西芳寺を模倣していた。下段には園池を中心にして、将軍邸と同様に常御所、会所などの建物を建てていたが、観音殿（銀閣）は西芳寺の舎利殿、東求堂は西来堂、釣秋亭は湘南亭、中段の西指庵は指東庵、上段の超然亭は縮遠亭をというように、名称まで西芳寺をまねて建造していた。当然、園池も模倣していたはずなのだが、まだ発掘調査で規模が確認されていない。

庭 旧円徳院庭園　＊名勝

京都市東山区高台寺下河原町に、旧円徳院庭園はある。この庭園を所有していた永興院について『京都坊目誌』（1915〈大正4〉年）は、元は豊臣秀吉の正室の北政所が、1605（慶長10）年に建造した居館で、伏見城内にあった化粧殿を移築していたが、没した1624（寛永元）年後に寺になったと述べている。また、円徳院については、北政所の甥の木下利房が、1624年に叔母の居館の後方に邸宅を構えたが、隠棲後に寺にしたとしている。大正期以降に円徳院は、永興院を併合したらしい。当時の化粧殿は残っていないが、書院の庭園は枯池に巨石を使って2島を築き、分厚い自然石の石橋で結んで、東側の築山からは枯滝を落としている。石組は豪快華麗で、桃山時代らしさが感じられる。

庭 円通寺庭園　＊名勝

円通寺庭園は、京都市左京区岩倉幡枝町に位置している。後水尾天皇が

修学院離宮を造営する以前に営んだ幡枝離宮が、1678（延宝6）年に寺院に改められて円通寺となった。仏殿の東側正面の600㎡ほどの場所に、数多くの石組が置かれていて、生垣の背後のスギ・ヒノキの間に、比叡山が眺められる借景庭園になっている。石組を東西に平行に3列置き、北側は生垣に沿って直角に曲げているだけなのだが、中央に岩盤が北東から南西にかけて露頭しているのに調和させて、変化に富んだ配石に見せている。幡枝離宮時代の庭園と考えていいのだろう。

庭 渉成園　＊名勝

渉成園はJR京都駅からすぐの、京都市下京区下珠数屋町通間之町東入ル東玉水町に位置している。1641（寛永18）年に3代将軍徳川家光が、東洞院以東の六条、七条間の土地を寄進したことで、東奥に門主引退後のための屋敷が造営された。門主の宣如は1653（承応2）年に引退して、この別邸に移っている。全体が完成したのは57（明暦3）年になってからだった。敷地面積は約3万5,000㎡だが、園池（印月池）だけでも7,200㎡ほどある。頼山陽の『渉成園記』（1827〈文政10〉年）によると、中島の縮遠亭での茶事の時には、鐘の合図で漱枕居から舟に乗り、池を渡るようになっていたらしい。中国の明代に流行した、酒店、飯店、茶店を園池の周りに配置して遊ぶ、「三店の園遊」の仕方に類似しているのは、「三亭主人」とも号した石川丈山（1583～1672）の構想によるとみられている。

庭 無鄰菴庭園　＊名勝

南禅寺界隈の一帯に、江戸時代の庭園とは違った特色ある庭園をつくった小川治兵衛（植治）にとって、京都市左京区南禅寺草川町にある無鄰菴は、原点ともいえるものだった。軍人で政治家でもあった山縣有朋（1838～1922）は、「従来の人はおもに池をこしらえたが、自分はそれより川の方が趣致があるように思う」と言って、流れを中心とした別荘の庭園の構想を立て、「陰気でないのを」という注文を付けている。そこで植治は流れを主体にしながら、最上部に滝組を築くが、少し流れ下った部分に浅い池を設けて、周囲にカエデを植えて明るい感じにしている。さらに建物の前面には芝生広場を設けることと、背後に南禅寺の裏山を見せることで、明るさを強調している。竣工は1894（明治27）年頃のことだった。

27 大阪府

万博記念公園

地域の特色

大阪府は、大阪湾に臨む中央部の大阪平野をとり巻いて階段状の台地、丘陵、山地を形成し、北は剣尾山、妙見山で京都府、兵庫県に接し、西は生駒山地、金剛山地で京都府、奈良県に接し、南は和泉山脈で和歌山県に接している。山地は二上山のみ火山性であるが、他は非火山性の主として褶曲や断層によって生じた構造山地である。大阪平野は淀川や大和川の土砂が堆積した氾濫原である。大阪湾は古くは難波潟、ちぬの海、和泉灘などと呼び、葦原や干潟が広がり、歌に愛でられた場所であった。古くは摂津、和泉、河内の国であり、歌川広重の浮世絵版画『六十余州名所図会』（1853～56）も摂津住吉の浜と和泉高師の浜を美しく描いていた。しかし、近代になって埋め立てが進み、阪神工業地帯に変貌した。

古くから大和と九州・大陸を結ぶ交通の要衝であり、難波津として栄えてきた。古墳時代には古市古墳群、百舌鳥古墳群などが築造された。仁徳天皇は難波に宮を置いたとの伝承があり、大和時代以降何度か難波京に遷都されたと考えられている。安土桃山時代になると豊臣秀吉は大坂城を築き、江戸時代には江戸を結ぶ航路のほか、北海道を結ぶ西廻り航路も開かれ、天下の台所の商都として栄え、今もその伝統を継承している。

1970（昭和45）年、大阪万国博覧会が大成功をおさめた。自然公園は周囲の山地が国定公園となり、都市公園・庭園は城郭や万博にちなむものが特徴的である。

主な公園・庭園

㊍ 金剛生駒紀泉国定公園生駒山・葛城山・金剛山

大阪府と奈良県の境に南北に連なる山である。大阪府には大都市の背後の山となり、奈良県には盆地をとり巻く大和青垣となっている。古くから山岳信仰の地として多くの神社仏閣を抱え、また、歌に詠む歌枕として、さらに、奈良と大阪を結ぶ峠の山となっていた。

自 明治の森箕面国定公園箕面

箕面の滝と紅葉で有名な古くからの名所であり、1967（昭和42）年、明治100年を記念して、東京都の高尾山とともに指定された。高尾山777ha、箕面963haと、2カ所とも国定公園としては他に比べ1桁も2桁も小さく、最小の国定公園である。

都 大阪城公園

＊特別史跡、重要文化財、日本の都市公園100選、日本の歴史公園100選

大阪市中心部に位置する総面積105.6haの広大な歴史公園である。内濠と外濠で二重に囲まれた城内区域には、緑のなかにそびえ立つ白亜のコンクリート造の天守を中心に、13棟の国指定重要文化財の門や櫓が点在し、梅林や桜の名所として知られる西の丸庭園などが設けられている。大阪城の歴史を学び体感するとともに、老若男女が四季の移ろいを享受する憩いの場として人気を博している。この城内エリア全体に外濠の外縁地区を加えた範囲が、国の特別史跡に指定されている。一方、史跡指定地外の城外区域には、森林公園地区や大噴水などの豊かな緑と水の景に加えて、野外音楽堂、大阪城ホール、野球場などの大規模な文化施設や運動施設が設置されており、一年を通じて市民に広く利用されている。周辺に高層建築群が密集するなか、南側に隣接する難波宮跡とあわせて、物心両面で潤いを提供する貴重なオープンスペースになっている。

大阪城は明治維新以降、政府の軍用地となった。この一画を借りて1924（大正13）年に開設した小規模な「大手前公園」が、大阪城公園の始まりである。28（昭和3）年、当時近代都市づくりを推進していた大阪市は、象徴的存在として新たに「大阪城公園」を都市計画決定し、公園全体の整備とあわせて豊臣時代の天守の再建を発表した。この事業は大阪のシンボルの復興として熱烈な歓迎を受け、市民の寄付金を財源に建設が進められ、31（昭和6）年に5層8階建ての天守が竣工した。以後、時代ごとに拡張整備が進められていくが、特に注目すべきは、城外エリア東部の一画新たに出現した「森」である。高度経済成長期に都市公害が問題化した大阪市は64（昭和39）年「大阪市緑化宣言」を発し、官民あげて緑化政策を推進していっ

たが、その代表的な事業として、陸軍造兵廠の工場が建ち並び空襲で荒廃していた一画を森林公園として整備することとなった。市民団体の協力のもと約35,000本の樹木が植栽され、69（昭和44）年、市民の寄付により植樹される市民の森や記念樹の森を含む約36haの森林公園が完成した。近年は、特に都市戦略のなかで「世界的観光拠点」としての機能強化が推進されている。2015（平成27）年度より、公園や施設を指定管理者として一体管理するだけでなく、施設建設による収益事業や魅力向上のイベントなど、民間事業者独自の集客、収益事業を総合的なマネジメントとして実施するPMO（Park Management Organization）方式による運営が始まり、先駆的事例として注目されている。

都 万博記念公園

吹田市に位置する、日本万国博覧会の跡地に整備された約258haの府下最大級の公園である。1970（昭和45）年、「人類の進歩と調和」をテーマにアジアで初めて開催されたこの万国博覧会の会場となったのは、大阪市より約15km北方にある千里丘陵の地である。大規模な造成と客土、土壌改良を施した地盤に、奇抜な形のパビリオンが林立する「未来都市」が出現し、史上最多の入場者数を記録する大盛況を呈した。跡地整備の方針をめぐっては、当初都市開発も検討されたが、最終的に「緑に包まれた文化公園」を基本理念とすることが決定した。その具体の整備内容は、人工的に造成された広大な土地に自然林を再生するという、世界的にみても前例のない画期的なものであった。1972（昭和47）年から、更地になった人工地盤をすり鉢状に造成し、公園外周部から中心部に向けて密生林、疎生林、散開林の3タイプの樹林構成の下、約250種、60万本の樹木が導入され、30年後に「自立した森」として熟成することをめざした基盤整備が進められていった。以後、目標の30年が経過した2000（平成12）年、樹木は大きく成長し量としては充実したが、反面、生物多様性に欠けるという質の課題が明らかとなり、科学的検証を踏まえた順応的管理が先駆的に実践され始めて現在にいたる。万博のシンボルであった太陽の塔をとり囲むように豊かな緑が広がっているが、これは人が生みだし、今も育て続けている森の風景なのである。

都 浜寺公園　＊日本の歴史公園100選

堺市西区および高石市にまたがる、浜寺水路と呼ばれる幅200mの運河沿いに広がる公園である。この土地は、古来海に直接面し、万葉集をはじめ詩歌に詠まれた白砂青松の景勝地「高師の浜」であった。明治初期に民間に払い下げられ松林が濫伐され、その打開策として1873（明治6）年12月、住吉公園に続く大阪府下2番目の公園として開設された。以後、明治後期から昭和にかけて、固有の風光美に加えて南海電車開通や海水浴場開設が誘引力となり、関西一円から人々が集う行楽地となった。その後、この地の風光を担ってきた松林と砂浜は再び大きな危機に直面する。戦後、米軍宿舎用地として接収された際に松林は大量伐採され、砂浜には盛土がなされて芝生が張られ、宿舎などが建ち並んだ。さらに1961（昭和36）年には、沖に泉北臨海工業地が造成されて砂浜は消滅し、代わりにプール群と子供汽車が人気の交通遊園や野球場などを備えた総合公園として拡張整備された。ただし、松林だけはこれらの危機をすべて乗り越え、修復、保全されて現在にいたる。園内には約5,000本の松が生育しているが、公園の象徴的存在として保全と育成のためのきめ細やかな管理が施されている。一方で、新たな施設整備やイベント、サービスの充実による魅力創出の取り組みも進められており、特に1993（平成5）年に新たに整備されたばら庭園は日本に自生する野生種30種類が揃い、人気を博している。

庭 南宗寺庭園　＊名勝

堺市堺区南旅篭町東にある南宗寺は、1557（弘治3）年に三好長慶が造立したものだが、74（天正2）年と大坂夏の陣の戦火で焼失して、1619（元和5）年頃までに方丈・庫裏などが復興されている。

作庭年代についてはこの復興時という説もあるが、大徳寺の高桐院文書によると、1650～66（慶安3～寛文6）年頃につくられた可能性が高い。庭園は石橋から川が流れ下る光景を、枯山水として表現していて、石橋と流れの石組を大胆に組み合わせているのが魅力になっている。1945（昭和20）年の空襲で、開山堂や客殿、千利休が使っていた実相庵などが焼失したが、利休愛用の袈裟形の手水鉢は残っている。

28 兵庫県

国立公園明石海峡

地域の特色

兵庫県は近畿地方の西部に位置し、東西に走る播但山地と丹波高原からなる中国山地が県を二分し、北部は旧但馬の国の山陰として日本海に接し、南部は旧播磨の国の山陽として瀬戸内海に接し、瀬戸内海には旧淡路の国の淡路島がある。中国山地は分水嶺として、北へは円山川が流れ、豊岡、城崎などの町をつくって日本海に注ぎ、南へは明石川、加古川、市川、揖保川、千種川が流れ、播磨平野に明石、加古川、姫路、龍野、赤穂などの町をつくって、瀬戸内海に注ぐ。中国山地の北部には白山火山帯が東西に走り、鳥取県境には火山の氷ノ山がそびえ、周辺には鉢伏高原、神鍋高原などが広がり、自然林や渓谷美を見せてくれる。

文豪志賀直哉ゆかりの城崎温泉や夢千代の里として知られる湯村温泉など温泉地も多い。古代、平清盛は大輪田泊を拠点に日宋貿易を行い、一時的に福原京を造営するが、これが近代の国際港神戸港や国際都市神戸につながっていく。近世には譜代大名が姫路城に入り、明石、龍野、赤穂、出石、豊岡などの小藩が分立する。播磨平野は瀬戸内海沿岸の気候によりため池数がわが国で最も多いが、一方、この地域は古くから歌枕の名所の集積の地であり、須磨、明石、淡路島などは千年の名所であった。須磨は一ノ谷の源平合戦の地でもあり、須磨や湊川は楠木正成ゆかりの地でもあり、江戸時代には名所遊覧の地であった。特に須磨、明石は万葉集、古今集、新古今集などの歌に詠まれつづけ、伊勢物語、源氏物語の舞台としても語られ、柿本人麻呂、在原行平、光源氏ゆかりの地として語りつがれていく。姫路城は白鷺城とも呼ばれ、1993（平成5）年、世界文化遺産となった。

自然公園は瀬戸内海と日本海の国立公園を主として、火山帯など多彩である。都市公園は現代のものに、庭園は歴史的なものに特色がある。

主な公園・庭園

自 瀬戸内海国立公園明石海峡・六甲山・淡路島

瀬戸内海国立公園は1934（昭和9）年誕生のわが国最初の国立公園の一つであるが、明石海峡、淡路島、六甲山などの一部が戦後編入される。明石海峡は現在では世界一長い吊り橋が架かる瀬戸内海の代表的瀬戸（海峡）景観であるが、古くから明石、須磨などとともに歌に詠まれる歌枕として定着してきた。飛鳥時代7世紀の歌人柿本人麻呂は、明石海峡、淡路島、沙弥島（香川県）などの歌を詠み、瀬戸内海の風景をとらえた人であった。明石海峡大橋でつながる淡路島も国生み神話の土地であり、千鳥と結びついた名所であり、先山（淡路富士）、諭鶴羽山などの名山もあった。今は一面の玉ねぎ畑に点在する吊るし干し小屋の風景が面白い。幕末の1868（旧暦慶応3）年に神戸港が開港し、アメリカのパシフィックメール社はサンフランシスコ－上海間の航路を開設。定期便が多くの外国人を乗せて、横浜、神戸、長崎に寄港し、瀬戸内海を航行していた。船舶は神戸港で六甲山の美味しい水を補給した。欧米人はユートピアのような内海の多島海や瀬戸の風景を絶賛していた。神戸の背後にそびえる六甲山は、1812（文化9）年、谷文晁の『日本名山図会』に「六甲山」「摩耶山」として描かれた名山であった。やがて、95（明治28）年、神戸居留地で貿易商を営んでいたイギリス人アーサー・グルームが山荘を建て、1901（明治34）年には、4ホールのゴルフ場をつくる。グルームは、日本人の妻をもち、終生日本で過ごす。六甲山もまた外国人の保養地として見いだされた所であった。

現代、淡路島を舞台に瀬戸内海の映画の名作が生まれた。終戦直後の淡路島を描いた『瀬戸内少年野球団』（阿久悠原作、篠田正浩監督）は、疎開してきた戦争犯罪者の娘、悪事で兄が自殺してしまう弟、片足を切断し帰郷をためらう復員兵、復員兵の弟と不倫を犯してしまうその妻と、皆重い人生を背負っていたが、グレン・ミラーの音楽と、手づくりの道具で行う野球が明るい戦後を描いていた。そして、瀬戸内海の明るい陽光がすべてを包みこみ、のどかで古びた風景がすべてをいやしていた。やがて疎開の娘が島を去るが、真っ青な海と空に小島が浮かび、波一つない小さな港を錆びた船が離れていく場面は、人間が常に秘めている悲しみを深めていた。

自 山陰海岸国立公園香住海岸・玄武洞・城崎

＊世界ジオパーク、名勝、天然記念物

山陰海岸国立公園は京都府の網野海岸から兵庫県の海岸と内陸を含み、鳥取県の鳥取砂丘にいたる海岸・海域を中心とした公園である。1963（昭和38）年に国定公園から昇格した。山陰地方は冬の北西からの季節風が厳しく、時に豪雪にも見舞われるが、夏の日本海は澄んだマスカット色でとても美しい。香住海岸はこの公園の中央部に位置し、柱状節理の鎧ノ袖、断崖と洞門の但馬御火浦などの海食崖の絶壁、海食洞の洞門、岩礁が続き、その間に、湾曲する白浜、入江の漁村・漁港などが点在する。海中景観も優れ、周辺に豊岡、竹野、浜坂などの海域公園地区があった。山陰海岸国立公園には古くは海域公園地区が5地区あったが、2014（平成26）年、汀線から1kmの範囲であった海域の国立公園区域を5kmまで拡大したのに伴い、1kmまですべてを海域公園地区とした。日本海に流れる円山川沿いに柱状節理の採掘跡の玄武洞がある。玄武岩の岩石名はこの洞窟名に由来している。この地域一帯は白山火山帯に属し、多くの温泉地を抱え、城崎温泉は外湯の風情ある温泉地として、また、文豪志賀直哉の小説『城崎にて』『暗夜行路』で有名である。香住海岸の諸寄海岸は平安時代の清少納言の『枕草子』191段に出てくる地名である。

都 舞子公園　＊重要文化財、日本の歴史公園100選

神戸市垂水区、明石海峡大橋のたもとにある5.8haの風致公園である。この地は、淡路島が南北に細く横たわる明石海峡を望む景勝地「舞子の浜」として人々に親しまれてきた場所であった。この地の松林は、淡路島に当たり明石海峡に吹き込む南西の風の強さと波の飛沫によって枝幹がさまざまに屈曲し、ここから眺める海峡の景と相俟って独特の趣を呈していた。また、砂浜が強い風や波で削られ根が地上に現れた「根上がり松」もかつては数多くみられた。その特有の風景美が、特に江戸時代には瀬戸内海のなかでも特別な風景として大評判をよんだ。当時の紀行文には絶賛する記述が数多く登場する。例えば、1804（文化元）年、文人・狂歌師として有名な大田南畝は『革令紀行』で「ややゆきて右に松原あり、枝しげり根 蟠りて、手の舞ひ足の踏かと疑ふ、これ世の人のあであへる舞子の浜ならし、」

と記している。この他にも、1806（文化3）年吉田重房の『筑紫紀行』における記述「舞子濱の方を望めば、浪際より小松ども数千本並立て全く画景に異ならず」、1810（文化7）年頃横井金谷の『金谷上人御一代記』における記述「舞子の浜は無双の絶景にして」等々、称賛の声は枚挙に暇がない。また名所図会にもしばしば登場し、著名な浮世絵師、歌川広重が江戸末期に日本全国の名所を描いた代表作として知られる「六十余州名所図会」にも、播磨国を代表する名所として描かれている。

このような由来をもつ場所が、1900（明治33）年、県下で初めての「公園」となったのである。その後、特に明治末期から大正時代にかけては鉄道敷設の影響もあり、旅館や別荘が建ち並び大いに賑わった。しかし都市化に伴い、以後の風景は様変わりしていく。偉容を誇った旅館や別荘の建物群は、28（昭和3）年に着工した国道の改修拡張計画に伴い、15（大正4）年に神戸の貿易商が別荘内に建てた八角形の楼閣「移情閣」のみを残しすべて移転してしまった。この移情閣は孫文の記念館として現存し、国の重要文化財に指定されている。松林も、戦後の進駐軍による接収や国鉄の増線工事、都市計画道路の整備などで往時のスケールが失われ、衰弱してしまったが、1965（昭和40）年代から兵庫県は松林の保護対策に努めている。86（昭和61）年から始まった明石海峡大橋の建設に伴う大改造の折も、引き続き松林を保全することが優先された。現在、明治時代まであった「根上り松」を、地域の人々とともに再生する取り組みも始まっている。

都 東遊園地　＊登録記念物、日本の歴史公園100選

神戸市の中心部、市役所のすぐ南にある約2.7haの公園。居留地の開設に伴い1875（明治8）年に開設された、神戸市で最も古い都市公園である。神戸居留地は自治組織が強固で、公園設計、造成、資金のすべてを日本政府の手を借りず自力で行った。細部まで徹底した合意がなされた公園デザインは多目的スポーツグラウンドが大半を占め、スポーツ機能が突出していた。99（明治32）年、居留地返還とともに神戸市に移管され、以後は運動場として一般市民に利用されることとなった。注目すべきは、移管時に居留地住民たちが適切な管理を義務づける条文を制定し、市の役人と外国人の半々で構成される東遊園管理委員会を設立させたことである。このシステムによって戦前までほぼ当初のままの姿が維持された。現在、グラウ

ンド地区は広場になっているが、敷地区画は良好に残されており、往時の姿を想起させるとともに居留地住民の愛着を感じることができる。この基盤のうえに、戦後は神戸市を代表する出来事が積み重ねられていった。1965（昭和40）年代後半から市が推進した彫刻のまちづくりを反映して園内には数々の彫刻が設置され、特に81（昭和56）年には、公園東辺部が隣接道路と一体的に花と彫刻の道「フラワーロード」として大整備された。

都 有馬富士(ありまふじ)公園

兵庫県三田(さんだ)市、有馬富士(ありまふじ)の南山麓(みなみさんろく)に位置する、県下最大の広域公園。住民参加型公園運営の先駆的事例として知られる。2001（平成13）年に開園して以降順次整備が進み、2009（平成21）年3月に第1期工事が完了し、全体計画面積416.3haのうち178.2haが開園区域となっている。豊かな自然環境を活かし、草地、水辺、林の三つの生態園やかやぶき民家、棚田、「あそびの王国」など多様な野外施設が整備されており、県下で最初に立ち上がった公園運営に関する機関がすべて参加する「管理・運営協議会」の下、「夢プログラム」という来園者サービスを目的とした自主企画、運営プログラムを多数の住民グループが実施している。その内容は、イベントのみならず、調査、研究、景観や動植物保全のための維持管理など多岐にわたる。

庭 旧赤穂城本丸(きゅうあこうじょうほんまる)・二之丸(にのまる)庭園　＊名勝、日本の歴史公園100選

赤穂市上仮屋(かみかりや)にある赤穂城は、1645（正保(しょうほう)2）年に入封した浅野長直(あさのながなお)が、61（寛文(かんぶん)元）年まで大々的に改修している。改易(かいえき)後は1706（宝永(ほうえい)3）年に森氏が入って、廃藩置県(はいはんちけん)まで続いた。赤穂城は瀬戸内海に接して造営されたために、井戸が使えないので城下町には千種川(ちくさがわ)の水を水道として引いて、本丸や城内各所の庭園へも供給していた。

本丸跡の発掘で表御殿(おもてごてん)の大きな園池が検出され、造営は浅野氏の時期で森氏の時期にも改修していることが判明し、1990（平成2）年度に復元整備された。二之丸庭園は上部が流れであるのに対し、下部は園池をもつ大規模なもので、2001（平成13）年度までの発掘調査で森氏の時期の作庭とわかり、07（平成19）年度から復元整備が行われている。

29 奈良県

奈良公園

地域の特色

奈良県は近畿地方の南部にある内陸県で、県北部の奈良盆地が6世紀末から8世紀末の飛鳥・奈良時代を通して、大和の国としてほぼ政治・文化の中心となった所である。天皇制中央集権国家の建設、大陸文化の移入、仏教の奨励、都城の造営、律令体制の確立、記紀・風土記の編纂などと日本国家の基盤を築き、寺院建築・仏像・絵画などの飛鳥・白鳳・天平文化を生みだした。奈良盆地は大和青垣と呼ばれる若草山、春日山、高円山や生駒山、葛城山、金剛山などに囲まれ、美しい土地を意味する「国のまほろば」と呼ばれた。奈良盆地の西には隆起準平原の大和高原が広がり、近年、大和茶の産地として注目されている。南には桜の吉野山をはじめ、仏教ヶ岳（1,915m）を最高峰とする大峰山脈、大台ヶ原山を中心とする台高山脈などが南北に連なり、その間を北山川、十津川が蛇行しながら南流する。

世界文化遺産は1993（平成5）年の「法隆寺地域の仏教建造物」、98（平成10）年の「古都奈良の文化財」、2004（平成16）年の「紀伊山地の霊場と参詣道」と多い。しかし、明治新政府の神仏分離令による廃仏毀釈の嵐は多くの文化財を消失していた。これを救ったのが1880〜86（明治13〜19）年に京都・奈良を調査したアメリカのアーネスト・フェノロサと岡倉覚三（後の天心）であった。

その後、日本人も正岡子規の「柿くへば鐘が鳴るなり法隆寺」（1895）の句や、高浜虚子『斑鳩物語』（1907）、和辻哲郎『古寺巡礼』（1919）、亀井勝一郎『大和古寺風物詩』（1942）などが奈良を評価していく。平城宮跡も、建築史家で後に東大教授となる関野貞が、農地に大極殿の基壇を見つけ、1907（明治40）年、ようやく明らかになったものである。

自然公園は山岳を中心とし、都市公園・庭園は奈良の歴史を反映したものが特徴的である。

主な公園・庭園

自 吉野熊野国立公園大台ヶ原　＊ユネスコエコパーク、日本百名山

吉野熊野国立公園は中生代の水成岩からなる壮年期の険しい大峰山脈、隆起準平原の大台ケ原と大杉谷、熊野川の支流北山川の北山峡・瀞峡、太平洋に臨む熊野海岸、そして、霊場の吉野山と熊野三山からなり、三重県・奈良県・和歌山県にまたがる多彩な公園である。吉野熊野国立公園は初期の候補地段階では「大台ヶ原国立公園」であった。大台ヶ原のトウヒ林の原生的景観を核心部と考えたからである。1931（昭和6）年、審議のための委員会に諮られた内務省案は「大台ヶ原及大峯山国立公園」となり、最終的には「吉野熊野国立公園」と大きく名称を変えた。ここには多様な力学が働いていた。「大台ヶ原国立公園」から「吉野熊野国立公園」への動きは、近代的風景から伝統的風景への回帰を志向する動きをみせている。もちろん、これは単なる回帰ではなく、風景に対する新たな意味付けが働いていた。原生的な山岳景観という自然表象よりも由緒ある故事来歴をもつ歴史表象の意味付けに傾いたのである。吉野熊野国立公園は、結果的に大台ヶ原を含むものの、「吉野」と「熊野」という古くからの名所であり、神武天皇東征神話、後醍醐天皇墓所などの皇国史観とも深く関わる由緒ある地名を冠したのである。

国立公園は単なる自然空間にとどまるものではなく、イデオロギーを示す表象空間ともなった。当然、観光振興の力も働いていた。この大台ヶ原から吉野熊野への転回は、国立公園当局が意図して誘導したものではなく、1931（昭和6）年以降の満州事変から太平洋戦争に向かう時代背景があったのであり、むしろ世論がそれを支持していた。この吉野熊野国立公園案は奈良県、和歌山県の地元で準備され、特に熊野は地元の写真館による風景写真の影響によるものであり、地元の要望と地元が宣伝する風景を追認したにすぎないと指摘されている（水谷、2014、pp.89～97）。大台ヶ原は1973～74（昭和48～49）年度に民有地買い上げ制度により核心部が県有地化され、後に環境省所管地となる。地域制公園の営造物公園化である。80（昭和55）年、大台ヶ原は生物圏保存地域のユネスコエコパークに登録、2016（平成28）年、大峰山・大杉谷まで拡張された。05（平成17）年、大台ヶ

原自然再生推進計画を樹立、翌06（平成18）年、西大台利用調整地区が指定され、わが国で初めての入山制限が実現する。

自 吉野熊野国立公園吉野山　＊世界遺産、史跡、名勝

吉野熊野国立公園は山岳・河川・海岸からなり、当時は異端の国立公園であった。国立公園指定の中心人物林学博士の田村剛は、国立公園は一つの風景型式で一つのまとまりある区域にすべきと考えていた。結果的には北山川、熊野海岸は線状となり、吉野山、那智山は飛地となる。田村の意に反し、世論にとって吉野山と熊野三山は国立公園として必要不可欠の場所であった。吉野山は一目千本といわれ、下千本・中千本・上千本・奥千本からなる全山桜の名所である。豊臣秀吉の花見の豪勢な宴は有名であり、松尾芭蕉、貝原益軒、本居宣長などの多くの文人たちも訪れている。しかし、もともと桜の名所ではなく、古代は天皇が飛鳥から行幸される寂しい山岳信仰の地であり、やがて金峯山寺を中心として、大峰山とともに修験道の霊場となった所である。大峰山脈は仏教ヶ岳（1,915m）を最高峰とし、近畿の屋根、大和アルプスと呼ばれた人を寄せつけぬ山岳地帯である。桜は修験道の本尊蔵王権現の御神木として植えられた（一説に修験道の開祖役行者ゆかりの木ともいわれる）。1205（元久2）年の『新古今和歌集』1,978首には吉野山、大峰山でも修行をした西行の歌94首がとり上げられ、そのうち57首が吉野山の桜の歌となる。西行は吉野山の桜を定着させ、以後、花は吉野、紅葉は竜田などの歌枕の固定観念が普及する。

自 月ヶ瀬神野山県立自然公園月ヶ瀬　＊名勝

月ヶ瀬は渓谷の梅林で名高かった景勝地であったが、現在はダム湖と梅や桜の風景となっている。1830（文政13）年、儒学者・漢学者の斎藤拙堂が月ヶ瀬に遊び紀行文『梅谿遊記』を執筆するが、頼山陽の添削によって名文となる。のちの1851（嘉永4）年には『月瀬記勝』として刊行され、頼山陽の『耶馬渓図巻記』と並ぶ漢文紀行文の傑作とされ、拙堂と月ヶ瀬が不動のものとなる。拙堂が渓谷の梅林を漢文で褒めたたえたのは、中国の文学や絵画で賞賛されていたからである。月ヶ瀬の梅林は、出羽（現山形県）の紅花で染色した絹が江戸や京・大坂ではやり、その染色の触媒として燻製にした梅の実「烏梅」が必要とされたからである。つまり生業の風景が

中国の風景観に基づく拙堂と山陽の名文によって一大名所に仕立てあげられたのである。1922（大正11）年、わが国最初の名勝の一つとなる。

都 奈良公園

＊世界遺産、名勝、史跡、天然記念物、国宝、重要文化財、日本の都市公園100選、日本の歴史公園100選

奈良市街地東部に広がる502.38 haの広大な都市公園である。このうち、市街地にかかる平坦部が39.82 ha、山林部が国指定特別天然記念物の春日山原始林やその奥山を含む462.56 haであり、都市域にありながら非常に豊かな自然環境を享受することができる。「都市公園」奈良公園の区域は飛地状になっているが、その境界は周辺環境に溶け込み、山の緑が市街地に流れ込んでいるような一体感のある風景が広がっている。日本を代表する文化財が高密度に集積している場所でもあり、かつこの公園の存在自体もまた、貴重な文化財として価値付けられている。都市公園区域に東大寺、興福寺、氷室神社など数多くの古社寺境内地や一部の民有地などを加えた約563 haのエリアが1922（大正11）年に国内で初めての「名勝」に指定され、現在にいたる。この指定地内には、国指定重要文化財の建造物が32棟（うち国宝は12棟）、国指定史跡4件、国指定名勝1件が含まれており、これら貴重かつ豊富な歴史文化遺産と自然要素の絶妙な融和が醸し出す独特の風致が、県内外、国内外から多くの人々を惹きつけている。

このような特性は、本公園の成り立ちと深く関係している。「都市公園」および「名勝」奈良公園の立地基盤になっているのは、奈良時代、平城京の東部に張り出した「外京」に創建された興福寺、東大寺を中心とする寺社境内地と、その背後の山林である。平城京廃都以降、奈良の町はこの外京に建立された寺社を中心に発展をとげ、まさにこの一帯は、町の発展の中枢であった。しかし近代に入り、全国的な廃仏毀釈の動向と社寺領上知令によってこの地の寺院は大打撃を受け、破壊や撤去が相次ぐ状況となる。この窮状を見かねた町の有志14名が、興福寺の旧境内地内外に花木植栽などを施して人々を誘引する場所に復興したいと申し出た。この動きが契機となり、1880（明治13）年、太政官布告に基づき、興福寺旧境内を中心とする小規模な「奈良公園」が開設された。その後、87（明治20）年に再設置された奈良県により、拡張と整備が本格的に推進されていった。89（明治22）年3月に告示された新たな奈良公園の範囲は近隣の社寺境内地と山野を広くとり込んだもので、ほぼ名勝指定地の範囲に該当する。この拡

張整備の目標には、奈良観光の一大拠点の形成と貴重な歴史文化遺産の保存の二つが掲げられており、この両者は現在にいたるまで奈良公園の代表的機能として付随し続けている。古くから「神鹿」として守られ随所に棲息する鹿は、国の天然記念物に指定されており、観光対象としてはもちろん、広がりのある植栽景観の創出と維持の主役でもある。

都 国営飛鳥歴史公園　＊国営公園、特別史跡、日本の歴史公園100選

6世紀の終わりから平城京に都を移すまでの約100年間、政治と文化の中心地として栄えた明日香村には、その史実を物語る数多くの遺跡や建造物が村全域に分布し、周囲に広がる農地や山林と一体となって他に類をみない歴史的風土が形成されている。国営飛鳥歴史公園は、この貴重な風土を都市開発の波から守るため、1970（昭和45）年12月の閣議決定「飛鳥地方における歴史的風土及び文化財の保存等に関する方策について」に基づき誕生した。園地には風土構成上特に重要な位置を占める複数の地区が選ばれ、当初は祝戸、石舞台、甘樫丘の3地区で構成されていたが、72（昭和47）年に極彩色の壁画が発見され大評判となった高松塚古墳を中心とする高松塚周辺地区が76（昭和51）年に追加され、さらに2001（平成13）年にはキトラ古墳周辺地区が追加されて、現在は計5地区で構成されている。これらの地区はいずれも現存の地形や植生を尊重し、柵などは設けず、施設には自然素材を使用するなど、周辺の農村景観と調和し一体化するように最大限の配慮がなされている。本公園の誕生は、都市公園事業との連携による史跡整備が広がる契機にもなった。現在、各地区では1995（平成7）年に設立されたボランティアクラブ「飛鳥里山クラブ」が、四季を通じて来園者が公園、さらに明日香村の魅力を体感できるさまざまな催しを企画運営し、精力的な活動を展開している。

都 馬見丘陵公園　＊史跡、日本の歴史公園100選

奈良盆地のほぼ中央にある独立丘陵の馬見丘陵にあり、広陵町と河合町の両町にまたがる広域公園である。この丘陵には4～5世紀の築造と推定されるさまざまな形式の古墳が群集しているが、1965（昭和40）年代半ばから周辺でニュータウン開発が進み、古墳群とそれをとり巻く良好な自然環境の保全のための抜本的施策が急務となった。このような保全と、同

時に県民の広域的なレクリエーションの場としての活用を目的として、84（昭和59）年「花と古墳と野鳥のとびかう公園」をテーマに面積61.3haの広大な都市計画決定が行われ、91（平成3）年に10haが開園した。以後整備が重ねられ、2012（平成24）年6月には開園面積が56.2haとなった。古墳群は、現況保存を原則としつつ、復元や解説板の設置により歴史学習の場として活用が図られている。また園内は、春の16種、約1,000本の桜にはじまり、なだらかな傾斜を利用した5,000m²の大花壇「馬見花苑」や、奈良県がダリアの球根生産量日本一であることにちなんだダリア園、バラ園、菖蒲園等々、四季を通じて随所が色鮮やかな花々で彩られ、多くの人々を誘引している。2010（平成22）年には、全国都市緑化ならフェア「やまと花ごよみ2010」のメイン会場となり、以後も継続的にイベントや講習会が開催され、花と緑に親しむ県内の一大拠点となっている。

庭 平城宮東院庭園　＊世界遺産、特別名勝

平城宮東院庭園は、奈良市法華寺町に位置している。平城京の北辺中央部にあった平城宮は、南北約1km、東西約1.3kmという広大なものだった。平城宮内の施設は、天皇とその一族が居住する内裏、政治や儀式が執り行われる朝堂院、官庁が集まる官衙区域、東へ張り出した東院に分かれていた。時期的には2次期あって、平城宮の中心軸上に乗る区画が、708～715年（和銅年間）造営の第1次の内裏と朝堂院で、壬生門の軸線上に乗るのが、恭仁京から745（天平17）年に遷都後の第2次内裏と朝堂院とみられている。

平城宮東南隅の東院跡から、1967（昭和42）、1976～78（昭和51～53）年度の発掘調査で、東西50m、南北60mほどある園池が発見された。2時期のものが重なっていて、護岸周辺部に玉石を敷き詰めた下層の古い園池は、遺物から729～749年（天平年間）頃に築造されたもので、上層の礫を敷き詰めた新しい池は749～757年（天平勝宝年間）に全面的に改修されて、平安時代初期まで存続していたものと推定されている。

1993～98（平成5～10）年度に整備が行われて、上層の園池と建物が復元された。中央には御殿風の建物が建ち、張り出した露台から東岸に橋が架けられている。南東隅には八角形の堂のような建物が置かれ、北岸には築山の上に枯山水的な石組があり、園池は浅く、岸は小石を敷きつめた洲浜になっている。平安時代以降の自然風景をかたどった庭園の原型といえ

るだろう。

上層の園池の植栽については、『続日本紀』の777（宝亀8）年の条に「楊梅の宮の南池に蓮を生ず。一茎二花」と記されていることから、ハスが存在したことがわかる。発掘調査の際に、新しい池の堆積土中の植物遺体検出と花粉分析が行われて、アカマツ、ヒノキ、ウメ、モモ、センダン、アラカシの6種が植栽されていた可能性が高く、ヤナギ類、サクラ、ツバキ、ツツジ類なども可能性があると推定されている。出土状態からすると、東岸の北側岬部分にはアカマツ、東側の中島付近にはヒノキが植えられていたらしい。

庭 旧大乗院庭園　＊名勝

旧大乗院庭園は、奈良市高畑町に位置している。藤原氏の氏寺だった興福寺は、720（養老4）年に官寺になり、鎮守神だった春日社を支配するようになると、南都七大寺や大和の寺社と土豪を服従させて、摂関家代官の国司に代わって、大和国を統治するまでになっている。平安後期には付属する寺院の中から、摂関家出身者が居住する一乗院と大乗院が台頭して、興福寺別当職を独占するようになった。

大乗院は1087（寛治元）年に隆禅が、春日野の西端に創立したもので、1180（治承4）年の被災後に、現在の奈良ホテルの南側に移っている。『大乗院寺社雑事記』によると、公家の一条兼良の子で興福寺別当だった尋尊は、大乗院の園池が荒れていたので、1457（長禄元）年に池を掘り大石を立て加えた。その後、室町幕府の8代将軍足利義政は、71（文明3）年に作庭の名人とされた善阿弥に、大乗院庭園を改修させている。1996（平成8）年には南側に名勝大乗院庭園文化館が建設されて、ここから庭園全体を眺めることができて、庭園の中にも入れるようになった。

庭 平城京左京三条二坊宮跡庭園　＊特別史跡、特別名勝

奈良市三条大路1丁目所在の左京三条二坊宮跡庭園は、1975（昭和50）年に発掘調査によって発見されたもので、「北宮」「御坏物」などと書かれた木簡が出土したことから、「宮跡庭園」という名称で整備されている。

園池は全長55mほどで幅は2～7mほどだが、S字状に蛇行していて、水深は20～30cmと浅い。池底には30cmほどの大きさの玉石がびっしり

と敷き詰められ、荒磯石組が汀の要所に置かれていた。園池の造営年代は出土遺物から、749～757年（天平末年～天平勝宝年間）頃と推定されている。園池の西側に掘立柱建物が復元されているので、建物内から庭園を眺めることができる。

庭 依水園　＊名勝

奈良市水門町の依水園は、東大寺南大門の西方に位置している。敷地は約1万1,000㎡と広く、庭園は前園と後園に分かれている。前園と三秀亭と挺秀軒は、麻で織った布を晒した奈良晒を生産していた清須美道清が、1673～81年（延宝年間）に築造したものだった。庭園は南大門を借景にしていて、三秀亭と命名したのは、若草山、春日山、三蓋山を眺められることによっている。東側の後園は、1899（明治32）年に、奈良市内の豪商だった関藤次郎が造営したもので、裏千家12世の又妙斎宗室が作庭している。1939（昭和14）年に海運業を営む中村準策が買い取り、前園と後園をあわせた形に整備している。2003～11（平成15～23）年にかけて、庭園全体の保存整備工事が行われた。

庭 酒船石遺跡　＊史跡

高市郡明日香村の伝飛鳥板葺宮の東方の丘陵上に、昔から知られている石造物「酒船石」がある。石材は石英閃緑岩で、長さ5.5m、最大幅2.3m、厚さ約1.0mほどで、上面には円形や楕円形の窪みが彫られていて、溝で結ばれている。両側が割られているのは、高取城の石垣を築く際に奪い去ったためという。用途は不明で、酒の醸造とか曲水の宴が行われていたとするなど、さまざまな説がある。

1992（平成4）年には丘陵の斜面から石垣が発見され、版築による大規模な造成が行われていることが判明した。2000（平成12）年には丘陵の下部から、全長1.6mほどの小判形と全長2.4mほどの亀形の石槽を組み合わせた導水施設と、石敷き広場などが出土した。背後からは切石を積んだ湧水施設が発見され、木樋などで水を石槽まで流し込んでいたとされている。水に関わる祭祀が行われていた場所と推定されているが、庭園的な雰囲気も感じられる。『日本書紀』に記載されている斉明天皇（在位655～661）の「両槻宮」との関連性が、指摘されている。

30 和歌山県

和歌山公園

地域の特色

和歌山県は紀伊半島の南西部を占め、西は紀淡海峡・紀伊水道に臨み、北は和泉山脈で大阪府に接している。東は紀伊山地で奈良県と、熊野川で三重県と接している。南端には本州最南端にもあたる潮岬がある。県北部には、三重県伊勢湾口・櫛田川から徳島県吉野川へとつながる大断層の中央構造線が東西に走り、西流する紀ノ川を形成して、南北の地形地質を大きく分けている。中央構造線の北側に沿って東西に連なる和泉山脈は紀淡海峡で友ヶ島をつくっている。紀ノ川は河口部に和歌山平野をつくり、和歌山の町を生んだ。峡谷の北山川や十津川が合流する熊野川は南流し、新宮の町を生んだ。

古くは紀伊の国であったが、それ以前に北部を木の国、南部を熊野の国と呼んだこともあった。古来より和歌浦は一大名所であり、熊野は神話の地であった。古代から高野山参詣や熊野三山詣でが行われ、中世には蟻の熊野詣でと呼ばれるほど参拝者が列をなしたといわれる。高野山は空海が金剛峯寺を開き、熊野三山は熊野本宮大社、熊野速玉大社、熊野那智大社からなる。京の都から熊野を詣でる場合、険しい紀伊山地は通れないので、紀伊の国の海岸を回る大辺路や中辺路の熊野古道が利用された。2004（平成16）年、世界文化遺産「紀伊山地の霊場と参詣道」が登録された。近世には徳川御三家として和歌山城を拠点とする紀州藩が置かれ、田辺、新宮に支藩を配した。

2015（平成27）年、吉野熊野国立公園に2カ所の県立自然公園を編入し、天神崎や白浜を国立公園とした。また、海域公園地区として串本海中公園など2地区を有していたが、浅海域11地区を広域に増やした。同年、世界農業遺産「みなべ・田辺の梅システム」が認定された。自然公園は海峡、峡谷、海岸、山岳が主であり、都市公園は名所や城郭にちなむもの、庭園は大名庭園や寺院庭園が特徴的である。

主な公園・庭園

自 瀬戸内海国立公園加太・友ヶ島

和歌山県と淡路島の間の紀淡海峡に二つの島の友ヶ島が浮かんでいる。和歌山県の加太の高台から見おろす海峡の友ヶ島は瀬戸内海らしい風景で素晴らしい。特に落日の風景は秀逸である。古来の日本人は、歌に詠む地名である歌枕の風景、国生み神話などの神話の風景、源氏物語などの文学の風景、西行の足跡などの故事の風景、源平合戦などの合戦跡の風景などに強くとらわれていた。しかし、江戸時代の中頃、風景の見方に徐々に変化が現れてくる。その先駆けは、儒学・本草学などを修め、合理的な眼を培った福岡藩の儒学者貝原益軒であった。益軒は、1689（元禄2）年、現在の大阪泉から加太に向かい、「加太、淡嶋の前は入海なり。此地、佳景なり」「沖に友ヶ島、二つながらはるかに見ゆ、風景よし」（『己巳紀行』）と記していた。益軒は遊覧や漫遊をこよなく愛し、名所にとらわれることなく、自然景を素直に評価し始めた人であった。

2016（平成28）年現在、友ヶ島の沖ノ島が「天空の城ラピュタ」として人気を集めている。明治時代の要塞が神秘的な風景をつくりだしているからである。紀淡海峡は明治政府にとって海岸防御要地の一つであり、1889（明治22）年から1906（明治39）年にかけて、海峡部の淡路島由良、友ヶ島、加太・深山に要塞を築き、陸軍の由良要塞司令部の管轄に置いた。当時、このような海岸防御の司令部が全国に10カ所発足し、瀬戸内海には3カ所存在していた。また、沖ノ島には、1872（明治5）年、イギリス人技師リチャード・ブラントンが建設した燈台が残っている。ブラントンは明治初年全国26カ所にわが国最初の洋式燈台を建設した。近代の洋式燈台は、開国に伴い重要航路について欧米列強に建設を迫られたことに端を発している。ブラントンが瀬戸内海で白御影石（花崗岩）を用いて建設した白亜の燈台は、友ヶ島、江崎、鍋島、釣島、部埼、六連島にある。明治初年の洋式燈台はとりわけ明治という歴史と文化を感じさせるものである。

自 高野龍神国定公園高野山　＊世界遺産

高野山は空海（弘法大師）が平安時代9世紀に開いた金剛峯寺を中心と

する多数の寺院、宿坊などが集まる仏教の霊場である。蓮の花が開いたような八葉の峰に囲まれた標高約800mの盆地となっている。高野六木(りくぼく)といわれたコウヤマキ、マツ、スギ、ヒノキ、モミ、ツガが守られてきたが、巨樹となってうっそうとした聖地をつくりだしている。

都 和歌山(わかやま)公園　＊史跡、名勝、重要文化財

日本の平山城は美しい。その土地の中心地に小高い山がある。そこに城が築かれ、城下町が整えられる。幾百年にもわたり、人々は暮らしの中で城を見上げ、みずからがこの国の者であるとアイデンティティを確認する。紀州(きしゅう)人にとって、和歌山城はまさしくそのような城である。日本三大連立式(れんりつしき)平山城に数えられるこの城は、和歌山市の中心部に位置し、市内各所から眺めるとき、アングルごとに鮮やかに相貌(そうぼう)を変える。城の美しさの基準として、見る角度で変化する多彩な形姿があげられるならば、和歌山城は実に美しい城である。御三家紀州徳川家の偉容が、余すところなく示されている。天然の堀に紀ノ川(きのかわ)を擁し、標高48.9mの虎伏山(とらふすやま)に築かれたこの城は、元は豊臣秀長(とよとみひでなが)の居城であり、普請は築城の名手藤堂高虎(とうどうたかとら)があたっている。関ヶ原の合戦後、浅野幸長(あさのよしなが)が入城し、城の改築にあたるも浅野家は広島に転封となり、徳川家康(とくがわいえやす)の十男・頼宣(よりのぶ)が入城、ここに南海の鎮としての歴史を刻んでいく。しかし明治に入り、廃城令はこの城にもおよび多くの建造物が解体・移築され、本丸と二の丸一帯が1901（明治34）年、城地を借りた和歌山県により「和歌山公園」として一般開放されたのである。

明治の末年に国から和歌山市に払い下げられたことを契機に、大正年間、市立和歌山公園は林学博士本多静六(ほんだせいろく)の設計の下、5カ年計画で整備され、動物園が開園するなど市民の憩いの場として親しまれていく。空襲で天守が焼け落ちるが、戦後は復元整備が続き、まず1958（昭和33）年に天守が再建、73（昭和48）年に西之丸(にしのまる)庭園（紅葉渓(もみじだに)庭園）が復元、85（昭和60）年に大手門が再建されるなど、往時の威容を伝える努力が続けられている。平成に入り、二の丸と西の丸を分かつ堀に架(か)けられた「御橋廊下(おはしろうか)」も復元された。これは、壁と屋根によって箱型にされた橋であり、藩主移動用の施設である。両丸の高低差により約11度傾いてあり、独特の景観を演出している。現在、和歌山公園には四季の花々や各種イベントなど、各地の城址公園に共通する魅力があふれている。さらに、この場所ならではの魅力

として、石垣と坂があげられる。秀長の時代、浅野の時代、徳川の時代によって、それぞれ石の色合いも積み方も異なった石垣が連なっており、その間隙(かんげき)を坂が縫う。大手門から威風堂々たる表坂を上るのも、不明門(あかずのもん)から天守に向けて一気に新裏坂を上がるのもよく、園内動線によって多様な風景変化を楽しむことができる。

都 平草原(へいそうげん)公園　＊日本の都市公園100選

和歌山県南西部に位置する白浜町(しらはまちょう)は、日本書紀にも登場する温泉地である。眼下にこの白浜温泉街と田辺湾(たなべわん)が一望できる、標高130mの高台に開かれた14.0haの公園である。平草原という名称は、平らな草原であるという意の地名からきている。1970（昭和45）年、白浜町の町制施行30周年を記念して、この丘陵の自然地形を生かした公園として整備することとなった。園内では眺望(ちょうぼう)とともに四季の彩を楽しむことができ、特に春はソメイヨシノを中心に、オオシマザクラ、ヤマザクラなど10種以上約2,000本の桜が咲き誇り、花見スポットとして人気が高い。外周には全長約2kmのアスレチックコースがあり、丸太や網でつくられた素朴な遊具が配置され、家族連れに親しまれている。

都 和歌(わか)公園　＊名勝、日本の歴史公園100選

和歌山市南部に位置する和歌の浦(わかのうら)は、万葉の時代より景勝地として著名である。近世には紀州藩(きしゅうはん)による保護下に置かれ、西国(さいごく)三十三カ所巡礼や高野山参詣(こうやさんさんけい)の折に大勢の人々が訪れた。その後近代になり、この地の景観保護策として、1895（明治28）年本公園が設置された。この公園区域は、和歌の浦が人々の生活の場を含む景勝地であり民有地と国有地が混在していたため、複数の地区に散在するものであった。その後1948（昭和23）年に権現山(ごんげんやま)地区、津屋(つや)公園・城跡山(じょうせきさん)地区、大相寺(だいそうじ)地区、妹背山(いもせやま)地区、鏡山(かがみやま)地区、奠供山(てんぐやま)地区、片男波(かたおなみ)地区、8の字公園が都市計画決定され、和歌山県により整備活用が図られて現在にいたる。

庭 和歌山城西之丸庭園(わかやまじょうにしのまるていえん)（紅葉渓庭園(もみじだにていえん)）　＊名勝

和歌山市一番丁に位置する和歌山城は、1619（元和(げんな)5）年に徳川頼宣(よりのぶ)が入ってから、紀州(きしゅう)徳川氏の居城となった。紅葉渓庭園は頼宣が入国時に、

現状のように整備したとされている。内堀を利用して堀の中に柳島を設け、岸辺に鳶魚閣を建て、下段に園池を掘り、上段に滝と流れを設けている。園池護岸や滝組にはすべて青石（結晶片岩）が使われていることが、特色になっている。西方台地上には、江戸時代には御座之間や茶室水月軒などが存在していた。1971～73（昭和46～48）年度に庭園の改修が行われているが、2006（平成18）年には二の丸との間の御橋廊下が復元されて、廊下からも庭園が眺められるようになった。

庭 粉河寺庭園　＊名勝

紀の川市にある粉河寺は、平安時代には補陀落信仰の中心地として栄えていた。1585（天正13）年に豊臣秀吉の紀州攻めで、建物のほとんどが焼けたが、江戸時代に紀州徳川家の援助で再建されている。しかし、1713（正徳3）に多くの建物が焼失したことから、現在の本堂が20（享保5）年に再建された。庭園は本堂前の石段の両横斜面に、土止めを兼ねてつくられていて、石組には巨大な青石が使用されている。左側の石橋が架かった滝石組は、上段の排水も兼ねている。作庭年代は桃山時代とされているが、江戸時代に京都の庭師が作庭したという話が、地元には伝わっている。中央の石段の銘は「安永二癸巳（1773）」と読めるという。

庭 養翠園　＊名勝

和歌山市西浜にある養翠園は、1804～18年（文化年間）頃には山本理左衛門の下屋敷だった。しかし、紀州藩10代藩主治宝が18～25（文政元～8）年に、建物と庭園を改修して移り住んでいる。治宝の死後は家老の三浦長門守に与えられたが、主要な建物は撤去されて、1933（昭和8）年に藤井家の所有になった。現在は1821（文政4）年建造の書院（養翠亭）と、茶室（実際庵）が残っている。敷地面積は約33,000㎡だが、園池は約12,000㎡という大規模なもので、「潮入りの庭」になっている。中国の西湖堤を模して三ツ橋を架け、前方の焼山と章魚頭姿山を借景としてとり入れている。作庭者は将軍家庭作役の「山本某」という。

31 鳥取県

国立公園鳥取砂丘

地域の特色

鳥取県は中国地方の北東部山陰側に位置し、日本海に面している。南部の岡山県境をなす中国山地には那岐山、上蒜山などの1,200m級の山々が並び、脊梁部となって山陰と山陽を分けている。山麓部には急流や瀑布をつくり、石霞渓、小鹿渓、三滝渓などの景勝地がある。西日本火山帯の旧白山火山帯（大山火山帯ともいう）に属し、西部には名山の大山がそびえ、三朝温泉などの温泉地も多い。中国山地からは千代川、天神川、日野川の主要河川が日本海に流れ、河口の平野に鳥取、倉吉、米子の町を発展させるとともに、山地の花崗岩を運んで、海岸に白い砂浜と砂丘を形成した。砂丘の内側には海から分断された湖山池などの潟湖群が並び、ヨシの湿原なども生みだした。東部の山地が海に迫る海岸はリアス海岸で岬と入江が変化をつくり、海食崖や岩礁も多い。入江は白砂青松や長汀曲浦の名にふさわしい湾曲した長い白浜をつくっている。

古くは東部の因幡と西部の伯耆の国からなり、『古事記』に出てくる因幡の白兎の神話は有名であり、今も白兎海岸の地名がある。近世には池田氏が鳥取城に入り、鳥取藩を治めた。鳥取県は冬の北西季節風が厳しく、降雪もあるが、夏は明るくて海は透きとおり、夜半の沖合に光るシロイカ漁の漁り火が美しい。山麓の二十世紀ナシや海岸砂丘のスイカ、ラッキョウなどの農業も独特の風景を生みだしている。中海は、島根県にまたがり、斐伊川が流れこむ宍道湖の下流にあり、境水道を通じて日本海につながっている。中海は干拓と淡水化が進められたが、環境問題などから工事は中止された。淡水と海水が混じる汽水湖であり、魚介類が豊富で渡り鳥の飛来地となっており、ラムサール条約湿地に登録されている。

自然公園は大山と山陰海岸の国立公園を主として、都市公園は桜の名所、城郭、水鳥の公園が特徴的であり、庭園は近世の池田氏ゆかりの寺院庭園がある。

主な公園・庭園

(自) 大山隠岐国立公園大山　＊特別天然記念物、日本百名山

大山（1,729m）は中国地方最高峰の古くからの山岳信仰の名山であり、今も名刹大山寺とその門前町が賑わっている。山麓には西日本屈指のブナ林が広がり、山頂には特別天然記念物のダイセンキャラボクという独特の低木が一面を覆い、木道が整備されている。尾根伝いは両側が崖となる馬の背となっている。一般の登山やスキー場として親しまれているが、1985（昭和60）年から「一木一石運動」という自然保護運動が進められている。登山者の過剰利用により、山頂の草原が裸地化したため、登山者が一つの石を運び、裸地の浸食を防ぎ、一本の木を植えていこうというものである。他の多くの山岳も登山道や休憩地の裸地化・浸食が深刻である。

大山は伯耆富士と呼ばれるように富士山型の整った形を示している。しかし、これは出雲地方などの西側から見るときだけで、他の角度からは鋭い岩峰が連なるアルプス型の稜線を見せる。江戸後期の谷文晁の『日本名山図会』（1812）はこの峻険な峰々を細かく描いているが、歌川広重の『六十余州名所図会』（1853～56）は整った単独峰を描いている。古くから信仰の地として賑わっていたことから、江戸前期の大淀三千風は紀行文『日本行脚文集』（1689～90）で、寺院の本堂や塔頭が美しく高く40余りそびえ、繁栄していることを紹介し、おごそかな寺院風景を褒めたたえている。

(自) 山陰海岸国立公園浦富海岸　＊世界ジオパーク、名勝、天然記念物

浦富海岸はリアス海岸で花崗岩の海食崖、海食洞、岩礁からなり、山陰海岸国立公園の白眉である。海水は透明で藻場も多く、従来より海域公園地区に指定されている。岩礁には盆栽のようなマツが生え、きわめて日本的な風景を展開し、山陰松島と呼ばれている。江戸時代、鳥取藩主の池田綱清公がここで舟遊びをし、洞門をもつ岩礁とそこに生える見事なマツに感銘し、これを城の庭園に移設したら、報償金として千貫を与えようと言った逸話が残っている。その後、その岩礁を千貫松島と呼んでいる。

文豪島崎藤村も次男とともに、1927（昭和2）年、兵庫県の城崎から鳥取

県を経て、島根県の津和野まで旅をし、その紀行文を『山陰土産』として大阪朝日新聞に連載する。このとき、舟から見る浦富海岸に感嘆するが、松島は岸から離れた島々であるのに対し、浦富は岸に寄りそう島々であり、「松島は松島、浦富は浦富だ」と異なる風景であることを冷静に分析している。特に羽尾岬先端の龍神洞の洞窟に心をひかれたようだが、龍神洞は断崖の海面にぽっかりと開く二つの洞窟で、イワツバメが飛びかい、藍色の水をたたえ、神秘的で無気味でさえある。藤村らも小舟で少し入ったようだが、早く逃げて帰りたいと素直に心情を吐露している。

自 山陰海岸国立公園鳥取砂丘　＊世界ジオパーク、天然記念物

砂丘は、山から川を経て運ばれた砂が、海岸に打ちあげられ、強風によって内陸へと運ばれてできる地形である。各地にあるが、一般的には帯状のものが多く、多くはクロマツの防砂林・飛砂防備保安林によって背後の農地・宅地が守られている。鳥取砂丘は千代川河口に日本海の冬の季節風によって広くできた砂丘の一部であるが、奥行きがあり、高低差が大きく、すり鉢の窪地やバルハンと呼ばれる平面上三日月型の形が見られ、砂漠を想起させることが大きな特徴である。美しい風紋も形成するが、観光客の進入や落書きによって砂の表面は乱れることが多い。

1980（昭和55）年代頃から、山地のダム建設や河川浚渫などによる砂の供給量の減少から、雑草がはびこるという砂丘景観の危機に見舞われ、雑草の除去を図りつつ、砂の通りをよくするため保安林の伐採が慎重に行われたりした。保安林は砂との闘いで先人が苦労して植林し、スイカやラッキョウなどの農業を可能にしてきたが、観光の景観維持のために苦渋の決断をしたわけである。鳥取砂丘の名を広めたのは文豪有島武郎の1923（大正12）年来訪時の和歌だと伝えられている。鳥取砂丘を舞台にした推理小説は数多い。

都 打吹公園　＊日本の都市公園100選

鳥取県の中央に位置する倉吉市は、人口5万人弱の地方都市である。古代より伯耆地方の中心として栄え、国府・国分寺・国分尼寺が置かれていた。中世に入ると、倉吉にも山城が築かれる。市の中心部に標高約204ｍのこんもりとした打吹山があるが、ここに打吹城が築かれ、室町期には山名氏

支配の下、山麓に市が立ち、倉吉市の原型が生まれた。その後近世から近代にかけて、この地方の中心都市倉吉は、打吹山麓を核として発展していった。1904（明治37）年、当時皇太子であった大正天皇の山陰行啓が行われた。これにあわせて、現在登録有形文化財となっている皇太子宿泊施設の飛龍閣が建てられ、山麓を整備し、ここに打吹公園が誕生したのである。戦後、1951（昭和26）年から52年にかけての都市計画・事業決定により、打吹公園では用地買収などが重ねられ、1961（昭和36）年に動物舎、65（昭和40）年に公園遊歩道、66（昭和41）年に桜とツツジの植樹など、市民に愛される公園として発展してきた。また「日本の都市公園100選」「桜の名所100選」に選ばれるなど、全国的にも高い評価を得ている。現在、園内には博物館、児童遊園地、各種スポーツ施設などが建設され、また飛龍閣は市民が気軽に利用できる集会・研修施設として活用されている。

「打吹山は倉吉のシンボルである」、倉吉市の郷土資料や観光案内を渉猟するとき、こうした表現に出会うことが多い。倉吉に生まれ育った幾世代にもわたる人々、そうした人々の故郷への思いは、形をもたず、時の流れの中で消えていく。シンボルとは、無形の思念や心情に、形が与えられたときに生みだされる。打吹山を中心とした本公園は、倉吉にまつわる人々の思いの結晶である。子どもからお年寄りまで、森林浴に誘われる。本公園を中心に毎年開催される春まつりでは、来年も再来年も山陰随一の壮観を誇るサクラ・ツツジが咲き乱れる。この公園をつくり、維持しているのは、故郷への思いを、時の流れを超えて持続させようとする意志である。地域の人々の強固な意志とともに、倉吉の中心であり続けた場所が、公園として揺ぎない町のシンボルになっている。

都 久松公園　＊史跡、重要文化財

鳥取市街地の東方、県庁や裁判所の背後に標高263 mの久松山がある。この自然地形を利用して室町後期に山城が築かれ、江戸期には鳥取藩32万5千石池田氏の居城となった。近代に至り、各地でみられたように、城址が公園として整備開放され、ここに久松公園が誕生した。明治末、鳥取県の委嘱を受け公園設計を担当した長岡安平は、老樹が森林を形づくり、清水の湧出が浄池をなし、丘頂から市街地を一望する天然の地勢が、おのずから公園を成り立たせると評している。1944（昭和19）年旧鳥取藩主池田家から改めて79haの寄付を受け、59（昭和34）年より城址公園としての本格的な整備が進められていった。公園内には、中国地方を代表する明治の洋館として名高い重要文化財指定の仁風閣（じんぷうかく）が建ち、館内には鳥取藩と池田家に関する資料が展示されている。また県立博物館も公園に隣接しており、この地は歴史・文化と自然が溶け合う景勝地として、市民・観光客に愛されている。白鳥が憩う堀、幾段にも重なる石垣、それらを覆いながら咲く桜、歴史の香り、こうした公園が市街地に接して存在することの意義は大きい。

都 米子水鳥公園（よなごみずどり）　＊ラムサール条約湿地

「特に水鳥の生息地として国際的に重要な湿地に関する条約」は、ラムサール条約の正式名称である。現在、日本で50の条約湿地が存在するが、米子水鳥公園を含む中海（なかうみ）もまた2005（平成17）年に登録されている。高度経済成長期、この地も大規模な干拓事業が行われたが、その干拓地に水鳥が集住したとき、米子（よなご）市は約30haの干拓地を整備し、1995（平成7）年、水鳥観察と環境教育の場として都市公園を開園した。雄大な伯耆大山（ほうきだいせん）を背景に無数のコハクチョウが舞い降りる夕暮れ時、その圧倒される風景は、単に視覚に与えられるものではない。この地は環境庁による「残したい日本の音風景100選」に選ばれている。山陰屈指の野鳥の生息風景を五感で享受できる、稀有（けう）な都市公園である。

庭 観音院庭園（かんのんいん）　＊名勝

観音院の創建は1632（寛永（かんえい）9）年で、当初は観音寺といったが、49（慶安（けいあん）2）年に現在地（鳥取市上町（うえまち））に移されて、観音院と改称された。庫裏（くり）奥の書院からは、前面東側に大きく広がる園池を眺めることができる。園池の背後の傾斜地には芝生が張られていて、明るい感じの築山（つきやま）風になっている。北東側にある中島の背後には、山からの水が流れ込んでいる滝組がある。ゆっくりくつろげる庭園だが、縁側（えんがわ）から庭園に降りることもできる。作庭年代については、1700年前後（元禄（げんろく）末期）説と19世紀前半（江戸後期）説とがある。

32

島根県

国立公園隠岐

地域の特色

島根県は、中国地方の北西部山陰側に位置し、日本海に面して細長く延びる県である。南の広島県境には標高1,000m程度の中国山地が連なり、脊梁部となって山陽と分けている。西日本火山帯の旧白山火山帯に属し、流紋岩などの硬い溶岩が盛りあがってできた鐘状（トロイデ型）火山の三瓶山や青野山、そして玄武岩などの柔らかい溶岩でできた火山地形の中海の大根島や宍道湖の嫁ヶ島などが見られる。大根島はボタンの花とコウライニンジンの生産地で独特の風景を生みだしている。

島根県は、古くは東部の出雲、西部の石見、日本海の隠岐の国からなる。出雲は記紀などにも出てくる神話の地であり、古代に一大勢力があったとされ、今も出雲大社が賑わっている。出雲の神話にも出てくる神戸川や斐伊川が出雲平野や松江平野をつくった。斐伊川は宍道湖に注ぎ、宍道湖は河川で鳥取県にまたがる中海と連結し、中海は日本海につながり、宍道湖は汽水湖としてシジミの産地でもある。風光明媚な宍道湖には城下町の松江が発達し、小泉八雲（ラフカディオ・ハーン）などの文学を生んだ。この地域は古代よりたたら製鉄の技術で栄えたが、石見銀山は中世から近世にかけて世界の銀の3分の1を産出し、2007（平成19）年、世界文化遺産「石見銀山遺跡とその文化的景観」となった。

自然公園は隠岐、島根半島、三瓶山の国立公園を主として、都市公園・庭園は歴史的な城郭、史跡、寺院などに関するものが特徴的である。

主な公園・庭園

自 大山隠岐国立公園隠岐　＊世界ジオパーク、名勝、天然記念物

大山国立公園に戦後隠岐、島根半島、三瓶山などが編入され、大山隠岐国立公園と改称された。島根半島の沖合に隠岐諸島がある。3島からなる

島前、大きな1島の島後に分かれ、それぞれ多数の小さな島々がとり囲んでいる。島前の3島は環状に並び、火山の陥没地形の名残を示している。島前の国賀海岸は海食崖の絶壁、海食洞の洞門が発達し、その中の摩天崖は高さ約250mの垂直に切りたつ断崖であり、圧倒される。断崖の上は平坦地の牧場として牛が飼われている。隠岐は後鳥羽上皇や後醍醐天皇が都から追放により流された島であり、関連する史跡も多い。「牛突き」と呼ばれる隠岐の闘牛は後鳥羽上皇を慰めるために始まったと伝えられている。隠岐は、佐渡島や伊豆と同様、天皇、公家、高位の人などの流刑の配流の地となっていた。

自 大山隠岐国立公園島根半島・三瓶山

＊史跡、名勝、天然記念物

島根半島は日本海に面し、海食崖、海食洞、岩礁からなり、一部がリアス海岸となっている。半島西端の日御碕地先の経島はウミネコの繁殖地である。この公園の特徴は、出雲大社、日御碕神社、美保神社など人文景観が多いことである。出雲大社は古代の高床式の建築様式を伝える大建築であり、縁結びの神様や国生み神話の地として知られている。1903（明治36）年建設の日本一高い43mの日御碕燈台もある。

三瓶山は島根県中央部に位置する火山である。7座の山が火口を環状に囲み、主峰は男三瓶山（1,126m）である。火口には火口湖があり、山麓には噴火でできた堰止湖もある。山頂部はブナ林などの自然林が生育し、裾野には放牧のための草原が広がっている。

都 城山公園

＊史跡、国宝、日本の歴史公園100選

古来より松江は出雲地方の中心地であったが、近世に入り、関ヶ原の戦で武勲をあげた堀尾吉晴が松江城を普請し、城下町を整備して、今日にいたる松江の礎を築いた。その後江戸期は長く松平氏の治下にあり、維新後は島根県の県庁所在地として山陰地方の中心であり続けた。国宝松江城は美しい。天守閣が現存する全国12の城の一つであり、千鳥城という別名は、大空へ羽ばたく鳥を思わせるその姿からとの説がある。しかし、1873（明治6）年の廃城令に伴う措置により、買い戻された天守を除くすべての建物は払下げのうえ撤去された。明治20年代初め頃、城址はすでに市民の遊園地として利用されていたという。時代は下り1927（昭和2）年、松平氏が所有する城址の一部を松江市に寄付したことをうけ、同市は公園管理規則を設け、城址を城山公園と命名した。ここに松江城は、城山公園として再生したのである。戦後1951（昭和26）年、松江市は奈良・京都と並んで国際文化観光都市となり、翌52（昭和27）年、城山公園は都市計画公園決定を受けた。松江市には、美しい景観や文化を世界に発信する責務が与えられ、その中心を、都市公園と位置付けられた城山公園が担うこととなったのである。その成果は、今日この場所に与えられた数々の称号からうかがうことができる。城山公園一帯は、「日本の歴史公園100選」「さくら名所100選」「日本の都市景観100選」「美しい日本の歴史的風土100選」に選ばれている。

この公園を訪れた人が感じる美しさの核心は、コントラストにある。水の都松江の遊覧船による堀川（ほりかわ）めぐりは有名だが、木々の深緑の陰と、水に反射する光が対照の美を醸（かも）し出す。城山公園から塩見縄手（しおみなわて）の小泉八雲の旧居をめぐる堀端は、「日本の道100選」に選定されている。ここもまた、武家屋敷の佇（たたず）まいと整備された遊歩道が良好なコントラストを描いている。この土地の魅力とは、伝統の重みある静けさと、華やかな活気との対照に見いだせる。その象徴的存在が、この城山公園である。この地を中心とする城下町松江のまちづくりや景観保存には、市民グループが活躍しているが、そこでもまた、伝統と進取がせめぎ合い、交じり合っている。

都 田和山史跡公園（たわやましせき）　＊史跡、日本の歴史公園100選

松江（まつえ）市の中心部から南へ3kmほど下った郊外に、田和山史跡公園はある。松江市立病院建設の際、発掘調査によって弥生時代の環濠（かんごう）が見つかった。通常の環濠集落（かんごうしゅうらく）とは異なり、建築物のほとんどが環濠の外に存在していたため、さまざまな解釈を生んでいる。2001（平成13）年国の史跡に指定され、松江市は病院に隣接する公園として整備し、05（平成17）年、公園の一部を開放した。史跡の整備と活用をめぐってはワークショップなどが開催され、現在では、地元のボランティアグループによって活用が図られ、幾多のイベントが開催されている。「美しい日本の歴史的風土100選」「日本の歴史公園100選」に選ばれているが、その趣は城址公園とは大きく異なる。遺跡の頂上に上ると、中央に9本柱の遺構があり、その周りには防護柵が連なり、急な斜面に3重の壕（ごう）が掘られている。目を上げると宍道湖

と出雲風土記の山々が一望され、思念は一気に2,000年の時を超えていくのである。市街地の風景は大きく変化したが、聖なる山の姿、湖と溶け合う夕暮れの太陽は、この環濠をつくった人々が見たものと変わりない。ここを訪れる人々は、各人各様に古代を幻視することができる。

都 県立岩見海浜公園

島根県西部、石見地方の海岸に全長5.5kmにわたって広がる美しいリゾート地である。都市公園の機能のうち、健康の維持増進、レクリエーション活動に焦点を当て、1971（昭和46）年に都市計画決定された。公園の整備にあたっては、海と砂丘、クロマツが茂る丘陵地の特性を活かし、「環日本海の人と生物の共生遊空間」をコンセプトに、天然自然とリゾート施設の調和が工夫されている。146.7haの広大な土地は、AゾーンからFゾーンまで6区画に分かれ、オートキャンプ場、水族館、アスレチック遊具場、花と緑の遊歩道、展望台など、多彩な施設にあふれている。また、公園内の二つの海水浴場は、環境省によって「美・清・安・優・豊」の五つの基準を満たすとされ、「快水浴場百選」に選ばれている。美しい日本海の海岸を前に、海水浴、マリンスポーツ、キャンプ、アスレチックなどさまざまなレクリエーションを満喫できる広域公園である。

庭 万福寺庭園　＊史跡、名勝

益田市東町にある万福寺は、益田川右岸に位置していて、門を入ると正面に鎌倉時代の手法を残す本堂が見える。1374（応安7）年に七尾城主だった益田兼見が菩提寺として再建したという。万福寺は時宗に属しているが、書院の庭園は禅宗の僧侶だった雪舟（1420～1506）作と伝えられている。

園池の背後に小高い築山が設られていて、中央に枯滝があり、山頂から裾にかけて大小の石が力強く配置されている。庭石の上面（天端）を水平に据えていることや、築山の右手に巨石を置いて安定感を出していることが、この庭園を美しく見せている。園池の護岸石は手前を低く据えていて、対岸は大きい石を使って目立つようにしていることも、見る人の目を築山へと向けさせる効果がある。この庭園は園池があるので枯山水ではないけれども、石組は無駄がなく緊張感があって、枯山水のように感じられる。歴史的にみるならば、枯山水が園池から独立する前の段階を示している。

33 岡山県

岡山後楽園と烏城

地域の特色

岡山県は、中国地方の瀬戸内海に面する山陽地方に位置し、北から南へ中国山地、津山・勝山などの盆地、吉備高原、岡山平野が帯状に段差をなし、南端に児島半島がある。中国山地から吉井川、旭川、高梁川の三大河川が瀬戸内海に流れ、沖積平野を形成し、旭川河口に岡山が発展した。瀬戸内海には多数の島々があるが、岡山県（備前）と香川県（讃岐）の間の備讃瀬戸の島々はほぼ香川県に属し、東の日生諸島と西の笠岡諸島が岡山県に属する。中国山地は兵庫県、鳥取県、広島県などを貫くが、東の兵庫県境の後山が岡山県の最高峰であり、中央の鳥取県境には大山火山群の蒜山があり、山麓に高原をつくっている。児島周辺は古くは綿、菜種、その後藺草の一大生産地であったが、今はビール用のオオムギの広大な畑に変貌している。オオムギが実る初夏の麦秋は美しい。また、山地を覆う春のモモの花も美しく、ブドウのビニールハウスの風景も面白い。

古代は吉備の国として栄え、古墳や建築物遺構などを残している。近世には大名池田光政が岡山城に入り、新田開発、塩田開発、河川改修などに力を入れ、名君と呼ばれる。牛窓・下津井などの塩田と港の発展、儒学陽明学の熊沢蕃山登用による治山治水、日本三名園の後楽園の造営、庶民教育のための藩校閑谷学校の創設などその後の岡山繁栄の基盤をつくった。倉敷は天領として栄え、今も運河と土蔵の町並みを残し、近代には紡績業が興り、美術館設置など文化都市にもなった。高度経済成長期には水島などに重化学工業のコンビナートが生まれた。当時は大気汚染・水質汚濁の公害の元凶となったが、今はライトが輝く美しい工場夜景として人気を集めている。

自然公園は瀬戸内海と蒜山の国立公園を主として、都市公園は歴史的遺構や豊かな水流を利用したもの、庭園は日本三名園の大名庭園などが特徴的である。

主な公園・庭園

自 瀬戸内海国立公園鷲羽山　＊名勝

瀬戸とは狭門・迫門・湍門で海峡を意味し、瀬戸内海とは瀬戸に囲まれた内海をさしている。瀬戸内海は近畿から九州におよぶ紀淡海峡、鳴門海峡、関門海峡、豊予海峡によって外海と隔てられた海域をいい（法律によって区域の定義は若干相違）、瀬戸内海国立公園はこの一部を指定したもので、陸域は飛地で少ないが、海域を含めるとわが国最大である。わが国最初の国立公園の一つとして1934（昭和9）年に備讃瀬戸に局限して誕生した。戦後、東西に大幅に拡張され、現在の区域となった。

瀬戸内海の風景は近代19世紀の欧米人によって賞賛された。明治時代、欧米人の絶賛を知って、日本人も鼻高々となる。しかし、欧米人が賞賛した風景と日本人が国立公園にした風景は微妙に異なっていた。欧米人は船舶から眺める動的なシークエンス景観を評価したが、日本人は島々が浮かぶ庭園のような静的なパノラマ景観を評価することとなる。名所旧跡、白砂青松、照葉樹林、渦潮の瀬戸などではなく、俯瞰する多島海を瀬戸内海の表徴として意味付け、価値付けたのは東京帝国大学教授で地質学の理学博士脇水鉄五郎と内務省嘱託で造園学の林学博士田村剛であった。彼らは多島海を船で巡るシークエンス景観ではなく、展望地から広闊に俯瞰するパノラマ景観を重視した。脇水は展望地の高さと島嶼の見え方について分析して、小さい島嶼が適度に分散して眺められなければならないと考えていた。1929（昭和4）年、脇水は鷲羽山（133m）から展望する備讃瀬戸の絶好の風景を発見する。翌30（昭和5）年、田村もまた鷲羽山から展望する多島海に魅入られ、多島海景観を大観するためには展望地が重要であると確信し、これから生みだす国立公園の核心部を得たと自信をもった。31（昭和6）年には評論家・思想家徳富蘇峰が鷲羽山を訪れ、山頂を「鍾秀峰」と命名する。秀景をこの峰にあつめるという意味である。

自 氷ノ山後山那岐山国定公園後山・那岐山

氷ノ山後山那岐山国定公園は中国山地の東部に位置し、脊梁山地として兵庫県、鳥取県、岡山県の県境に連なる山地である。兵庫・鳥取県境の中

国地方第2の高さを誇る氷ノ山（1,510m）を最高峰として、兵庫・岡山県境には岡山県最高峰の後山（1,345m）、鳥取・岡山県境には那岐山がそびえる。山頂部はなだらかになっているが、豪雪地帯で、山腹は急傾斜で渓谷や瀑布が多い。後山は山腹にブナ林が広がり、豊かな動植物を育んでおり、行者川にはオオサンショウウオ、カジカなどが生息している。後山は古来修験道の霊場であり、今も山岳信仰の山として西の大峰山と呼ばれている。那岐山は360度の展望が開け、大山や瀬戸内海を望むことができる。

自 吉備路風土記の丘県立自然公園吉備路　＊史跡

古代の一大文化圏と考えられている吉備の文化を残す地域であり、美しい田園風景と一体となって、古代の風景をしのぶことができる。備中国分寺跡、備中国分尼寺跡、こうもり塚古墳、造山古墳などがあり、特に備中国分寺跡は江戸時代に再建された五重塔がたたずんでいる。古墳は前方後円墳で全国的にみても大規模なものである。

都 烏城公園　＊史跡、重要文化財、日本の歴史公園100選

中国地方の中心都市岡山市は、烏城こと岡山城の城下町として発展してきた。宇喜多直家、秀家親子により築城、城下町整備が行われた。岡山という地名は、秀家が本丸と天守を移した場所が小さな丘になっており、その名称が「岡山」だったことによる。すなわち、岡山と岡山城は一体として誕生したのである。この城が烏城と呼ばれるのは、質素で実戦向きの黒い下見板を張り巡らしているからであり、これは関ヶ原以前に築かれた城の特徴である。秀家は旭川を付け替え、本丸の北面から東面を巡らせ、堀として活用した。江戸期に入り城主は池田家に移るが、その時代、旭川を挟んで城の対岸につくられたのが日本三名園として名高い後楽園である。維新後、岡山城もまた御殿・櫓の多くが取り壊され、堀も埋められた。さらに、空襲によって、戦前国宝指定を受けていた天守も焼け落ちる。しかし戦後、1966（昭和41）年に天守は再建され、城址は約20.7haの烏城公園として整備されていった。

本公園の整備方針の一つとして、岡山カルチャーゾーン一帯から、烏城の雄姿が望めるよう植栽などを維持管理する点があげられる。「岡山カルチャーゾーン」とは、城周辺の美術館・博物館・図書館・シンフォニーホー

ルなど文化施設が集まる地域である。岡山の歴史・文化的な魅力のシンボルとして、このような城の眺望が捉えられているのである。では、この烏城の眺望上の特性、その魅力とは何か。一般に、日本の城の写真を眺めていると、一つの特徴に気がつく。正面から天守を撮る写真がほぼ見当たらないのである。城は必ず、斜め下から撮られている。「曲輪」という言葉に端的に表されているように、日本の城は直線的アクセスを嫌う。堀を挟んだ石垣の重層的な連なり、三の丸・二の丸・本丸と進む途上での、橋や門や櫓の重なり合い、破風の多彩な角度、これらの重層的な絡み合いが、城の眺望上の大きな特徴であり、魅力といえる。これは、烏城の眺望についても同様である。カルチャーゾーンをはじめ、市内随所で城を眺めると、必ず最初に不等辺五角形の天守が目に留まる。「岡山」の自然地形をそのまま活かして建築された天守は、この不等辺五角形の天守台の上に構築され、非対称的な形体をもつ。この特性が、旭川の流れ、後楽園の緑と相まって、さまざまなパースペクティブにおいて、重層的絡み合いを演出しているのである。

都 鶴山公園　＊史跡、重要文化財、日本の歴史公園100選

津山市は中国地方東部、岡山県北部の盆地にある。古来より美作地方の中心地として国府が置かれていた。近世に入り、津山盆地中央部に、森忠正が現在見られる形の津山城（別名鶴山城）を築いた。吉井川とその支流を堀に利用し、天然の断崖にそびえる平山城である。明治に入り、この城もまた廃城令によって取り壊される。しかし、地取り、縄張りは江戸時代初期の形式を良好に残しており、この城址は1900（明治33）年から鶴山公園として継承・活用されることとなった。その後逐次整備が重ねられ、2005（平成17）年には備中櫓の復元工事が完了した。現在、本公園は西日本有数の桜の名所として知られ、城山全体を染める花々は人々を酔わせる。ただし、この場所最大の魅力はその遠望にある。山々を越えて津山盆地に入る者は、吉井川から屹立する城山に目を奪われる。日本三大平山城に数えられるこの城山の風景は、まさに文字どおり津山のシンボルである。

都 西川緑道公園

岡山市の中心部は、江戸初期につくられた西川用水によって南北に貫か

れていた。この用水路を原型に、1974（昭和49）年から9年かけて整備されたのが、全長2.4kmの西川緑道公園である。建設当時より全国的に注目されていたが、2006（平成18）年に市民懇談会が開催され、緑道公園の再整備プロジェクトが動き出した。その際キーコンセプトとなったのが、「歩けるまちづくり」「水と緑のネットワーク」「まちなかの魅力的空間」である。日々の生活空間が、水と緑と小動物によって彩られる。その心地良さを、住民と行政と各種団体が協働でつくりあげている。公共性の創出と居心地の良い景観の創出が連動する、公園まちづくりの良例として注目される。

庭 岡山後楽園（おかやまこうらくえん）

＊特別名勝、日本の都市公園100選、日本の歴史公園100選

岡山後楽園は、岡山城の北側を流れる旭川の対岸に位置しているため、江戸時代には「御後園」と呼ばれていた。藩主の別邸として造営されたもので、1700（元禄13）年に面積は約2万7,000坪（約8.9ha）だった。1871（明治4）年に『岳陽楼記』の「先に憂え後れて楽しむ」から「後楽園」と命名され、84（明治17）年に池田家から岡山県に譲渡されて一般に公開された。

当初の造営工事は、1687～1700（貞享4～元禄13）年に行われた。基本的な計画は2代藩主池田綱政が行い、工事は藩郡代の津田永忠（1640～1707）が担当し、配下の近藤七助と田坂与七郎が監督して、大坂出身の石工の河内屋治兵衛が施工をしている。土地造成が完了した後に、延養亭などの御殿部分や流店などが建てられ、ほぼ現状の庭園がつくられている。中央にある唯心山が築かれたのは、1735（享保20）年頃のことだった。

この庭園の美しさは、曲水と呼ぶ流れと園池、築山、芝生、建築物などによっている。しかし、その優美さは、伝統的な日本庭園の常識を破ることで成立している。園池とその水源になっている曲水を地下埋設管（暗渠）でつないで、見た目には園池と曲水とを切り離す工夫がされている。曲水や園池の水は、現在は旭川の伏流水をポンプでくみ上げているが、当初は灌漑用水を兼ねて旭川の上流から水を引き、北側の川底に給水管を通してサイフォンの原理で園内に流し入れていた。

こうした導水方法や曲水と園池を切り離すという工夫は、灌漑用水工事などで実績を積んできた津田永忠の考えに基づくようだ。江戸時代の庭園は一般的に、流れや園池の岸は自然石を組み合わせて囲っている場合が多いのだが、後楽園の流れの岸には割石が使用されて、流れを軽やかに見せ

ている。割石のような河川の護岸技術が使われているのは、石工の治兵衛が施工したからだろう。

庭 旧津山藩別邸庭園（衆楽園）＊名勝

津山市山北にある衆楽園は、津山藩2代藩主の森長継が1655～58年（明暦年間）に、他藩の使者を謁見する場として造営したという。98（元禄11）年に松平宣富が入部して、1734（享保19）年に建物を改築している。この時期の敷地は約2万3,500坪（7万7,500 m^2）で、現在の3倍近くあったという。敷地は70（明和7）年に縮小されたが、その後に作成された絵図の庭園地割は、現在もそのまま残っている。江戸時代には「御対面所」などと呼ばれていたが、1870（明治3）年に「衆楽園」と改称され、1925（大正14）年には所管が岡山県から津山町に移っている。

南北に長い敷地の大半を園池が占めていて、その周囲を巡る回遊式庭園になっている。園池には四つの中島が築かれていて、橋が架けられているので対岸に渡ることができる。園池の北側部分には築山が築かれ、その東側には1868年前後（幕末～明治初頭）に設けられたという全長210 mの曲水がある。園池の北西岸に2階建ての余芳閣と迎賓館、中島や東岸には亭などが、明治以降に再建されている。

庭 頼久寺庭園 ＊名勝

高梁市にある頼久寺は、1504～21年（永正年間）に松山城主だった上野頼久が、荒廃していた寺院を再興して、自身の名を寺名にしたという。しかし、75（天正3）年に戦火で焼失して、乱後に毛利輝元が復興している。1600（慶長5）年の関ヶ原の合戦後、備中国奉行として松山に入った小堀新介（正次）と子の作助（政一、遠州）は、松山城が荒廃していたために頼久寺で政務を行ったという。そのため愛宕山を借景にした書院南東の庭園は、小堀遠州の作庭とされている。だが、1839（天保10）年に寺が類焼して、現在の伽藍が再建されたために、書院左手のサツキの大刈込みは美しいのだが、手前の巧みな配置の飛石は、現存の建物と合致していない。

34

広島県

平和記念公園

地域の特色

中国地方中央部の瀬戸内海に面する山陽地方に位置し、北は中国山地が広がり、山陰の鳥取県、島根県に接している。中国山地は1,000～1,300mの山々が連なり、その南に400～600mの吉備（きび）高原などが連なり、緩（かん）傾斜をなして瀬戸内海へと続くが、平野に乏しい。山陽と山陰の分水嶺（ぶんすいれい）が広島県側にあり、山陽では太田川（おおたがわ）が広島平野の広島、芦田川（あしだがわ）が福山平野の福山をつくり、沼田川（ぬまたがわ）が三原（みはら）、賀茂川（かもがわ）が竹原（たけはら）をつくって、瀬戸内海に注ぐ。可愛川（えのかわ）は中国山地から東流し、三次（みよし）盆地を通って、中国地方最大の江の川（ごうのかわ）に合流し日本海に注ぐ。付近には庄原（しょうばら）、西条（さいじょう）などの盆地もある。県東部の山地には帝釈峡（たいしゃくきょう）、西部には三段峡（さんだんきょう）などの峡谷の景勝地がある。瀬戸内海は陥没による地形が約8,000年前の氷河期終焉の海進により沈水したものであるが、沈んだ山頂部が島々として残り、多島海を生みだした。

広島県の沖合には愛媛県に連なる芸予（げいよ）諸島や広島湾の島嶼（とうしょ）など島々が100を超えている。瀬戸内海には、アビ、スナメリクジラ、ナメクジウオの生息地が天然記念物となっている。

古くは主に東部の備後（びんご）の国と西部の安芸（あき）の国に分かれ、近世には福山城の福山藩と広島城の広島藩が統治した。古代には平清盛（たいらのきよもり）が厳島神社（いつくしまじんじゃ）を崇（すう）敬（けい）し、社殿を造営した。中世には芦田川河口に栄えた港町の草戸千軒（くさどせんげん）遺跡が残っている。鞆（とも）の浦は古代からの港であるが、近世には北前（きたまえ）船の潮（しお）待ち・風待ちの港や朝鮮通信使の寄港地として栄え、近くの塩田と学問で栄えた竹原とともに古い町並みを残している。近代には広島・呉（くれ）は軍事基地となりさまざまな関連施設が集中した。第二次世界大戦では広島に原爆が投下された。1996（平成8）年、厳島神社と原爆ドームが世界文化遺産となった。

自然公園は瀬戸内海の多島海を主として、都市公園は大戦や城郭にちなむもの、庭園は大名庭園などが特徴的である。

主な公園・庭園

自 瀬戸内海国立公園しまなみ海道

瀬戸内海国立公園の1934（昭和9）年の指定は、まとまりを重視し、飛地を嫌う考え方から備讃瀬戸に限定された。しかし、広島県の鞆の浦の一部は入っていた。近世に来日した朝鮮通信使が「日東第一形勝」つまり日本一の景勝と讃えていた所である。戦後の国立公園の拡張で、広島県（安芸）と愛媛県（伊予）に連なる多島海の芸予諸島や、現在世界文化遺産となっている厳島や、蒲刈島などが展望できる野呂山などが編入される。当初、芸予諸島は島嶼の山容が大きく島々が重なって見え、多島海の印象が薄いことから、また、何よりも軍事施設が多いことから最初から諦めていた。

2016（平成28）年現在、芸予諸島のしまなみ海道と安芸灘とびしま海道がサイクリストの聖地として本格的なサイクリングで賑わっている。しまなみ海道は1969（昭和44）年に新全国総合開発計画において明石－鳴門、児島－坂出、尾道－今治の3ルートが決定した本州四国連絡橋（本四架橋）の一つ尾道－今治ルートであり、99（平成11）年に完成した。

しまなみ海道は、10橋の橋梁美はもちろんとして、尾道・今治も特色ある街であるが、島々が独特の個性をもっていることが大きな特色である。映画の向島、村上水軍・園芸・造船の因島、平山郁夫美術館・耕三寺・野外オブジェ・レモンの生口島、そして、愛媛県になるが大山祇神社の大三島、塩の伯方島、能島水軍・高級御影石（花崗岩）の大島などである。生口島、岩城島（愛媛県）のレモン栽培が、瀬戸内海の新たなイメージを生みだし、新鮮な魅力を創出している。東の小豆島・豊島のオリーブが注目されているように、西の生口島・岩城島のレモンも今後注目されるであろう。生業の風景は貴重な景観資産である。

生口島出身の巨匠平山郁夫が晩年瀬戸内海の風景を数多く描いている。シルクロードなどの絵画で知られる平山は東山魁夷ら日本画五山と称する画家たちと並び国民的人気を博する日本画家である。離島に生まれ、離島の隔絶感が痛いほどわかっていた平山は多島海に架かる本州架橋を美しく描く。真・善・美の調和を説く平山にとって調和こそ瀬戸内海の真髄であった。

自 瀬戸内海国立公園大久野島

1897（明治30）年から1902（明治35）年にかけて、広島湾の東部防衛と日清戦争後の内海防備の必要性から、芸予諸島の北の広島県大久野島と南の愛媛県小島に芸予要塞が建設される。大久野島はその後数奇な運命をたどる。要塞廃止直後の1927（昭和2）年に陸軍造兵廠火工廠忠海兵器製造所が建設着手され、29（昭和4）年、毒ガス製造工場が生まれた。終戦を迎え工場は破壊されるが、50（昭和25）年、朝鮮戦争勃発とともに、アメリカ軍の弾薬庫を置く場所となった。大久野島には、明治時代の日清・日露戦争の要塞、昭和時代の日中・太平洋戦争の毒ガス工場、朝鮮戦争のアメリカ軍弾薬基地と三重の歴史の傷跡がきざみこまれている。56（昭和31）年、全島国立公園としてレクリエーションの島に変貌し、現在はウサギがいたる所で見られるウサギとたわむれる島となっている。

自 比婆道後帝釈国定公園帝釈峡　＊名勝、天然記念物

帝釈峡は石灰岩地帯の台地が鋭く浸食されて生まれた帝釈川の峡谷で、1923（大正12）年、わが国の名勝に指定された。翌24（大正13）年に帝釈川ダムが建設され（その後改修）、一部がダム湖の神竜湖になっている。わが国の峡谷は多くが同じ運命をたどっている。

都 平和記念公園および平和大通り周辺地区

＊世界遺産、名勝、史跡、日本の都市公園100選、日本の歴史公園100選

1945（昭和20）年8月6日午前8時15分、広島に原子爆弾が投下された。人類史に刻まれる凄惨な出来事を基につくられた平和公園、この場所は祈りに満ちた聖地である。焼き尽くされた広島の街は、今後70年間草木が生えないといわれていた。だが、この予想は良い意味で裏切られる。2カ月後の10月には、爆心地においてさえ焼け跡から緑の芽が顔を出したのである。当時、この緑がどれほどの希望を人々に与えたのか、想像に難くない。広島を緑に満ちた平和記念都市として蘇らせる、この復興への思いは、「広島平和都市建設法」として1949（昭和24）年に結実する。この流れと並行的に、48（昭和23）年夏頃から、爆心地の中島3万7千坪の土地に平和記念公園ならびに平和記念館を建設し、世界の平和都市広島のシンボルとする

案が浮上した。翌49年、広く設計案を公募した結果、当時東京大学助教授であった丹下健三のプランが採用されたのである。

毎年テレビで映じられる記念式典の様子から、平和記念公園の中心施設は、日本人にとって馴染深い。原爆ドーム・慰霊碑のアーチ・資料館を結ぶ南北軸がその中心である。資料館は、1階がすべて列柱のピロティとなっており、水平に長く広がるその構造には、重厚さと浮遊感が交差している。建築家丹下の名を世界に広めた傑作である。プラン採用前のある座談会で、丹下は「原爆の遺骸（ドーム）－祈りの場所－広場－記念館」が中心軸であること、アーチが平和への橋掛けであると述べつつも、祈りのみでは平和は生まれないという。積極的に平和を建設すること、この公園の造形には、設計者の構築の意志が現れている。

平和記念公園、隣接する幅100mの平和大通り、これについて語る書籍には、緑の豊かさが強調されている。中島を挟む二つの川の水面は岸辺の緑を映し、平和通りの街路樹は涼しげな木陰を与えている。だが、平和公園の中心、アーチから広場を抜け資料館にいたる空間は、むしろ何も遮るもののない空間として存在し、独特の存在感を放っている。

都 入船山公園　＊重要文化財、日本の歴史公園100選

かつて軍港として名を馳せた呉市は、広島県南西部に位置する。1889（明治22）年海軍呉鎮守府が設置され、ついで1903（明治36）年に呉海軍工廠が誕生し、後に戦艦大和を建造するなど、海軍の中心であり続けた。入船山公園は、鎮守府司令長官官舎が置かれていた場所を、第二次世界大戦後に公園として整備したものである。国の重要文化財に指定されている旧長官官舎は、記念館本館として海軍資料を展示し、戦前の日本において海軍が西洋式の生活スタイルを取り入れていた様を今日に伝えている。

都 三ツ城公園　＊史跡、日本の都市公園100選

広島県中央にある東広島市に、県内最大の前方後円墳「三ツ城古墳」がある。1951（昭和26）年に初めて発掘調査が行われ、その後90（平成2）年に復元整備が始まり、現在は三ツ城公園として近隣住民の憩いの場となっている。中心となる古墳は、全体が葺石で覆われ、周囲をレプリカの約1,800もの埴輪が囲んでいる。副葬品は埋め戻され、上からアクリル板越しに見

ることができる。どっしりと構える古墳の周囲は広々とした芝生で囲まれており、近くには遊具やせせらぎも整備されている。子ども連れで訪れる人々も多く、地域住民の身近な憩いの場と、雄大な歴史遺産とが、心地良さとともに共存している。

庭 縮景園 ＊名勝

広島市中区上幟町にある縮景園は、浅野長晟が広島に入国した翌年の1620（元和6）年から、造営を始めている。庭園と数寄屋建築は、徳島城表御殿庭園などをつくった上田宗箇の設計とされている。1713（正徳3）年に5代藩主吉長が庭園の各部分に名前を付け、7代藩主重晟の時には83（天明3）年頃、京都の清水七郎右衛門が庭園を整備したという。19世紀前半（江戸後期）にも幾度も整備を行い、薬園・花壇・茶畑などを設けている。

明治以後も浅野家の別邸として使われたが、1939（昭和14）年に広島県に寄贈された。45（昭和20）年に投下された原子爆弾によって、荒廃してしまったが、現在は御殿や四阿が再建され、園池や石橋も修復されて、旧態を取り戻しつつある。清風館の前面に広がる園池は、中央にある中国の西湖堤を模した石橋と堤で二分されている。園池背後の京橋川から水を取り入れているが、川との間に築山を設けて深山幽谷の雰囲気をつくりあげている。園路に沿って歩いていくと、途中の四阿で休息ができ、北東側の富士山型の築山の頂上からは、園池全体を眺めることができる。

庭 吉川元春館跡庭園 ＊名勝

山県郡北広島町海応寺に、吉川元春館は位置している。元春は毛利元就の二男だったが、吉川家に入って弟の小早川隆景とともに、元就と甥の輝元を補佐して、毛利氏の中国統一を成しとげている。この居館は1582（天正10）年に、元春が隠居所として造営したものだった。

発掘結果によると、居館は間口110 m、奥行き80 mの規模で、中央に屋敷が建てられていて、その北西側に庭園がつくられていた。庭園は園池と築山をもつ小規模なものだが、滝石組と三尊石風の立石が置かれ、池底には0.3～0.5 mほどの扁平な石が敷き詰められていた。南側護岸は直線的な石積で、一部は会所跡とされる建物の礎石になっていた。2006（平成18）年に全体の復元整備が完了して、庭園も公開されている。

35 山口県

国定公園秋吉台

地域の特色

山口県は本州の西端に位置し、中国地方の西部を占める。北は日本海、西は響灘(ひびきなだ)・関門海峡、南は瀬戸内海に接し、三方を海で囲まれている。西へ向かうにつれて地形は高度を減じ、長門(ながと)丘陵(きゅうりょう)の内陸にはわが国最大の石灰岩台地のカルスト地形秋吉台(あきよしだい)がある。古くは周防(すおう)の国と長門の国からなり、中世は大内氏、近世は毛利氏によって統治され、地域的統一性を維持し続けてきた。守護大名の大内氏は海外貿易も行い繁栄をきわめた。

現山口市にあたる中心部は京都を模(も)した町で「西の都」と呼ばれ、大内氏は文化人のパトロンとして、連歌師(れんがし)や絵師などを招いた。貿易都市であったこともあり、キリスト教イエズス会のザビエルも山口を布教の拠点にした。近世には外様大名の毛利輝元が萩に城下町を築き、防長両国を治め、西境に豊浦(とよら)藩(長府藩)、東境に岩国(いわくに)藩を置き、それぞれの城下町を発展させた。

幕末には長州藩として、四国連合艦隊下関砲撃、蛤(はまぐり)御門(ごもん)の変、幕府長州征伐と辛酸(しんさん)をなめるが、近代黎明(れいめい)期の立役者となり、薩長(さっちょう)土肥(どひ)4藩(現鹿児島・山口・高知・佐賀県)による明治維新をなしとげる。特に萩(はぎ)の松(しょう)下村塾(かそんじゅく)は高杉晋作(たかすぎしんさく)、伊藤博文(いとうひろぶみ)らの明治維新の人材を多く輩出した。萩は松下村塾や城下町、反射炉、造船所跡などが2015(平成27)年に福岡・長崎県などの構成資産とともに世界文化遺産「明治日本の産業革命遺産」になった。県は関門海峡でつながる北九州圏との関係が深い。

自然公園はカルスト地形などが主で、都市公園は実業家にちなむもの、庭園は大内氏ゆかりのものが特徴的である。

主な公園・庭園

自 秋吉台(あきよしだい)国定公園秋吉台(あきよしだい) ＊特別天然記念物

秋吉台は古生代のサンゴ礁からなる石灰岩によって生みだされたわが国

最大のカルスト台地である。石灰岩は溶食しやすいことから、地表にはカレンという石灰岩柱やこれが連なるカレンフェルト、また、ドリーネという窪地を形成し、さらに、地下には鍾乳洞をつくり、溶けた石灰岩が上から垂れさがる鍾乳石、下から積みかさなる石筍、鍾乳石と石筍がつながった石柱などを生みだす。秋吉台はドリーネの多い起伏のある草原に白いカレンやカレンフェルトが無数に立ち、地下には鍾乳洞が発達している。

自 長門峡県立自然公園長門峡 ＊名勝

長門峡は日本海に臨む萩市に流れる阿武川上流の断崖、奇岩、急流、瀑布などからなる峡谷で、明治末に英国人教師のエドワード・ガントレットが賞賛し、「長門耶馬溪」として広まった。長門峡の命名は、萩で生まれ、明治大正時代に官僚・日本画家として活躍した高島北海である。また、現山口市出身の大正昭和時代の夭折の詩人中原中也も長門峡を絶賛し、詩碑が立てられている。

都 常盤公園 ＊登録記念物、日本の都市公園100選

山口県宇部市は県南西部、周防灘に面する港町である。ここに、常盤湖という県内最大の湖があり、その湖岸には100haにもおよぶ常盤公園が存在する。もともとこの湖は江戸時代、新田開発を目的につくられた。時代は下り大正時代、湖岸は美しい景勝地として別荘が建ち並んだが、地元の実業家渡辺祐策らによって土地購入が図られ、買い上げられた土地は市に寄贈されたことによって、1925（大正14）年、宇部市常盤公園が誕生したのである。現在この総合公園には、多くの魅力的な施設が集積している。遊園地、動物園、キャンプ場、植物園、ホール、記念館、周遊園路、ミュージアム等々、驚くほど多彩なレクリエーションが楽しめる。

もともと、宇部は炭鉱の街であった。先にふれた渡辺祐策も宇部興産を興した炭鉱主である。しかし渡辺は、その利益を文化都市宇部の実現に向けた各種事業に投資し、宇部の発展と常盤公園開設に寄与した。この文化都市の実現という志は、戦後も宇部の人々によって継承されていく。常盤公園では、50年以上の歴史をもつ野外彫刻コンクール「UBEビエンナーレ（現代日本彫刻展）」が2年に一度開催されている。園内各所には、コンクール受賞作品など約100点のアートが散在し、水と緑と花々にアクセントを

加えている。こうした文化活動は、「アートによるまちづくり発祥の地」である宇部人の真骨頂であろう。炭鉱の町としてスタートした近代の歴史は、宇部に経済発展をもたらすと同時に、煤塵被害を余儀なくさせた。戦後その克服をめざし、市民による「緑化運動」「花いっぱい運動」が「宇部を彫刻で飾る運動」へと広がり、ビエンナーレへといたったのである。近代初頭、渡辺らもまた、炭鉱の権益を共同管理し、収益をまちづくりに使うための団体を設立したという。この場所を軸に、宇部の人々の文化への思いとまちづくりが脈々と受け継がれている。

都 指月公園　＊史跡、天然記念物、日本の歴史公園100選

萩市は山口県の西北、日本海に面した天然の要害である。関ヶ原の戦において西軍総大将の立場で敗れた毛利輝元は、周防・長門の2国に減封され、広島城に代わる新たな居城として萩城を築いた。城は、海に突き出た三角州の先端、標高143mの指月山の山麓（本丸・二の丸・三の丸）と山頂（詰丸）からなり、別名指月城と呼ばれた。この城もまた、明治の廃城令により、堀と石垣のみを残して取り壊され、堀に浮かぶ指月山の姿は往時をしのばせる。この城址が「公園」となったのは1877（明治10）年であり、当初は「志都岐公園」と称されていた。1910（明治43）年に、山口県から萩市に移管され、以後「指月公園」として管理、整備されるようになった。園内には天守跡、花江茶亭、梨羽家茶室、旧福原家書院、万歳橋、東園などの旧跡がある。指月山には樹齢600年を超える巨樹も多く、豊かな生態系を保有しており、全山が国の天然記念物に指定されている。また、この地も多くの城址公園と同じく、春は桜の名所として賑わい、園内には約500本のソメイヨシノと1本のミドリヨシノが存在する。ミドリヨシノは、日本では萩でしか見ることのできない貴重な桜で、山口県指定天然記念物となっており、めずらしい純白色の花びらをもつ。

都 吉香公園　＊重要文化財、日本の歴史公園100選

山口県岩国市は県東部、広島との県境近くの城下町である。この地を治めた吉川家の居館跡地には、1880（明治13）年から旧制岩国中学ならびに県立岩国高校が置かれていた。1968（昭和43）年、高校の移転に伴いこの地を公園として整備開放したのが吉香公園である。園内には、旧目加田家

住宅、錦雲閣など江戸期をしのばせる建物が点在し、1916（大正5）年に建てられた旧制岩国中学の武道場は、現在岩国高校記念館となっている。この公園の魅力は、何といっても四季折々の色合いである。初春には梅が、爛漫の頃には桜が、続いて新緑が、またバラの香りが、訪れる人々に季節の移ろいを感じさせている。

庭 常栄寺庭園　*史跡、名勝

山口市宮野下にある常栄寺の歴史は、かなり複雑だ。室町時代には現在の場所に妙喜寺が建てられていて、江戸期に興国寺と改称したという。一方、毛利氏は周防、長門（現山口県）に移封させられたことから、領内の寺院も移転させて、国清寺という寺を常栄寺と改称している。常栄寺は1863（文久3）年に、再び名称を潮音寺に改めると同時に、現在地にあった興国寺（旧妙喜寺）内に移ったが、潮音寺だけが残って、88（明治21）年に寺名を再び常栄寺に変えている。

現在も残る庭園は大内政弘が、滞在していた画僧雪舟（1420～1506）に命じてつくらせたという伝承があるので、妙喜寺の時期のものになる。方丈の裏に園池がある庭園がつくられているのだが、建物から少し離れた所には、枯山水の石組が置かれている。形が悪い石は植栽で隠すというのが作庭の常識なのだが、富士山型の石は最近横のサツキが取り去られたために、片側が割れたありふれた石に変わってしまった。

枯山水を園池とは別に設けているのは、島根の万福寺庭園と同じ形態なので、おそらく同時代の作庭なのだろう。この枯山水の後ろに、大規模な園池が設けられている。園池には中島があり、突き出した出島が設けられているのは、鹿苑寺（金閣寺）の園池に類似している。

東北隅に滝組が設けられているが、奥行きが長い形状は天龍寺の滝組に似ている。方丈から滝組が見えないのは、西側に滝を眺めるための建物が存在していたことを暗示している。おそらく2階建ての建物が金閣のように、池の岸近くに建っていたのだろう。雪舟がつくったかどうかは判断が難しいが、鹿苑寺と天龍寺を見た人間がこの庭園をつくったことは間違いないだろう。

36
徳島県

国立公園鳴門海峡

地域の特色

徳島県は四国の南東部に位置し、北は讃岐山脈とその南麓の中央構造線の吉野川、東は北端に鳴門海峡、南端に蒲生田岬が位置する紀伊水道、南は阿南海岸が長く延びる太平洋、西は剣山などの高山を擁する四国山地となっている。吉野川を挟んで讃岐山脈と四国山地が東西に走り、県面積の約80%が山地となっている。紀伊水道に注ぐ吉野川は上流部支流に秘境と呼ばれる祖谷渓があるが、河口に沖積平野の徳島平野を生み、徳島や鳴門の都市を発展させた。徳島は河川が多く、水の都ともいわれている。南の那賀川も沖積平野を生み、阿南を発展させた。蒲生田岬北側の橘湾は小島が多く、南側の阿南海岸は山地が迫る岩石海岸をなし、特に蒲生田岬から旧城下町の日和佐にかけては海食崖が続き、千羽海岸には高さ240mを超える断崖が見られる。

徳島県は先史時代からの遺跡が残り、古代には阿波の国と称され、阿波国分寺も建立された。平安中期以降、弘法大師信仰が広まり、四国八十八箇所の霊場が定まり、阿波にも23の札所が置かれた。近世になって蜂須賀氏が阿波に入り、猪山城（現徳島城）を築き、徳島藩の城下町をつくり、明治維新まで続いた。この時期、淡路島も徳島藩に属した。徳島では吉野川の藍栽培、撫養の塩田、山地の煙草栽培が盛んであった。鳴門には、第一次世界大戦で、中国の青島で日本軍の捕虜となったドイツ兵の収容所があった。1917（大正6）年から20（大正9）年まで約1,000名を収容し、友好の歴史を残した。

自然公園は鳴門海峡や剣山を主として、都市公園は城郭、水の都、ドイツ兵物語にちなむものがあり、庭園は城郭や国分寺にちなむものが残されている。

主な公園・庭園

自 瀬戸内海国立公園鳴門海峡　＊名勝

鳴門海峡は兵庫県淡路島の門崎と四国徳島県の孫崎の二つの岬で極端に狭められた幅約1.4kmの海峡である。満ち潮で紀伊水道から大阪湾・明石海峡・播磨灘に入った海水は約6時間で満潮となって鳴門海峡から流れ出す。この時紀伊水道はちょうど干潮にあたり外海に流れる。鳴門海峡で播磨灘の満潮と紀伊水道の干潮が重なり、しかも、流れの方向が一致して急流となる。満潮と干潮の落差は最大1.5mになるという。これに加えて、海峡の海底地形の中央部が深く切れこみ、流れが中央は速く、沿岸は遅くなり、速い潮と遅い潮が渦を生みだす。

鳴門の渦潮は古代から知れ渡っていた。10世紀の紀貫之の『土佐日記』には、海賊におびえ、しきりに神仏に安全を祈る航海が描かれている。海賊は夜中には行動しないと阿波の水門（鳴門海峡）を夜半に横切り、早朝沼島を通過し、現在の大阪の深日辺りに到着する。古代の鳴門は恐怖の風景で、楽しむどころではなかった。近世になって旅が盛んになり、好奇心から鳴門をわざわざ見に出かける人物が現れる。談林派俳人の大淀三千風の1690（元禄3）年の紀行文『日本行脚文集』にその様子が生きいきと描かれている。三千風は全国を旅して、富士山、立山、白山、阿蘇山、雲仙岳などにも登り、本朝十二景を選定した人である。三千風の見た鳴門の風景は、轟音がとどろく音の風景であり、まさしく音が「鳴る門」であった。1862（文久2）年の暁鐘成の『雲錦随筆』でも「常に鳴るを以て鳴門といふ」と伝えている。三千風は鳴門の音を聞こうと淡路島の南端門崎に出向く。案内者を伴い尾根伝いに約6km歩き、さらに岬を約2km進んで岩壁の上に立つ。海峡を見ていると西南の海がふくれあがり、轟音がひびく。潮の息が狭い喉であえぐ音のようだという。鳴門の風景が広く評価されるのは江戸後期のことであった。1800（寛政12）年、淵上旭江の『山水奇観』に鳴門の絵が現れ、11（文化8）年、探古室墨海の『阿波名所図会』に詳しい客観的な記述と迫真の「鳴門真景」の絵が現れる。そして、広重の53（嘉永6）年頃の『六十余州名所図会』や57（安政4）年の有名な「阿波鳴門之風景」などで広く普及していく。この「阿波鳴門之風景」は『阿波名所図会』を模

したものであった。

1985（昭和60）年に完成した大鳴門橋は潮流に悪影響を与えないように多柱基礎構造とし、後に車道の下層の鉄道予定路面を人が歩いて渦潮を見られる海上遊歩道「渦の道」とした。

自 剣山国定公園剣山　＊日本百名山

剣山（1,955m）は石鎚山と並ぶ四国山地の主峰であり、徳島県と高知県の県境に位置する。西日本第2の高峰であり、その名から険しさを感じるが、山頂付近はなだらかな準平原状の地形で、登りやすい山である。古くから山岳信仰の地であり、上部にはシコクシラベの貴重な純林が残っている。北麓には断層の中央構造線が東西に走り、吉野川が流れ、大歩危・小歩危が渓谷美を見せる。また支流には人を寄せつけなかった秘境祖谷渓がある。平家落人伝説や蔓橋が知られている。

都 徳島中央公園　＊史跡、名勝、重要文化財、日本の都市公園100選、日本の歴史公園100選

徳島市中央部、助任川と寺島河のデルタには標高61mの城山があり、その地に築かれた徳島城は、江戸期を通して蜂須賀家25万石の居城であった。石垣には、徳島市のシンボルである眉山の青石（結晶片石）が使われ、この城特有の味わいを醸し出している。明治の廃城令により、各地の城と同様、この城の建物も鷲の門を除いてすべてが取り壊された。1905（明治38）年、徳島市はこの城址を蜂須賀家から買い取り、日露戦争戦勝記念として公園建設を開始し、翌1906（明治39）年に徳島公園を開設した。設計を担当したのは、日比谷公園と同じく本多静六と助手の本郷高徳であり、ここは日本で2番目の西洋風公園である。時代は下り77（昭和52）年、本公園は呼称変更され、徳島中央公園となった。

現在、公園内には旧徳島城表御殿庭園、徳島城博物館、スポーツ施設などが点在し、バラ園や流れ池などの見どころにも恵まれ、市民や観光客が訪れている。特に表御殿庭園（千秋閣の庭）は、桃山期を代表する名園として高く評価されている。また、明治の廃城令による取り壊しを逃れた鷲の門は、1945（昭和20）年の徳島大空襲で焼失したが、89（平成元）年、市制100周年を記念して復元されている。

さて、徳島城は城山に築かれた平山城である。普通、平山城あるいはそ

の城址公園は、城下全体を睥睨する高所に位置し、その土地のシンボルとなる。もちろん、徳島城も徳島のシンボル的存在ではあろうが、しかしここにはもう一つ象徴があった。青石の産出地、標高290mの眉山である。市街地のどこからでも眉の姿に見える眉山、城下を一望する高所は眉山にあり、したがって徳島の平山城は見下ろされてしまうのである。市街地に隣接するシンボリックな山から、本公園を見下ろす景観、これもまた徳島という土地の魅力といえよう。

都 新町川水際公園

JR徳島駅にほど近い繁華街、新町川沿いに都会的な公園がある。新町川水際公園である。1985（昭和60）年「中心市街地活性化計画」により、河川整備と公園整備の両事業を徳島県と徳島市が合同で実施したもので、89（平成元）年に完成した。街の活性化を担うため、街と一体となったイベント開催広場が設けられ、水と樹木による安らぎの空間が演出されている。昼間、水辺のモニュメントで子どもたちが遊び、夜はLEDの光が幻想的な空間を浮かび上がらせる。老若男女が時間帯により入れ替わりながら、各々の流儀で街と一体化した公園を楽しんでいる。

都 ドイツ村公園　＊日本の都市公園100選

徳島県鳴門市に、特異な歴史をもつドイツ村公園がある。第一次世界大戦中、ドイツの租借地青島で日本軍の捕虜となった約1,000名のドイツ兵が、1917（大正6）年から20（大正9）年までこの地で俘虜生活を送ったのである。彼らの多くが元民間人であり、職能を活かして文化的生活を営もうとし、日本軍側もまたそれを奨励した。ベートーベンの交響曲第九番が日本で初めて演奏されたエピソードは、映画化されて広く知られている。現在この地は、鳴門市ドイツ館（資料館）が山麓に建ち、山頂にはドイツで鋳造されたばんどうの鐘がそびえている。近くを高松自動車道が走っているが、車から眺めるその光景は、独特の静けさを有している。

庭 旧徳島城表御殿庭園　＊名勝

蜂須賀家政によって1585（天正13）年に築城されて以降、徳島城は蜂須賀氏歴代の居城となった。丘陵部に本丸と二の丸などが設けられ、麓に藩主の居館と表御殿や西の丸が築かれていた。現在、藩主の居館跡には博物館が建設されていて、その東側に庭園が保存されている。

庭園には庭石として青石がふんだんに使われていて、原産地ならではの華やかさを見せている。江戸時代には、枯山水部分は小書院に面していて、園池部分は藩主の表居間に接していたのだが、現在は両方合わせた回遊式の庭園になっている。この庭園の作者は、客として滞在していた武将で茶人の上田宗箇とされている。

以前、園池には海水が内堀から入っていて、干満がある「潮入りの庭」だったのだが、1946（昭和21）年の南海大地震で地盤沈下が起きて水位が上昇したために、57（昭和32）年の修復工事で海水を止めてしまった。しかし、現在園池の水が多い時には、飛石伝いに対岸に渡れなくなっている。元のように海水を入れて、名園を復活させてもらいたいのだが、不可能だろうか。

庭 阿波国分寺庭園　＊名勝

徳島市国府町矢野に位置する阿波国分寺は、四国霊場88カ所の第15番札所になっている。この寺は、741（天平13）年の聖武天皇の国分寺建立の詔によって建造された、阿波国の国分僧寺が基になっている。鎌倉、室町時代も建物は整っていたようだが、その後荒廃して1689（元禄2）年の『四国遍礼霊場記』の図では、12個の礎石と塔の基壇、弥勒堂と家屋が描かれているだけになっている。青石の豪快な使い方から桃山時代の作庭とされてきたが、江戸前期の絵図からもこの説は否定される。

1741（寛保元）年から徳島藩が再興を行って、1810（文化7）年に唐様の現本堂（瑠璃殿）を建てている。2005～11（平成17～23）・15（平成27）年度の保存整備の際の発掘調査によると、18世紀末～19世紀初頭頃に現本堂の建立に伴って、現在の庭園になったとされている。すべて青石を使っているのが徳島らしいが、本堂西側にある高さ4mを超える立石は豪快で、本堂東側の枯滝、枯流れ、枯池の構成も力強い。石を斜めに据えている部分が多いことは、徳島城表御殿庭園とはまた違った技法の高さを示している。

37 香川県

栗林公園

地域の特色

香川県は、四国の北東部に位置し、瀬戸内海に突き出した讃岐半島と小豆島や塩飽諸島の島々からなる。面積は大阪府に次いで小さいが、平野が多く、人口密度は高い。岡山県と本州四国連絡橋の瀬戸中央自動車道（瀬戸大橋）とJR本四備讃線でつながり、高松は四国の玄関口となっている。南の徳島県境には竜王山を最高峰とする壮年期の山岳が東西に走り、小河川が高松平野、丸亀平野、三豊平野などを経て、瀬戸内海へと流れ、これらの平野を総称して讃岐平野と呼ぶ。讃岐平野には山容が特徴的な独立峰がたたずんでいるが、火山の浸食地形である。

典型的な瀬戸内式気候で降雨量が少なく、大河川もないため、古代に巨大な貯水池満濃池がつくられたように、水不足に苦しめられ、ため池数は兵庫県、広島県に次いで多い。1974（昭和49）年、徳島県吉野川から讃岐山脈をトンネルで抜き、香川用水を完成し、水不足を改善した。ため池は、近年淡水魚の希少種の生息地として注目されているが、維持管理の担い手も少なくなってきている。

古代から讃岐の国と呼ばれ、沙弥島などは柿本人麻呂の歌に詠まれ、また、讃岐は流刑の地にもなっていた。四国八十八箇所は讃岐出身の空海の足跡にちなみ、うどんも彼が中国から持ち帰ったと伝えられている。江戸時代には、主として高松藩と丸亀藩に統治されたが、新田開発が盛んに行われ、讃岐三白と呼ばれる塩・砂糖・綿の生産が財政を豊かにしていた。金毘羅（現金刀比羅）参りやお遍路が盛んに行われ、丸亀や多度津の港町が賑わい、大坂からは金毘羅船の定期便が出ていた。高松城には譜代の松平氏が入り、世界に誇る魚介類を中心とした博物図譜『衆鱗図』が制作された。讃岐出身の平賀源内も関与していたといわれる。瀬戸内海の多島海の国立公園を中心として、城郭や大名庭園などの都市公園・庭園が特徴的である。

主な公園・庭園

自 瀬戸内海国立公園備讃瀬戸　＊史跡、名勝、天然記念物

備讃瀬戸とは岡山県（備前）と香川県（讃岐）の間の本州と四国が最も近接する海域で、東は小豆島、西は笠岡諸島・荘内半島の海域をさす。塩飽諸島、直島諸島などの多数の島々が浮かぶ多島海である。1988（昭和63）年、車道と鉄道が通る本四架橋瀬戸大橋が開通した。この塩飽諸島の大半の島は香川県に属している。江戸時代に樽を海に流して藩境（県境）を決めたという伝説が残っているが、樽流しを提案した岡山側の人物が変化する潮の流れを読みまちがえたという物語である。本島を中心とする塩飽七島は古くから塩飽水軍の本拠地で、操船技術に優れていたことから、豊臣秀吉の手厚い保護を受け、大名に準ずる人名として領地と自治を認められ、江戸時代も続いた。本島には自治組織の勤番所が残り、笠島地区は重要伝統的建築物群保存地区になっている。フロイスやシーボルトが寄港した記録もある。塩飽の人々は船大工の技術を活かし、家や宮の塩飽大工となり、幕末に初めて渡米した咸臨丸の水夫としても活躍した。

江戸時代までの日本人には、瀬戸内海は一つのまとまりある海域ではなく、和泉灘、播磨灘、周防灘などのいくつかの灘が連なる場であった。「瀬戸内海」の語は「The Inland Sea」の翻訳語として明治初年頃から用いられ始める。広域の内海を欧米人に教えられたのである。欧米人が内海を表す語に定冠詞をつけただけで、「セト」をつけなかったのは、当時瀬戸内海全体を表す地名がなかったことを意味している。欧米人の評価がピークに達する明治後期には、日本人の間にも新しい瀬戸内海の見方が普及していく。日本人もまた、近代的風景観を受容して、多島海、内海、海岸といった自然景観や、段々畑、港、集落といった人文景観を賞賛し始める。日本人に備讃瀬戸や芸予諸島などの瀬戸内海の新しい風景が見えてきたのである。そして、この頃日本人は世界に誇る瀬戸内海に得意となり、世界の公園だと称するようになる。このなかの一人に香川県出身の小西和がいた。彼は、1911（明治44）年、自然地理、人文地理などのさまざまな分野から瀬戸内海を論じた大著『瀬戸内海論』を著した。その巻頭に、新渡戸稲造が「瀬戸内海は世界の宝石」と賛辞の小文を寄せていた。小西は瀬戸内海を「世界

の公園」にすべきだと主張し、風景を保護しなければならないと論じていた。やがて、この考えは国立公園の誕生へと結実していく。

㊂ 瀬戸内海国立公園小豆島寒霞渓　＊名勝

小豆島の寒霞渓は古い火山活動で生まれた安山岩・集塊岩が長年月の侵食により奇峰や奇岩怪石の風景となった所である。応神天皇が鉤をかけて岩山を登ったという故事から「鉤掛」「鉤懸」と伝えられ、「神懸」「神馳」などとも表されている。江戸後期に奇岩怪石の風景を愛でる中国文化が儒学者・漢学者の間で広まり、寒霞渓も名所になっていく。儒学者・書家の貫名海屋は「浣花渓」の文字を当てて嘆賞し、1878（明治11）年、漢学者の藤沢南岳が「寒霞渓」と命名する。寒霞渓を最も世間に知らしめたのは儒学者・漢学者の成島柳北であった。彼は79（明治12）年から81（明治14）年にかけて雑誌に『航薇日記』を連載し、「神馳」を絶賛する。当時、漢学者の命名や漢詩文や紀行文は新たな名所を生みだしていた。藤沢南学の寒霞渓は頼山陽の耶馬渓、安積艮斎の妙義山とともに日本三大奇勝と呼ばれている。また、明治時代、寒霞渓と豪渓（岡山県）は「瀬戸内の二大奇勝」と称されていた。

1910（明治43）年、小豆島の神懸山保勝会の招きで、太平洋画会の洋画家たちが小豆島の写生旅行を行う。翌年、その成果を画集『十人写生旅行』として出版し、さらに大阪商船などの便宜を得て瀬戸内海を旅行し、画集『瀬戸内海写生一週』を出版する。二つはともに中村不折、大下藤次郎、鹿子木孟郎、吉田博、小杉未醒らの30歳代から40歳代を中心とする12人の気鋭の画家たちであった。この明治時代末に出された二つの画集は、須磨や明石の名所絵から瀬戸内海の風景画へ大きく飛翔した点で画期的であった。名所の瀬戸内海から風景の瀬戸内海へ飛翔したのである。

小豆島の岬の分教場を舞台にした映画『二十四の瞳』（壺井栄原作・木下恵介監督）は教え子が戦争で亡くなっていく物語であったが、小豆島の穏やかな風土がかえって戦争の影を浮き彫りにしていた。穏やかさやのどかさは瀬戸内海の真骨頂である。おそらく瀬戸内海の風景は、あたかも幼年期の原風景であるかのように、多くの日本人にほっとするふるさとにも似た親しみを与えるのではないだろうか。温和な気候、穏やかな海、静かに浮かぶ島々、白い砂浜、港の漁船、社寺の祠と境内、山腹の段々畑、軒を接する民家、そして何よりもこれらを貫くのどかな時間、我々が現代社会の中で失ってしまった多くのものを瀬戸内海はまだ残しているのだ。

自 瀬戸内海国立公園直島・豊島

2016（平成28）年現在、瀬戸内海はアートツーリズムで賑わっている。直島、豊島、犬島などの備讃瀬戸の多島海に繰り広げられる現代アートはこの瀬戸内海の風景の豊かさにふと気づかせてくれる。風土とは、単なる環境ではなく、歴史性や文化性を内包している。風土は土地の豊かなおもむきをもっている。20世紀は、風土性を切り捨て、場所の記憶と物語をかき消し、壮大な都市文明を築き、いたる所を均質化してきた。直島が現代人の心をとらえてやまないのは、直島に何よりも心にしみる普通の風景と過去とのつながりがあるからであり、それを現代アートの力が見事に現前化したからではなかろうか。現代アートが、風土のもつ潜在力を引きだし、薄い平板な風景から奥行きと深みのある風景へと風景の再生をなしとげたのだ。豊島の水の豊かさにちなむ水滴をテーマにした豊島美術館は、豊島の風景や棚田の風景と共鳴している。豊島美術館は豊島の風土性をとらえた、この場にあることがふさわしい現代アートであった。直島・豊島において国立公園は一部にすぎないが、国立公園の風景は多彩に光り輝いている。風景が輝いて見えるのは人間がそう見ているからであり、国立公園とは風景と心情が共鳴する場なのだ。人間とは常に風景のなかに生きているのであり、風景と生が不可分にからみついていることからすると、風景の宝石のような輝きは人間の生そのものの輝きにほかならない。

自 瀬戸内海国立公園五色台・善通寺五岳山

瀬戸内海の多島海の展望地として、香川県には、屋島、五色台、紫雲出山などがある。五色は仏教が重視する特別な色で、白・青（緑）・黄・赤・黒（青）をさし、五色台には白峰・青峰・黄峰・赤峰・黒峰がある。平安時代の12世紀、西行は四国に渡り、この白峰山にある崇徳院の御陵に詣でる。その後、弘法大師の誕生の地の善通寺を訪ね、善通寺五岳山の一つ我拝師山の庵で逗留、「曇りなき山にて海の月見れば　島ぞ氷のたえまなりける」と多島海の歌を詠む。月光に輝く海面を氷ととらえ、光の反映のない島の部分を氷の絶え間だと表現する。現代の映像のような透徹した美を描きだす。現代の我々は、この歌に、漆黒の瀬戸内海を照らす神々(こうごう)しいばかりの月光や、思念に沈潜し、独り修行につとめる西行の姿を想起するだろう。武士であった西行は23歳で家族を捨てて出家、その後、高野山、吉野山、熊野、大峰山で修行を積むなど、旅と修行の生涯をおくり、桜や月の美しさをたたえ、日本人の美意識をかたちづくった人であった。この歌は荘厳な月夜の風景を彷彿(ほうふつ)とさせてくれる。しかし、西行という人物は仏教の普遍的真理を生きられる世界に見ようとした人であり、それを和歌というやまとことばに表現しようとした人であった。この歌には、西行のまなざしに射抜かれた深遠な仏教の世界が広がっていたに違いない。我々もまた、西行を通して、瀬戸内海に深遠な風景を垣間見(かいまみ)ることができる。瀬戸内海は過去の世界の追体験を可能にする歴史と文化の連続性を残している。なお、善通寺御影堂(みえどう)には戒壇(かいだん)めぐりという真黒闇(まっくらやみ)の地下通路がある。

都 玉藻(たまも)公園　＊史跡、名勝、重要文化財、日本の歴史公園100選

高松(たかまつ)市街地中心部に位置する、高松城（玉藻城）の跡地を基盤とした公園である。高松城は、讃岐(さぬき)の中央部に瀬戸内海に直面して築かれた近世城郭で、讃岐の枕詞である「玉藻」から玉藻城とも呼ばれていた。水陸の交通の要衝(ようしょう)に築かれ、海水を引き込み、海を水運と防御に用いた「海城(うみじろ)」であり、波打ち際にそびえる城郭の威容は、背後の城下町やそれをとり巻く山々と一体となって、讃岐国の象徴的な風景として知られていた。明治に入ると、この城址周辺は都市の近代化の中枢部として水陸の交通網と各種公共施設が集積し、城郭に代わる新たな都市のシンボルとなっていく。この近代都市高松の歩みのなかで、中堀、外堀の多くは埋め立てられ、波が打ち寄せていた城郭は海から隔てられて、城郭建造物の多くも取り壊された。特に城郭外側から市街化が進み、桜の馬場および西の丸跡は、周辺の都市部と連結した博覧会などのイベント会場としてしばしば利用された。

1953（昭和28）年、臨時市議会において高松城址の買い入れに関する議案が可決されたのをうけ、高松市は54（昭和29）年に旧藩主松平(まつだいら)家が設立した松平公益会(まつだいらこうえきかい)と買収調印を行い、翌55（昭和30）年より公園として一般開放した。これは、戦災により市街地の約80％を焼失する大被害をうけた高松市の復興のシンボルとなる整備であった。公園化と同年、ほぼ同じエリアが国の史跡にも指定され、以後現存している櫓(やぐら)の修理や堀の浚渫(しゅんせつ)、

石垣の修理等の保全整備が行われていった。この「文化財」としての見方や性格は、高松を代表する貴重な文化財の保存と活用の観点、さらに固有の歴史に根ざした豊かな都市づくりのシンボルとしての観点から、平成に入り格段に強まっている。天守の復元をめざして2006（平成18）年より始まった天守台石垣の解体修復工事や、内堀を遊覧し海城ならではの舟遊びを楽しむ和船体験など、特に本来の城郭のイメージを再生することに力点を置いたハード、ソフト両面の整備が積極的に進められ、充実してきている。

都 国営讃岐（さぬき）まんのう公園　＊国営公園

香川県中西部のまんのう町にあるわが国最大級の灌漑用（かんがいよう）「満濃池（まんのういけ）」を望む丘陵地に位置する、四国唯一の国営公園である。満濃池とその周辺の豊かな自然と風土を生かし、基本テーマを「人間との語らい、自然・宇宙とのふれあい」として整備を行った。1984（昭和59）年に事業採択され、98（平成10）年に第一期が開園、2013（平成25）年に全面が開園した。約350haの広大な園内は、竜頭（りゅうづ）の丘、竜頭の森、竜頭の里、湖畔の森のゾーン、また自然生態園やさぬきの森、さらにオートキャンプ場などの多種多様な施設が集積している。年間を通して子どもから大人まで楽しむことができるように、いたる所がチューリップ、あじさい、ヒマワリ、コスモス、スイセンなど色とりどりの花々で彩られ、また春らんまんフェスタ、サマーフェスタ、ウィンターファンタジー、早春フェスタなど四季折々のイベントも多彩に催されている。体験教室も、里山生活体験、陶芸、ハーブ、木工、パン等々の教室と幅広く、さらにオートキャンプ場「ホッ！とステイまんのう」は日本オートキャンプ協会より五つ星認定を受けている。

都 琴弾（ことひき）公園　＊名勝、日本の歴史公園100選

香川県観音寺市有明町（ありあけ）にある、一部瀬戸内海国立公園にも含まれる景勝地に開設された約48haの風致公園である。1897（明治30）年に県立公園として開園され、1936（昭和11）年には国の名勝に指定された。園内中央にある標高約58.6haの琴弾山山頂からは、巨大な銭型砂絵（ぜにがたすなえ）「寛永通宝（かんえいつうほう）」と、瀬戸内海を背景に約2kmにわたり広がる白砂青松の有明浜の眺望を愛でることができる。園内には琴弾八幡宮（ことひきはちまんぐう）や四国霊場第六十八番・第六十九番札所等々、名所旧跡が点在している。桜の名所として日本の桜100選に選

ばれ、また瀬戸内海に沈む夕日が、「日本の夕陽百選」にも選定されるなど、自然現象の美しさを満喫することができる公園でもある。

庭 栗林公園　＊特別名勝、日本の都市公園100選、日本の歴史公園100選

高松市にある栗林公園は、紫雲山の東側麓に位置していて、面積が74.8haと非常に広い。高松藩初代藩主の松平頼重は入国した1642（寛永19）年に、「御林」と呼ばれていたこの別荘を、しばしば訪れている。すでに1624～44年（寛永年間）頃には、高松藩主だった生駒高俊によって、南湖一帯が造営されていたらしい。

2代藩主頼常は1703（元禄16）年に、困窮者の救済のために池の浚渫や築山を設ける工事を行い、引き継いだ3代藩主頼豊が10（宝永7）年に完成させている。5代藩主頼恭の時期には45（延享2）年に追加工事がされて、園内の六十景の命名がされ、園の名称は「栗林荘」に改められた。

1875（明治8）年に県立公園として一般に公開され、97（明治30）年に紫雲山の東面の国有林が、公園に編入されている。1911（明治44）年には北庭の改修が始まり、13（大正2）年に洋式庭園として完成した。88（昭和63）年に園内の市立美術館がとり壊され、発掘調査結果などを基に江戸時代の鴨引き堀が復元されている。

栗林公園は紫雲山を背景にして、園池を中心に構成されているのだが、改修を繰り返しているだけに見どころが多い。園内は大きくは江戸時代からの南庭と、明治に造営された北庭に分かれている。南庭の中には北湖と掬月亭が建つ南湖、紫雲山の崖が見られる西湖が設けられていて、北庭には芙蓉沼と群鴨池があり、中央の橋で区切られている。南湖に臨む築山の飛来峰自体も、園路や石組が凝っていて面白いが、頂上から眺めると手前に南湖に架かる偃月橋があり、奥に掬月亭などの建物が見える絶好の場所を選んで、飛来峰を築いていることがわかる。植栽にも気配りがされていて、園池の周囲にはマツが数多くに植えられているが、大面積なことからサクラ・カエデなどを群植することもされている。回遊式庭園の良さを満喫できる庭園といえるだろう。

38 愛媛県

国立公園しまなみ海道・来島海峡

地域の特色

愛媛県は四国の北西部に位置し、北は瀬戸内海、西は宇和海に面している。本州の広島県（安芸）から愛媛県（伊予）にかけては芸予諸島が連なり、山口県（周防）からは防予諸島が連なる。宇和海にも島々が散在している。西の豊後水道には大分県佐賀関に向かって細長い佐田岬が突き出している。断層の中央構造線が県北部を東西に走り、地形地質を二分し、北側は花崗岩の瀬戸内海沿岸部を、南側は広大な四国山地を形成している。県の東部と南部はこの四国山地が覆い、香川県、徳島県、高知県との県境をなして、県の4分の3が山地となっている。四国山地の西半部は愛媛県にあたり、石鎚山脈となって主峰石鎚山がそびえている。この西端の高知県境には四国カルストが広がる。四国山地から瀬戸内海に流れでる河川が平野をつくり、新居浜平野、今治平野、松山平野など沿岸部に分散して狭小な平野を生みだし、都市を誕生させてきた。西条には「うちぬき」と呼ばれる地下水の自噴泉が多くあり、名水として、また、さまざまな用水として利用されてきた。宇和海沿岸は沈降海岸のリアス海岸であり、複雑な海岸線となっている。

松山の近郊の道後温泉は文豪夏目漱石の小説『坊ちゃん』（1906）でも知られているが、日本最古の温泉ともいわれ、古代8世紀の『伊予国風土記』逸文に聖徳太子来湯の記録がある。今も木造瓦葺のどっしりとした建築物がたたずんでいる。今治の北には潮流の速い来島海峡があり、能島に水軍の海城跡がある。中世の伊予守護河野氏は村上水軍を率い、村上氏は来島、能島、因島の三つの島に分かれて分割支配した。近世には伊予八藩と称して8藩に分割統治され、松山城、今治城、大洲城、宇和島城などの城跡が残っている。

自然公園は瀬戸内海、宇和海、石鎚山を主として、都市公園・庭園は道後温泉や城郭に関係するものが特徴的である。

主な公園・庭園

自 瀬戸内海国立公園しまなみ海道　＊名勝、天然記念物

しまなみ海道は広島県尾道と愛媛県今治を結ぶ本州四国連絡道路・西瀬戸自動車道である（広島県の項参照）。愛媛県の大三島、伯方島、大島もそれぞれ個性豊かな島である。大山祇神社は、厳島神社と同じく、6世紀末推古天皇の時代の創建と伝えられ、厳島神社が弥山を抱く島全体を聖地とするように、鷲ヶ頭山をご神体とし、大三島全体を聖地としていたという。戦いの神として尊崇を集め、中世以降の水軍や武将が武運を祈って武具を奉納してきたことから、甲冑、刀剣などが多く残り、特に甲冑は日本の国宝・重要文化財の大半がある。めずらしい神事として春の御田植祭と秋の抜穂祭に一人角力と呼ばれる相撲神事が行われる。人が目に見えない神様と相撲をとり、負けることによって、豊作を祈り、収穫を感謝するのである。瀬戸内海の島々には直島の安藤忠雄、妹島和世・西沢立衛、豊島の西沢立衛など世界的な建築家の作品があるが、大三島にも伊東豊雄の建築ミュージアムがあり、大島にも隈研吾の来島海峡展望台がある。大三島と伯方島を結ぶ大三島橋が架かる海峡は鼻栗瀬戸と呼ばれる。

自 瀬戸内海国立公園佐田岬

愛媛県（伊予）の西、九州に向かって延々と延びる岬がある。九州大分県（豊後）佐賀関・高島との間に豊予海峡（速吸瀬戸）をなす佐田岬である。岬の先端には大正時代建造の燈台と要塞跡がある。燈台の風景は人を魅了してやまない。瀬戸内海にはわが国最初のブラントンの燈台がいくつかあるが、そのほかにも大久野島、男木島、姫島、大浜崎、大角鼻、高井神島、蒲生田岬、六島など明治大正の燈台が情趣ある風景をつくりだしている。

自 石鎚国定公園石鎚山　＊名勝、日本百名山

石鎚山（1,982m）は西日本の最高峰であり、広大な四国山地の主峰である。急峻な山岳で古くからの山岳信仰の霊場である。亜高山帯のシコクシラベ、ダケカンバ、その下部のモミ、ツガ、ブナなどの自然林が見られる。瀬戸内海は温暖で降雨が少ないことで知られているが、瀬戸内海から雪を

頂いた石鎚山をよく見ることができる。1970（昭和45）年開通の石鎚スカイラインの車道は建設当時ずさんな工事で自然破壊が社会問題となった。石鎚山の南麓には仁淀川上流の渓谷美を見せる名勝の面河渓がある。

都 城山公園

＊史跡、重要文化財、日本の都市公園100選、日本の歴史公園100選

愛媛県松山市の市街地中心部から一気に山が屹立する。それが勝山（城山）であり、その山頂に本丸が、南西麓に二の丸、次いで三の丸が築かれ、日本三大平山城の偉容が示される。これが松山城であり、築城者加藤嘉明がこの地を「松山」と命名したことにより、松山という名の街が生まれたのである。明治に入り失火により二の丸と三の丸が消失するが、その後の廃城令や失火をくぐり抜け、山頂には今日なお天守がそびえ立っている。廃城令の翌年、1874（明治7）年、本丸一帯は早くも公園として開設されたが、二の丸・三の丸は陸軍の施設となった。

戦後、1948（昭和23）年に城山（本丸、二の丸）と堀之内（三の丸）を含む全域が歴史公園「城山公園」として計画決定され、堀之内には、53（昭和28）年に開催が決まっていた国体の主会場として、野球場、テニスコート、プール、ラグビーなど各種スポーツ・文化施設が整備されていった。現在、堀之内地区には「やすらぎ広場」（3.25ha）、「ふれあい広場」（3.32ha）、「さくら広場」（0.84ha）などが広がり、市民の憩いの場となるとともに、各種イベントの会場になっている。戦後すぐにこの場につくられた野球場などのスポーツ・文化施設は老朽化が進み、この場での建て替えを望む市民の声もあったが、「史跡松山城跡」の貴重な文化財を保護する観点から、1993（平成5）年、松山市はスポーツ施設の移転を決定した。現在、公園内には、NHK松山放送局、愛媛県美術館、愛媛県立図書館、松山市民会館などの各種公共施設が集積している。この城山公園もまた多くの城址公園と同様桜の名所であり、花見の時期には花見客で大盛況を呈している。しかし、やはり圧倒的な存在感を示すのは、まさに愛媛ゆかりの俳人正岡子規が詠んだ著名な句「松山や秋より高き天守閣」のとおり、まるで山を天守台にするかのような雄大な本丸の眺めである。

都 南楽園

＊日本の都市公園100選

愛媛県の南部、1974（昭和47）年度に始まった南予レクリエーション都

市整備事業が創出した公園の一つ。「レクリエーション都市」とは、70（昭和45）年12月に建設省が決定した整備要綱に基づき、当時全国的に増加していた広域レクリエーション需要の充足を目的に、総合的都市計画により大規模な公園を核として各種レクリエーション施設を配置した一団の地域のことである。愛媛県は南予地方一帯に観光、レクリエーションの大拠点を整備する方針を立て、72（昭和47年）に地方型レクリエーション都市として指定され、整備が進められていった。整備計画は宇和島、津島、御荘・城辺の3地域で構成されており、このうち南楽園は、津島地域の中核施設として85（昭和60）年4月に開設された。造園家伊藤邦衛による大規模な池泉回遊式の庭園様式であり、ダム建設など公共工事で出された大量の石材や残土が再利用されている。

都 道後公園　＊史跡、日本の歴史公園100選

道後温泉で有名な愛媛県松山市の道後地区にある、湯築城址を基盤とした公園である。近世に伊予国（愛媛）の中心は松山に移るが、それまでは湯築城が政治・軍事・文化の拠点であり続けた。中世の城郭であるこの城は石垣や天守がなく、地形を利用して堀や土塁を巡らせ縄張を構成している。かつて湯築城であった区域約8.5haは、1888（明治21）年に愛媛県立「道後公園」として整備された。現在は住民や観光客が憩いの場として利用する他、桜の名所として多くの花見客が訪れている。公園近くには四国遍路第51番札所や一遍上人縁の宝厳寺、伊佐爾波神社など歴史ある社寺が多く、この地が古来より伊予の中心地であったことがしのばれる。

庭 天赦園　＊名勝

宇和島市の天赦園は、宇和島藩2代藩主伊達宗利が1672～76（寛文12～延宝4）年にかけて、居館として浜御殿を建造したことが起源になっている。江戸末期に7代藩主宗紀は、南殿を造営して隠居したことから、1863（文久3）年に勘定与力の五郎左衛門に命じて庭園築造に着手して、66（慶応2）年に天赦園を完成させた。庭園の面積は12,700㎡と広く、園池が中心になっている。岬や入江などを設けて屈曲の多い汀線にしていて、池辺の要所の石組には和泉砂岩を用いている。

39 高知県

桂浜公園

地域の特色

高知県は四国の南部を占める東西に細長い県で、北は四国山地で愛媛・徳島県境をなし、南は室戸岬と足摺岬の間に太平洋の土佐湾を抱いている。愛媛県境の高知県最高峰瓶ヶ森（1,696m）を擁する四国山地が県の大部分を占め、四国山地から南流する物部川、仁淀川などが高知平野をつくり、四万十川が中村平野をつくり、土佐湾に注いでいる。四万十川は日本最後の清流と呼ばれ、生業などの文化的景観に優れている。隣接して流れる清流の新荘川はニホンカワウソが最後に確認された川であり、環境省は2012（平成24）年にニホンカワウソを絶滅種に指定した。高知平野の城下町高知が中心都市で県人口の多くが集中している。土佐湾は全体に単調な砂浜・磯海岸で、室戸・足摺岬が隆起地形の海岸段丘を示し、東の宿毛湾が沈降地形のリアス海岸を示している。四国山地と太平洋は交通の大きな障壁で、県の発展を阻害してきた。古代から土佐の国名は知られ、紀貫之の『土佐日記』（935年頃）は有名であり、一方、流罪の地でもあった。近世になって大名山内一豊が土佐に入り、高知城を築き、以後近代まで山内氏が統治した。幕末には郷士（農民の下級武士）などにも学問が広まり、尊皇思想が醸成され、そのなかに土佐勤王党や海援隊を組織し、薩長連合を成しとげ、大政奉還を構想した坂本龍馬がいた。土佐藩主山内容堂も大政奉還を幕府に進言した。自然公園は岬、海岸、海域が中心で海域公園地区は6地区、22カ所と多い。県立自然公園もわが国最多の18カ所を擁している。都市公園は城郭や坂本竜馬にちなむものが特徴的である。

主な公園・庭園

自 足摺宇和海国立公園足摺

足摺は四国西南部の海岸をさし、太平洋の黒潮が洗う南部は隆起海岸で大堂海岸のような豪壮な断崖となり、宿毛湾に臨む北部は沈降海岸で岬と入江が複雑に連なる繊細な海岸となっている。太平洋を望む最南端には海食崖の断崖と海食洞の洞窟からなる足摺岬が突き出し、岬はタブノキ、ウバメガシ、ツバキなどの照葉樹林が温暖な海岸らしい景観をつくりだしている。田宮寅彦の小説『足摺岬』は、絶望した主人公が足摺岬で死のうと思い、そして、再び生の営みを始める物語であったが、岬は彼岸に通じる道であるとともに、此岸に引き戻す壁であった。この国立公園の真価は竜串や沖ノ島のようなサンゴの海中景観にある。1963（昭和38）年、山陰海岸と足摺の国定公園はともに国立公園昇格をめざし、審議会に諮られるが、日本海の山陰海岸は昇格、太平洋の足摺は保留と明暗を分け、結局、足摺は愛媛県の宇和海と結びついて、72（昭和47）年にようやく足摺宇和海国立公園として念願の昇格を果たす。この昇格は70（昭和45）年に発足した海中公園地区（現海域公園地区）制度によるもので、高知・愛媛両県が9カ所の海中公園地区を見いだしたからである（佐山、2009、pp.451～454）。国立公園にふさわしい資質を有すると認められたのである。

自 室戸阿南国定公園室戸岬　＊世界ジオパーク、名勝、天然記念物

太平洋を望む室戸岬は隆起によって生まれた地形で、現在も隆起し続けている場所である。岬の西側は海岸段丘による台地と遠浅の地形を見せ、東側は対照的に断層崖によって急崖をなし、海底も急角度で深くなっている。岬は黒潮に接することからアコウなどの亜熱帯の自然林が見られる。室戸岬は1927（昭和2）年の東京日日新聞等の「日本八景」の海岸の部で1位に選ばれている。付近では海岸に多く生育するウバメガシを原料として、紀州備長炭と並ぶブランド土佐備長炭を生産している。海洋深層水、四国八十八箇所巡りの寺院、台風の上陸地点などでも知られている。

自 四国カルスト県立自然公園四国カルスト

四国カルストは愛媛県と高知県にまたがり、ともに県立自然公園に指定されている。公園の面積は愛媛県が多いが、指定は高知県が若干早い。秋吉台、平尾台と並ぶ日本三大カルストの一つである。天狗高原や地芳峠の草原に白い石灰岩柱のカレンとくぼ地のドリーネが点在している。四国カルストの南には四万十川源流部の不入山（1,336m）がある。土佐藩（現高

知県）時代、保護のため「お留山」といわれ、入山禁止の山となっていた。

都 高知公園　＊史跡、重要文化財、日本の歴史公園 100 選

高知平野のほぼ中央に標高44.4ｍの大高坂山がある。この地には中世より城が築かれていたらしいが、詳細は不明である。ここに天正年間、長宗我部元親が城を築くが、今日の高知公園は、関ヶ原の合戦の結果、長宗我部に代わり土佐に転入した山内一豊が築いた城が基盤になっている。城は堀として利用した鏡川・江の口川に囲まれており、ゆえに「河中山城」と名付けられた。だが、この地は水害が多く、2代藩主忠義が「河中」の字を嫌ったため「高智山城」と改名された。その後「山」が省略され「高智（高知）」となり、城下町もこの名で呼ばれることとなる。地名からは、城と地域との一体性をうかがい知ることができる。

明治に入り、この城も廃城令にさらされる。二の丸・三の丸をはじめ城内の多くの建造物が取り払われ、早くも1874（明治7）年、この地は公園設置の太政官布告に基づく「高知公園」として一般開放された。特筆すべき点は、このような廃城令や災害、戦災をくぐり抜けて、今日まで園内には天守・御殿（懐徳館）・納戸蔵・東多聞・西多聞など多くの城郭建造物が現存していることである。これらはすべて、重要文化財に指定されている。日本全国で現存天守が12あることはよく知られているが、これほど多くの城郭建造物、特に本丸周辺建造物が現存するのはめずらしい。江戸期を通じてその地方の中心であった城は、明治に入り取り壊され荒廃する。それを城址公園として整備することで、シンボルとして再生される。各地にみられるこうした流れのなかで、城址公園の旧本丸部分には往時を想起させる空白の場所が広がるか、あるいはあえて喪失した天守の復元を試みることが多い。しかし、この高知城址公園では、往時より連綿と継承されてきた建物群が軒を連ねている。この公園は、江戸時代の本丸のありようを体感できる、貴重な遺産となっているのである。建物群が撤去されて広がりのある空間となっている三の丸から二の丸を抜け、この本丸まで上がってきたとき、来園者はその落差に感銘を受けることとなる。

都 桂浜公園　＊日本の歴史公園 100 選

高知市浦戸に位置し、太平洋に面する龍頭岬と龍王岬の間に弓状に広

がる海浜「桂浜」とその背後に広がる丘陵で構成される風致公園である。桂浜は、土佐（高知）の代表的な民謡「よさこい節」にも「月の名所は桂浜」と歌われているように、古より月見の名所として広く知られた景勝地である。また、坂本龍馬が幼少期にしばしば遊び、愛した場所としても知られ、1928（昭和3）年、高知県の青年有志の募金活動により龍頭岬に建立された坂本龍馬像は、全国の龍馬ファンが訪れる特別な場所でもある。桂浜北部に広がる丘陵には、戦国時代、本山氏によって山城の原型が築かれ、その後1591（天正19）年に長宗我部元親により大改修され、浜を望む高台に三重の天守を擁する本丸を設け、二の丸、三の丸、出丸を構えた大規模な城郭が築かれていた。以後この地は約10年間、子の盛親が関ヶ原の合戦で敗れ、代わって入国した山内一豊が高知城に移るまで、土佐国の治世の拠点であった。かつて天守が築かれた高台には、現在、国民宿舎「桂浜荘」や坂本龍馬記念館が建っている。この一帯が公園化されたのは戦後の1951（昭和26）年であり、特に71（昭和46）年に都市計画決定されて以降は、高知を代表する観光地として施設整備が進められてきた。2015（平成27）年、管理運営主体の高知市により「桂浜公園整備基本構想」が策定され、更なる魅力向上をめざした再整備が進行中である。

都 為松公園　＊日本の歴史公園100選

四万十川市街地西側に位置する高台の公園。そのルーツは、西に四万十川、東に後川を望み、中村平野を一望できる好立地にある標高約70mの丘陵に、地方豪族の為松氏が築いた平山城にさかのぼる。以後、1468（応仁2）年京都より下った前関白・一条教房が土佐の主居城として補強し、1613（慶長18）年には土佐中村藩の2代藩主山内政豊が修復した。しかし土佐の中心が高知に移るなかで、15（元和元）年に取り壊された。その後、城は修復することなく時が流れたが、1908（明治41）年この地一帯約10haを中村町が有償取得し、14（大正3）年4月町立公園「為松公園」として開園した。70（昭和45）年には都市計画公園決定がなされ、天守を模した郷土資料館など、各種公共施設が設置されて現在にいたる。

40 福岡県

国営海の中道海浜公園と志賀島

地域の特色

福岡県は九州の北東部に位置し、本州とは関門海峡を隔てて近接していることから、現代では九州の玄関口で中心地となっている。北は日本海の響灘・玄界灘、東は瀬戸内海の周防灘、南の一部は有明海に臨んでいる。西の佐賀県境には標高1,000m級の脊振山地、南の大分県境は耶馬溪溶岩台地が英彦山や福岡県最高峰の釈迦ヶ岳を擁し、熊本県境には筑肥山地などがある。背振山地から博多湾に南流する那珂川などが福岡平野をつくり、比較的低い筑紫山地が中央部を東西に走り、筑後川、矢部川などが有明海に南流して筑紫平野を、遠賀川などが同じく南流して直方平野を、山国川などが周防灘に西流して豊前（中津）平野をつくっている。

古くは北部の筑前の国と南部の筑後の国と東部の豊前の国の北半からなっていた。博多湾の海の中道の先端にある志賀島は金印が出土したことで有名で、大陸との関係を物語っている。玄界灘沖合の沖ノ島には古代祭祀跡の「神宿る島」「海の正倉院」とも呼ばれる宗像大社沖津宮がある。福岡平野の奥には古代の外交・防衛や統治にあたった大宰府が築かれ、外敵に備えた山城跡も残っている。英彦山は古くからの霊山で、室町時代の水墨画家雪舟ゆかりの地でもあり、わが国初の国定公園の一つになった。近世には筑前福岡藩の黒田氏と筑後柳川藩の立花氏を中心にその他小倉、久留米などの小藩が分立したが、各藩は織物、陶器、商品作物などで藩財政を潤した。森鴎外、北原白秋、松本清張ら文人ゆかりの地域でもある。近代には炭鉱業、鉄鋼業などにより四大工業地帯の一つとなったが、これらは山口・佐賀・長崎・熊本・鹿児島県などの構成資産とともに、2015（平成27）年、世界文化遺産「明治日本の産業革命遺産 製鉄・製鋼、造船、石炭産業」となった。

自然公園は高山、火山、自然林など傑出した例に乏しく、都市公園・庭園は大名庭園を中心に、海の中道や英彦山にちなむものが特徴的である。

主な公園・庭園

自 玄海国定公園海の中道・生の松原・芥屋の大門　＊天然記念物

玄海国定公園は主に玄海灘に面した海岸と島嶼の公園であり、福岡県、佐賀県、長崎県にまたがっている。福岡県では東から三里松原、海の中道・志賀島、生の松原、芥屋大門と続く。1480（文明12）年、連歌師の宗祇は、紀行文『筑紫道記』で、福岡の筥崎宮を旅しているとき、陸繫砂州の海の中道の松原に一瞬心を奪われるが、あえて「名所ならねば、強ひて心とまらず」と雑念を振りはらっている。名所つまり歌枕の地しか見ようとしないのである。海の中道は歌川広重の『六十余州名所図会』（1853～56）に描かれる。生の松原周辺には元寇防塁跡が発掘されている。芥屋の大門は玄武岩の柱状節理を見せる海食洞で、志賀重昂『日本風景論』は2版（1894）から15版（1903）までこの挿絵を載せている。

自 北九州国定公園平尾台・風師山　＊天然記念物

平尾台の石灰岩のカルスト台地は、その規模の大きさから、山口県の秋吉台、愛媛県・高知県の四国カルストとともに日本三大カルストと呼ばれている。羊群原はその名のとおり白い石柱のカレンが草原にたわむれるヒツジのような風景を見せる。地下には千仏洞、目白洞などの鍾乳洞がある。風師山からは関門海峡、門司港レトロタウン、巌流島などが展望できる。

都 大濠公園　＊登録記念物、日本の歴史公園100選

大濠公園は福岡市のほぼ中央に位置し、公園のほとんどを大きな池が占める。日本庭園、美術館、能楽堂、児童公園があり、三つの島をつたって池を渡ることができる。広い池の周りは自転車、ジョギング、散策と用途にあわせて3種類に舗装された園路がめぐり、多くの市民が楽しむ姿が見られる。この池は、もとは黒田長政が福岡城を築城する際に浚渫と埋め立てによって濠として利用したものである。明治時代には陸軍が所管し、その後は北にある西公園の附属地になったものの、水草が生え不衛生な状態になっていた。この敷地が他の仕事で福岡に来ていた専門家の本多静六の目に止まり、本多と弟子の氷見健一によって公園が計画され、1927（昭

和2）年には東亜勧業博覧会の会場として造成が行われた。大きな噴水塔やウォータースライダーなど池を利用した新しい施設が設置され、博覧会は多くの人で賑わったという。博覧会の跡地が整備され29（昭和4）年に大濠公園が開園した。この公園の特徴は池だけでなく整備資金の捻出方法にある。浅い沼だった約40 haの敷地のうち、約30 haを公園として整備した。沼を深く掘って大きな池をつくり、その土で池の周りと島を造成し野球場やプールを整備した。そして、公園の西側の約10 haは住宅地として売却したのである。住宅地は富裕層が購入し、利益は公園の整備費用をはるかに上回ったため、余剰金は公園管理にあてられた。

池に浮かぶ松島の浮見堂は49（昭和24）年に移設されたもので、もとは東公園にあった動物園のオットセイの池の施設だったという。都市化の影響で池の水質が悪化したため88（昭和63）年には底をさらって水を入れ替える大掃除が実施された。2007（平成19）年に「大濠公園」として国の登録記念物（名勝地関係）になった。14（平成26）年には福岡県と福岡市によってセントラルパーク構想が策定され、東に隣接する福岡城跡の舞鶴公園とともに憩いの場、歴史・芸術文化・観光の発信拠点として都市づくりの核とする方針が打ち出された。

都 勝山公園　＊日本の歴史公園100選

北九州市の小倉駅から約1 km南西にある小倉城の跡につくられた公園である。小倉城は始めに毛利氏が築き17世紀に入り細川忠興が本格的に築城したもので、1632（寛永9）年からは小笠原氏が居城とした。1837（天保8）年の大火で全焼し、一部再建されたものの、66（慶応2）年の長州藩との戦いでみずから火を放ち焼き払ったとされている。市の中心部にある約66 haにおよぶ城跡は、その後陸軍や米軍が利用し市民には閉ざされていたが、1952（昭和27）年に米軍が使用していた16 haを中央公園にする計画が当時の小倉市で決定した。旧小倉市を含む5市はその後、対等合併をして北九州市になるが、この時点ですでに勝山公園は合併後の新しい市の中心の公園となることを期待されていたのである。整備を進めようとした矢先に博覧会の開催が決定したため、会場となる公園の建設には最も重点が置かれたという。2万本以上の樹木が植えられ57（昭和32）年に公園が開園した。小倉大博覧会直前に天守の再建が完了し、期間中は100万人を超える来場者で賑わったという。

北九州市では11カ所の都市公園に違った形のタコの遊具があるのが特徴で、勝山公園にも1970（昭和45）年に大きなタコが設置され、象の親子の遊具とともに現在も子どもたちに利用されている。公園内にある北九州市中央図書館は世界的に活躍する建築家磯崎新の設計で、曲がったチューブのような不思議な形をしている。近年では健康づくりの拠点として高齢者のための健康遊具が設置されNPO法人が主宰する運動教室が開催されている。

都 国営海の中道海浜公園　＊国営公園、日本の都市公園100選

福岡市の北にある海の中道は、志賀島につながる砂州で北は玄界灘、南は博多湾に面している。本書第Ⅰ部の自然公園の項で述べたように、近世から白砂青松の地として和歌に詠まれる景勝地だった。海の中道海浜公園は米軍基地の返還をうけて整備された国営公園である。最初の約60haが開園したのは1981（昭和56）年で、その後も約540haの広大な敷地に整備が進められている。開園日にはたこ揚げ大会やロックフェスティバルなど多くのイベントが開催され約4万人の来場者で賑わったという。その後もプール、リゾートホテル、水族館などが整備され年間約100万人が訪れる行楽地になった。2010（平成22）年には環境共生の森（みらいの森）がオープンした。原生自然が生まれる最小規模とされる100haの計画面積で、公共事業の残土でつくられた緩やかな丘陵に苗木を植えるところから森づくりが始まっている。また、園内で発生する植物性の廃材を堆肥やチップにして公園で再利用し環境学習の体験イベントを実施するなど環境保全の取り組みもある。公園を西に行くと、海の上を走る道を通って志賀島に出る。「漢委奴国王」の印文で有名な金印が発掘された場所である。

庭 旧亀石坊庭園　＊名勝、国定公園

英彦山（標高1,199m）の北西側麓の田川郡添田町に、英彦山神宮は位置している。九州の修験道の中心として、彦山権現とか彦山神社と称していたが、1729（享保14）年に霊元法皇から、「英」という美称を加えた「英彦山」という額を贈られたことから、「英彦山大権現」と称するようになっている。明治初年の神仏分離で修験道が廃止されたために、1975（昭和50）

年に英彦山神宮に改称した。

江戸時代には多くの宿坊があったというが、明治初期の廃仏毀釈で壊滅状態になってしまった。旧亀石坊も建物はなく、山裾からの水を利用した庭園だけが残っている。園池の面積はわずかしかないが、背後が傾斜地であることを利用して、立石を置きかたわらに滝石組を設け、護岸はすべて石組で囲んでいる。石の据え方が豪胆なところが室町時代的で、僧侶で画家だった雪舟（1420～1506）作とされることもうなずける。英彦山にはほかに、旧座主坊や旧政所坊、旧顕揚坊の庭園などが残っている。

庭 清水寺本坊庭園　＊名勝

みやま市瀬高町本吉にある清水寺は、天台宗の寺院で806（大同元）年に最澄が創建したという。中世には戦火によってたびたび焼失しているが、1590（天正18）年に立花統虎が再興したことから、歴代の柳川藩主の庇護を受けている。本坊の庭園については、雪舟作とか、1688～1704年（元禄年間）の作といわれている。後方にそびえる愛宕山を借景にしていることや、建物の東側前面に縦長の園池があること、奥の滝組から園池に水が注ぎ込んでいることが、この庭園の特色になっている。建物と園池の間がかなり離れているので、以前は建物が園池の近くにあった可能性もある。

庭 立花氏庭園　＊名勝

柳川市新外町にある旧柳川藩主立花家の別邸は、「御花畠」を略して「御花」とも呼ばれている。2代藩主忠茂（1612～75）が遊息所を営んだのが始まりで、1697（元禄10）年に3代藩主鑑虎が別荘として改修し、「集景亭」と命名した。1738（元文3）年には藩主の一家が、柳川城二の丸からここに移っている。1877～1912（明治10～大正元）年にかけて、和風の書院と西洋館を建設して、庭園を改修し「松濤園」と名付けた。宮城県の松島の景観を写したとされているだけに、書院の南庭は大池の東と西に中島を置き、小島とたくさんの岩島を散在させている。岸には洲浜をめぐらせて、植栽としては低いクロマツばかりを植えている。

41

佐賀県

吉野ヶ里歴史公園

地域の特色

佐賀県は、大都市の福岡市や北九州市を抱える福岡県と、異国情緒豊かで特色ある離島を抱える長崎県に挟まれ、北西は玄海灘、東南は有明海となっている、面積は狭く、人口も少ない小県である。県は標高1,000m級の北東の脊振山地から南西の多良岳山系を結ぶ丘陵で二分され、北西部は玄海灘に傾斜し、南東部は有明海に傾斜している。南東の佐賀平野には佐賀市などがあり、北西の海岸沿いには唐津市などがある。玄界灘に突き出す東松浦半島はリアス海岸で溺れ谷を形成し、変化に富んだ地形を見せ、地先にはいくつかの島々が分散している。付け根の唐津湾には虹ノ松原が続く。有明海は遠浅の干潟であるが、一部が水門で閉め切られ、干拓と淡水化が進められている。これが有明海全体の環境問題として長年にわたる係争となっている。干潟は20世紀に全国で埋め立てられ、減少した風景である。

古くは肥前の国であり。明治時代になって佐賀県と長崎県に分けられた。佐賀県は小県ではあるが、朝鮮半島や長崎に近いことなどから多彩な歴史や文化をもっている。弥生時代の吉野ヶ里遺跡は特に有名で、海外防備の朝鮮式山城跡、豊臣秀吉の朝鮮侵攻基地の名護屋城跡などが残っている。外来文化受容の進取の気風に満ち、唐津、有田、伊万里の窯芸文化、佐賀藩（鍋島藩・肥前藩）の洋式工業、洋式兵器産業などはその典型であり、佐賀藩は薩摩、長州、土佐とともに明治維新の立役者となる。三重津海軍所跡は、福岡・長崎県等の構成資産とともに、2015（平成27）年、世界文化遺産「明治日本の産業革命遺産」となった。

海岸の国定公園、山地の県立自然公園ともに小規模であり、一方、都市公園は風土に根差した歴史的なものが多く、優れている。

主な公園・庭園

自 玄海国定公園虹ノ松原・七ツ釜 ＊特別名勝、天然記念物

虹ノ松原は唐津湾がきれいに湾曲する砂浜にできた長さ約4,500m、幅約500mの見事な松原である。静岡県の三保の松原、福井県の気比の松原とともに日本三大松原と称され、日本の白砂青松100選、日本の名松100選、日本の渚百選などにも選ばれている。日本人は中国文化の影響で古来よりマツを愛でていたが、海岸の松原も好む風景であった。白い砂浜も古くから愛でていたが、「白砂青松」の言葉が普及するのは明治時代になってからである。海岸の松原はクロマツ林であり、植林をし、落ち葉や枯れ枝を取りのぞき、手入れすることによって維持される。放置すれば自然の遷移で広葉樹に変化していく。虹ノ松原も17世紀の江戸前期に唐津藩主が背後の新田を守るために、防風林、防砂林として植林し、以後、厳しく守ってきたものである。20世紀後半には、マツクイムシによるマツ枯れが全国に広がったが、有名な松原や名松は薬剤散布や薬剤注入によって手厚く守られてきた。

虹の松原の南にある鏡山（284m）からは、虹の松原や唐津湾、唐津市街が眼下に一望でき、かなたに壱岐の島影をも望むこともできる。「鏡山」は奈良時代の『肥前風土記』や『万葉集』にも登場する由緒ある山で、さまざまな伝説が伝えられている。名の由来は神功皇后がこの山頂に鏡を祀ったことに基づくと伝えられている。8世紀の大和政権で各地の風土記が編纂されたが、地名の由来は記すべき重要事項であった。風土記はその全貌が残るものは5カ国分しかない。また、松浦佐用姫の伝説も伝えられている。佐用姫は、朝鮮半島に出征する恋人を鏡山から見送り、その後舟を追って、途中で悲しみのあまり七日七晩泣きくらし、石になってしまったという悲恋物語である。

七ツ釜は東松浦半島にある海食崖の絶壁にできた海食洞の洞窟で、玄武岩の柱状節理が見られる。名前は7カ所の洞窟に由来しているが、実際にはそれ以上の数がある。

自 黒髪山県立自然公園黒髪山　＊天然記念物

岩山の奇峰を見せる黒髪山（516m）は古来より霊山として知られ、肥前耶馬渓とも呼ばれた。黒髪山頂上には天童岩がそびえ、青螺山の南麓には雄岩・雌岩が並び立つ。佐賀県の県立自然公園6カ所の中で、黒髪山は1937（昭和12）年に指定された最も古い公園であり、全国的にも古いものである。植物は豊かで、カネコシダ自生地が天然記念物となっている。

都 吉野ヶ里歴史公園　＊特別史跡、国営公園、日本の歴史公園100選

吉野ヶ里遺跡は西は神埼市、東は神埼郡吉野ヶ里町に所在し、弥生時代に国がつくられていった様子がわかる大規模な遺跡である。発掘調査で明らかになった集落の様子と『魏志倭人伝』の記述との類似が指摘され、大きな話題になった。公園の中心は環濠集落ゾーンとして整備されている。北内郭はまつりごとが行われた祭殿とされる16本の柱の大きな建物のほか4隅には物見櫓があり、周囲は二重の濠と木柵で厳重に守られている。また、身分の高い人の住まいである南内郭、一般の人々が生活した南のムラゾーンもある。倉と市ゾーンでは高床倉庫と考えられる建物跡が数多く発見され、国内外各地との交易を示す貨幣や装飾品が見つかったことからも市が開かれていたと考えられている。甕棺墓列では500基もの甕棺が再現展示され、北墳丘墓では発掘された状態の本物の遺構を見ることができる。

遺跡に関しては昭和初期から研究や報告があったが、有名になったきっかけは1986（昭和61）年の工業団地造成のための発掘調査だった。予想を超えた大規模な遺跡の出現は全国に衝撃を与えた。発見から4年後には史跡指定を受け、その翌年に中心部分が特別史跡に指定された。92（平成4年）には国営公園化が決定し9年後には公園が開園するという異例のスピードで整備が進められた。現在の吉野ヶ里歴史公園の敷地は特別史跡を含む国営公園の東西を県営公園として整備された駐車場や広場が挟むかたちで構成され、核心部分の特別史跡と一体となって歴史的な雰囲気がつくられている。

復元建物は今後の調査研究で新しい発見があれば修正も必要という前提で、部分的に現代的な工法を用いながら遺跡全体から弥生時代の様子がわかるよう整備されている。広大な敷地に復元した建物が建ち並ぶ様子は弥

生時代のテーマパークともいえるが、遺跡を利用しながら歴史を学ぶことができる歴史公園としても注目される。

都 佐賀城公園

＊重要文化財、日本の都市公園100選、日本の歴史公園100選

佐賀市の中心地に位置する佐賀城跡につくられた公園である。佐賀城は鍋島氏の居城で、江戸時代にあった2回の大火事の後、本丸の御殿が完成して十代藩主鍋島直正が移ったのは1838（天保9）年だった。明治時代以降は城内に県庁や学校がつくられ、大正時代に入ると住宅が増加して市街化が進み、1933（昭和8）年には鍋島家から濠が寄贈されて東側の一部が埋め立てられた。57（昭和32）年に「佐賀城鯱の門及び続櫓」が重要文化財に指定され61（昭和36）年から佐賀城公園の整備が始まった。2004（平成16）年には移転した学校の跡地に本丸御殿を復元した佐賀城本丸歴史館が開館した。県立歴史資料館建設のために行った発掘調査で、状態の良い遺構が発見されたため急遽計画を見直し、建物跡の礎石や絵図を基に本丸御殿を復元し内部を博物館として利用することになった。城跡の公園ではシンボルとなる天守を復元する事例が多いが、佐賀城のように大規模な御殿の復元はめずらしい。佐賀県は2007（平成19）年に「佐賀城下再生百年構想」を策定し東側の濠の復元も含め佐賀城下にふさわしい町をめざして整備を進めている。

都 旭ヶ岡公園

＊日本の歴史公園100選

旭ヶ岡公園は佐賀県の南西部の鹿島市に所在する。鹿島城の一角にある公園で、衆楽園と呼ばれた桜の名所である。鹿島藩主鍋島直彬が衆楽亭を建設し周りを衆楽園と名付けたのが始まりである。毎年領民を集めて衆楽宴と呼ばれる花見を開き1871（明治4）年の廃藩まで宴は続けられたという。当時の藩は財政状況が厳しく何度も倹約令が出されており、その息抜きのための施策として娯楽が提供されたのではないかともいわれている。唯一残る鹿島城の建造物が赤門と大手門で、県の重要文化財に指定されており、赤門は県立鹿島高等学校の門として使われている。

42 長崎県

国立公園雲仙岳

地域の特色

長崎県は九州の北西部を占め、東シナ海に突き出す四つに分岐した半島とその沖合の離島からなる複雑な形をした県である。海進によって低地部が水没し、山地部がリアス海岸と島嶼を残した。東部は佐賀県との県境をなす国見山系、多良岳山系の山地が連なる。半島は、北から北松浦、西彼杵、長崎（野母崎）、島原の四つからなり、離島は、北から対馬、壱岐、平戸島、五島列島などが並ぶ。離島面積は鹿児島県に次いでわが国2位の広さであり、県面積の約45％を占めている。県面積はわが国37位であるにもかかわらず、海岸線長は北海道に次いで2位である。平地部が少なく、長崎の坂の町やジャガイモ・柑橘類の段々畑は象徴的である。地形は火山性と非火山性の地形が複雑に入り組み、島原半島、平戸、五島列島は白山火山帯に属し、多くの火山地形が見られる。特に島原半島の雲仙岳は近世から現代にかけて、大噴火に伴う大災害をもたらしてきたが、一方、特異な火山景観も生みだしてきた。

離島群は古代より大陸との交流の窓口となり、遣隋使・遣唐使も寄港していた。平戸、長崎も国際交流が盛んとなり、鎖国下の長崎出島にオランダ東インド会社のオランダ商館が置かれた。長崎はオランダや中国から近代文明を移入し、長崎の町は今も異国情緒を色濃く残している。

長崎県は古くは肥前といわれ、長崎の天領のほか、対馬藩、平戸藩、福江藩、大村藩、島原藩などが置かれた。近代には佐世保が帝国海軍の軍事基地となり、第二次世界大戦では広島に次いで原爆が落とされた。炭鉱業、造船業は山口・福岡・佐賀・熊本・鹿児島県などの構成資産とともに、2015（平成27）年、世界文化遺産「明治日本の産業革命遺産」となった。

自然公園は雲仙岳の火山や海岸・島嶼の国立・国定公園に優れ、都市公園・庭園は近世・中世の城郭や大戦にちなむものが特徴的である。

主な公園・庭園

自 雲仙天草国立公園雲仙岳

＊世界ジオパーク、特別名勝、天然記念物

島原半島にある雲仙岳は普賢岳（1,359m）、国見岳、妙見岳の三峰と他の五岳からなる火山の総称で「三峰五岳の雲仙岳」と呼ばれていた。普賢岳の火山活動の恐ろしさは記憶に新しく、1991（平成3）年の火砕流では44名の犠牲者を出した。この活動では新たな溶岩円頂丘の平成新山（1,483m）を生みだした。1792（寛政4）年の噴火では大地震も誘発し、東の眉山の大崩壊を起こして島原の町を埋め、有明海に津波をもたらし肥後（現熊本県）を襲った。その災害は「島原大変肥後迷惑」と呼ばれ、犠牲者は約15,000名にのぼった。わが国最大の火山災害といわれるが、そのとき島原の九十九島が形成された（西海の九十九島とは異なる）。

雲仙岳は1927（昭和2）年の東京日日新聞などの「日本八景」の山岳の部で見事1位に輝いた。当時は「温泉岳」と表記していた。34（昭和9）年、わが国最初の国立公園の一つ雲仙国立公園が誕生する。審議の過程で風景型式の傑出性について議論があったが、長崎港に近く、外国人の保養地になっていたこと、11（明治44）年にすでに長崎県営公園となっていたことなどが評価されて、国立公園となった。長崎県は温泉公園（後に雲仙公園に変更）事務所を開設し、13（大正3）年、県営ゴルフ場、県営テニスコートなどを整備し、外国人向け観光に力を注いでいた。ミヤマキリシマ、雲仙温泉の洋風建築、地獄谷なども特徴的である。

富山県の中部山岳国立公園立山の項でも記した江戸時代の紀行文・地誌などには雲仙岳の記述が多くみられる。俳人大淀三千風『日本行脚文集』（1689～90）、医師寺島良安『和漢三才図会』（1712年頃）、俳人菊岡沾凉『諸国里人談』（1743）、地理学者古川古松軒『西遊雑記』（1783）、医師橘南谿『西遊記』（1795～98）、修験者野田成亮『日本九峰修行日記』（1812～18）を読むと、一応に昔栄えた「日本山（温泉山）大乗院満明密寺」の故事来歴を強調し、繁栄を追憶している。雲仙岳の最大の印象は地獄であった。雲仙といえば地獄だと広まっていたのであろう。皆、聞きしにまさる熱湯がたぎり、穴が数十カ所におよぶと噴気・噴湯をとらえる。古松軒は地理学者らしく地獄を客観的に見つめ、硫黄の臭気が甚だしく、毒石や毒草もあるだろうから、雲仙岳には行くべきではないと危険性を強調している。一方、南谿は雲仙岳が名山であると褒めたたえ、成亮は、寛政の普賢岳噴火の山崩れの逸話を紹介し、九十九島の成因を客観的に説明している。江戸後期の谷文晁の『日本名山図会』(1812) はこの九十九島も含めたと思われる角度で雲仙岳を勇壮に描いている。

自 西海国立公園九十九島・平戸島・五島列島 ＊天然記念物

西海国立公園は長崎県の西部、佐世保の九十九島、生月島・平戸島から五島列島へと続く島嶼と海岸の優れた景観を見せる海洋公園である。200余りの小さな島々が密集している九十九島は、沈降海岸によって生まれたものであり、海岸も溺れ谷地形で変化に富んでいる。海岸沿いの玄武岩の溶岩台地に弓張岳、烏帽子岳、石岳などの展望台があり、遊覧船も巡っている。九州本土と平戸島の間の平戸の瀬戸には平戸大橋が架かり、平戸島と生月島は生月大橋でつながっている。平戸島・生月島とも外洋の西海岸に海食崖が発達し、特に生月島塩俵の断崖には大規模な玄武岩柱状節理が見られる。平戸島は典型的な火山地形や溶岩台地などがあり、沖合の阿値賀島にも柱状節理が見られる。

五島列島は東シナ海に浮かぶ七つの主な島と多数の小島からなる列島である。褶曲と断層の活動、その後の浸食、沈降、火山活動と複雑な地史を経て形成されたもので、複雑な海岸線と溺れ谷が発達し、臼状・盾状火山などの火山地形も見られる。中通島と若松島の間の若松瀬戸は断層によるものであり、複雑な地形を示している。東シナ海に面する沿岸は大小250以上の島々からなる荒々しい外洋性多島海景観を見せている。五島最大の島である福江島には、西端に大瀬崎の海食崖が連なり、東南部には鬼岳、火ノ山などの火山地形を残し、その南の鐙瀬海岸は溶岩流の跡がある。西北の沖合にある嵯峨ノ島は海食崖が発達している。

平戸島は遣隋使・遣唐使の経由地として、長崎出島以前の海外交易の拠点として、また、五島列島とともに隠れキリシタンの地として独特の文化を残している。生月島は江戸時代に捕鯨が活発に行われた。小値賀島西方の斑島には波浪の浸食によってつくられたポットホール（円形の穴）がある。その底には球体の石が座しており、「玉石様」と呼ばれ、信仰の対象となっている。

佐世保は海軍の基地であったことから要塞など軍事遺跡が残っている。1902（明治35）年に九十九島の風景をイメージした有名な唱歌がつくられる。武島羽衣作詞・田中穂積作曲の「美しき天然」である。田中は佐世保海兵団軍楽隊長であり、佐世保女学校の嘱託教師も務めていた。わが国初のワルツの唱歌として普及するが、どこか哀愁を漂わせるものでもあった。その後、この曲は思わぬ所で国民の心に焼きつけられることとなる。この唱歌はなぜか大正昭和にかけて、太鼓や鐘を鳴らすチンドン屋やサーカスのテーマ曲に変貌してしまうのである。九十九島を見おろす烏帽子岳展海峰には田中の顕彰碑が建立され、出身地の岩国の吉香公園（山口県の項で前述）にも立てられている。

自 壱岐対馬国定公園壱岐・対馬

壱岐・対馬は朝鮮半島と九州の間の対馬海峡に位置し、長崎県に属している。両島とも海岸線は変化に富み、海食崖が発達している。位置的に朝鮮半島とのつながりを示す動植物が多く、生物相はユニークで、ツシマヤマネコをはじめ固有種も多い。古代7世紀の白村江の戦い以降国防の最前線となり、元寇では大きな犠牲をはらう一方、朝鮮通信使など古くから外交の窓口となり、朝鮮半島との経済・文化交流などを進めてきた。江戸時代には、対馬藩が徳川幕府と李氏朝鮮国との窓口になって、朝鮮通信使来日の調整など外交交渉を担っていた。「通信」とはよしみを通わすという意味である。対馬藩は幕府と朝鮮国の板挟みになって、国書を偽造するという事件も起こしたが、鎖国の時代にあって先進的な文化がもたらされ、両国には善隣友好の関係が築かれていた。

都 上山公園（諫早公園含む）

＊重要文化財・天然記念物、日本の都市公園100選、日本の歴史公園100選

石造の眼鏡橋がある公園で諫早市の中央に所在する。上山公園は島原鉄道で二分されていて、北東部は旧高城城跡で諫早公園と呼ばれている。高城城は15世紀に西郷尚善が築いた山城である。西郷氏の後に龍造寺家晴（初代諫早家）のものとなった。諫早市のシンボルでもある眼鏡橋は洪水を繰り返していた本明川に1839（天保10）年に架けられた。長崎市の眼鏡橋を視察に行き、より大きく頑丈で美しい橋をつくるために検討が加えられ

たという。長崎市の眼鏡橋の2倍以上の長さがあり2,800個もの石が使われている。立派な石橋をつくる費用が3分の1しかなかったために、残りは領内の僧侶の托鉢(たくはつ)と領民の労働奉仕で完成したと伝えられている。時代が移り交通手段が歩行から人力車や荷車へと変化したため明治時代には別の場所に新しい平らな橋が架けられたが、眼鏡橋はその後も市民のシンボルとして親しまれてきた。しかし、1957（昭和32）年に死者と行方不明者あわせて500名以上という未曾有(みぞう)の大水害が起こり状況は一転した。丈夫な眼鏡橋は流されずに多くの材木が引っかかったため水をせき止めて被害が拡大したといわれたのである。復興事業で河川を40mから60mに拡幅することになったため眼鏡橋を壊す案も浮上したが、結果的に諫早公園への移設が決定し1958（昭和33）年には重要文化財に指定された。

諫早公園が公園として利用されるようになったのは大正時代で、有志によりツツジが植えられたのが始まりとされている。明治時代にヒゼンマユミが発見され、暖地性の樹林がよく残っていることから1951（昭和26）年に「諫早市城山暖地性樹叢(だんちせいじゅそう)」として国の天然記念物に指定された。ヒゼンマユミは諫早市の木に定められている。石畳や石段は苔(こけ)むし、頂上には巨大なクスノキがある。上山公園の南西の丘は頂上に展望台がある。麓(ふもと)はツツジ園になっていて毎年つつじ祭りが開催される。

都 平和(へいわ)公園　＊史跡、登録記念物

平和公園は長崎市に所在する原子爆弾の爆心地を含む公園である。長崎では1945（昭和20）年8月9日に投下された原爆によって7万人以上の犠牲者が出たとされている。48（昭和23）年には爆心地に公園がつくられ「原子爆弾落下中心地之標」と墨書きされた柱が建てられ慰霊祭(いれいさい)が行われた。「アトム公園」「原爆公園」と呼ばれたこともあったという。その後平和公園として整備され、被爆50周年を迎えるにあたって再整備された。約18.6haの公園は陸上競技場やプールなどの運動施設がある西側と、原爆に関連する施設がある東側の三つのゾーンに分かれている。このうち「願いのゾーン」には有名な平和祈念像(へいわきねんぞう)がある。北村西望(きたむらせいぼう)の作で55（昭和30）年に完成した。像の前の広場では犠牲者を慰霊する式典が毎年行われている。「祈りのゾーン」には爆心地が含まれる。原子爆弾落下中心地碑や浦上天主堂の移築された壁がある。

平和公園は世界に向けて核兵器の禁止と世界平和の実現を呼びかける場所として記念的な意義をもつことから、2008（平成20）年には国の登録記念物（名勝地関係）になり、爆心地は、旧城山国民学校校舎、浦上天主堂旧鐘楼、旧長崎医科大学門柱、山王神社二の鳥居とともに16（平成28）年に「長崎原爆遺跡」として史跡に指定された。

都 大村公園　＊天然記念物、日本の歴史公園100選

大村市の玖島城跡につくられた公園である。玖島城は大村喜前が朝鮮出兵の体験を生かして、海に囲まれた自然の要害地に築いたとされている。16世紀末の築城から1869（明治2）年の廃城まで大村氏の居城だった。もとは大村湾に突き出した細長い半島にあったが、周囲の埋め立てが進んだため城があった頃の地形は失われてしまった。公園にある大村神社は明治時代に内陸部の山から城の本丸跡に移築したもので、この時に多くのサクラが植えられたという。「大村神社のオオムラザクラ」は1967（昭和42）年に国の天然記念物に指定されている。大村公園は大村氏から土地を借り受けて22（大正11）年に開園し、第二次世界大戦後には陸上競技場や野球場が整備された。公園の南には玖島城の船蔵跡があり当時の様子をよくとどめているほか、玖島城の二の丸、三の丸跡には貴重な植物が見られる玖島崎樹叢がある。

庭 石田城五島氏庭園　＊名勝

五島列島（五島市池田町）にある石田城へは、長崎などから船か飛行機で行くしかない。五島氏は江戸時代初期に福江の石田浜に、政庁として陣屋を建てていたが、黒船の来航に備えて築城が許され、1863（文久3）年に石田城（福江城）を造営している。二の丸内に藩主盛成の隠居所として、56～58（安政3～5）年にかけてつくられたのが、五島氏庭園だった。書院前面には東西45m、南北30mほどの園池が掘られ、岸には溶岩を使った石積がされ、亀の頭のように突き出した石が、中島や岬の先に置かれている。京都から招かれた善章（全正）という僧侶が、金閣寺を模倣してこの庭園をつくったというが、あまり似ていない。植栽もクスノキ・アコウ・ビロウなどが茂り、南国の雰囲気になっている。最近、整備が行われて建物も見られるようになった。

43 熊本県

熊本城公園

地域の特色

熊本県は九州のほぼ中央に位置し、北、東、南を山に囲まれ、県境をなして、西には熊本市や八代市のある平野が有明海・島原湾、八代海（不知火海）に臨み、天草諸島が連なる。県面積の4分の3が山地・火山であり、西には阿蘇山とその外輪山（火山の中央部が陥没した周りに残った絶壁の山々）、九州山地などが連なり、これらが豊かな水源となって白川や球磨川などとなって西の平野へ流れている。

阿蘇山は特に豊かな水を育み、カルデラ北部の阿蘇谷の黒川、南部の南郷谷の白川となって、外輪山の裂け目立野から熊本市に流れるとともに、同時に豊富な地下水を伏流水として熊本市にもたらしている。阿蘇山は古代から全国に知れ渡った活火山であるが、先史時代から人々が住みついた場所でもあり、古代の豪族阿蘇氏の古墳や阿蘇神社が残っている。阿蘇の牛馬を飼う草原は1,000年の歴史がある。熊本のクマは山に囲まれ、屈曲した川によってできた平野を意味し、古くは隈本の字を当てた。国名は古代から火の国と呼ばれ、火が肥に通じ、火の国が肥前（長崎）と肥後（熊本）に分かれた。肥前には西日本火山帯の旧白山火山帯（大山火山帯）に連なる雲仙岳、肥後には旧霧島火山帯に連なる阿蘇山の火山があった。

近世には加藤清正が熊本藩の大名として熊本城を中心とする城下町を築き、灌漑・治水、交通整備などに力を入れ、清正の急逝により以後細川氏に継承された。明治維新後は鎮西（九州）行政の中枢県として機能する。三角西港などは、福岡・長崎県などの構成資産とともに、2015（平成27）年、世界文化遺産「明治日本の産業革命遺産」となった。

熊本県は自然の変化に富んでいることから、優れた国立公園、国定公園が中心となっている。城下町であったことや、伏流水や河川が多いことから、これらにちなむ都市公園・庭園を見ることができる。また、水俣病の教訓を生かした環境先進都市に関係する公園もある。

主な公園・庭園

自 阿蘇くじゅう国立公園阿蘇山

＊世界ジオパーク、世界農業遺産、日本百名山

阿蘇山は雄大な風景を見せる最大級の二重式火山である。巨大な火山の中央部が陥没して、外輪山の中にカルデラ（鍋の意味）を形成し、カルデラの底から再び噴火し、阿蘇五岳と呼ぶ中央火口丘を形成した。古代から恐ろしい噴火は広く知られており、寺院が多くあった時期もあった。近世には3カ所の火口があり、三池、神池、みかどなどと呼んで、好奇心から見学に行く文人たちもいた。カルデラは東西18km、南北25kmで約5万人が住んでいる。五岳の最高峰中岳（1,506m）火口は常に活発に活動し、近くには牧草地の草千里が広がり、仙酔峡にはミヤマキリシマが咲き誇る。急崖をなす外輪山から見渡す阿蘇五岳と広大なカルデラには圧倒される。周辺には温泉地が数多い。古代から牛馬の飼育が盛んで、採草放牧地となる草原景観が広がるが、牛肉の輸入自由化などで畜産業は衰退し、採草放牧地は荒れて草原の森林化が始まっている。この草原はハナシノブ、ヒゴタイ、ツクシマツモトなどの貴重な草花の宝庫でもある。ボランティアによる野焼きや環境省の風景地保護協定により草原維持活動が図られている。2013（平成25）年、世界農業遺産「阿蘇の草原の維持と持続的農業」となる。

戦前の12国立公園は同時に内定しながら、区域の決定や関係各省の調整の関係から、1934（昭和9）年から36（昭和11）年にかけて3群に分かれて指定され、阿蘇国立公園は遅れて2群目となってしまう。現在の審議会に相当する当時の国立公園委員会の委員であった東京帝国大学元教授の偉大な林学博士本多静六は阿蘇が遅れることに強く反対する。12カ所一括指定をすること、それが駄目ならせめて九州3カ所は同時指定をすることに固執した。本多は国立公園制度の誕生に多大の貢献をした熊本の松村辰喜に配慮していたのである。阿蘇出身の松村は表舞台で活躍することはなかったが、内務省嘱託田村剛の2回の阿蘇調査を案内していること、漢城（現ソウル）新報社で熊本出身の主宰者安達謙蔵に仕えた縁から後に安達内務大臣の国立公園法制定に尽力すること、世論を盛りあげる国立公園協会の設立を説き、その協会長に熊本の藩主子孫の細川護立侯爵を据えること、阿蘇国立公園期成会をいち早く設立し、後に社団法人大阿蘇国立公園協会

に発展させ、広く九州の国立公園指定運動を行うことなど、東奔西走していた。国立公園誕生には松村、安達、細川と熊本県人が深く関わっていた。

自 雲仙天草国立公園天草諸島　＊史跡、名勝

天草諸島は熊本県の宇土半島の南端に延びる諸島で、北西の島原湾、南東の八代海の間に位置している。諸島は沈降した山地の山頂部で、大きな上島と下島のつながっている2島を中心に大小120余りの島々からなる多島海である。海岸線もリアス海岸で屈曲が激しく、変化に富んでいる。宇土半島と上島は天草五橋からなる天草パールラインで結ばれ、天草松島と呼ばれる日本三景の松島のような小島が集まる多島海を見ることができる。

海中景観や生物多様性を守る海域公園地区が富岡、天草、牛窓の3地区指定され、牛窓地区は海域が9カ所にわたり、大面積となっている。1934（昭和9）年誕生の雲仙国立公園に天草が56（昭和31）年編入され、雲仙天草国立公園と改称された。雲仙の山岳と天草の海洋というまったく異質な景観が飛地で組み合わされることは戦前には考えられなかったが、長崎県の西海国立公園と同様、戦後の海洋重視、観光振興などから生まれることとなった。

江戸初期の1637（寛永14）年、肥前の島原と肥後の天草で厳しい年貢取りたてに反抗して一揆が起きる。天草は16歳の少年天草四郎（本名、益田四郎時貞）が総大将として、キリシタンが団結して大きな内乱に発展する。島原の乱である。当時の戦乱の舞台となった一つ富岡城址は砂州でつながった島である陸繋島にあり、公園の利用拠点になっている。

自 九州中央山地国定公園九州山地　＊ユネスコエコパーク

九州山地は九州を南北に連なる脊梁山地であり、1,000m以上の山々がどこまでも連なり、厚い森林に覆われ、深い峡谷が縦横に走っている。その中央の熊本県と宮崎県に位置する核心部が国定公園に指定されている。県境にまたがる国見岳（1,739m）とその周辺や、その南に秀麗な山容を見せる市房岳、深い照葉樹林が広がる宮崎県綾の大森岳山腹（ユネスコエコパーク）などである。山岳上部にはブナ林の落葉広葉樹、下部は照葉樹林の常緑広葉樹を見ることができる。山麓には秘境として知られ、平家落人伝説が残る熊本県の五木、五家荘、宮崎県の椎葉の村がある。

都 熊本城公園

＊特別史跡、重要文化財、天然記念物、日本の歴史公園100選

熊本市の中心に位置する熊本城は1588（天正16）年に加藤清正が築いた城である。1600年代には本丸、二の丸、三の丸あわせて100haの土地に大小の天守、櫓49、櫓門18、城門29がある壮大な城郭が完成した。しかし天守をはじめ多くの建物は西南の役の際に消失してしまった。その後熊本城には軍の司令部が設置され、焼け残った宇土櫓なども管理されないままだった。こうした状況を見かねた有志によって熊本城の保存会が結成され1927（昭和2）年にまず宇土櫓が修理された。三重五層の宇土櫓は宇土城の天守の移築ともいわれたほどで、改修された櫓を見に各地から訪れる人が絶えなかったという。33（昭和8）年には宇土櫓や長塀など13件が「熊本城」として重要文化財に、「熊本城跡」は史跡に指定された。

第二次世界大戦後は熊本市の象徴である城跡を市民の憩いの場にする動きが高まり、49（昭和24）年に本丸地区が公園として開放され60（昭和35）年にはコンクリート造の天守が再建された。天守を設計した建築史家の藤島通夫は写真資料と古図を頼りにみずから細部の原寸図を描いた。公園には、ほかにもさまざまな施設が整備された。1952（昭和27）年に監物台樹木園が開設したのをはじめ60（昭和35）年に野球場が整備され76（昭和51）年には県立美術館が開館した。これらのほかに、あまり知られていない文化財もある。県営野球場の近くにある「藤崎台のクスノキ群」で24（大正13）年に国の天然記念物に指定されている。

1955（昭和30）年に特別史跡に指定された熊本城跡は近年30年から50年かけてかつての壮大な城を復元する計画が策定され、本丸御殿大広間をはじめ櫓や大手門などの整備が進められていた。2016（平成28）年の熊本地震で熊本城は大きな被害をうけた。城の見所の一つである美しい曲線を描く石垣が崩壊し天守の瓦は落ち建物も倒壊した。城の再興には多くの寄付が集まり復旧への取り組みが続けられている。

都 エコパーク水俣（水俣広域公園）

水俣市の海に水銀で汚染された泥を封じ込めてできた土地の上につくられた公園である。チッソ水俣工場の排水に含まれた強い毒性をもつメチル水銀が魚貝に取り込まれ、それを食べ続けた人々が水俣病を発症したのは

1950年代のことだった。汚染の拡大を防ぐために水俣湾の底にたまっていた高濃度の水銀が含まれる泥を浚渫し鋼でできた枠を設置した埋立地に送りこみ、その上に良質の土を被せる工事が行われた。14年間、485億円をかけて1990（平成2）年に埋め立てが終了した。かつてたくさんの魚が泳いでいた水俣湾は埋立地へと変貌したのである。その後17年かけて公園が整備され2007（平成19）年にエコパーク水俣が開園した。埋立地の7割を占める約40haの広大な敷地に陸上競技場やバラ園がありさまざまなイベントにも利用されている。水俣病が公式に確認されて60年以上が経過した。公園では毎年水俣病の犠牲者を追悼する「火のまつり」が開催され、水俣湾では現在も水銀濃度の調査が続けられている。

都 歴史公園鞠智城　＊史跡、日本の歴史公園100選

鞠智城は7世紀後半に築かれた山城で、山鹿市と菊池市にまたがって所在する。白村江の戦いで唐と新羅の連合軍に大敗した当時の政権が防衛のために九州を中心に築いたいわゆる古代山城の一つである。鞠智城は大宰府やほかの城に物資を供給する支援基地だったと考えられている。発掘調査では70棟以上の建物跡や貯水池、貯木場など山城の様子がわかる遺構が確認された。公園のシンボルは復元された八角形の鼓楼である。見張りと鼓の音で時を知らせるための建物と考えられている。場所が確認された九州の古代山城跡のうち、鞠智城跡は国の史跡に、大野城跡、基肄（椽）城跡、金田城跡は特別史跡に指定されている。

庭 水前寺成趣園　＊名勝、史跡

熊本藩細川氏の初代藩主細川忠利が、1632（寛永9）年に入国した際に、従ってきた耶馬渓の羅漢寺住職のために、寺を建立して水前寺と命名したのが、成趣園の始まりだった。36（寛永13）年に休息用の茶屋を建てて、水前寺に所属させたことから「水前寺御茶屋」と呼ばれている。

3代藩主綱利の時に1670（寛文10）年から翌年にかけて、別墅（別荘）屋敷として改造が行われた。作庭には藩の茶道方の初代萱野甚斎（1620～1707）があたっている。当時の絵図によると、総坪数は17,015坪（5.6ha）ほどだった。陶淵明（365～427）の詩「帰去来辞」の「園は日に渉って以て趣を成す」からとって、園名は「成趣園」とされた。

この庭園の特色は、富士山型の築山を設けたことだった。江戸時代は参勤交代の影響があったためか、全国的に庭園に富士山型の築山をつくることが流行して、数多く築かれている。成趣園の場合は、樹木をあまり植えずに芝生を張っただけなので、富士山の形が一層明瞭になっている。広大な園池も成趣園の魅力だが、2016（平成28）年の熊本地震で、地下水脈が分断されて湧水が途絶えて、園池が涸れ上がった。水位は再びもとに戻って、園池の水源は湧水だったことが、再確認されることになった。

6代藩主重賢の時期には、1755（宝暦5）年に成趣園にあった酔月亭以外の建物が取り壊された。重賢は藩の財政改革のために質素倹約を打ち出して、「宝暦の改革」と呼ばれた政策を断行しているから、別邸の維持管理費を最低限度に抑えるために、酔月亭だけを残すことにしたのだろう。

明治になってからは、西南戦争が問題を引き起こしている。1877（明治10）年の戦いで酔月亭が焼失したために、京都の八条宮家の「古今伝授の間」が、1912（大正元）年に酔月亭の跡地に移築されている。その一方、成趣園が荒廃したことを憂いた人々からは、版籍奉還で官有地になった成趣園の払い下げの要望が出された。熊本の復興のために歴代藩主を祀る出水神社が、1878（明治11）年に園内に創建されたことから、成趣園は出水神社神苑として払い下げられて、今日に至っている。

庭 旧熊本藩八代城主御茶屋（松浜軒）庭園　＊名勝

八代城の北西側の八代市北の丸町に、御茶屋（松浜軒）庭園は存在している。細川藤孝（幽斎）・忠興（三斎）以来、細川家と主従関係をもつ松井氏は筆頭家老だったことから、1646（正保3）年に八代城城代になっている。3代目直之は1688（元禄元）年に、生母崇芳院のために御茶屋を建て、八代海を見渡せる浜辺だったことから、「松浜軒」と命名した。古くからの沼池を園池として、球磨川からの水を入れていた。

現在も庭園内には2階建ての御殿が残っていて、その北側と西側を園池が囲っている。園池の北側部分には大きな中島があり、西側は昔の沼地（赤女ヶ池）で、南側部分には八ツ橋が架けられている。池の肥後花菖蒲は有名で、5月下旬から6月上旬にかけて5,000株が咲くという。

44
大分県

国立公園九重山地

地域の特色

大分県は九州の北東部に位置し、北は瀬戸内海の周防灘、東は豊後水道に面し、歴史的に瀬戸内海地方との関係が深い。北部・中部は別府から九重山地にかけて白山火山帯に属し、国東半島、高崎山、鶴見岳、由布岳と火山が並び、さらに九重山地の久住山、大船山などの多くの火山を擁する。別府、由布院など温泉地も多い。山々の間の平地も火山性の台地で、断層や河川の浸食によって、日田、玖珠、安心院などの盆地や耶馬溪、院内などの渓谷をつくり、各地に特色を生みだしている。南部は九州山地で、宮崎県との県境をなしている。

山地が多く、平野に乏しいが、古くから東の大分平野の府内（現大分市）が筑肥（現福岡県・熊本県）から瀬戸内海にぬける交通の要衝となり、北の中津平野の中津は福岡に接して北九州とのつながりが強い。府内はかつての豊後の国に、中津は豊前の国に属した。別府温泉は、明治時代に別府港が建設され、大正時代になって大阪商船が瀬戸内海観光航路を売りだして一大温泉都市となった。1927（昭和2）年の東京日日新聞などの「日本八景」では温泉の部で第1位になった。別府周辺の鉄輪、明礬などの温泉を含めて別府八湯という。中津の宇佐神宮は全国の八幡宮の総本社で今も参拝客で賑わっている。国東半島は独特の山岳宗教文化が栄えた所で、かつて六郷満山と呼ばれたように六つの郷に寺院が満ちていた。2013（平成25）年、国東半島が世界農業遺産「クヌギ林とため池がつなぐ国東半島・宇佐の農林水産循環」となった。中世には守護大名の大友氏が海外貿易や文化振興によって府内に繁栄をもたらしたが、近世以降、中津、日出、臼杵、竹田などの8藩の小藩や日田の天領などに分立させられ、各地に個性をもたらした。1980年代に始まった一村一品運動もこの風土を反映している。

豊かな自然を背景に火山、山岳、海岸などの国立・国定公園が多く、歴史を反映した都市公園・庭園などがある。

主な公園・庭園

自 耶馬日田英彦山国定公園耶馬溪　＊史跡、名勝、天然記念物

耶馬溪は江戸後期に一躍有名になった山国川の渓谷である。その後、本流・支流の広い地域を指すようになり、集塊岩の奇峰が連なる本耶馬渓、凝灰岩の柱状節理の岩壁を見せる裏耶馬渓、一目八景と呼ばれる深耶馬渓などがある。本耶馬渓には文豪菊池寛が『恩讐の彼方に』で小説にした羅漢寺禅海和尚が一人で掘りぬいた「青の洞門」の隧道がある。耶馬渓は、漢詩文の泰斗頼山陽が1818（文政元）年に豊前山国川を「耶馬渓」と命名し、『耶馬渓図巻記』で「耶馬渓山天下無」と絶賛したことによって、全国に知れわたり、以後、各地に何々耶馬渓と称する見立ての風景が見いだされることとなる。「耶馬」は山国川の「やま」の語呂合わせで中国風の雅馴を尊んだ漢式命名法によるものである。耶馬渓とともに日本三大奇勝と称される妙義山、寒霞渓も奇峰の風景で、やはり漢学者が命名したものである。

耶馬溪はわが国の最初の国立公園の選定における有識者らの特別委員会において、阿蘇国立公園に編入するか否か、大論争を巻き起こす。東京帝国大学元教授の林学博士本多静六委員が耶馬渓・英彦山を阿蘇に編入することを提案し、東京帝国大学元教授の理学博士脇水鉄五郎委員が阿蘇は「日本趣味ノ風景」に乏しいので、山陽が讃えた「日本趣味ノ風景」の耶馬渓を編入すべきだと強く主張する。これに対して、内務省嘱託で林学博士の田村剛は真っ向から反論し、「趣味ト云フモノハ時代ト共ニ変ルノデス。現代ノ若イ人々ノ求メル趣味トハカケ離レテヰル」と主張する。これは風景観が時代とともに変わるという本質を述べている。激論の末、耶馬渓は国立公園指定を逃した。しかし、この議論は後の耶馬日田英彦山国定公園というわが国最初の国定公園誕生に結びついていく。

自 阿蘇くじゅう国立公園九重山地　＊ラムサール条約湿地、天然記念物、日本百名山

九重山地は九州本土最高峰の中岳（1,791 m）をはじめとして、久住山、稲星山、星生山、三俣山の溶岩円頂丘や、大船山、平治岳の成層火山などの1,700 m 級の山が連なっている。付近一帯にはミヤマキリシマが群生し、見事に咲きほこる。黒岳は鬱蒼とした自然林に覆われ、イヌワシ生息の南

限になっている。九重山地の北側に火砕流台地の飯田高原、南側に久住高原があり、広々とした草原となっている。肥後（現熊本県）の赤牛、豊後（現大分県）の黒牛といわれ、茶色系と黒色系の牛が草原に風情を添えていたが、今はその風景も少なくなった。九重山地の中心部には山に囲まれた盆地があり、坊ガツルの草原と湿地がある。阿蘇山から瀬ノ本高原を越えて湯布院・別府へ抜けるやまなみハイウェイが走り、長者原の利用拠点やタデ原の湿地などがある。付近には温泉地が多く、また、湧水にも恵まれている。長者原の西、涌蓋山の山麓には筋湯温泉があり、その近くには1977（昭和52）年に稼働したわが国最大出力の地熱発電の八丁原発電所がある。阿蘇国立公園は34（昭和9）年の誕生で主に熊本県の阿蘇山と大分県の九重山地からなっていた。戦後、大分県の由布岳ややまなみハイウェイ沿いを追加する。86（昭和61）年、大分県に配慮して、阿蘇くじゅう国立公園の名に改称する。「くじゅう」としたのは、九重山地のほか、久住山・久住高原の名称があり、何よりも当時、九重山地は九重町と久住町（現竹田市）の二つの町名に分かれていたからである。

都 別府公園　＊日本の歴史公園100選

別府公園は別府市の市街地南部に位置する。1907（明治40）年に皇太子（後の大正天皇）が立ち寄る際の休息所を建設するために1万数千坪の民有林を購入し公園として整備した。新築した休息所はその後温泉神社の社殿となったが現在はない。公園に残るマツは06（明治39）年に梨本宮守正親王が公園周辺に35,000本もの苗を記念植樹した名残とされている。大正時代には公園に大分県物産陳列場や日露戦争の功績を讃える旅順口閉塞船報国丸のマスト、東郷平八郎の揮毫による忠魂碑が設置された。公園開設当時の絵葉書を見ると、ゆったりとした水の流れと松林があり噴水からは勢いよく水が飛び出している。昭和の初めには中外産業博覧会や国際温泉観光大博覧会の会場として使われたこともあった。第二次世界大戦後は米軍や自衛隊が利用していたが52（昭和27）年に移駐し、昭和天皇在位50年記念公園として整備が進められた。92（平成4）年には隣接地を公園にとり込んで会議場やコンサートホールを備えたビーコンプラザがオープンした。建築家磯崎新の設計によるもので、高さ125mのグローバルタワーから周囲を一望することができる。

都 臼杵石仏公園　＊特別史跡

臼杵市ののどかな田園に国宝の磨崖仏がある。主に平安時代につくられ、一部は鎌倉時代に追加されたと考えられている。磨崖仏がある場所は1934（昭和9）年に史跡に、52（昭和27）年に特別史跡に指定された。「臼杵磨崖仏」として国宝に指定されているのは2017（平成29）年に追加された金剛力士立像2体を入れて合計61体である。古園石仏、ホキ石仏第二群、ホキ石仏第一群、山王山石仏の四つの石仏群がある。1993（平成5）年まで15年かけて大規模な修理が実施され覆屋が建設された。修理前には下に置かれていた古園石仏大日如来像の仏頭の復位をめぐって議論があったが、もとの姿に戻された。石仏が彫られているのは約9万年前の阿蘇山の噴火による火砕流でできた地層で、水分を多く含み柔らかいためにコケなどが着生しやすく定期的なクリーニング作業が行われている。磨崖仏の前の湿田は石仏公園として整備された。四季折々の花を楽しむことができるが、なかでもハスの花が有名で毎年夏には蓮まつりが開催されている。

庭 旧久留島氏庭園　＊名勝

旧久留島氏庭園は、玖珠郡玖珠町森に位置している。来島康親は1601（慶長6）年に、玖珠、日田、速見郡で1万4,000石の知行を認められた。だが、石高が低く城をもてなかったために、角埋山（標高576m）の南東側麓に陣屋を造営して、表御殿や奥御殿、大会所などを建てている。また、上方の高台には、旧領伊予国の大三島神社の分霊を祀った末広神社を建立している。

8代藩主通嘉は1813（文化10）年から末広神社の整備を始めて、御殿西側に園池を掘り、背後の斜面に多くの石組を立てている。見ごたえのある石組で、江戸後期にも優れた庭園がつくられていたことがわかる。32（天保3）年には末広神社の南東に茶室栖鳳楼を建てて、枯山水石組と大きな飛石を配置し、裏の清水御門の前にも堀の一部に園池を設けて、茶屋から眺められるようにしている。

45 宮崎県

国立公園霧島山

地域の特色

宮崎県は九州の南東部、太平洋の日向灘に面し、北部と西部は広大な九州山地が占めて大分・熊本県に接し、南西部は霧島火山群が連なり鹿児島県に接し、南端には志布志湾を囲んで都井岬が突き出している。県南東部には霧島火山群から大淀川が東流し、下流には宮崎平野が広がり、上流部には都城盆地がある。宮崎平野の南には鰐塚山地と日南の町がある。九州山地は大分県境に位置する祖母山を最高峰として、急峻なV字谷を形成する奥深い壮年期の山岳地帯である。九州山地からは河川が東流し、上流部には高千穂、椎葉、米良などの渓谷・秘境を生み、日向灘沿いの下流部に延岡、日向、西都などの町を形成した。

世界農業遺産「高千穂郷・椎葉山地域の山間地農林業複合システム」に認定され、照葉樹林を大切にしている綾町はユネスコエコパークに登録されている。温暖多雨な気候から山地には照葉樹林が発達し、海岸沿いには亜熱帯性植物も見られる。海岸線は単調ではあるが、宮崎県は古くから道路の緑化による沿道修景に力を入れてきた。古くは日向の国といわれ、日向は天孫降臨神話発祥の地として知られ、ゆかりの地は県内各地に伝承され、皇国史観が浸透している。古代の一時期には栄え、平野を見おろす台地縁辺部には西都原をはじめ大規模な古墳群が数多く存在する。戦国時代には薩摩（現鹿児島県）島津藩が支配し、近世には延岡藩、高鍋藩、飫肥藩などが発展するが、薩摩藩、人吉藩（現熊本県）、天領なども入り組み、所領関係は不安定で、日向としての地域的統一性を確立できなかったといわれている。隣の鹿児島県や熊本県が強力なアイデンティティを築いたこととは対照的である。

自然公園は霧島火山群が傑出しているが、山岳、峡谷、海岸も多彩である。都市公園は古墳群を生かしたものや皇紀2600年記念（1940）にちなむものなどが特徴的である。

主な公園・庭園

自 霧島錦江湾国立公園霧島山　＊日本百名山

霧島山は宮崎県と鹿児島県にまたがる霧島火山群の総称である。桜島などに連なる霧島火山帯を形成している。霧島山は韓国岳（1,700 m）を最高峰として、2011（平成23）年に大噴火した新燃岳や天孫降臨神話の高千穂峰、高千穂峰西麓の寄生火山でたびたび噴火している御鉢など多くの火山が集まっている。どれも円錐形の山容で、頂上には直径数百メートルの円形の火口をもっている。一帯には御池、大浪池など円形の火口湖も多い。ミヤマキリシマ、キリシマミツバツツジ、キリシマエビネなどキリシマの名のつく植物が多くあり、美しい花を咲かせている。えびの高原は一説にススキの穂が葡萄色（赤紫色）に枯れることからその名が付いたといわれる。硫黄の危険な噴気現象があるものの、ノカイドウの美しい花の風景を見せたりする。鹿児島県側には、由緒ある歴史をもつ霧島神宮と神宮林があり、また、霧島温泉をはじめ温泉地が多く、1996（平成8）年稼働の地熱発電の大霧発電所がある。

天孫降臨神話の高千穂峰には神話にちなんで天の逆鉾が立っている。鉾とは古代の装飾性の高い槍のようなものであり、逆さに柄の方から刺しているのである。長崎県の雲仙岳の項で述べた江戸時代の知識人たちも好奇心に駆られていた。古川古松軒は天の逆鉾について、それを実見した京都の橘石見之助の紀行文を読んで、到達がいかに大変かを知って、見に行くことを断念する。橘石見之助とは橘南谿にほかならない。古松軒は天の逆鉾には懐疑的で、逆鉾を立てたのは薩摩・日向（現鹿児島・宮崎県）などの守護大名島津義久だろうと合理的な見方をする。南谿は地元の勇壮の案内人を雇い、風雨の悪天候のなか馬の背を苦労して歩き霧島山に登る。ようやく頂上の天の逆鉾にたどりつき感動する。天の逆鉾については、古い物であり、「天下の奇品」だと評する。南谿は合理的な眼をもっていたが、それでも霧島山の神の怒りにふれるかもしれないと恐れる。

幕末の1866（慶応2）年、南谿の紀行文を詳しく読んで、天の逆鉾に興味をもったもう一人の人物がいた。しかも、彼はわが国初の新婚旅行の途中で、夫人とともに山頂まで登った。坂本龍馬と妻のおりょうである。簡単

に登れる山ではないが、二人とも天の逆鉾に到達し、天狗の面を着けた青銅器に笑いあい、引き抜いて、埋め戻していた。古松軒は霧島山は九州一の険阻な深山だと指摘し、谷文晁の『日本名山図会』(1812)も近づきがたい奥山として描いている。おりょうの登山には感心せざるをえない。

自 日南海岸国定公園日南海岸

＊特別天然記念物、天然記念物

日南海岸国定公園は宮崎県の青島から鹿児島県の志布志湾にいたる海岸で、ビロウなどの亜熱帯植物や砂岩と泥岩の互層の凹凸となっている鬼の洗濯岩などが見られる。宮崎県は、海岸道路にフェニックス(ヤシ科の植物)を植えるなど、戦前から南国情緒を醸し出す沿道修景に力を注いできたが、1969(昭和44)年、全国初の沿道修景に関する「宮崎県沿道修景美化条例」を制定する。海外旅行がまだ難しい1960年代、異国情緒を感じられるフェニックスハネムーンとして新婚旅行のメッカになっていた。

日南海岸の都井岬は自然学の今西錦司が1948(昭和23)年に半野生馬の動物社会学研究を行い、初めて個体識別法が用いられた場所である。52(昭和27)年、今西の研究グループが都井岬の北の幸島のニホンザルの餌付けに成功し、後に世界的な霊長類研究に発展するわが国のサル学研究が始まる。今西は、チャールズ・ダーウィンの『種の起源』(1859)で著された生存競争・弱肉強食・自然淘汰・適者生存の概念からなる進化論を批判し、強者も弱者も棲み分け、生物全体が共生しているという「棲み分け理論」を打ち立て、日本的な文明史観を唱える今西学派を形成していった。

自 祖母傾国定公園高千穂峡

＊名勝、天然記念物、日本百名山

高千穂峡は五ヶ瀬川上流のV字谷で、柱状節理などの絶壁の断崖が続き、崖上のおのころ池から落ちる真名井の滝など多くの滝がある。高千穂神社があり、国生み神話の天孫降臨の地の伝承がある。祖母傾国定公園は大分県と宮崎県にまたがり、祖母山(1,756m)、傾山、大崩山などが県境に連なる。九州のツキノワグマは絶滅したが、最後に捕獲された地域である。

都 特別史跡公園西都原古墳群

＊特別史跡、日本の都市公園100選、日本の歴史公園100選

西都原古墳群は311基の大小の古墳がひしめく遺跡である。宮崎県のほぼ中央に位置する西都市の南東の台地に古墳時代を通じてつくり続けられ

たと考えられている。古墳は円墳が最も多く279基、次に前方後円墳31基、方墳は1基である。3世紀後半から5世紀前半にかけて東側に比較的小さな前方後円墳が16基つくられ、その後5世紀の中頃にかけて台地の中央に日本最大級の帆立貝形古墳の男狭穂塚（おさほづか）と九州最大の前方後円墳である女狭穂塚（めさほづか）がつくられた。5世紀後半以降からおびただしい数の円墳が中心部につくられるようになり、6世紀中頃以降に再び前方後円墳がつくられ7世紀初めには古墳の造営が終了したと考えられている。

本格的な発掘調査が始まったのは大正時代で、1934（昭和9）年には史跡に52（昭和27）年には特別史跡に指定され、その後も数回にわたり追加指定されて範囲が拡大している。67（昭和42）年には風土記（ふどき）の丘第1号として特別史跡公園西都原古墳群が開園した。風土記の丘は地域の史跡をさまざまな資料と一体的に保存し、文化財に親しむための整備をする目的でつくられた制度である。公園は68haにおよぶ広大な敷地を予定して計画され、西都原杉安峡（さいとばるすぎやすきょう）県立自然公園の特別地域にも重なっている。

古代に築かれた時には葺石（ふきいし）で覆われていた古墳は長い年月が経って樹木に覆われてしまっていたが、復元整備により違う姿を見せることになった。形を復元して芝生（しばふ）を張ったものや葺石のもの、屋根をかけて保護し、発掘した遺構を露出させたものなど古墳の多様な見せ方が試みられている。ただし、男狭穂塚（おさほづか）と女狭穂塚（めさほづか）は1895（明治28）年に陵墓参考地に指定され立ち入り禁止となっているため現在も鬱蒼（うっそう）とした樹林地である。7世紀初頭につくられたとされる鬼（おに）の窟（いわや）古墳には西都原古墳群で唯一の巨石でつくられた横穴（よこあな）があり、中に入って見学することができる。2003（平成15）年にはガイダンスセンターこのはな館が、翌年には考古学専門のフィールドミュージアムとして宮崎県立西都原考古博物館が開館した。公園では古墳の風景とともにウメ、サクラ、菜の花、ヒマワリ、コスモスなど四季折々の花を楽しむことができる。出土した馬具類は「日向国西都原古墳出土金銅馬具類（ひゅうがのくにさいとばるこふんしゅつどこんどうばぐるい）」として国宝に指定されているが、現地ではなく東京の五島（ごとう）美術館に収蔵されている。

都 平和台公園（へいわだいこうえん）

平和台公園は宮崎市の市街地北部の丘陵地にある。戦争と平和がねじれたかたちで現れた公園である。「八紘一宇（はっこういちう）」とは天下を一つの家のようにす

るという意味で、第二次世界大戦中は大東亜共栄圏の建設を意味し、日本の海外戦を正当化するスローガンとして用いられた。同公園にはこの言葉が刻まれたモニュメント「平和の塔」がある。高さ30mを超す巨大な塔は1940（昭和15）年に「八紘之基柱（あめつちのもとはしら）」として皇紀2600年を記念して日名子実三（ひなごじつぞう）が制作したものである。塔に使われた約1,900個の石のうち約1,500個の送り主が判明しており、そのうち350個余りが軍事支配していた中国などの日本軍部隊から送られたものであるという。塔の設置場所には神武天皇（じんむてんのう）の宮居があったと伝わる皇宮屋（こぐや）近くの見晴らしのよい丘陵地が選ばれ、公園の場所は当時八紘台（はっこうだい）と呼ばれていた。敗戦後はGHQによって八紘一宇の文字が削られ「平和の塔」と呼ばれるようになり、八紘台は「平和台公園」となった。1961（昭和36）年度には「はにわ園」が整備され、約400体のはにわが樹林の間に点々と並べられた。翌年には皇紀2600年にちなんで2,600坪の広さで塔の前の広場が整備された。東京オリンピックの聖火リレー第2コースの起点となったことから塔をもとの姿に戻す運動が起こり1965（昭和40）年には前述の「八紘一宇」の文字が復元されたのである。日を限って平和の塔の内部公開も行われている。

都 宮崎県総合運動公園（みやざきけんそうごううんどうこうえん）　＊日本の都市公園100選

宮崎県総合運動公園は、宮崎市の海沿いに位置する。野球場4面とラグビー場、サッカー場、自転車競技場、陸上競技場、テニスコート、プール、武道館、体育館からゲートボール場にいたるまで、あらゆるスポーツに対応できる施設が154haの敷地に整備されている。プロ野球球団がキャンプをすることでも有名である。置県80周年記念事業として1963（昭和38）年に構想が発表され81（昭和56）年に完成した。海岸沿いは厚みのあるマツの樹林が残されており、高千穂峡（たかちほきょう）の真名井（まない）の滝など県内各地の名勝をデザインに取り入れた回遊式の日本庭園「日向景修園（ひゅうがけいしゅうえん）」や西都原古墳（さいとばるこふん）をミニチュアで再現した風土記の丘がある。中央広場のモニュメントと噴水の御影石は宮崎市にあった橘橋（たちばなばし）の高欄（こうらん）の一部を用い、マツ並木のマツは宮崎港の建設で撤去されたものを移植するなど再利用と経費節約のための工夫がみられる。

46 鹿児島県

石橋記念公園と桜島

地域の特色

鹿児島県は九州の南端に位置し、北の熊本県境には国見山地、宮崎県境には霧島山地・日南山地が取り囲み、南部は東側の大隅半島と西側の薩摩半島が突き出し、この2半島が錦江湾を擁し、湾奥に鹿児島の市街と桜島がある。西日本火山帯の旧霧島火山帯が南北に走り、このうち錦江湾の姶良カルデラや池田カルデラの火山噴出物に起因するシラス台地が県面積の約半分を占めている。シラス台地は縁辺部が急崖をなし、大雨災害に弱いが、一方、湧水地でもあり、周辺に水田を発達させた。大隅半島の沖合には種子島、屋久島から与論島まで約500km にわたり、弧状に大隅諸島、トカラ列島、奄美諸島からなる薩南諸島38島が連なり、その南に琉球諸島が続いている。諸島の東は太平洋、西は東シナ海に分けられる。薩摩半島の西には甑島列島が並んでいる。離島面積はわが国1位、海岸線長は3位である。出水平野には毎年1万羽以上の絶滅危惧種のナベツル、マナヅルが飛来して越冬する。

古くから薩摩、大隅の2国からなり、中世以来、島津氏が鹿児島を本拠地として統治していた。日本国内では辺境の地であるが、大陸や南洋からは異文化の伝来地であり、薩摩藩は大藩として力を蓄え、保守性と革新性をあわせもつ勇敢な薩摩隼人（鹿児島県男性）はやがて明治維新の立役者として江戸幕府を倒し、新政府で近代化を進めた。幕末の集成館などはわが国初の西洋式工場群として、福岡県・長崎県などの構成資産とともに、2015（平成27）年、世界文化遺産「明治日本の産業革命遺産」となった。

自然公園は霧島・桜島・屋久島などが中心であったが、17（平成29）年現在、生物多様性の確保と人間と自然の共生の観点から、奄美群島に注目が集まり、沖縄県のやんばるなどとともに、世界自然遺産化をめざしている。都市公園は史跡や遺跡に関わるもの、庭園は薩摩藩の繁栄に関わるものが特徴的である。

主な公園・庭園

自 屋久島(やくしま)国立公園屋久島(やくしま)

＊世界遺産、ユネスコエコパーク、特別天然記念物、日本百名山

屋久島は九州本土の最南端佐多岬から南方約60kmの東シナ海と太平洋の間に浮かぶ周囲約130kmのほぼ円形の島である。九州最高峰の宮之浦岳(みやのうらだけ)(1,935m)を擁して、1,000m以上の山岳を45以上連座させることから、「洋上アルプス」と呼ばれる。文豪林芙美子(はやしふみこ)が小説『浮雲(うきぐも)』で「月のうち三十五日は雨」と表現したように、平地部でも年間4,000mmを超える降水量がある。海に浮かぶ急峻な山岳が多雨をもたらし、雨がコケを育て、コケが巨大なヤクスギの森をつくり、豊かな森が野生生物の生息を支える。生き物の多さを「ヒト2万、シカ2万、サル2万」とたとえている。

樹齢1,000年以上のヤクスギの巨木群、亜熱帯のガジュマル、マングローブなど豊かな森林を生みだし、高山もあることから、亜熱帯から冷温帯までの植生の垂直分布がみられ、南北に長い日本列島3,000kmの自然全体を詰めこんだ島ともいわれる。山頂部には原生自然環境保全地域もある。ヤクスギは江戸時代から独特の作業方法で伐採され、家具や工芸品などに珍重されてきた。また、「岳参り(だけまいり)」という古くから海の塩などの恵みを山上の神に供(そな)え、豊漁豊作などを祈る独特の山岳信仰が残っている。

屋久島は1971(昭和46)年にフェリー就航、89(平成元)年には高速船ジェットフォイルが就航し、利用者増による登山道の浸食、踏圧(とうあつ)による植生破壊、ゴミやし尿の散乱、野生ザルの餌付けなどの問題を引き起こす。66(昭和41)年に発見された屋久島のシンボルともいえる縄文杉(じょうもんすぎ)も根元の踏圧、樹木の損傷など悪影響が深刻化する。一方、西部林道問題と呼ぶ急傾斜地の車道建設問題があり、大きな自然保護問題になっていた。しかし、鹿児島県は世界自然遺産を念頭に周到に従来型開発から持続型開発へと意識転換を図る。92(平成4)年、屋久島環境文化村構想を策定、翌年、国を動かし、世界自然遺産登録、その後、縄文杉の展望デッキ完成、西部林道建設断念と進む。そして、今やエコツーリズムの先進地となっている。

だが、過剰利用問題がますます深刻化しているのが現実である。屋久島はわが国初の世界自然遺産になったにもかかわらず国立公園になるには紆余曲折(うよきょくせつ)があった。戦前は到達性の悪さから候補にすらならなかった。64(昭

和39）年、ようやく霧島国立公園に編入され、霧島屋久国立公園が誕生。2012（平成24）年、屋久島はブランド化のため分離独立し、屋久島国立公園となる。

自 奄美群島国立公園 奄美群島　＊天然記念物

奄美群島は、鹿児島県本土と沖縄県の中間に位置し、北はトカラ列島、南は沖縄諸島に連なる弧状列島の一部で、有人島8島からなる島嶼群である。このうち最大の奄美大島を中心として、喜界島、徳之島、与論島、沖永良部島の5島の陸域・海域の一部を公園とした。亜熱帯の多雨地帯で、特に奄美大島ではスダジイを優占種とする国内最大規模を誇る亜熱帯照葉樹林を育んでいる。低地帯にはアコウ、ガジュマルなどの自然植生が見られ、河口干潟にはマングローブ群落が発達している。島々は隆起サンゴ礁に囲まれ、まとまったサンゴ礁としては世界の北限に位置し、海中は透明な水質とともに美しい多彩なサンゴ景観を繰り広げている。しかし、近年、サンゴは海水温上昇による白化現象やオニヒトデによる食害で被害をこうむっている。奄美群島は大陸との接続や分断を繰り返してきたので、アマミノクロウサギ、アマミトゲネズミ、トクノシマトゲネズミなど固有種が多い。しかし、これらもマングース、ノイヌ、ノネコなどの外来生物の脅威にさらされている。この他、リアス海岸の海食崖や琉球石灰岩のカルスト地形も見られ、アカウミガメやアオウミガメの産卵場の砂浜もある。

奄美群島国立公園は2017（平成29）年、奄美群島国定公園の一部を編入し、34カ所目の国立公園として誕生した最新の公園である。前年の16（平成28）年に新規指定された沖縄県北部のやんばる国立公園に続くもので、亜熱帯照葉樹林や希少な生物を中心としている点は類似している。これは、生物多様性確保の観点から、豊かな生態系を育む照葉樹林、干潟、サンゴ礁などの景観に対する評価の高まりによるものである。さらに、重要なことは、里山・里海のように人間が自然を持続的に利用してきた共生の生き方を評価しようとするものであり、それに関係する文化や景観をも評価している。群島各地の神の降り立つ「神山」、集落を訪れる海の神が立ち寄る小島など自然に対する畏敬の念が残されている。集落も神の通る道、祭祀を行う建造物などが残されている。台風やハブなどの自然の脅威とも闘ってきた。森林も二次林が多く古道や炭窯跡などが残っている。奄美群島国立公園は、沖縄県のやんばる国立公園・西表石垣国立公園とあわせて「奄美大島、徳之島、沖縄島北部及び西表島世界自然遺産」登録を目指すための指定といわれている。

自 霧島錦江湾国立公園桜島・開聞岳　＊日本百名山

大隅半島と薩摩半島に挟まれた錦江湾（鹿児島湾）の北部は姶良カルデラと呼ぶ海域の火山地形である。その外輪山南壁に噴火してできた火山が今も活発に活動している桜島（1,117m）である。粘性の低い溶岩を山麓まで流す火山であり、山麓の溶岩は近年植物に覆われ始めているものの、黒々とした溶岩の跡を見ることができる。人目にふれない所で溶岩の採石は大規模に行われてきた。桜島はもともと島であったが、1914（大正3）年の噴火の溶岩流で大隅半島とつながった。成層火山の独立峰で常に噴煙を出していることから豪快なイメージがあり、薩摩隼人の男らしさと重ねられ、鹿児島のシンボル、郷土の誇りとなってきた。薩摩半島の先端部にある開聞岳（924m）も、海上にそびえ、薩摩富士と呼ばれるように、円錐形の成層火山の独立峰である。頂上の円形の火口周辺には巨石が積みかさなっている。山麓にはカルデラ湖の池田湖や火山湖の鰻池があり、オオウナギが生息している。

霧島山は34（昭和9）年にわが国最初の国立公園の一つ霧島国立公園として誕生した。64（昭和39）年に当時の錦江湾国定公園と屋久島を飛地で新たに編入して、霧島屋久国立公園と改称した。その後、屋久島は世界自然遺産となり、屋久島国立公園として分離独立し、霧島山などは霧島錦江湾国立公園と改称した。桜島、佐多岬、開聞岳を抱える錦江湾はもともと姶良カルデラの火山地形であり、霧島錦江湾国立公園は名実ともに火山の国立公園となったといえる。

都 石橋記念公園　＊日本の歴史公園100選

石橋記念公園は鹿児島市の海沿いに位置する。鹿児島市の中心を流れる甲突川には江戸時代の終わりに五つの橋が架けられた。財政が潤った薩摩藩による城下整備の一環で、肥後の石工である岩永三五郎によってつくられたアーチ型の石橋である。三五郎は薩摩藩に10年滞在し10カ所以上の石橋を架けた。たびたび洪水を起こしていた甲突川には1845（弘化2）年から49（嘉永2）年までのわずか5年間で4連または5連アーチの石橋が次々に完成した。三五郎はただ橋を架けただけではなく、治水のための土木事業も行ったとされる。100年以上にわたり市民の生活道路として使われていた石橋だったが、1993（平成5）年に鹿児島を襲った豪雨は1万戸以上が浸水する甚大な被害をもたらし、五つのうち二つの橋が流されてしまった。

鹿児島県は災害の直後に、河川改修のために石橋の移設を決定した。これに対して残った三つの橋の現地保存を求める激しい反対運動が展開されたが最終的には移設されることになり、2000（平成12）年に開園したのが石橋記念公園である。公園の場所は稲荷川の河口付近で岩永三五郎が最初に架けた多連アーチの石橋である永安橋があった場所に近く、石橋がつくられたのと同じ時代である幕末から近代の遺跡があることから選ばれたという。三つの橋のうち、西田橋は参勤交代の行列が通ったとされるもので県の文化財に指定されており、移設の際に創建時の姿に戻された。また、城下の玄関口の橋であったことを示すために西田橋御門があわせて復元整備された。高麗橋は昭和初期の姿に玉江橋は創建時の姿にそれぞれ復元された。

石橋記念館には江戸時代の石橋を建設する様子の模型や移設の映像など、石橋がつくられてから公園に設置されるまでの経緯が展示されている。海側の隣接地は祇園之洲公園で1863（文久3）年の薩英戦争当時の砲台跡地である。

都 上野原縄文の森　＊史跡、日本の歴史公園100選

上野原縄文の森は霧島市の市街地の東、鹿児島湾近くの丘陵地にある。約9,500年前に大噴火した桜島の火山灰の下から多数の竪穴住居の跡と土器や土偶、耳飾など700点以上の遺物が発見された。縄文時代の落とし穴やドングリの貯蔵穴など定住の初期段階の人々の暮らしがわかるものも見つかった。出土品は重要文化財に指定され、1999（平成11）年には上野原遺跡が史跡に指定された。上野原縄文の森は遺跡を保存し縄文文化にふれることができるよう整備された公園で2002（平成14）年に開園した。公園は体験と見学の二つのエリアに分かれている。見学エリアには発掘した状況をそのまま見ることができる遺跡保存館がある。その近くには当時の集落が復元され、ずんぐりしたタケノコのような形の茅葺の竪穴住居や燻製をつくる調理に使われた連穴土坑が復元されている。

体験エリアには学習館やアスレチック遊具がある。公園の名前にもなっている森には9,000本の樹木が植えられた。埋蔵文化財センターと展示館の建物のデザインには逆S字型の縄文のモチーフが使われている。

都 鹿児島中央公園

1950（昭和25）年に開園した鹿児島市の中心地にある公園である。老朽化と地下駐車場の建設に伴って全面改修された。中央に芝生広場があり、桜島の噴火をモチーフにした霧の噴水や壁泉、浅い流れで水と親しむことができる。歩道と公園が一体になる開放的なデザインが特徴である。北にある西郷隆盛像も公園区域の一部になっていて、道を挟んだ向かい側には西郷像を撮影する場所が設けられている。鹿児島の中心地天文館の一文字をとって「テンパーク」の愛称で市民に親しまれている。

庭 仙巌園 附 花倉御仮屋庭園　＊名勝

鹿児島市吉野町にある仙巌園は、1659（万治2）年に薩摩藩2代藩主の島津光久が別荘として造営したものだった。仙巌園という名称は、中国の竜虎山の仙巌に似ていることから付けたもので、背後に姶良カルデラの絶壁があって、奇岩奇石が多いことによっている。地元では地名から「磯庭園」と呼んでいるが、前面に錦江湾の磯と桜島の雄大な光景が眺められる。

その後も庭園の局部的な補修がされているが、東側の曲水の庭は江戸中期頃につくられたものらしい。裏山の孟宗竹林は、1736（元文元）年に4代藩主吉貴が琉球から取り寄せた江南竹（モウソウチク）2株を、植えたものだった。江戸時代の「仙巌園十六景図」では御殿の前面に大きく園池が描かれているので、園池が存在していた可能性がある。

花倉御仮屋も同じ吉野町にあり、仙巌園の北方800mほどに位置している。1847（弘化4）年に10代藩主斉興が別邸として造営したものだが、63（文久3）年のイギリスの交戦後に、建物は他に移されしまった。滝、流れ、園池跡などが残っているようだが、公開されていない。

庭 知覧麓庭園　＊名勝

知覧麓庭園は、JR鹿児島中央駅からバスで70分ほどの南九州市知覧町郡に位置している。薩摩藩では武士を鹿児島城下に集住させずに、領内に

分散して居住させていて、この行政区域は「外城」と呼ばれ、1744（延享元）年以降は113カ所が定められている。知覧島津氏（佐多氏）の私領地だった知覧麓もその一つで、領主の御仮屋を中心に城塁型の区画が形成されていた。

武家屋敷通りと呼ばれている区域には、7カ所の国指定名勝庭園がある。庭園面積は200～300㎡ほど、ほとんどが枯山水で、作庭年代は1750（寛延3）年前後とされているものが多い。庭石には近くの麓川でとれる凝灰岩を使ったりしているためか、沖縄風の庭園にも見える。

西郷恵一郎邸はイヌマキの刈り込みを山並に見せ、枯滝を組んでいる。平山克己邸は背後の母ヶ岳を借景にして、北側奥に石を組んで山に見せている。平山亮一邸はサツキの大刈込みを設け、手前に盆栽を置く石の台を並べている。佐多美舟邸は巨石を組んだ山をかたどった枯山水で、佐多民子邸も同様の枯山水になっている。佐多直忠邸は母ヶ岳を借景にして、大石を立てて峰に見せている。森重堅邸の建物は1741（寛保元）年で、ここは池庭になっていて、洞窟を表現した石組が置かれている。

庭 旧島津氏玉里邸庭園　＊名勝

鹿児島市内にある玉里邸は、薩摩藩10代藩主だった島津斉興が、1835（天保6）年に別邸として造営したものだった。斉興が55（安政2）年に隠居した後に住んでいたが、77（明治10）年に西南戦争で焼失してしまい、79（明治12）年には斉興の子の久光が、新居を建て移り住むなどしていた。だが、1945（昭和20）年に空襲で焼失して、茶室と庭園と武家長屋だけが残り、59（昭和32）年に鹿児島女子高校の用地になった。

敷地の上部の東半部に主屋建築群が建てられ、書院の南庭に築山と楕円形の園池があって、「上御庭」と呼ばれていたが、現在は公開されていない。一段低くなった敷地の西半部の公開されている「下御庭」には、1879（明治12）年に再建された茶室と園池がある。茶室の東側に滝組が築かれていて、流れは南側の園池に注ぎ込んでいる。園池には中島が一つと岩島があって、西岸から延びた岬は中島と石橋でつながっている。東岸には錦江湾から53個に分けて運び込んだという、高さ3mほどの立方体の巨岩が置かれている。独特の意匠の石燈籠もあって、全体的に沖縄的な感じがする。

47

沖縄県

国営沖縄記念公園首里城

地域の特色

九州から台湾に向かって弧状に南北約1,200kmにわたり南西諸島が連なるが、その北半が薩南諸島38島で鹿児島県に属し、南半が琉球諸島108島で沖縄県である。この琉球諸島は沖縄本島を主島とする沖縄諸島、宮古島を主島とする宮古諸島、石垣島を主島とする八重山諸島からなり、宮古・八重山諸島を総称して先島諸島という。八重山諸島は有人島としてはわが国最南端の北緯24度に位置し、北回帰線の熱帯域に近接している。与那国島からは台湾が遠望でき、時期によって南十字星を観察できる。

1429年、統一国家の琉球王国が成立し、1609（慶長14）年の薩摩（現鹿児島県）島津氏の武力征服事件を経て、1879（明治12）年、沖縄県が設置され、日本に編成された。しかし、第二次世界大戦後、アメリカの直接統治下で琉球政府が置かれ、1972（昭和47）年、本土復帰が実現した。琉球王国は地政学的に中国と日本に挟まれる微妙な位置にあり、複雑な歴史と文化を築いてきた。2000（平成12）年、琉球王国の首里城などの5カ所のグスク（城）と識名園などの4カ所の関連遺産が世界文化遺産「琉球王国のグスク及び関連遺産群」になった。

南西諸島は2017（平成29）年現在最も注目されている自然公園地域である。沖縄本島、西表島は、亜熱帯の島嶼でもあり、独特の豊かな生態系を育み、生物多様性確保の観点から、奄美群島とともに国立公園化・世界自然遺産化が望まれている地域である。従来、この地域の亜熱帯の照葉樹林、干潟・サンゴ礁などの海域景観の保全が遅れていた。また、この地域の人間と自然が共生する文化も新たに評価されている。

自然公園は国立公園の新規指定と拡張が進み、琉球政府から継承した特殊な国定公園もある。都市公園・庭園は琉球王国にちなむものが中心である。

主な公園・庭園

自 西表石垣国立公園西表島 ＊特別天然記念物、天然記念物

八重山諸島の西表島と石垣島の間には竹富島、黒島など個性ある島々が浮かび、海域はテーブル状、枝状、半球状など多様で広大なサンゴ礁を生み、透明の水質と色鮮やかな魚類とともに比類ない海中景観を呈している。西表島は大半が亜熱帯性の深い照葉樹林に覆われ、浦内川、仲間川の上流には見事な滝があり、河口にはマングローブ林が発達し、自然を守りながら探勝するエコツーリズムの先進地となっている。竹富島の重要伝統的建築物保存地区は、長野県の妻籠宿と同様、住民の力で「竹富島憲章」をつくり、乱開発から守ってきた歴史がある。

沖縄は1945（昭和20）年のアメリカ軍の占領以降アメリカの統治下に置かれ、72（昭和47）年5月15日、本土への復帰を果たすが、同日付けで西表国立公園が誕生する。69（昭和44）年、沖縄の返還が合意され、70（昭和45）年から国の方針によって国立公園・国定公園の指定が準備され、西表も復帰1カ月前に琉球政府立公園に指定されていた。2007（平成19）年、西表国立公園に石垣島の一部が編入され、西表石垣島国立公園に改称され、12（平成24）年、西表島と石垣島などの陸域・海域を大規模に拡張し、海域公園地区を23地区、15,923haに増やした。

西表島の名を世にとどろかせたのは、1965（昭和40）年のイリオモテヤマネコの発見であった。骨格などの形質から原始的なネコ類の新種と発表され、20世紀の中型哺乳類の奇跡の発見とされた。しかし、その後の遺伝子DNA解析の進歩から、アジア東部に生息するベンガルヤマネコの亜種と認定された。それでも西表島の固有種で貴重なことに変わりなく、種の保存法の国内希少野生動植物種、文化財保護法の特別天然記念物に指定されている。生息域の開発、交通事故、ノネコからの病気感染などで減少し続け、環境省のレッドリストで最も絶滅の危機に瀕しているカテゴリーである絶滅危惧IA類に分類されている。2007（昭和19）年頃、個体数が約100頭と推定され、環境省は保護増殖事業などを進めている。1978（昭和53）年、ドイツのネコ科動物研究の世界的権威パウル・ライハウゼン博士が、イリオモテヤマネコ保護のため島民は移住すべきという「ライハウ

ゼン文書」を発表し、島民から「人かネコ」かという反発をかった。保護と開発の問題は今も課題であり、持続的開発による「共生」は簡単ではない。

自 やんばる国立公園やんばる　＊天然記念物

やんばるとは沖縄の言葉で「山原（やんばる）」を指し、沖縄本島北部山地のわが国最大級の亜熱帯照葉樹林が広がる地域である。2016（平成28）年、沖縄海岸国定公園の一部を編入して、33カ所目の新しい国立公園として誕生した。やんばるは黒潮の暖かさと台風などの降雨の多さからスダジイやオキナワウラジロガシなどの豊かな森を生み、その結果、日本全体の鳥類の約半分、カエルの約4分の1の種類が確認されるなど、豊かな生き物を育んできた。生物多様性の宝庫である。また、沖縄本島をはじめとする琉球列島は地殻変動によって大陸とつながったり離れたりしてきたことから、島ごとに固有種を生みだしてきた。やんばるにはヤンバルテナガコガネ、ヤンバルクイナ、ノグチゲラなどの固有種が見られる。石灰岩の海食崖（かいしょくがい）やカルスト地形、マングローブ林なども見られる。

一方、琉球王朝時代から近年まで、やんばるの豊かな森は土地の人々の里山としても薪炭（しんたん）、船舶建設材、琉球藍（りゅうきゅうあい）づくりなどに利用されてきた場所であり、自然との共生の文化を培ってきた人々の営みの地であった。独特の祭祀（さいし）文化も継承されている。

自 慶良間諸島（けらましょとう）国立公園慶良間諸島（けらましょとう）　＊重要文化財、天然記念物

慶良間諸島国立公園は、沖縄本島西方海上の大小30余りの島々と多数の岩礁からなる島嶼群（とうしょぐん）で、沖縄海岸国定公園の一部を編入して、2014（平成26）年に誕生した新しい公園である。陸域面積は3,520haと国立公園では最小であり、海域面積90,475haと大半が海域の新しいタイプの国立公園である。多様なサンゴ礁の海中景観、ケラマブルーと呼ばれる美しい海とサンゴのかけらからなる白い砂浜、ザトウクジラの繁殖海域、多島海（たとうかい）景観、海食崖と多彩な景観を呈している。多島海は地殻変動によって陸地が沈降した山頂の名残である。海岸も沈降海岸のリアス海岸を示し、湾入が多い変化に富む海岸となっている。外洋に面して海食崖が発達し、200mに達する断崖も見られる。

慶良間諸島には沖縄特有の伝統文化が数多く残り、その一つ、海の彼方（かなた）

の神界ニライカナイを拝礼する聖地「御嶽（うたき）」も多く見られる。各地域の集落に御嶽の拝所があり、人々が年中行事の海神祭やそのほかで祖先を祀（まつ）り、漁業繁栄や航海安全を祈願している。海との関わりが人々の生活に深く根付き、海と共生していることがわかる。慶良間諸島はかつて沖縄本島から中国へ渡る経由地であったが、太平洋戦争の沖縄戦においてはアメリカ軍が最初に上陸した場所でもあった。

自 沖縄戦跡（おきなわせんせき）国定公園摩文仁（まぶに）の丘（おか）・ひめゆりの塔（とう）

太平洋戦争の沖縄戦では壮絶な地上戦が行われ、南部で多くの悲劇を生み、多数の犠牲者を出した。沖縄戦跡国定公園は、平和を祈って、摩文仁の丘を中心に洞窟やひめゆりの塔などの戦跡地を公園にしたものである。アメリカ占領下において、琉球政府は1957（昭和32）年に政府立公園法を制定、65（昭和40）年に沖縄戦跡、沖縄海岸、与勝（よかつ）海上の3カ所の政府立公園を指定する。72（昭和47）年5月15日、沖縄の本土復帰と同日付けで、沖縄戦跡と沖縄海岸の国定公園が誕生する（小沢、2013、pp.439-442）。アメリカの国立公園体系には国立戦跡公園、国立戦跡地区などがあり、琉球政府はこの影響をうけたと推測され、日本政府に継承されることで他に見られない国定公園を生みだしたといえる。

都 国営沖縄記念（おきなわきねん）公園（首里城地区（しゅりじょうちく））および首里城（しゅりじょう）公園

＊世界遺産、国営公園、重要文化財、史跡、名勝、日本の都市公園100選、日本の歴史公園100選

那覇市の北東に位置し、年間250万人以上が訪れる沖縄県の代表的な観光地である。国営沖縄記念公園は沖縄県内に2カ所あり、一つが有名な沖縄美ら海（ちゅらうみ）水族館がある海洋博（かいようはく）公園、もう一つが首里城公園である。首里城は琉球を統一した尚巴志（しょうはし）が15世紀に築き16世紀に拡張された。琉球王国は日本、朝鮮、中国などとの外交や貿易によって発展したが、17世紀初頭の薩摩藩による侵攻の後は、表向きは中国の支配下にありながら実際には薩摩と幕府に従属するという複雑な状況が続いた。首里城は1879（明治12）年に日本政府が沖縄県を設置するまで琉球王国の城として使われていた。その後荒れるにまかせた首里城はいったん取り壊すことが決まったが、それを知った専門家の進言により保護が決定し、その後国宝に指定された。

しかし、第二次世界大戦中に日本軍の司令部があったために爆撃をうけ首里城一帯はすべて破壊し尽くされてしまった。戦後は一時期琉球大学のキャンパスとして利用されていたこともあった。

一方、1956（昭和31）年には残った古材を集めて園比屋武御嶽が復元され、58（昭和33）年には住民の有志による寄付もあって守礼門が復元されるなど、少しずつ建物が蘇っていった。72（昭和47）年の沖縄の本土復帰とともに首里城跡は国の史跡に指定された。国営公園の首里城地区は92（平成4）年に本土復帰20周年を記念して開園した。これによって中心部分は国営公園として、周辺地区は県営公園として整備されることになった。最も有名な首里城正殿は戦前の文化財指定時の図面や資料、聞き取り調査や写真を用いて厳密な復元が行われた。建設にあたって沖縄県北部のやんばるで切り出したウラジロガシの大木を木遣行列で首里城まで盛大に運んだ。首里城は数々の建物だけではなく城の周囲をうねりながらめぐる白い琉球石灰岩の石垣も美しく特徴的である。

首里城跡のほか、円覚寺跡が史跡に、首里城書院・鎖之間庭園は名勝に、そして園比屋武御嶽石門、旧円覚寺放生橋は重要文化財に指定されている。さらに、首里城周辺には世界遺産の玉陵や県指定文化財の首里金城町石畳道など琉球王国に関わりの深い文化財が多く集まる。2000（平成12）年に「琉球王国のグスク及び関連遺産群」として世界遺産に登録され、首里城と園比屋武御嶽が構成資産になっている。

都 平和祈念公園

平和祈念公園は沖縄本島南端にある糸満市の西の海岸沿い、凄惨な沖縄戦が終結した場所である摩文仁の丘を望む場所に位置している。自然公園の項でとり上げた国定公園「沖縄戦跡国定公園摩文仁の丘・ひめゆりの塔」の中に、戦争を伝え平和の情報を発信するために整備された県営の都市公園である。1978（昭和53）年には平和祈念堂や式典広場がつくられた。海を望む広々とした敷地には国立沖縄戦没者墓苑がある。住民が収骨し各地で慰霊を行っていた遺骨を日本政府が統合し79（昭和54）年にこの墓苑に移した。終戦50年を記念し95（平成7）年には公園が再整備された。「平和の礎」は平和の広場を中心に同心円状に配置された碑に沖縄戦などで亡くなった人々の名が刻まれたものである。視線を遮らない高さで23万人という戦没者の数を視覚的に感じられること、戦争体験を風化させないよう絶えず打ち寄せる波のイメージからデザインが着想されたという。園路には白い琉球石灰岩が使われ、県木のリュウキュウマツが植えられている。公園には各県からの慰霊団や修学旅行生が訪れ、毎年、沖縄戦没者追悼式が開催される。

都 名護城公園（名護中央公園）

名護市の市街地の南東に位置する公園で、日本で最も早く桜が楽しめる名所である。桜はソメイヨシノではなく濃い桃色のカンヒザクラで、毎年1月に名護さくら祭りが開催される。大正時代の初めに地元の青年団が50本の桜を植え、その後川沿いにも徐々に広がり1963（昭和38）年には第1回のさくら祭りが開催された。名護城は名護岳の西の麓にある標高約100mの小高い山で山頂からは14世紀前後の遺物が見つかっている。近世には御嶽として信仰され現在も多くの拝所がある。名護岳の中腹には県立名護青少年の家がありハイキングの拠点となっている。信仰の対象となっているため豊かな森林が残されており、国の天然記念物のカラスバトや特別天然記念物のノグチゲラの生息が確認されている。

庭 識名園　＊世界遺産、特別名勝、日本の歴史公園100選

識名園は、首里城から徒歩で20分ほどかかる那覇市真地に位置している。琉球王国第二尚氏の15代尚温が中国皇帝からの使い（冊封使）を歓待するために、1798（寛政10）年に造営を決定して、翌年に識名園を完成させている。識名園というのは近代の呼び名で、当時は「南苑」あるいは「識名之御殿」と呼ばれていた。日本風の大名庭園に中国的な要素を取り入れたようになっていることが、この庭園の特色だった。1879（明治12）年に沖縄県が設置された後に、識名園は尚家の私有になったが、第二次世界大戦の沖縄戦で破壊されてしまった。復元整備が進められていたが、1992（平成4）年に那覇市へ譲渡されて、復元が終了した95（平成7）年に一般公開されている。

入口から続くガジュマル並木には気根が垂れ下がっていて、沖縄を感じさせる。水源になっている育徳泉は中国風の切石積みで、透き通った水が湧いている。園池の中央近くに中島が築かれていて、その両側に琉球石灰

岩を使った切石積みの石橋と自然石のまま積み上げた石橋が、西湖堤風に架かっている。園池の北側には、沖縄赤瓦を白い漆喰で止めた屋根をもつ御殿が再現されていて、中に入ることができる。建物から園池を眺めると、北東側の小島に建っている中国風の六角堂が見える。御殿を出て園池の周りをめぐって行くと、南側に「舟揚場」と呼ばれる舟入が設けられている。東側にある排水溝部分には石樋が突き出していて、滝のように水が流れ落ちている。以前は下に四阿が建てられていて、涼しさを味わいながら眺望を楽しんでいたという。園池の東側から北側にかけては築山が築かれていて、樹木の間を散策できるようになっている。

園内の植栽はソテツ、サルスベリ、シャリンバイのような本州でも見られるものもあるが、アカマツに似たリュウキュウマツや常緑広葉樹のフクギなど、熱帯性の植物が多い。

庭 宮良殿内庭園　＊名勝

石垣島（石垣市大川）にある宮良殿内庭園には、フェリーがなくなったので、飛行機で行くしかない。1819（文政2）年に宮良当演が、石垣島東部、西表島北東部などの地域を管轄する宮良間切頭職に任命されたことを記念して、宮良殿内庭園をつくったという。首里の庭師城間親雲上の設計・指導とされているが、「親雲上」というのは中級士族に対しての称号なので、城間は民間の職人的な庭師ではなく、琉球王国の庭園担当の役人と考えるべきだろう。母屋の東庭の左右に琉球石灰岩を組み上げて山を築き、中央に石橋を架けて連結させている。中国風にも見えるのは、石灰岩なので穴があいていて太湖石に近いのと、石組が中国の石の積み方に似ているからだろう。しかし、石組は隙間なく貼り合わせる中国的手法ではなく、それぞれの石を地面に立てているので、日本の石組の系統に属している。

同じ石垣市内の石垣氏庭園と宮良殿内庭園は、形態が類似するとされている。石垣邸には『庭作不審書』という問答集が残っていて、「庚申（1800年）大浜親雲上殿」と記されていることから、庭園は1800年頃につくられたと考えられている。宮良殿内庭園も同時期と見ていいのだろう。

付録1　自然公園一覧

（注）丸囲み数字は箇所数を示す（2017年3月31日現在）

都府道県	国立公園	国定公園	都道府県立自然公園
北海道	利尻礼文サロベツ、知床、阿寒、釧路湿原、大雪山、支笏洞爺⑥	暑寒別天売焼尻、網走、ニセコ積丹小樽海岸、日高山脈襟裳、大沼⑤	富良野芦別、厚岸、檜山、恵山、野付風蓮、松前矢越、北オホーツク、野幌森林公園、狩場茂津多、朱鞠内、天塩岳、斜里岳⑫
青森	十和田八幡平、三陸復興②	下北半島、津軽②	浅虫夏泊、芦野池沼群、大鰐碇ヶ関温泉郷、岩木高原、名久井岳、黒石温泉郷、赤石渓流暗門の滝⑦
岩手	十和田八幡平、三陸復興②	早池峰、栗駒②	久慈平庭、外山早坂高原、花巻温泉郷、湯田温泉峡、折爪馬仙峡、五葉山、室根高原⑦
宮城	三陸復興①	栗駒、蔵王②	松島、旭山、蔵王高原、二口峡谷、気仙沼、船形連峰、硯上山万石浦、阿武隈渓谷⑧
秋田	十和田八幡平①	栗駒、男鹿、鳥海③	田沢湖抱返り、八森岩館、きみまち阪、秋田白神、森吉山、太平山、田代岳、真木真昼⑧
山形	磐梯朝日①	栗駒、蔵王、鳥海③	庄内海浜、御所山、県南、加無山、天童高原、最上川⑥
福島	磐梯朝日、日光、尾瀬③	越後三山只見①	霊山、霞ケ城、南湖、奥久慈、磐城海岸、勿来、夏井川渓谷、松川浦、只見柳津、大川羽鳥、阿武隈高原中部⑪
茨城		水郷筑波①	奥久慈、花園花貫、太田、御前山、大洗、笠間、水戸、吾国愛宕、高鈴⑨
栃木	日光、尾瀬②		益子、太平山、唐沢山、前日光、足利、宇都宮、那珂川、八溝⑧
群馬	日光、尾瀬、上信越高原③	妙義荒船佐久高原①	
埼玉	秩父多摩甲斐①		狭山、奥武蔵、黒山、長瀞玉淀、比企丘陵、上武、武甲、安行武南、両神、西秩父⑩
千葉		水郷筑波、南房総②	大利根、富山、嶺岡山系、養老渓谷奥清澄、高宕山、九十九里、印旛手賀、笠森鶴舞⑧
東京	秩父多摩甲斐、小笠原、富士箱根伊豆③	明治の森高尾①	滝山、高尾陣馬、多摩丘陵、羽村草花丘陵、秋川丘陵、狭山⑥
神奈川	富士箱根伊豆①	丹沢大山①	真鶴半島、奥湯河原、丹沢大山、陣馬相模湖④

都府道県	国立公園	国定公園	都道府県立自然公園
新潟	磐梯朝日、尾瀬、上信越高原、中部山岳、妙高戸隠連山⑤	越後三山只見、佐渡弥彦米山②	瀬波笹川流れ粟島、胎内二王子、阿賀野川ライン、五頭連峰、奥早出粟守門、米山福浦八景、魚沼連峰、久比岐、白馬山麓、小佐渡、直峰松之山大池、長岡東山山本山、親不知子不知⑬
富山	中部山岳、白山②	能登半島①	医王山、朝日、有峰、五箇山、白木水無、僧ヶ岳⑥
石川	白山①	能登半島、越前加賀海岸②	白山一里野、山中・大日山、獅子吼・手取、碁石ケ峰、医王山⑤
福井	白山①	越前加賀海岸、若狭湾②	奥越高原①
山梨	秩父多摩甲斐、富士箱根伊豆、南アルプス③	八ヶ岳中信高原①	四尾連湖、南アルプス巨摩②
長野	上信越高原、秩父多摩甲斐、中部山岳、妙高戸隠連山、南アルプス⑤	妙義荒船佐久高原、八ヶ岳中信高原、天竜奥三河③	中央アルプス、御岳、三峰川水系、塩嶺王城、聖山高原、天竜小渋水系⑥
岐阜	中部山岳、白山②	揖斐関ヶ原養老、飛騨木曽川②	千本松原、揖斐、奥飛騨数河流葉、宇津江四十八滝、恵那峡、胞山、裏木曽、伊吹、土岐三国山、位山舟山、奥長良川、野麦、せせらぎ渓谷、天生、御嶽山⑮
静岡	富士箱根伊豆、南アルプス②	天竜奥三河①	浜名湖、日本平・三保の松原、奥大井、御前崎遠州灘④
愛知		天竜奥三河、飛騨木曽川、愛知高原、三河湾④	桜淵、石巻山多米、段戸高原、振草渓谷、本宮山、南知多、渥美半島⑦
三重	伊勢志摩、吉野熊野②	鈴鹿、室生赤目青山②	水郷、伊勢の海、赤目一志峡、香肌峡、奥伊勢宮川峡⑤
滋賀		鈴鹿、琵琶湖②	三上・田上・信楽、朽木・葛川、湖東③
京都	山陰海岸①	若狭湾、琵琶湖、丹後天橋立大江山、京都丹波高原④	笠置山、るり渓、保津峡③
大阪	瀬戸内海①	明治の森箕面、金剛生駒紀泉②	北摂、阪南・岬②
兵庫	山陰海岸、瀬戸内海②	氷ノ山後山那岐山①	多紀連山、猪名川渓谷、清水東条湖立杭、朝来群山、西播丘陵、出石糸井、播磨中部丘陵、雪彦峰山、笠形山千ヶ峰、但馬山岳、音水ちくさ⑪

都府道県	国立公園	国定公園	都道府県立自然公園
奈良	吉野熊野①	室生赤目青山、金剛生駒紀泉、大和青垣、高野龍神④	月ヶ瀬神野山、矢田、吉野川津風呂③
和歌山	吉野熊野、瀬戸内海②	金剛生駒紀泉、高野龍神②	高野山町石道玉川峡、龍門山、生石高原、西有田、白崎海岸、煙樹海岸、城ヶ森鉾尖、果無山脈、大塔日置川、白見山和田川峡、古座川⑪
鳥取	山陰海岸、大山隠岐②	氷ノ山後山那岐山、比婆道後帝釈②	西因幡、三朝東郷湖、奥日野③
島根	大山隠岐①	比婆道後帝釈、西中国山地②	断魚渓・観音滝、竜頭八重滝、青野山、浜田海岸、清水月山、宍道湖北山、鬼の舌震、立久恵峡、江川水系、蟠竜湖、千丈渓⑪
岡山	瀬戸内海、大山隠岐②	氷ノ山後山那岐山①	高梁川上流、湯原奥津、吉備史跡、吉備路風土記の丘、備作山地、吉備清流、吉井川中流⑦
広島	瀬戸内海①	比婆道後帝釈、西中国山地②	南原峡、山野峡、仏通寺御調八幡宮、竹林寺用倉山、三倉岳、神之瀬峡⑥
山口	瀬戸内海①	西中国山地、北長門海岸、秋吉台③	豊田、長門峡、石城山、羅漢山④
徳島	瀬戸内海①	剣山、室戸阿南海岸②	箸蔵、土柱・高越、奥宮川内谷、大麻山、東山渓、中部山渓⑥
香川	瀬戸内海①		大滝大川①
愛媛	瀬戸内海、足摺宇和海②	石鎚①	肱川、金砂湖、奥道後玉川、四国カルスト、篠山、佐田岬半島宇和海、皿ヶ嶺連峰⑦
高知	足摺宇和海①	剣山、室戸阿南海岸、石鎚③	手結住吉、奥物部、白髪山、横倉山、横浪、入野、宿毛、龍河洞、中津渓谷、須崎湾、興津、安居渓谷、四国カルスト、北山、魚梁瀬、梶ヶ森、鷲尾山、工石山陣ヶ森⑱
福岡	瀬戸内海①	北九州、玄海、耶馬日田英彦山③	太宰府、筑豊、矢部川、筑後川、脊振雷山⑤
佐賀		玄海①	川上金立、黒髪山、多良岳、脊振北山、天山、八幡岳⑥
長崎	西海、雲仙天草②	玄海、壱岐対馬②	多良岳、野母半島、北松、大村湾、西彼杵半島、島原半島⑥
熊本	雲仙天草、阿蘇くじゅう②	耶馬日田英彦山、九州中央山地②	小岱山、金峰山、矢部周辺、三角大矢野海辺、芦北海岸、奥球磨、五木五家荘⑦

都府道県	国立公園	国定公園	都道府県立自然公園
大分	瀬戸内海、阿蘇くじゅう②	耶馬日田英彦山、日豊海岸、祖母傾③	国東半島、豊後水道、神角寺芹川、津江山系、祖母傾⑤
宮崎	霧島錦江湾①	九州中央山地、日豊海岸、祖母傾、日南海岸④	矢岳高原、尾鈴、西都原杉安峡、母智丘関之尾、わにつか、祖母傾⑥
鹿児島	雲仙天草、霧島錦江湾、屋久島、奄美群島④	日南海岸、甑島②	阿久根、藺牟田池、吹上浜、坊野間、川内川流域、大隅南部、高隈山、トカラ列島⑧
沖縄	やんばる、慶良間諸島、西表石垣④	沖縄海岸、沖縄戦跡②	久米島、伊良部、渡名喜、多良間④

付録２　国立公園の概要

公　園　名	指定年月日 (面積ha)	都道府県	特　　　　徴
利尻礼文サロベツ	1974.9.20 (24,166)	北海道	火山、海蝕景観および湿原、沼沢、砂丘景観
知　床	1964.6.1 (38,636)	北海道	原始的半島景観
阿　寒	1934.12.4 (90,481)	北海道	二つの巨大な複式火山地形、火山と森と湖の原始的景観
釧路湿原	1987.7.31 (28,788)	北海道	日本最大の湿原国立公園、ラムサール条約登録湿地
大雪山	1934.12.4 (226,764)	北海道	日本最大の原始的国立公園
支笏洞爺	1949.5.16 (99,473)	北海道	さまざまな型式の火山および火山地形、火山現象
十和田八幡平	1936.2.1 (85,534)	青森、秋田、岩手	湖水美の典型、火山性高原と温泉群
三陸復興	1955.5.2 (28,537)	青森、岩手、宮城	わが国最大級の海食崖とリアス海岸
磐梯朝日	1950.9.5 (186,389)	山形、福島、新潟	爆裂式火山と火山性湖沼群、山岳宗教
日　光	1934.12.4 (114,908)	福島、栃木、群馬	日本式風景の典型、東照宮などの人文景観
尾　瀬	2007.8.30 (37,200)	福島、栃木、群馬、新潟	本州最大の高層湿原と山岳景観
上信越高原	1949.9.7 (148,194)	群馬、新潟、長野	火山性高原、構造山地のアルプス的景観、温泉群
秩父多摩甲斐	1950.7.10 (126,259)	埼玉、東京、山梨、長野	代表的水成岩山地と原生林
小笠原	1972.10.16 (6,629)	東京	海底火山脈に属する火山列島の島嶼および海蝕崖景観、亜熱帯地域の海洋島
富士箱根伊豆	1936.12.1 (121,695)	東京、神奈川、山梨、静岡	火山景観、火山性湖沼、温泉群、火山列島
中部山岳	1934.12.4 (174,323)	新潟、富山、長野、岐阜	構造山地のアルプス的景観、渓谷美
妙高戸隠連山	2015.3.27 (39,772)	新潟、長野	火山・非火山が密集する山岳景観
白　山	1962.11.12 (49,900)	富山、石川、福井、岐阜	自然性の高い火山孤峰、信仰と伝説で古来有名な名山、白山神社の本体

公 園 名	指定年月日 (面積ha)	都道府県	特 徴
南アルプス	1964.6.1 (35,752)	山梨、長野、静岡	日本最高標高の構造山地、アルプス的景観
伊勢志摩	1946.11.20 (55,544)	三重	沈降と隆起を繰り返し形成されたリアス式海岸や海蝕崖、伊勢神宮とその背後に広がる宮域林
吉野熊野	1936.2.1 (61,406)	三重、奈良、和歌山	紀伊半島の山岳、深い渓谷、変化に富む海岸、黒潮の影響を受けた海中景観、山岳宗教、歴史と伝説
山陰海岸	1963.7.15 (8,783)	京都、兵庫、鳥取	鳥取砂丘を含む日本海側の海岸を代表する景観
瀬戸内海	1934.3.16 (66,934)	大阪、兵庫、和歌山、岡山、広島、山口、徳島、香川、愛媛、福岡、大分	世界的な多島海公園、歴史と伝統
大山隠岐	1936.2.1 (35,353)	鳥取、島根、岡山	中国地方の最高峰、歴史と伝説、外海多島海景観並びに半島景観
足摺宇和海	1972.11.10 (11,345)	愛媛、高知	隆起海岸の断崖景観、沈降海岸の海蝕景観
西　海	1955.3.16 (24,646)	長崎	外海多島海景観、切支丹遺跡
雲仙天草	1934.3.16 (28,279)	長崎、熊本、鹿児島	雲仙岳の山岳景観と温泉、切支丹遺跡、内海多島海景観
阿蘇くじゅう	1934.12.4 (72,678)	熊本、大分	カルデラ景観、草原美、火山と自然林・高山植物
霧島錦江湾	1934.3.16 (36,586)	宮崎、鹿児島	集成火山景観、海域カルデラの錦江湾と活火山桜島の景観
屋久島	2012.3.16 (24,566)	鹿児島	九州地方の最高峰、顕著な標高差による植生の垂直分布、巨樹が形成する原生的自然景観、多雨な気候
奄美群島	2017.3.7 (42,181)	鹿児島	国内最大級の亜熱帯照葉樹林、独特の地史を反映した固有・希少動植物、サンゴ礁・マングローブ林など
やんばる	2016.9.15 (13,622)	沖縄	国内最大級の亜熱帯照葉樹林、多種多様な固有・希少動植物が生息・生育する生態系
慶良間諸島	2014.3.5 (3,520)	沖縄	海域の多様な生態系、透明度の高い海域、海から陸まで連続した多様な景観
西表石垣	1972.5.15 (40,653)	沖縄	亜熱帯性常緑広葉樹林と日本最大のサンゴ礁景観、マングローブ林

（出典）環境省ホームページ「自然保護各種データ一覧」の「国立公園の概要」より作成。
※面積は陸域面積のみ掲載（2017年3月）

付録3　日本の都市公園100選

	公　園	所在地
1	北海道子どもの国	北海道砂川市
2	大通公園	北海道札幌市
3	中島公園	北海道札幌市
4	常磐公園	北海道旭川市
5	合浦公園	青森県青森市
6	鷹揚公園	青森県弘前市
7	岩手公園	岩手県盛岡市
8	高田松原公園	岩手県陸前高田市
9	松島公園	宮城県松島町ほか
10	榴岡公園	宮城県仙台市
11	千秋公園	秋田県秋田市
12	霞城公園	山形県山形市
13	日和山公園	山形県酒田市
14	翠ヶ丘公園	福島県須賀川市
15	偕楽園	茨城県水戸市
16	栃木県井頭公園	栃木県真岡市
17	長峰公園	栃木県矢板市
18	敷島公園	群馬県前橋市
19	華蔵寺公園	群馬県伊勢崎市
20	国営武蔵丘陵森林公園	埼玉県滑川町・熊谷市
21	大宮公園	埼玉県さいたま市
22	さきたま古墳公園	埼玉県行田市
23	川口市立グリーンセンター	埼玉県川口市
24	富津公園	千葉県富津市
25	昭和の森	千葉県千葉市
26	国営昭和記念公園	東京都立川市・昭島市
27	東京都立日比谷公園	東京都千代田区
28	東京都立上野恩賜公園	東京都台東区
29	東京都立代々木公園	東京都渋谷区
30	東京都立水元公園	東京都葛飾区
31	北区立音無親水公園	東京都北区
32	東高根森林公園	神奈川県川崎市
33	七沢森林公園	神奈川県厚木市
34	山下公園	神奈川県横浜市
35	港の見える丘公園	神奈川県横浜市
36	三笠公園	神奈川県横須賀市
37	秦野中央運動公園	神奈川県秦野市
38	山梨県小瀬スポーツ公園	山梨県甲府市
39	白山公園	新潟県新潟市
40	悠久山公園	新潟県長岡市
41	五十公野公園	新潟県新発田市
42	県民公園太閤山ランド	富山県小杉町
43	高岡古城公園	富山県高岡市
44	兼六園	石川県金沢市
45	中央公園	長野県松本市
46	鳥居平やまびこ公園	長野県岡谷市
47	国営木曽三川公園	岐阜県海津市ほか
48	城山公園	岐阜県高山市
49	城北公園	静岡県静岡市
50	舘山寺総合公園	静岡県浜松市
51	姫の沢公園	静岡県熱海市
52	大高緑地	愛知県名古屋市

	公　園	所 在 地
53	名城公園	愛知県名古屋市
54	東山公園	愛知県名古屋市
55	岡崎公園	愛知県岡崎市
56	落合公園	愛知県春日井市
57	中部台運動公園	三重県松阪市
58	越前陶芸公園	福井県越前町
59	湖岸緑地	滋賀県大津市ほか
60	金亀公園	滋賀県彦根市
61	京都府立山城総合運動公園	京都府宇治市
62	円山公園	京都府京都市
63	宝が池公園	京都府京都市
64	服部緑地	大阪府豊中市・吹田市
65	大阪城公園	大阪府大阪市
66	中之島公園	大阪府大阪市
67	大仙公園	大阪府堺市
68	第1号五月山緑地	大阪府池田市
69	中央公園	大阪府岸和田市
70	兵庫県立甲山森林公園	兵庫県西宮市
71	兵庫県立明石公園	兵庫県明石市
72	神戸市立須磨離宮公園	兵庫県神戸市
73	奈良公園	奈良県奈良市
74	平草原公園	和歌山県白浜町
75	打吹公園	鳥取県倉吉市
76	県立浜山公園	島根県出雲市
77	後楽園	岡山県岡山市

	公　園	所 在 地
78	平和記念公園	広島県広島市
79	中央公園	広島県呉市
80	維新百年記念公園	山口県山口市
81	常盤公園	山口県宇部市
82	徳島中央公園	徳島県徳島市
83	栗林公園	香川県高松市
84	南楽園	愛媛県宇和島市
85	城山公園	愛媛県松山市
86	春野総合運動公園	高知県高知市
87	海の中道海浜公園	福岡県福岡市
88	南公園	福岡県福岡市
89	響灘緑地	福岡県北九州市
90	天地山公園	福岡県豊前市
91	佐賀城公園（城内公園）	佐賀県佐賀市
92	上山公園	長崎県諫早市
93	水前寺江津湖公園	熊本県熊本市
94	うしぶか公園	熊本県天草市
95	高尾山自然公園	大分県大分市
96	宮崎県総合運動公園	宮崎県宮崎市
97	特別史跡公園西都原古墳群	宮崎県西都市
98	吉野公園	鹿児島県鹿児島市
99	国営沖縄記念公園	沖縄県本部町
100	東平安名崎公園	沖縄県宮古島市

（出典）日本公園緑地協会『日本の都市公園100選』（1990）

付録4　日本の歴史公園100選

都道府県	公　　園　　名
北海道	大通公園、中島公園、函館公園、見晴公園、五稜郭公園、元町公園、函館山緑地、春採公園、緑ヶ丘公園、明治公園、戸切地陣屋跡史跡公園、松前公園
青　森	青森県総合運動公園（遺跡区域）、合浦公園、鷹揚公園、城山公園
岩　手	岩手公園、高田松原公園
宮　城	青葉山公園、西公園・定禅寺通緑地・勾当台公園、益岡公園
秋　田	高清水公園、千秋公園、横手公園、本荘公園、中央公園
山　形	霞城公園、鶴岡公園、日和山公園
福　島	鶴ヶ城公園、開成山公園、麓山公園、南湖公園、城山公園、馬陵公園、霞ヶ城公園
茨　城	偕楽園、弘道館公園、横利根閘門ふれあい公園
栃　木	宇都宮城址公園、日光田母沢御用邸記念公園
群　馬	大室公園、上毛野はにわの里公園、西山公園、沼田公園、つつじが岡公園、甘楽総合公園、矢瀬親水公園
埼　玉	見沼通船堀公園、さきたま古墳公園、水子貝塚公園、鉢形城公園
千　葉	加曽利貝塚公園、城山公園、戸定が丘歴史公園、三里塚記念公園、諏訪尾余緑地及び鏑木緑地保全地区、佐倉城址公園、横利根閘門ふれあい公園
東　京	日比谷公園、浜離宮恩賜庭園、十思公園、旧古河庭園、飛鳥山公園、新宿御苑、甘泉園公園、新江戸川公園、元町公園、小石川後楽園、六義園、上野恩賜公園、旧岩崎邸庭園、旧安田庭園、薬師池公園、下宅部遺跡はっけんのもり、国分寺市立歴史公園
神奈川	横浜公園、元町公園・港の見える丘公園・山手イタリア山庭園・山手公園、根岸森林公園、山下公園、大塚歳勝土公園、三笠公園、ペリー公園、鎌倉海浜公園稲村ガ崎地区、旧華頂宮邸庭園、小田原城址公園、石垣山一夜城歴史公園、西海子公園、松永記念館庭園、桜土手古墳公園、大磯城山公園、恩賜箱根公園、湯河原万葉公園
新　潟	白山公園、新発田城址公園、奉先堂公園、斐太史跡公園、高田公園、瓢湖水きん公園
富　山	富岩運河及び富岩運河環水公園、高岡古城公園
石　川	兼六園及び金沢城公園、卯辰山公園、安宅公園
福　井	史跡岡津製塩遺跡、北の庄城址公園、養浩館庭園、金ケ崎公園、亀山公園、西山公園、霞ヶ城公園
山　梨	曽根丘陵公園、舞鶴城公園、万力公園、信玄堤公園
長　野	松代城公園、松本城公園、上田城跡公園、小諸公園・小諸城址・懐古園、高遠城址公園
岐　阜	岐阜公園、大垣公園、美濃国分寺緑地、城山公園、風土記の丘史跡公園古代集落の里、旗本徳山陣屋公園、国営木曽三川公園（木曽三川公園センター）
静　岡	駿府城公園、登呂公園、沼津御用邸記念公園、楽寿園、秩父宮記念公園

都道府県	公　園　名
愛　知	鶴舞公園、名城公園、徳川園、久屋大通公園、豊橋公園、岡崎公園、二子山公園、天王川公園、青塚古墳史跡公園、古戦場公園、国営木曽三川公園（三派川地区センター）
三　重	松阪公園、九華公園
滋　賀	柳が崎湖畔公園、膳所城跡公園、金亀公園、豊公園
京　都	岡崎公園、福知山城公園、天橋立公園、大極殿公園、勝竜寺城公園
大　阪	大阪城公園、加賀屋緑地、毛馬桜之宮公園（藤田邸跡公園）、住吉公園、大仙公園、浜寺公園、服部緑地、五月山緑地、百済寺跡公園、山田池公園、長野公園、箕面公園、狭山池公園
兵　庫	東遊園地、須磨浦公園、瑞宝寺公園、相楽園、再度公園、舞子公園、姫路公園、田能遺跡公園、明石公園、夙川河川敷緑地、赤穂城跡公園
奈　良	奈良公園、榛原鳥見山公園、国営飛鳥歴史公園、馬見丘陵公園
和歌山	和歌公園
鳥　取	伯耆国分寺跡・法華寺畑遺跡歴史公園
島　根	田和山史跡公園、出雲玉作史跡公園、城山公園
岡　山	高松城址公園、後楽園及び烏城公園、鶴山公園、かもがた町家公園、吉備真備公園
広　島	縮景園、中央公園、平和記念公園、入船山公園、三ツ城公園
山　口	綾羅木郷遺跡公園、渡辺翁記念公園、香山公園、指月公園、三田尻塩田記念産業公園、吉香公園、伊藤公記念公園、茶臼山古墳歴史の広場
徳　島	徳島中央公園、ドイツ村公園
香　川	玉藻公園、栗林公園、亀山公園、琴弾公園
愛　媛	道後公園、城山公園、吹揚公園、城山公園（宇和島市）、城山公園（大洲市）
高　知	高知公園、桂浜公園、為松公園
福　岡	檜山荘公園、勝山公園、舞鶴公園、友泉亭公園、大濠公園、宮浦石炭記念公園、石炭記念公園、平原歴史公園、平塚川添遺跡公園
佐　賀	佐賀城公園、石井樋公園、旭ヶ岡公園、小城公園、吉野ヶ里歴史公園、佐野記念公園
長　崎	島原城跡公園、上山公園、大村公園
熊　本	熊本城公園、歴史公園鞠智城
大　分	別府公園、臼杵公園、岡城跡、三島公園
宮　崎	蓮ヶ池史跡公園、城山公園、特別史跡公園西都原古墳群
鹿児島	石橋記念公園、上野原縄文の森
沖　縄	国営沖縄記念公園（首里城地区）及び首里城公園、識名公園、浦添大公園、座喜味城跡公園

（出典）日本公園緑地協会『公園緑地』Vol.67、No.6（2007）

付録5　国指定史跡・名勝の庭園一覧

（注）＊2017年３月現在。

＊庭園は国指定の名勝・史跡から選出したが、京都市の宮内庁所管の庭園も加えた。

＊「史」は史跡、「名」は名勝、「天」は天然記念物、「特」は特別を示す。

＊所在地は所有者・管理団体などが公表しているものを参考とした。

＊作庭年代は国指定説明・市町村資料・庭園史研究によったが、諸説があるため大まかな時代区分とした。（古墳時代：３世紀中頃～７世紀／飛鳥時代：６世紀後半～709年／奈良時代：710～793年／平安前期：794～900年／平安中期：901～1085年／平安後期：1086～1191年／鎌倉時代：1192～1333年／室町前期：1334～1466年／室町後期：1467～1562年／安土桃山時代：1563～1602年／江戸前期：1603～1700年／江戸中期：1701～1800年／江戸後期：1801～1867年／明治：1868～1911年／大正：1912～1925年／昭和：1926～1988年）

都道府県名	国指定区分	名称	所在地	作庭年代	公開・料金
北海道	名	旧岩船氏庭園（香雪園）	函館市見晴町	明治	公開・無料
青森	名	盛美園	平川市猿賀石林	明治	公開・有料
	名	瑞楽園	弘前市大字宮舘字宮舘沢	明治	公開・無料（冬季閉鎖）
	名	清藤氏書院庭園	平川市猿賀石林	江戸後期	限定・有料
	名	金平成園（澤成園）	黒石市上町	明治	限定・有料
秋田	名	旧池田氏庭園	大仙市高梨字大嶋	大正	限定・有料
	名	旧秋田藩主佐竹氏別邸（如斯亭）庭園	秋田市旭川南町	江戸中～後期	限定・無料
岩手	特名	毛越寺庭園	西磐井郡平泉町平泉字大沢	平安後期	公開・有料
	名	旧観自在王院庭園	西磐井郡平泉町平泉字志羅山	平安後期	公開・無料
	特史	無量光院跡	西磐井郡平泉町平泉字花立	平安後期	公開・無料
宮城	史・名	旧有備館および庭園	大崎市岩出山字上川原町	江戸中期	公開・有料
	名	齋藤氏庭園	石巻市前谷地字黒沢	明治	公開・無料
山形	名	酒井氏庭園	鶴岡市家中新町	江戸後期	公開・有料
	名	玉川寺庭園	鶴岡市羽黒町玉川字玉川	江戸前期	公開・有料
	名	總光寺庭園	酒田市字総光寺沢	江戸中期	公開・有料（冬季閉鎖）
	名	本間氏別邸庭園（鶴舞園）	酒田市御成町	江戸後期	公開・有料

都道府県名	国指定区分	名　　称	所　在　地	作庭年代	公開・料金
福島	史・名	南湖公園	白河市南湖	江戸後期	公開・無料
	名	会津松平氏庭園	会津若松市花春町	江戸前期	公開・有料
茨城	史・名	常磐公園	水戸市常磐町・見川町	江戸後期	公開・無料 建物－有料
群馬	名	楽山園	甘楽郡甘楽町大字小幡	江戸前期	公開・有料
千葉	名	高梨氏庭園	野田市上花輪	江戸後期・明治～昭和	公開・有料
	名	旧徳川昭武庭園（戸定邸庭園）	松戸市松戸	明治	公開・有料
東京	特史・特名	小石川後楽園	文京区後楽１丁目	江戸前期	公開・有料
	特名	六義園	文京区本駒込６丁目	江戸前期	公開・有料
	特名・特史	旧浜離宮庭園	中央区浜離宮庭園	江戸前・中期	公開・有料
	名史	向島百花園	墨田区東向島３丁目	江戸後期	公開・有料
	名	旧芝離宮庭園	港区海岸１丁目	江戸前期	公開・有料
	名	旧古河氏庭園	北区西ヶ原１丁目	大正	公開・有料
	名	旧朝倉文夫氏庭園	台東区谷中７丁目	明治～昭和	公開・有料
	名	伝法院庭園	台東区浅草２丁目	江戸前期	非公開
	名	殿ヶ谷戸庭園（随宜園）	国分寺市南町２丁目	大正・昭和	公開・有料
	名	懐徳館庭園（旧加賀藩主前田氏本郷本邸庭園）	文京区本郷	明治	非公開
	史	八王子城跡	八王子市元八王子町３丁目・下恩方町・西寺方町	安土桃山	御主殿跡庭園－公開・無料
神奈川	名・史	建長寺庭園	鎌倉市山ノ内	鎌倉	公開・有料
	名・史	円覚寺庭園	鎌倉市山ノ内	鎌倉	公開・有料
	名	瑞泉寺庭園	鎌倉市二階堂	鎌倉	公開・有料
	名	三溪園	横浜市中区本牧三之谷	明治	公開・有料
	史	称名寺境内	横浜市金沢区金沢町・西柴町	鎌倉	公開・無料
	史	永福寺跡	鎌倉市二階堂	鎌倉	公開・無料

都道府県名	国指定区分	名　称	所　在　地	作庭年代	公開・料金
神奈川	史	小田原城跡	小田原市城内・他	御用米曲輪跡庭園－安土桃山	御用米曲輪跡庭園－整備中
新潟	名	貞観園	柏崎市高柳町岡野町	江戸中期	公開・有料（冬季閉鎖）
	名	渡辺氏庭園	岩船郡関川村大字下関	江戸中期	公開・有料
	名	旧新発田藩下屋敷（清水谷御殿）庭園および五十公野御茶屋庭園	清水谷御殿－新発田市大栄町 五十公野御茶屋－新発田市五十野字熊ノ沢	江戸前期	清水谷御殿－公開・有料 五十公野御茶屋－公開・無料（冬季閉鎖）
	名	旧関山宝蔵院庭園	妙高市関山	江戸中期	公開・無料（整備中）
	名	旧斎藤氏別邸庭園	新潟市中央区西大畑町	大正	公開・有料
石川	特名	兼六園	金沢市兼六町	江戸前・後期	公開・有料
	名	那谷寺庫裡庭園	小松市那谷町	江戸前期	公開・有料
	名	成巽閣庭園	金沢市兼六町	江戸後期	露地－非公開 建物－有料
	名	上時国氏庭園	輪島市町野町南時国	江戸後期	公開・有料
	名	時国氏庭園	輪島市町野町西時国	江戸前期	公開・有料
	名	旧松波城庭園	鳳珠郡能登町字松波	室町後期	公開・無料
	史	金沢城跡	金沢市丸ノ内	玉泉院丸庭園－江戸前期	玉泉院丸庭園（暫定整備）－公開・無料
福井	名	滝谷寺庭園	坂井市三国町滝谷	江戸中期	公開・有料
	名	旧玄成院庭園	勝山市平泉寺町平泉寺	安土桃山～江戸前期	公開・有料
	名	萬徳寺庭園	小浜市金屋	江戸前期	公開・有料
	名	西福寺書院庭園	敦賀市原	江戸中期	公開・有料
	名	伊藤氏庭園	南条郡南越前町今庄	江戸中期	非公開
	名	柴田氏庭園	敦賀市市野々町	江戸前期	公開・有料

都道府県名	国指定区分	名　　称	所　在　地	作庭年代	公開・料金
福井	特名	一条谷朝倉氏庭園	福井市城戸ノ内町	室町後期	公開・無料 復元家屋 －有料
	名	城福寺庭園	越前市五分市町	江戸中期	公開・有料 (冬季閉鎖)
	名	梅田氏庭園	今立郡池田町谷口	室町後期	限定・有料 (冬季閉鎖)
	名	養浩館（旧御泉水屋敷）庭園	福井市宝永３丁目	江戸前期	公開・有料
	名	三田村氏庭園	越前市大滝町	江戸後期	限定
山梨	名	恵林寺庭園	甲州市塩山小屋敷	鎌倉	公開・有料
	名	向嶽寺庭園	甲州市塩山上於曽	江戸中期	非公開
長野	名	光前寺庭園	駒ヶ根市赤穂	鎌倉	公開・有料
	史	高梨氏館跡	中野市小舘	室町後期	公開・無料
岐阜	名	永保寺庭園	多治見市虎渓山町	鎌倉	公開・無料
	名	東氏館跡庭園	郡上市大和町牧字志ノ	室町後期	公開・無料
	史	江馬氏城館跡（下館跡）	飛騨市神岡町殿	室町後期	公開・有料 (冬季閉鎖)
	史	岐阜城跡	岐阜市千畳敷下・他	安土桃山	居館跡園池 －発掘・整備中
静岡	名・史	柴屋寺庭園	静岡市駿河区丸子	室町後期	公開・有料
	名	清見寺庭園	静岡市清水区興津清見寺町	江戸前期	公開・有料
	名	臨済寺庭園	静岡市葵区大岩町	安土桃山	非公開
	名	竜潭寺庭園	浜松市北区引佐町井伊谷	江戸中期	公開・有料
	天・名	楽寿園	三島市一番町	明治	公開・有料
愛知	名	名古屋城二之丸庭園	名古屋市中区二の丸	江戸前期	公開・有料
三重	名	北畠氏館跡庭園	津市美杉町上多気	室町後期	公開・有料
	名・史	城之越遺跡	伊賀市比土字城之越	古墳	公開・無料
	名	旧諸戸氏庭園	桑名市太一丸	大正	公開・有料
	名	諸戸氏庭園	桑名市太一丸	江戸後期・明治	限定・有料

都道府県名	国指定区分	名　　称	所　在　地	作庭年代	公開・料金
滋賀	名・史	円満院庭園	大津市園城寺町	江戸前期	公開・有料
	名・史	光浄院庭園	大津市園城寺町	安土桃山	限定・有料
	名・史	善法院庭園	大津市園城寺町	江戸前期	公開・有料
	名	浄信寺庭園	長浜市木之本町木之本	江戸中期	公開・有料
	名	大通寺含山軒および蘭亭庭園	長浜市元浜町	江戸中期	公開・有料
	名	青岸寺庭園	米原市米原	江戸前期	公開・有料
	名	胡宮神社社務所庭園	犬上郡多賀町敏満寺	室町後期	公開・無料
	名	多賀神社奥書院庭園	犬上郡多賀町多賀	安土桃山	公開・有料
	名	旧秀隣寺庭園	高島市朽木岩瀬	室町後期	公開・有料
	名	玄宮楽々園	彦根市金亀町	玄宮園－江戸前期 楽々園－江戸後期	公開・有料 公開・有料
	名	兵主神社庭園	野洲市五条	平安後期・明治	公開・有料（冬季閉鎖）
	名	福田寺庭園	米原市長沢	江戸前期	限定・有料
	名	居初氏庭園	大津市本堅田２丁目	江戸前期	公開・有料
	名	西明寺本坊庭園	犬上郡甲良町大字池寺	江戸前期	公開・有料
	名	金剛輪寺明壽院庭園	愛知郡愛荘町松尾寺	江戸中期～後期	公開・有料
	名	延暦寺坂本里坊庭園 雙厳院庭園 宝積院庭園 滋賀院門跡庭園 佛乗院庭園 旧白毫院庭園 旧竹林院庭園 蓮華院庭園 律院庭園 実蔵坊庭園 寿量院庭園	大津市坂本４丁目・５丁目	江戸前期～後期	旧竹林院・旧白毫院・滋賀院門跡－公開・有料 その他－非公開
	名	大角氏庭園	栗東市六地蔵	江戸前期	限定・有料
	名	旧彦根藩松原下屋敷（お浜御殿）庭園	彦根市松原町	江戸後期	限定・無料

都道府県名	国指定区分	名　　称	所　在　地	作庭年代	公開・料金
滋賀	名	慶雲館庭園	長浜市港町	明治	公開・有料（冬季庭園閉鎖－盆梅展）
	名	朽木池の沢庭園	高島市朽木村井字湧出	平安後期～鎌倉	公開・無料
京都		仙洞御所	京都市上京区京都御苑	江戸前期	限定・無料
		修学院離宮	京都市左京区修学院藪添	江戸前期	限定・無料
		桂離宮	京都市西京区桂御園	江戸前期	限定・無料
	史・名	平等院庭園	宇治市宇治蓮華	平安中期	公開・有料
	名	大沢池 附 名古曽滝跡	京都市右京区嵯峨大沢町・北嵯峨八丈町・北嵯峨名古曽町	平安前期	公開・無料（春季有料）
	史・名	南禅院庭園	京都市左京区南禅寺福地町	鎌倉	公開・有料
	史跡・特名	西芳寺庭園	京都市西京区松尾神ヶ谷町	室町前期	限定・有料
	史・特名	天龍寺庭園	京都市右京区嵯峨天竜寺芒ノ馬場町	室町前期	公開・有料
	史・特名	大徳寺方丈庭園	京都市北区紫野大徳寺町	江戸前期	非公開
	史・名	真珠庵庭園	京都市北区紫野大徳寺町	方丈－室町後期 通僊院－江戸前期	非公開
	史・特名	大仙院書院庭園	京都市北区紫野大徳寺町	室町後期	公開・有料
	名	大仙院庭園	京都市北区紫野大徳寺町	室町後期	公開・有料
	史・名	孤篷庵庭園	京都市北区紫野大徳寺町	江戸前期	非公開
	史・特名	龍安寺方丈庭園	京都市右京区龍安寺御陵ノ下町	室町後期	公開・有料
	名	龍安寺庭園	京都市右京区龍安寺御陵ノ下町	平安後期	公開・有料
	特史・特名	鹿苑寺（金閣寺）庭園	京都市北区金閣寺町	室町前期	公開・有料
	特史・特名	慈照寺（銀閣寺）庭園	京都市左京区銀閣寺町	室町後期	公開・有料
	特史・特名	醍醐寺三宝院庭園	京都市伏見区醍醐東大路町	安土桃山	公開・有料
	名・史	高台寺庭園	京都市東山区高台寺下河原町	江戸前期	公開・有料

都道府県名	国指定区分	名　称	所　在　地	作庭年代	公開・料金
京都	名・史	妙心寺庭園	京都市右京区花園妙心寺町	江戸前期	非公開
	名・史	玉鳳院庭園	京都市右京区花園妙心寺町	江戸前期	非公開
	名・史	東海庵書院庭園	京都市右京区花園妙心寺町	江戸後期	非公開
	名・史	霊雲院庭園	京都市右京区花園妙心寺町	室町後期	非公開
	名・史	退蔵院庭園	京都市右京区花園妙心寺町	江戸前期	限定・有料
	名・史	桂春院庭園	京都市右京区花園寺ノ中町	江戸前期	公開・有料
	特名・史	本願寺大書院庭園	京都市下京区堀川通花屋町下ル門前町	江戸前期	非公開
	名	渉成園	京都市下京区珠数屋町通間之町東入ル東玉水町	江戸前期	公開・有料
	特名	二条城二之丸庭園	京都市中京区二条通堀川西入ル二条城町	江戸前期	公開・有料
	特名	金地院庭園	京都市左京区南禅寺福地町	江戸前期	公開・有料
	名	成就院庭園	京都市東山区清水１丁目	江戸前期	非公開
	名	智積院庭園	京都市東山区東大路通七条下ル東瓦町	安土桃山	公開・有料
	名	酬恩庵庭園	京田辺市薪里ノ内	虎丘－室町後期 方丈－江戸前期	公開・有料
	名	南禅寺方丈庭園	京都市左京区南禅寺福地町	江戸前期	公開・有料
	名	清風荘庭園	京都市左京区田中関田町	大正	限定
	名	無鄰菴庭園	京都市左京区南禅寺草川町	明治	公開・有料
	名	円通寺庭園	京都市左京区岩倉幡枝町	江戸前期	公開・有料
	名	曼殊院書院庭園	京都市左京区一乗寺竹ノ内町	江戸前期	公開・有料
	名	不審庵（表千家）庭園	京都市上京区寺之内通堀川東入ル百々町	江戸前期	非公開
	名	今日庵（裏千家）庭園	京都市上京区小川通寺之内上ル本法寺前町	江戸前期	非公開
	名	燕庵庭園	京都市下京区西洞院通正面下ル鍛冶屋町	江戸前期	非公開
	名	聚光院庭園	京都市北区紫野大徳寺町	安土桃山	非公開
	名	滴翠園	京都市下京区堀川通花屋町下ル本願寺門前町	江戸前期	非公開

都道府県名	国指定区分	名称	所在地	作庭年代	公開・料金
京都	特名・史	浄瑠璃寺庭園	木津川市加茂町西小札場	平安後期	公開・無料 堂－有料
	名	照福寺庭園	綾部市鷹栖町小丸山	江戸後期	公開・有料
	特名	法金剛院青女滝 附 五位山	京都市右京区花園扇野町	平安後期	公開・有料
	名	旧円徳院庭園	京都市東山区高台寺下河原町	江戸前期	公開・有料
	名	平安神宮神苑	京都市左京区岡崎西天王町	明治	公開・有料
	名	霊洞院庭園	京都市東山区大和大路通四条下ル４丁目小松町	江戸中期	非公開
	名	本法寺庭園	上京区小川通寺之内上ル本法寺前町	安土桃山	公開・有料
	名	對龍山荘庭園	京都市左京区南禅寺福地町	明治	非公開
	名	白沙村荘庭園	京都市左京区浄土寺石橋町	大正～昭和	公開・有料
	名	杉本氏庭園	京都市下京区綾小路通新町西入ル矢田町	明治～大正	限定・有料
	名	松花堂および書院庭園	八幡市八幡女郎花	江戸後期～明治	公開・有料
	史	神泉苑	京都市中京区御池通神泉苑町東入ル門前町	平安前期	公開・無料
	史	山科本願寺および南殿跡	京都市山科区音羽伊勢宿町・西野阿芸沢町	室町後期	公開・無料
	史	詩仙堂	京都市左京区一乗寺門口町・一乗寺小谷町・一乗寺松原町	江戸前期	公開・有料
	史	松花堂およびその跡	八幡市八幡高坊・八幡女郎花	江戸前期	公開・無料
	史	鳥羽殿跡	京都市伏見区中島前山町	平安後期	公開・無料
大阪	名	龍泉寺庭園	富田林市龍泉	鎌倉	公開・有料
	名	普門寺庭園	高槻市富田町４丁目	江戸前期	限定・有料
	名	南宗寺庭園	堺市堺区南旅篭町東	江戸前期	公開・有料
	名	岸和田城庭園（八陣の庭）	岸和田市岸城町	昭和	公開・有料
兵庫	名	安養院庭園	神戸市西区伊川谷町前開	安土桃山	限定・有料
	名	田淵氏庭園	赤穂市御崎	江戸中期	非公開
	名	旧大岡寺庭園	豊岡市日高町大岡	室町後期	公開・無料
	名	旧赤穂城庭園 本丸庭園 二之丸庭園	赤穂市上仮屋	江戸前期	公開・無料

都道府県名	国指定区分	名称	所在地	作庭年代	公開・料金
奈良	名・史	当麻寺中之坊庭園	葛城市當麻	江戸前期	公開・有料
	名・史	慈光院庭園	大和郡山市小泉町	江戸前期	公開・有料
	名	旧大乗院庭園	奈良市高畑町	室町前期	公開・有料
	名	円成寺庭園	奈良市忍辱山町	平安後期	公開・無料 建物－有料
	名	依水園	奈良市水門町	前園－江戸前期 後園－明治	公開・有料
	特史・特名	平城京左京三条二坊宮跡庭園	奈良市三条大路１丁目	奈良	公開・無料
	名	法華寺庭園	奈良市法華寺町	江戸前期	限定・有料
	史・名	飛鳥京跡苑池	高市郡明日香村岡	飛鳥	整備中
	特名	平城京東院庭園	奈良市法華寺町	奈良	公開・無料
	史	酒船石遺跡	高市郡明日香村岡	飛鳥	酒船石－公開・無料 亀形石造物－公開・有料
和歌山	名	根来寺庭園	岩出市根来	江戸中期	公開・有料
	名	粉河寺庭園	紀の川市粉河	江戸中期	公開・無料
	名	天徳院庭園	伊都郡高野町高野山	江戸前期	公開・無料
	名	和歌山城西之丸庭園(紅葉渓庭園)	和歌山市一番丁	江戸前期	公開・無料
	名	養翠園	和歌山市西浜	江戸後期	公開・有料
	名	琴ノ浦温山荘庭園	海南市船尾	大正～昭和	公開・有料
鳥取	名	観音院庭園	鳥取市上町	江戸後期	公開・有料
	名	尾崎氏庭園	東伯郡湯梨浜町宇野	江戸前期	非公開
	名	深田氏庭園	米子市車尾	江戸前期	限定・有料
島根	史・名	医光寺庭園	益田市染羽町	室町後期	公開・有料
	史・名	万福寺庭園	益田市東町	室町後期	公開・有料
	史・名	菅田庵	松江市菅田町	江戸中期	修理中(2019年度まで)

都道府県名	国指定区分	名　称	所　在　地	作庭年代	公開・料金
島根	名	旧堀氏庭園	鹿足郡津和野町邑輝	主屋－江戸中期　楽山園－明治　和楽園－大正　畑迫病院－明治～大正	公開・有料
岡山	特名	岡山後楽園	岡山市北区後楽園	江戸前期	公開・有料
	名	頼久寺庭園	高梁市瀬久寺町	江戸前期	公開・有料
	名	旧津山藩別邸庭園（衆楽園）	津山市山北	江戸前期	公開・無料
広島	名	縮景園	広島市中区上幟町	江戸前期	公開・有料
	名	浄土寺庭園	尾道市東久保町	江戸後期	公開・有料
	名	旧万徳院庭園	山県郡北広島町舞綱	安土桃山	公開・無料
	名	吉川元春館跡庭園	山県郡北広島町海応寺	安土桃山	公開・無料
山口	史・名	常栄寺庭園	山口市宮野下	室町後期	公開・有料
	名	宗隣寺庭園	宇部市小串	江戸前期	公開・有料
	名	毛利氏庭園	防府市多々良１丁目	大正	公開・有料
	名	常徳寺庭園	山口市阿東蔵目喜	室町後期	整備中（2019年度まで）
	史	大内氏遺跡 附 凌雲寺跡	山口市大殿大路・上宇野令・中尾	室町後期	公開・無料
	史	萩城跡	萩市堀内・北方河町・南方河町・平安古	二の丸東園－江戸中期　花江茶亭－明治	公開・有料
徳島	名	旧徳島城表御殿庭園	徳島市徳島町城内	安土桃山	公開・有料
	名	阿波国分寺庭園	徳島市国府町矢野	江戸後期	公開・有料
	史	勝瑞城館跡	板野郡藍住町	室町後期	会所跡庭園－公開・無料
香川	特名	栗林公園	高松市栗林町１丁目	江戸前期	公開・有料
	名	披雲閣庭園	高松市玉藻町	大正	公開・有料
愛媛	名	天赦園	宇和島市天赦公園	江戸後期	公開・有料
	名	保国寺庭園	西条市中野甲	室町前期	公開・無料

都道府県名	国指定区分	名　　称	所　在　地	作庭年代	公開・料金
高知	名	竹林寺庭園	高知市五台山	江戸後期	公開・有料
福岡	名	旧亀石坊庭園	田川郡添田町大字英彦山	室町後期	公開・無料
	名	清水寺本坊庭園	みやま市瀬高町本吉	江戸前期	公開・有料
	名	戸島氏庭園	柳川市鬼童町	江戸後期	公開・有料
	名	立花氏庭園	柳川市新外町	明治	公開・有料
	名	藤江氏魚楽園	田川郡川崎町大字安真木	江戸中期	公開・有料
	名	旧伊藤傳右エ門氏庭園	飯塚市幸袋	明治～昭和	公開・有料
	名	旧蔵内氏庭園	築上郡築上町上深野	明治～昭和	公開・有料
佐賀	名	九年庵（旧伊丹氏別邸）庭園	神埼市神崎町仁比山	明治	限定・有料
	特史	名護屋城跡並陣跡	唐津市鎮西町・呼子町、東松浦郡玄海町	安土桃山	公開・有料
長崎	名	旧円融寺庭園	大村市玖島２丁目	江戸前期	公開・無料
	名	石田城五島氏庭園	五島市池田町	江戸後期	公開・有料
	名	旧金石城庭園	対馬市厳原町今屋敷	江戸前期	公開・有料
	名	棲霞園および梅ヶ谷津偕楽園	棲霞園－平戸市岩の上町字亀岡 梅ヶ谷津偕楽園－平戸市明の川内町字梅屋敷	江戸後期	棲霞園－非公開 梅ヶ谷津偕楽園－公開・有料
熊本	名・史	水前寺成趣園	熊本市水前寺公園	江戸前期	公開・有料
	名	旧熊本藩八代城主浜御茶屋（松浜軒）庭園	八代市北の丸町	江戸前期	公開・有料
	史	隈部氏館跡	山鹿市菊鹿町上永野	室町後期	公開・無料
大分	名	旧久留島氏庭園	玖珠郡玖珠町森	江戸後期	公開・無料
	史	大友氏遺跡	大分市顕徳町３丁目	室町後期	発掘・整備中
宮崎	名	妙国寺庭園	日向市細島	江戸中期	公開・無料
鹿児島	名	仙巖園 附 花倉御仮屋庭園	鹿児島市吉野町	仙巖園－江戸前期 花倉御仮屋庭園－江戸後期	仙巖園－公開・有料 花倉御仮屋庭園－非公開

都道府県名	国指定区分	名　　称	所　在　地	作庭年代	公開・料金
鹿児島	名	知覧麓庭園	南九州市知覧町郡	江戸中期	公開・有料
	名	旧島津氏玉里邸庭園	鹿児島市玉里町	江戸後期	公開・無料
	名	志布志麓庭園 天水氏庭園 平山氏庭園 福山氏庭園	志布志市志布志町帖	平山氏庭園－江戸前期 天水氏庭園－江戸中期 福山氏庭園－江戸後期	天水氏・平山氏－公開・無料 福山氏－非公開
沖縄	名	宮良殿内庭園	石垣市大川	19世紀前半	公開・有料
	特名	識名園	那覇市真地	18世紀後半	公開・有料
	名	石垣氏庭園	石垣市新川	19世紀前半	限定・有料
	名	伊江殿内庭園	那覇市首里当蔵町２丁目	18世紀後半	整備中
	名	伊江御殿別邸庭園	那覇市首里石嶺町	19世紀	非公開
	名	首里城書院・鎖之間庭園	那覇市首里金城町	18世紀	公開・有料

（参考）文化庁編「国指定文化財等データベース」
吉川　需『古庭園のみかた』第一法規出版（1972）

●引用・参考文献●

相賀徹夫編『探訪日本の庭』小学館（1979）
相賀徹夫編著『日本大百科全書』1～24、小学館（1984～89）
浦﨑真一著・緑と水の市民カレッジ事務局編 『長岡安平の残した設計図』東京都公園協会（2015）
小沢晴司「琵琶湖国定公園の成立と内湖干拓との関係性に関する考察」『ランドスケープ研究オンライン論文集』5、日本造園学会（2012）
小沢晴司「自然公園成立史の観点からみた琉球政府立公園の特徴」『ランドスケープ研究』76. 5、日本造園学会（2013）
京都市編『名勝地円山公園の沿革』京都市（1996）
佐藤　昌『日本公園緑地発達史』上・下、都市計画研究所（1977）
佐山　浩「足摺宇和海国立公園指定の経緯と背景」『ランドスケープ研究』72. 5、日本造園学会（2009）
重森三玲・重森完途『日本庭園史大系』社会思想社（1971～76）
自然公園財団編『国立公園・国定公園パークガイド』自然公園ガイド（2002～14）
下中邦彦編『日本歴史地名大系』平凡社（1979～2004）
白幡洋三郎『近代都市公園史の研究―欧化の系譜』思文閣出版（1995）
田中正大『日本の公園』鹿島出版会（1974）
「都市景観の日」実行委員会編『日本の都市景観100選』建築資料研究社（2001）
奈良文化財研究所編・発行『戦国時代の城館の庭園』（2015）
奈良文化財研究所編・発行『遺跡整備調査報告　管理運営体制および整備活用手法に関する類例調査』（2008）
奈良文化財研究所文化遺産部景観研究室編『京都岡崎の文化的景観調査報告書』京都市（2013）
鳴海正泰『横浜山手公園物語』有隣新書（2004）
西田正憲『瀬戸内海の発見』中公新書（1999）
西田正憲「近世の紀行文等にみる山岳表象の変遷」『ランドスケープ研究』68. 5、日本造園学会（2005）
西田正憲「描かれた瀬戸内海」『瀬戸内海』42～62、瀬戸内海環境保全協会（2005～11）
西田正憲『自然の風景論』清水弘文堂書房（2011）
西田正憲「国土における国立・国定公園の編成と再編―自然風景地へのまなざしの変遷」『ランドスケープ研究』77. 3（2013）
西田正憲「1930年代における12国立公園誕生の国立公園委員会にみる風景の政治学」『ランドスケープ研究オンライン論文集』9、日本造園学会（2016）
日本公園百年史刊行会編『日本公園百年史』日本公園百年史刊行会（1978）
日本公園緑地協会編・発行『公園緑地』（1937～）

日本公園緑地協会『日本の都市公園100選』日本公園緑地協会（1990）
日本造園学会編・発行『ランドスケープ研究増刊（作品選集）』（2001～隔年）
日本造園学会監修『ランドスケープのしごと—人と自然があやなす風景づくりの現場』彰国社（2003）
日本造園学会・中部支部『ランドスケープ遺産百選』中部編Ⅰ、日本造園学会（2015）
野中勝利「近代の秋田（久保田）城址における公園化の背景と経緯」『ランドスケープ研究』78. 5、日本造園学会（2015）
飛田範夫『作庭記からみた造園』鹿島出版会（1985）
飛田範夫『日本庭園と風景』学芸出版社（1999）
平澤　毅『文化的資産としての名勝地』科学研究費補助金報告書（2010）
百武　充・広野孝男『自然公園への招待』国立公園協会・自然公園財団（2012）
深田久弥『日本百名山』朝日新聞社（1998）
文化庁文化財部記念物課監修『史跡整備のてびき』同成社（2005）
水内佑輔・古谷勝則「国立公園指定における伊勢志摩国立公園の特異性の背景と伊勢神宮の関係」『ランドスケープ研究』75. 5、日本造園学会（2012）
水谷知生「吉野熊野国立公園熊野地域の選定における地元の要望と風景認識」『ランドスケープ研究オンライン論文集』7、日本造園学会（2014）
みどりと公園研究会編著『都市の顔—みどりと公園』千葉大学園芸学部造園施設学研究室（1986）
森　蘊『庭園』日本史小百科19、近藤出版社（1984）
吉川　需『古庭園のみかた』第一法規出版（1972）

◆公式ホームページ（2016.9.1～2017.3.31閲覧）
文化庁、文化財データベース http://kunishitei.bunka.go.jp/bsys/index_pc.html
ほか環境省、国土交通省、関係都道府県、市町村、公益法人のホームページも参照した。

索引

あ行

か行

さ 行

た 行

な 行

は 行

ま　行

や　行

ら　行

わ　行

47都道府県・公園／庭園百科

平成29年8月10日　発　行

著作者　西田正憲
　　　　飛田範夫
　　　　黒田乃生
　　　　井原　縁

発行者　池田和博

発行所　丸善出版株式会社
〒150-0001 東京都千代田区神田神保町二丁目17番
編集：電話(03)3512-3264／FAX(03)3512-3272
営業：電話(03)3512-3256／FAX(03)3512-3270
http://pub.maruzen.co.jp/

組版印刷・富士美術印刷株式会社／製本・株式会社 星共社

ISBN 978-4-621-30180-7　C 0539　　Printed in Japan